AMRA

Zecharia Sitchin

DIE ANUNNAKI CHRONIKEN

Alles über die ersten Astronauten
eines anderen Planeten, die zur Erde kamen,
ihre Erschaffung des Menschen und
den Aufbau unserer modernen Zivilisation

Das definitive Handbuch –
mit neuen Texten!

Herausgegeben und eingeleitet
von Janet Sitchin

AMRA

Amerikanische Originalausgabe:
The Anunnaki Chronicles. Includes
Never Before Published Writings

Deutscher Erstdruck im AMRA Verlag
Auf der Reitbahn 8, D-63452 Hanau
Hotline: + 49 (0) 61 81 – 18 93 92
Service: Info@AmraVerlag.de

Herausgeber & Lektor	Michael Nagula
Einbandgestaltung	Guter Punkt
Kartenzeichnung	Jim Wasserman
Layout & Satz	Birgit Letsch
Druck	CPI books GmbH

ISBN Printausgabe 978-3-95447-243-7
ISBN eBook 978-3-95447-244-4

Die Texte wurden übersetzt von Maria Bernd-Jacobs, Ulrike Kutzer, Michael Nagula, Ursula von Wiese, Andreas Zantrop und Heinz Zwack

Von Zecharia Sitchin ist bei AMRA außerdem erhältlich:
Der König, der sich weigerte zu sterben. Ein Anunnaki-Roman
Sitchin und der außerirdische Ursprung des Menschen. Biografie
Vorwort von Sitchin in Frank Josephs »Der Untergang von Atlantis«

Inhalt

Dem Andenken an meinen Onkel Zecharia gewidr
der diese Reise für die Familie Sitchin begann,
und zu Ehren meines Vaters
Amnon Sitchin,
der mein Augenmerk auf die Arbeit
meines Onkels richtete.

Einleitung

Wer Gelegenheit hatte, die persönliche Bekanntschaft von Zecharia Sitchin zu machen – bei Seminaren, auf Touren, bei Lesungen oder Vorträgen – erkannte schnell, dass er es mit einem bescheidenen, warmherzigen Menschen von bewusst zurückhaltendem Intellekt und trockenem Humor zu tun hatte. Sitchin pflegte seine Worte mit Bedacht zu wählen, besonders wenn er über Themen sprach, die ihm wichtig waren, also die antiken Zivilisationen und Außerirdische, die in grauer Vorzeit die Erde besucht hatten. Bei solchen Diskussionen konnte man deutlich erkennen, dass er das Gespräch ernst nahm; seine Ideen wurzelten in Fakten, nicht etwa in wilden Spekulationen oder Fantasievorstellungen.

Das erste Buch meines Onkels Zecharia, *Der zwölfte Planet*, erschien, als ich noch ein Teenager war, und ich habe es auch erst viele Jahre später von Anfang bis Ende gelesen. Die ersten etwa hundert Seiten sind randvoll mit Fakten und Beweisen für all seine Theorien, die mich wegen ihrer schieren Menge entmutigten, so dass ich das Buch schließlich beiseite gelegt habe. Mein Onkel hat all diese Fakten und Beweise ganz bewusst dargebracht, um damit klar zu machen, dass er wissenschaftliches Material und nicht etwa von Sensationsgier getriebene Ideen vorlegte. Gerade bei seinem ersten literarischen Unterfangen wollte er deutlich machen, dass es für seine Theorien Beweise gibt – und nicht etwa nur ein einzelnes Beweisstück, sondern sogar sehr viele. Als ich das Buch vor einigen Jahren erneut las, hat es mich von der ersten Seite an gefesselt.

Geweckt hat das Interesse an antiken Zivilisationen und dem Ursprung der Menschheit bei meinem Onkel die Lektüre des Alten Testaments in der hebräischen Ursprache. Beim Vergleich des Gelesenen mit den verbreiteten Übersetzungen ins Englische musste er häufig feststellen, dass dabei die Bedeutung verzerrt worden war. Die meisten Bibelwissenschaftler und Archäologen halten antike Schriften für Allegorien, Mythen oder Legenden, ganz gleich ob die ursprünglichen Quellen aus der Bibel stammen oder sumerisch, akkadisch, assyrisch, ägyptisch, griechisch oder römisch sind. Sitchin hingegen stellte sich bei seinem Quellenstudium die Frage, ob jene antiken Geschichten nicht Legenden oder Allegorien, sondern in Wirklichkeit einfach ganz konkret die geschichtliche Wahrheit schildern.

Sein Interesse an dieser wichtigen Frage wurde durch eine kleine Episode in seiner Schulzeit geweckt, auf die wir später im Buch noch zu sprechen kommen werden. Sie ereignete sich zurzeit der Britischen Mandatsherrschaft in Israel – und daraus ergab sich ein ganzes Leben der Forschung, des Sprachenstudiums, der Reisen und der Museumsbesuche. Er sammelte so viel faszinierendes Material und entwickelte so viele faszinierende Theorien, aus denen er konsequent Schlüsse zog, dass seine Frau Rina ihm irgendwann empfahl, er möge doch endlich »aufhören zu reden und anfangen zu schreiben«. Die Folge war, dass er insgesamt vierzehn Fachbücher zum Thema antike Zivilisationen schrieb, deren erstes, *Der zwölfte Planet*, 1976 in den USA erschien.

Sitchin hat hat außerdem Reisegruppen zu den Orten und den antiken Artefakten geführt, die er in seinen Büchern erwähnte, und damit begonnen, so genannte »Sitchin Studies Seminars« abzuhalten. Auch ich nahm schließlich an diesen Studienseminaren teil, assistierte ihm bei den Verwaltungsarbeiten und nahm ihm möglichst viele Details ab, damit alles glatt laufen konnte. Ich hatte das Glück, ihn bei diesen Seminaren über die Themen seiner Bücher sprechen und die Diskussionen mit seinen Lesern hören zu dürfen.

Seine Worte waren stets sorgfältig gewählt, und er hat es akribisch vermieden, irgendwelche Ideen darzulegen, für die er nicht reichlich Beweismaterial zur Hand hatte und die er nicht eindeutig in die Geschichte der Anunnaki (»jene, die vom Himmel zur Erde kamen«) einreihen konnte. Wohlgesonnene Leser haben ihn häufig aufgefordert, sich zu Theorien anderer Wissenschaftler oder zu Aspekten antiker Zivilisationen zu äußern, die er nicht recherchiert und über die er nichts geschrieben hatte oder für die er jedenfalls noch nicht genügend Beweismaterial besaß. In solchen Fällen fand er stets die richtigen Worte, um das abzulehnen und nur das vorzutragen, was für ihn als erwiesen feststand.

Diese Integrität war eine entscheidende Facette seines Charakters u einer der Gründe dafür, dass man ihn respektierte und ihm Glaub schenkte. Er stand unter dem Drang, die Informationen zu verbreit die seiner festen Überzeugung nach für uns alle als Familie der Me schen von vitaler Bedeutung waren, und sie hatten zum Ziel, uns me Kenntnis über unsere Ursprünge zu vermitteln. Er bezeichnete sich »Reporter«, der die Geschichte der Anunnaki so aufzeichnete, wie uns von den antiken Völkern überliefert worden ist.

Seine Kritiker haben ihm oft Ideen zugeschrieben, zu denen er si nie in irgendeiner Weise geäußert hatte, aber es gab auch Leser u Kollegen aus allen Lebensbereichen, die ihm Material zur Verfügu gestellt haben, von dem sie annahmen, es könnte ihm bei seinen F schungen hilfreich sein. Einige dieser anonymen »Zulieferer« war Fachwissenschaftler, die Sorge hatten, mit einem offenen Bekennt zu seinen Ideen ihrer wissenschaftlichen oder akademischen Karri zu schaden. Außerhalb der etablierten Paradigmen zu denken, ka dazu führen, von der Fachwelt angeprangert zu werden, und desh äußern sich viele Hochschulprofessoren, Archäologen, Astronom und andere Wissenschaftler so selten zur Möglichkeit der Besuche v Außerirdischen auf der Erde und anderer damit in Verbindung steh der Themen. Interessanterweise freilich werden viele Observatori von Jesuitenpriestern geführt, der Vatikan hat großes Interesse an A ßerirdischen, und es haben auch NASA-Wissenschaftler häufig Inf mationen an Sitchin geliefert.

Indem er sich auf die Position stellte, dass das Material aus den an ken Schriften und die entdeckten Artefakte im Grunde eine Wieder zählung historischer Ereignisse darstellten, und die offensichtliche T sache, dass dieselben Geschichten in vielen unterschiedlichen Sprach überliefert sind und dieselben Personen zum Gegenstand haben, forschte er ein neues Paradima, eine neue Denkweise. Dieses ne Paradigma ging unausgesprochen davon aus, dass antike Berichte Ereignisse und Prozesse beschreiben, die auf das Vorhandensein ei äußerst fortschrittlichen Technologie schließen lassen. Wie *würa* denn Menschen in der Antike den Start einer NASA-Rakete beschr ben? Vielleicht genau so wie im Gilgamesch-Epos von Ereignissen b richtet wird, deren Zeuge er, Gilgamesch, zu jener Zeit selbst war. W *hätten* denn die Menschen damals ein modernes Handy, speziel noch ein »Smartphone«, erklärt? Sie verfügten nicht über die tech hen Begriffe, um genau beschreiben zu können, wie so etwas funkti- ıiert. Sie sahen in deren Funktionsweise einen Ausdruck der speziel- n Zauberkräfte ihrer Götter. Wie *würden* denn Archäologen des 19. ler des frühen 20. Jahrhunderts – einer Zeit also, in der es weder ıtomobile noch Flugzeuge oder Computer gab – die Dinge beschrei- :n, die die Alten mit eigenen Augen gesehen haben und die tatsäch- :h Teil ihres Alltagslebens waren?

Die Berichte der Alten *müssen* Mythen sein, weil alles andere ein- ch unglaubwürdig wäre. Aber angesichts des Tempos, in dem unsere gene Gesellschaft den technologischen Fortschritt erlebt, kann man :h inzwischen bestimmt leichter vorstellen, wie frühere Kulturen auf ıbekannte Technik reagierten. In einer Zeit, in der Menschen auf :m Mond gelandet sind, können wir uns mühelos ein Himmelsfahr- ug vorstellen und es beschreiben. Alte Übersetzungen, die früher :inen Sinn ergaben, lassen sich jetzt – durch dieses neue Paradig- a – wesentlich moderner interpretieren. Auch dies ist ein Teil von tchins Prämisse und ein Grund dafür, dass er nicht mit jener Inter- :etation der Fakten einverstanden war, die andere Wissenschaftler :zeptierten. Ihm war klar, dass der Zeitpunkt, an dem eine bestimm- Folge von Ereignissen interpretiert worden ist, direkten Einfluss auf ese Interpretation hatte. Betrachtet man dieselben Ereignisse aus :utiger Sicht und mit dem heutigen Wissensstand, so ermöglicht dies ne viel großzügigere Interpretation.

Und noch etwas spielte für ihn eine wesentliche Rolle: Auch Überset- ıngen unterliegen je nach Erfahrung und Weltsicht des Übersetzers der ıterpretation und sind darüber hinaus ein Produkt der Zeit, in der der bersetzer tätig ist. Deshalb hat Sitchin sich bei seinen Forschungen ɜts ausschließlich auf Material in der Ursprache gestützt, um sich nicht ın möglicherweise vorurteilsbehafteten Übersetzungen abhängig zu achen. Er war überzeugt, dass einem nur Dokumente in der Ursprache ne feinen Bedeutungsnuancen liefern, die bei einer Übersetzung so icht verloren gehen können.

IE WISSENSCHAFT BEZEICHNET SUMER als »Wiege der Zivilisation«. ı diesem Land, dem heutigen Irak, dem an den Persischen Golf :enzenden Landstrich zwischen den Flüssen Euphrat und Tigris, gab die ersten Schulen, die ersten Höfe, die erste geschriebene Sprache, die erste Mathematik, die ersten Haustiere und die erste planmäßig betriebene Landwirtschaft.

Die Liste dieser »ersten« Errungenschaften ist beeindruckend. In den Dokumenten der Sumerer wird berichtet, dass sie das alles von den Anunnaki gelernt haben. Ein Großteil dieses Wissens der antiken Menschheit, das sie auf Zeichnungen, Rollsiegeln, durch mündliche Überlieferungen und in alten Schriften festgehalten haben, wurde in modernen Zeiten von unseren Wissenschaftlern wiederentdeckt. Fast jeden Tag gibt es weitere »neue« Erkenntnisse, die den Sumerer und anderen antiken Völkern bereits bekannte Errungenschaften bestätigen. Wie hätte es auch sonst sein können, dass die Sumerer, ohne Teleskope zu besitzen, um damit den Himmel zu erforschen, so viel über das Sonnensystem wussten? Dieses Wissen haben die Anunnaki ihnen gebracht.

Sitchins Buchreihe *Die Chroniken des Planeten Erde* und zahlreiche begleitende Veröffentlichungen liefern Details über antikes Wissen bezüglich der Anunnaki und schaffen damit ein zusammenhängendes Ganzes. Wer waren sie? Weshalb sind sie hierhergekommen? Was haben sie während ihrer Anwesenheit auf der Erde getan? Sitchin beantwortet diese und ähnliche Fragen anhand der Beweise, die sie selbst und die Sumerer uns hinterlassen haben. Das vorliegende Buch, *Die Anunnaki-Chroniken*, ist ein Versuch, eine Gesamtschau der Informationen zu liefern, die in den Bänden der *Chroniken des Planeten Erde* vorliegen. Es umfasst zum ersten Mal auch Vorträge, Artikel, Briefe und sonstige Äußerungen von Zecharia Sitchin, die bisher nie in Buchform veröffentlich worden sind.

Die Anunnaki-Chroniken beginnt mit einer allgemeinen Erörterung des Ursprungs unseres Sonnensystems und der Planetenbewegungen und liefert damit die Basis für die folgenden Ausführungen. In Kapitel 1 legt Sitchin dann sein Konzept des kosmologischen Zeitablaufs dar, den Ablauf der Ereignisse, soweit sie sich auf die Anunnaki und deren Anwesenheit auf der Erde beziehen. In Kapitel 2 wird die sumerische Kultur im Detail geschildert. Dabei setzt sich Sitchin vor allem damit auseinander, dass sie, wie es scheint, als eine komplett ausgeformte Zivilisation sozusagen aus dem Nichts entstanden ist. Die nächsten Kapitel befassen sich mit frühen biblischen Berichten über Besucher aus dem Weltraum. Sitchin stellt darin die wichtige Verbindung zwischen der voll ausgeformten sumerischen Kultur und diesen antiken Besuchern her, wobei er besonders kritisch das sumerische

Schöpfungsepos *Enuma Elish* betrachtet und anhand einzelner Abschnitte dieses ehrwürdigen Textes erläutert, wie real die darin beschriebenen Ereignisse tatsächlich waren.

Kapitel 6 liefert eine weitere kritische Untersuchung; diesmal wird die Frage gestellt: Wer war Jahwe, der Gott des Himmels? In Kapitel 7 setzt Sitchin seine kritischen Überlegungen fort, indem er die Erschaffung »des Adam« studiert, jenes frühen Menschen, den die Anunnaki zur Arbeit in den Goldminen auf der Erde schufen und der dazu bestimmt war, ein wertvolles Mineral abzubauen, das zur Wiederherstellung der Atmosphäre ihres Heimatplaneten Nibiru eingesetzt werden sollte. Kapitel 8 und Kapitel 9 beschreiben die geografischen Besonderheiten der antiken Region, die für die frühen Bewohner unseres Planeten von geradezu lebenswichtiger Bedeutung waren: die großen Pyramiden von Gizeh und der Berg Sinai auf der Sinai-Halbinsel.

Die nächsten drei Kapitel befassen sich mit der Neuen Welt und gehen faszinierenden Fragen aus dieser Region nach, etwa den Spuren von dort aufgetretenen Riesen und deren Platz in Sitchins Kosmologie. Anschließend wenden wir uns der Gestaltung des Kalenders und seiner Bedeutung im Laufe der Zeitalter zu und legen dar, wie seine Entwicklung die anhaltenden Machtkämpfe zwischen Angehörigen der Anunnaki-Familie widerspiegeln. Im letzten Kapitel schließt sich der Kreis. Wir befassen uns mit Nibiru und dessen in Kürze bevorstehender Rückkehr in die Nachbarschaft der Erde. Im Anhang finden sich zwei Briefe Sitchins an die *New York Times*. Sie zeigen auf, wie viel Mühe sich Sitchin damit gegeben hat, seine Forschungen zu präsentieren, und zeigen seinen hohen Rang als Wissenschaftler, der sich mit den antiken Ursprüngen der Menschheit befasst.

Wenn Sie bereits Sitchins Werke gelesen haben, hoffen wir, dass Ihnen dieses Buch als nützliches Nachschlagewerk dienen mag. Es bietet eine einzigartige Zusammenfassung seines Gesamtwerks, ergänzt um viel neues Material. Neuen Lesern wird das Buch einen Überblick über Sitchins Kosmologie ermöglichen. Durch die Informationen auf den folgenden Seiten sind schon unzähligen Lesern Fragen beantwortet worden, die sie sich ein Leben lang gestellt haben. Wir hoffen, dass auch Sie dazu gehören werden, dass wir Ihr Interesse wecken und Sie zu der Auffassung bringen können, dass Sitchin etwas Wichtigem auf der Spur war. Er war der festen Überzeugung, dass die hier versammelten Erklärungen der Wahrheit entsprechen, und wenn das wirklich zutrifft, enthält dieses

Buch einen der größten Wissensschätze über unsere Ursprünge und vielleicht auch unsere Zukunft.

Janet Sitchin

Janet Sitchin hatte die Ehre und die einmalige Chance, umgeben von dem enormen Wissen ihres Onkels Zecharia Sitchin aufzuwachsen. Seine wissenschaftliche Herangehensweise und sein abenteuerlicher Geist waren ihr schon in jungen Jahren eine Inspiration.

Seit 1995 unterstützte sie ihn bei seinen Vorträgen, seit seinem Tod im Jahre 2010 leitet sie seine offizielle Website www.sitchin.com. Sie ist eine Datenintegrationsexpertin mit einem Diplom in Computerwissenschaften und lebt heute in einem Vorort von Miami, Florida.

1
Es begann mit dem Zwölften Planeten

Auszug aus dem Prolog der US-Buchausgabe von 1978 sowie ein bisher unveröffentlichter Artikel aus dem Jahre 1982: »Der zwölfte Planet – das Buch als Erzählung«.

Sitchins Leser wissen, wie anspruchsvoll die Aufgabe ist, dem Thema der antiken Aliens und der antiken Zivilisationen gerecht zu werden, die sein ganzes schriftstellerisches Werk beherrschten, zumal wenn dies in nur wenigen, kurzen Sätzen geschehen soll. Vielen erscheinen seine Ideen fantastisch, manchmal geradezu haarsträubend. Für andere stellt sein Werk das Ergebnis eines geglückten Versuchs dar, einzelne, manchmal rätselhafte Fakten wie in einem Puzzlespiel zu einem plausiblen Ganzen zusammenzufügen, das durch greifbare Beweise und uralte Schriften belegt wird.

Wenn ich Menschen erkläre, dass mein Onkel Schriftsteller war und sie wissen wollen, was er geschrieben hat, beginne ich meist damit, dass er über antike Zivilisationen schrieb und vor seinem Tod im Oktober 2010 vierzehn Bücher veröffentlichte. Das beeindruckt sie immer wieder. Ich füge dann hinzu, dass sein erstes Buch, *Der zwölfte Planet*, ganz besonders wissenschaftlich gehalten war und dass es bei aller Faszination, die von der Thematik ausgeht, einige Mühe kostet, sich durch die ersten hundert wissenschaftlich doch sehr dichten Seiten durchzuarbeiten. Ich empfehle, sich dennoch diese Mühe zu machen, weil das im weiteren Verlauf gebotene Material so überzeugend ist, dass man das

Buch bestimmt nicht mehr aus der Hand legen wird. Es wird zu einem echten Page-Turner und besitzt das Potenzial, das Leben seiner Leser zu verändern. Anschließend erkläre ich meist, dass das Lebenswerk meines Onkels darauf basierte, die Geschichte der Nefilim zu berichten (wie er sie im ersten Buch nannte), und darzulegen, wer sie waren, weshalb sie zur Erde kamen und was sie hier getan haben.

Der folgende Text, der im Jahr 1978 als Vorwort zur ersten amerikanischen Taschenbuchausgabe von *Der zwölfte Planet* bei Avon Publications erschien, liefert in Sitchins eigenen Worten eine Zusammenfassung der wesentlichen Thematik des Buches. Dieser Text wird dem Leser Einblick in sein Denken, seine Kosmologie und somit die Basis für künftige Ideen geben.

Das Alte Testament hat mein Leben von Kindheit an geprägt. Als vor beinahe fünfzig Jahren die erste Saat für dieses Buch gelegt wurde, hatte ich nicht die geringste Ahnung von der damals hitzig geführten Debatte über den Gegensatz zwischen Bibel und Evolutionstheorie, aber als ich als kleiner Junge in der Schule die Genesis im hebräischen Originaltext studierte, führte ich damit meine ganz persönliche Konfrontation herbei. Wir lasen eines Tages in Kapitel 6, dass in jener Zeit, als Gott beschloss, die Menschheit mittels der Großen Flut zu vernichten, »die Söhne der Gottheiten«, die die Töchter der Menschen heirateten, auf Erden wandelten. Die Hebräer haben sie ursprünglich als Nefilim bezeichnet; der Lehrer hatte uns erklärt, dass das »Riesen« bedeutete, aber ich widersprach ihm: Heißt das nicht wörtlich übersetzt, »jene, die hinuntergestoßen worden waren«, die zur Erde herabgestiegen waren? Man tadelte mich und wies mich an, die traditionelle Interpretation zu akzeptieren.

Als ich mir in den Jahren darauf die Sprache, Geschichte und Archäologie des antiken Nahen Ostens aneignete, wurden die Nefilim für mich zu einer Zwangsvorstellung. Immer mehr archäologische Funde und damit einhergehend die Entzifferung sumerischer, babylonischer, assyrischer, hetitischer, kanaanitischer und anderer antiker Schriften und Epen bestätigten, dass die Hinweise in der Bibel auf die Königreiche, Städte, Herrscher, Orte, Tempel, Handelsrouten, Artefakte, Werkzeuge und Sitten des Altertums richtig waren. Wäre es daher jetzt nicht an der Zeit, den Worten der antiken Aufzeichnungen Glauben zu schenken, in denen die Nefilim als aus dem Himmel gekommene Besucher auf der Erde dargestellt werden?

Im Alten Testament wird wiederholt festgestellt: »Der Thron Jahwes ist im Himmel« – »Vom Himmel betrachtete der Herr die Erde«. Im Neuen Testament heißt es: »Vater unser, der du bist im Himmel.« Aber die Glaubwürdigkeit der Bibel wurde von der zunehmenden Verbreitung und Akzeptanz der Evolutionstheorie erschüttert. Wenn der Mensch sich entwickelt hatte, konnte er doch gewiss nicht aus dem Stand heraus von einer Gottheit erschaffen worden sein, die vorsätzlich geplant hatte, »lass uns Adam nach unserem Bilde und in unserer Gestalt machen«. Alle antiken Völker haben Götter verehrt, die aus dem Himmel zur Erde hinabgestiegen waren und die jederzeit, wenn sie dies wünschten, wieder dorthin emporsteigen konnten. Aber man hat diesen Geschichten nie geglaubt, und die Wissenschaft hat sie von Anfang an als reine Mythen abgetan.

Die uns aus dem antiken Nahen Osten überlieferten Schriften, darunter eine Vielzahl astronomischer Texte, sprechen eindeutig von einem Planeten, von dem diese Astronauten oder »Götter« gekommen waren. Aber als vor fünfzig und hundert Jahren Wissenschaftler die antiken Listen der Himmelskörper entzifferten und übersetzten, war unseren Astronomen die Existenz Plutos (der erst 1930 entdeckt wurde) nicht bekannt. Wie konnte man also von ihnen erwarten, dass sie Beweise über ein weiteres Mitglied unseres Sonnensystems akzeptierten? Aber weshalb nicht jetzt die antiken Beweise für die Existenz des Zwölften Planeten akzeptieren, wo wir doch wissen, dass es jenseits des Saturn Planeten gibt?

Jetzt, da wir uns selbst in den Weltraum hinauswagen, scheint es mir mehr als angebracht, die antiken Schriften aus einem neuen Blickwinkel zu betrachten und sie als buchstäbliche Beweise zu akzeptieren. Jetzt, da Astronauten auf dem Mond gelandet sind und unbemannte Weltraumfahrzeuge andere Planeten erforschen, sollte man auch glauben können, dass eine weiter als die unsere fortgeschrittene Zivilisation auf einem anderen Planeten imstande war, irgendwann in der Vergangenheit ihre Astronauten auf den Planeten Erde zu bringen.

Tatsächlich gibt es Spekulationen einer ganzen Anzahl populärwissenschaftlicher Schriftsteller, dass technisch hoch entwickelte Besucher von einem anderen Planeten antike Bauwerke wie die Pyramiden und sonstige gigantische Steinskulpturen errichtet haben müssen – denn der primitive Mensch konnte doch unmöglich die dafür erforderlichen technischen Mittel besessen haben. Wie konnte es, um ein anderes Beispiel zu nennen, der Zivilisation von Sumer möglich gewesen sein, vor annähernd 6.000 Jahren plötzlich so aufzublühen, ohne dass es irgendwelche Vorgängerkulturen gab? Aber da jene Schriftsteller gewöhnlich nicht darlegen, wann, wie und insbesondere woher solche antiken Astronauten gekommen sein sollen – blieben ihre faszinierenden Fragen nicht mehr als bloße Spekulation ohne jeglichen Erklärungswert.

Es brauchte dreißig Jahre der Forschung, in denen ich die antiken Quellen aufsuchte und als wörtlich zutreffend erkannte, um mir ein kohärentes und plausibles Bild der prähistorischen Ereignisse zu machen. *Der zwölfte Planet* stellt deshalb den Versuch dar, dem Leser eine zusammenhängende Darstellung mit Antworten auf die ganz speziellen Fragen des Wann, Wie, Weshalb und Woher zu liefern. Die von mir angeführten Beweise bestehen in erster Linie aus den antiken Schriften und Bildern selbst.

In *Der zwölfte Planet* habe ich den Versuch unternommen, eine durchdachte, ausgeklügelte Kosmogonie zu enträtseln, die möglicherweise ebenso gut wie moderne wissenschaftliche Theorien erklärt, wie sich das Sonnensystem gebildet haben könnte, wie ein von außen eindringender Planet auf eine Umlaufbahn um die Sonne gezwungen wurde und wie auf diese Weise die Erde und andere Teile des Sonnensystems entstanden sind.

Die Beweise, die ich dafür anbiete, schließen Himmelskarten ein, die sich mit dem Weltraumflug jenes Planeten, des Zwölften, zur Erde befassen. Anschließend wird beschrieben, wie die Nefilim ihre ersten Siedlungen auf der Erde errichteten. Die Namen ihrer Anführer werden genannt; ihre Beziehungen, ihre Lieben, ihre Eifersucht, ihre Leistungen und ihre Kämpfe werden geschildert und das Wesen ihrer »Unsterblichkeit« erklärt.

Vor allem möchte ich mit *Der zwölfte Planet* aber die folgenschweren Ereignisse darstellen, die zur Erschaffung des Menschen geführt haben, und die fortschrittlichen Methoden schildern, mit denen dies bewerkstelligt wurde.

Im weiteren Verlauf schildert das Buch die verworrenen Beziehungen zwischen den Menschen und ihren Herrschern und wirft neues Licht auf die Bedeutung der Ereignisse im Garten Eden, den Turm zu Babel und die Sintflut. Am Ende verdrängt der Mensch – von seinen Schöpfern biologisch und materiell gut ausgestattet – seine Götter von der Erde.

Dieses Buch legt nahe, dass wir möglicherweise in unserem Sonnensystem nicht allein sind. Und doch befördert es vielleicht eher den Glauben an eine universelle Allmacht, als ihn zu schwächen.

Wenn die Nefilim nämlich den Menschen auf der Erde geschaffen haben, dann könnte es auch sein, dass sie nur einen viel weiter gefassten Masterplan erfüllten.

New York, Februar 1977

Zecharia Sitchin

Detaillierter setzte Sitchin sich mit dem Inhalt von *Der zwölfte Planet* im folgenden Artikel aus dem Jahr 1982 auseinander: »*Der zwölfte Planet* – das Buch als Erzählung«. Er umreißt darin wichtige historische Ereignisse, angefangen bei der Erschaffung des Kosmos, unseres Sonnensystems und des Planeten Erde, und liefert im weiteren Verlauf einen Abriss der sich entfaltenden Geschichte der Menschheit. Wir werden uns in diesem Buch noch genauer mit speziellen Themen befassen, die er auch in dieser Kurzfassung nur angerissen hat, ehe wir am Ende des vorliegenden Buchs zum Anfang zurückkehren und uns einige verblüffende Fragen stellen: Befindet sich der Zwölfte Planet gegenwärtig auf einer Bahn, der ihn zur Erde zurückführt, und wenn ja, was bedeutet das für uns? Wie wir erfahren werden, kehrt der Zwölfte Planet alle 3.600 Jahre in die Nachbarschaft der Erde zurück. Es heißt, dass die Zeit seiner Rückkehr auf der Erde von allgemeinem Chaos und Naturkatastrophen gekennzeichnet ist, und eben dies scheint ja derzeit im Gange zu sein.

Wir wollen jetzt mehr über diesen Zwölften Planeten erfahren und damit seine mögliche Rückkehr zum Planet Erde in allernächster Zukunft in den richtigen Kontext stellen.

Der Zwölfte Planet beruht ausschließlich auf mesopotamischen schriftlichen und bildartigen Beweisen, die auf die erste bekannte Zivilisation in Sumer im vierten Jahrtausend vor Christi Geburt zurückzuführen sind.

:ich werden in dem Buch ständig Parallelen zum Alten Testament , so dass eine Verbindung des Buchs Genesis mit dem Leben im sten Jahrhundert hergestellt wird.

:löst von den ausführlichen wissenschaftlichen Diskussionen und ı präsentiert *Der zwölfte Planet* die Informationen aus den antiken ı in den modernen Begriffen des Weltraumzeitalters neu ...

:rschaffung des Sonnensystems: Erst die Sonne, Merkur und et, der Tiamat heißt; anschließend Venus und Mars; dann Jupi- Saturn, Uranus und Neptun.

Katastrophe oder »Himmelsschlacht«: Aus dem äußeren Welt- ucht ein großer Planet auf und wird immer weiter ins Sonnen- ıineingezogen, bis er mit Tiamat kollidiert und diesen Planeten Teile zerreißt. Auf diese Weise werden der Asteroidengürtel, die n sowie Erde und Mond geschaffen.

Ursprung des Lebens: Jener planetarische Eindringling – unser r Planet – ist es, der das Leben ins Sonnensystem getragen hat. ollision mit Tiamat vor rund 3,8 Milliarden Jahren bringt die Lebens vom Zwölften Planeten zur Erde (»Tiamats Hälfte«).

greich des Himmels: Von der Sonne in eine Umlaufbahn ge- ı, zieht der Zwölfte Planet auf einer kometenähnlichen Bahn r Umlaufzeit von 3.600 Erdjahren um die Sonne und kehrt im- der an den »Kreuzungspunkt« [*Place of the Crossing*] zwischen ıd Jupiter zurück (einmal alle 3.600 Jahre). Er ist ein strahlender ler seine eigene Wärme und Atmosphäre erzeugt. Im Laufe der iarden hat sich auf ihm Leben entwickelt, dessen Entwicklung gen Millionen Jahren in intelligenten Wesen von menschlicher hren Höhepunkt erreichte.

Zivilisation überholt sich selbst: Zivilisationen entwickeln gibt Städte, Höfe, Paläste, Wissenschaft, Technologie, Welt- :schung, dazu das ganze Spektrum »menschlicher« Emotio- :be, Hass, Eifersucht. Ein Komplex von Richtlinien, welche ɔnfolge regeln, entsteht. Söhne stürzen Väter, Bruder kämpft ruder um den Thron. Es gibt all die materiellen Segnungen/ ie eine fortgeschrittene Technologie mit sich bringt. Dann n einige wichtige Mineralien zu verknappen, manche davon tiv, aber hauptsächlich Gold, von dem die hoch entwickelte nik abhängt. Wird die Zivilisation auf dem Zwölften Plane- ich selbst ersticken?

Eine Goldmine namens »Erde«: Während ständiger Mach um den Thron nähert sich der Zwölfte Planet »der Kreuzung« z Jupiter und Mars. Ein entmachteter Herrscher rettet sein Leben er in einem Weltraumschiff ins All startet – und auf dem nahen I Erde abstürzt. Er und sein Gefolge stellen erfreut fest, dass es a der Erde Leben gibt, weniger weit entwickelt, aber ganz ähnlich dem Zwölften Planeten. Außerdem finden sie Goldnuggets in de betten der Erde. Auf dem Zwölften Planeten verstreichen neu der Usurpator wird abgesetzt. Die Geflüchteten werden geret kehren mit einer guten Nachricht von der Erde zurück: Es gibt so wichtige Mineral, und es ist in Reichweite – auf der Erde.

Landung auf dem Planeten Erde: »Jene, die zuvor abgesti ren« – genauso bezeichnet sie das Buch Genesis in hebräischer S die Nefilim – kehren zur Erde zurück, um das Gold dieses Plan sich zu bringen. Während ihre Raumschiffe um die Erde kreis die erste Gruppe in Raumkapseln abgesetzt, die im Arabische am Persischen Golf wassern. Angeführt vom Chefingenieur/Che schaftler der Nefilim waten sie an Land. Auf dem Marsch land erreichen sie den Rand der Sümpfe und gründen dort Erdstati und geben ihr den Namen ERIDU. Das war vor etwa 445.000 als auf der Erde eine Eiszeit herrschte.

Städte der Götter: Während die Erde 3.600 Mal um die Sonn absolviert der Zwölfte Planet nur einen einzigen Umlauf um die Und während auf der Erde einige Jahrzehntausende verstreichen das Warten für die Nefilim in deren Zeitskala nur kurze Ze weicht die Eiszeit einem wärmeren Klima. Die Nefilim gründen Siedlungen: eine als Raumhafen, eine als Einsatzzentrale, eine a zinisches Zentrum und eine als Zentrum der Metallverarbeitu »Städte« werden in einem Muster angelegt, das aus der Höhe be einen pfeilförmigen Landepfad bildet.

Die Saat der Zwietracht: Die Entscheidung für Mission E auch die Saat für Konflikte; der Anführer, der als Erster gelan und dem deshalb der Name EN.KI verliehen wurde (»Herrsc Erde«), wird einem seiner Brüder unterstellt (EN.LIL – »Herrs Luftraums«), der auf der Erde eintrifft, um das Kommando zu ü men. EN.KI soll jetzt E.A. heißen – »Herrscher der Gewäss Chefwissenschaftler wird ihm und seinen »Fischmännern« die übertragen, Gold aus dem Meerwasser zu extrahieren. Dieser Ko dowechsel legt die Saat zu einem Konflikt, der von da an ständig die Schicksale der Nefilim wie auch die der Menschheit beeinflussen soll. Sex zwischen den Göttern, zärtlich ebenso wie gewalttätig, führt unvermeidlich zu Nachfolgeproblemen.

Bergbau in Südost-Afrika: Der Plan, Gold aus den Meeren zu extrahieren, scheitert. Es bleibt nur noch eine Wahl: Man muss ausziehen und nach Gold graben. Die Belegschaftszahl der Nefilim wird auf 600 erhöht, und einige werden in den Südosten Afrikas entsandt (Rhodesien?), um dort nach Gold zu schürfen. Spezielle »versunkene Boote« – Unterseeboote – transportieren das Erz ins südliche Mesopotamien, wo es verhüttet und aufbereitet wird; anschließend befördern Shuttles es vom Raumhafen zu einem Mutterschiff in der Umlaufbahn, von wo es – in der Zeitskala der Nefilim einmal pro Jahr – zu dem sich nähernden Zwölften Planeten gebracht wird.

Meuterei der Anunnaki: Vierzig Nefilim-Jahre nach deren Landung – vor etwa 300.000 Erdjahren – kommt es zu einer Meuterei unter den Bergwerksarbeitern, den Anunnaki (»jene, die vom Himmel zur Erde kamen«). Der Anlass dazu ist ein Besuch von »EN.LIL« in den Bergwerksgebieten (er ist schon einmal dort gewesen – aus Mesopotamien verbannt, nachdem er eine junge Krankenschwester vergewaltigte, die er später geheiratet hat). Es gibt ein Ermittlungsverfahren. Der Herrscher des Zwölften Planeten – der Vater von EN.KI und EN.LIL – begibt sich dazu zur Erde, so ernst ist die Krise. EN.LIL fordert, dass der Anführer der Meuterei hingerichtet werden soll. Die anderen stellen sich auf die Seite der Meuterer, schließlich ist ihrer Meinung nach die Arbeit im Bergwerk in der Tat zu anstrengend.

Die Erschaffung des Menschen: Doch die Bergbauarbeiten müssen fortgesetzt werden. Eine Lösung bietet sich an: NIN.TI – »sie, die das Leben gibt« – die Frau, die für die medizinische Versorgung zuständig ist, soll »einen primitiven Arbeiter« erschaffen. Sie braucht dazu die Hilfe des Chefwissenschaftlers. »Das Geschöpf, das du willst« – sagt er – »es existiert bereits!« Sie extrahieren die Gene eines jungen Angehörigen der Nefilim und verschmelzen sie mit dem Ovum eines eingefangenen Hominiden, einer Affenfrau. Sie verpflanzen die befruchtete Eizelle in das Ovum eines weiblichen Angehörigen der Nefilim. Es gibt mehrere Fehlschläge; das Ergebnis sind unvollkommene Geschöpfe. Schließlich gelingt es, ein »perfektes Modell des Menschen« zu schaffen. Auf ähnliche Weise befruchtete Eizellen werden in »Batterien« von Nefilim-Frauen eingepflanzt: So werden Adams und Evas geschaffen – die ersten *Homo sapiens*. Sie werden sofort darauf angesetzt, die Schwerarbeit in den Minen Südafrikas zu leisten.

Der Garten Eden: Zu Anfang hält Ea die neuen Geschöpfe im Land der Bergwerke fest. Enlil muss einige von ihnen nach Mesopotamien schaffen, damit sie dort in den Feldern arbeiten – im »Garten Eden«. Dazu fängt er unter Einsatz modernster Waffen einige gewaltsam ein. Das neue Geschöpf – ein Hybride – kann sich nicht fortpflanzen. Ea erkennt seine Chance, auf der Erde neue Verbündete im Kampf gegen seinen tyrannischen und brutalen Bruder zu gewinnen – die Menschen. In Gestalt der biblischen Schlange ist er der Gott, der den Menschen durch zusätzliche genetische Manipulation zur Fortpflanzung befähigt. (Das »Erkennen« im Hebräisch der Bibel bedeutet »Kopulieren, um Nachkommen zu erzeugen«.) Nachdem Adam von der Frucht der Erkenntnis gekostet hat, »erkennt« Adam seine Frau Eva, und die gebärt ihm Kain. Enlil vertreibt sie wütend aus dem Garten Eden, der Heimstatt der Götter.

Die Menschheit vor der Sintflut: Aber die jetzt auf sich selbst gestellte, ausgestoßene Menschheit nimmt das erworbene Wissen mit: Schafzucht, Ackerbau, Metallbearbeitung. Kain und seine Nachkommen bauen im Osten Mesopotamiens Städte. Doch eine Folge von Morden führt zur Vernichtung dieser Linie der Menschheit. Dann wird mit Set eine reinere Linie begründet; und in den Tagen seines Sohnes Enosch wird der Menschheit erlaubt, ins Land der Götter zurückzukehren. Zu jener Zeit beginnen die Tempel, die Verehrung Gottes, und eine Priesterschaft entwickelt sich.

Die Katastrophe bahnt sich an: In jener Zeit – so schildern es das Buch Genesis und davor die Schriften der Sumerer – beginnen die Söhne der Götter den Töchtern der Menschen beizuwohnen. Enlil ist wütend über die Verunreinigung der rassischen Reinheit der Götter. Er erkennt, dass er eine Chance hat, die Menschheit los zu werden, indem er das Klima verändert. Eine neue Eiszeit bahnt sich an, was jetzt etwa 75.000 Jahre zurückliegt. Das Klima wird trockener, rauer. Ernten fallen aus. Es herrscht Hunger, und Enlil entscheidet, dass den Erdlingen die Nahrung vorenthalten werden soll. Ea unterstützt die Menschheit insgeheim, hauptsächlich mit Fischen aus dem Meer. Aber der Hunger breitet sich aus; es kommt zu Kannibalismus. Die Menschheit ist dezimiert – aber nicht am Ende.

Die Sintflut – die Götter fliehen von der Erde: Während sie c Menschheit untergehen lassen, werden die Nefilim selbst durch verbli fende Nachrichten erschüttert. Ihre wissenschaftliche Station auf c Südhalbkugel meldet, dass die Eisdecke über dem antarktischen Kon nent sich zu verschieben anfängt und auf der eigenen Eisschmelze c hingleitet. Die Anunnaki, im Mutterschiff auf der Umlaufbahn, bestä gen die Gefahr: Wenn der Zwölfte Planet sich der Erde nähert, wür sein Gravitationsfeld der Eisplatte einen fatalen Schubs versetzen, u wenn die Eisplatte dann ins Meer gleitet, würde eine gewaltige Gezeite welle die ganze Erde verschlingen.

Die Nefilim schwören, die bevorstehende Katastrophe vor c Menschheit geheim zu halten, und bereiten sich darauf vor, in ihr Shuttles von der Erde zu fliehen und alles Fleisch dort zu Grunde geh zu lassen. Wiederum durchkreuzt Ea den Plan, indem er einem getreu Erdling, »Noah«, das Geheimnis offenbart. Er zeigt ihm, wie man e tauchfähiges Schiff baut; Noah soll an Bord gehen und es von innen a dichten, wenn der Himmel von den startenden Raumfahrzeugen a Raumhafen im Norden hell erleuchtet sein wird; er soll das Schiff zu Berg Ararat steuern.

Die Rollen werden vertauscht – die Götter brauchen den Me schen: In ihren Raumfahrzeugen in der Erdumlaufbahn sehen die Gö ter die Verwüstung durch die gewaltige Gezeitenwelle und die sich c ran anschließenden Regenfälle – die Sintflut. Sie brechen in Trän aus; sie bereuen es, den Untergang der Menschheit herbeigeführt haben. Dann sinken die Wasser wieder, und der Gipfel des Berges A rat wird sichtbar. Die Raumfahrzeuge beginnen zu landen. Zu ih Überraschung stoßen die Götter auf Noah und sein Schiff voll über bender Männer, Frauen, Kinder und Tiere. Noah baut ein Feuer, b ein paar Schafe – die Lieblingsnahrung der Götter. Auch Enlils Rau fahrzeug landet – und er bekommt einen Wutanfall. Aber die ander raten ihm, das Beste daraus zu machen. Jetzt, wo alles vernichtet i was sie auf der Erde erbaut hatten, brauchen sie die Menschheit zu Überleben. Enlil stimmt dem zu, er segnet Noah und seine Frau u bringt sie in einem Raumschiff zum Mutterschiff und von dort zu Zwölften Planeten. Noahs Kinder werden in Ackerbau und Viehzuc unterwiesen, man gibt ihnen Werkzeug (z. B. den Pflug) und Saatg Die Zivilisation – die nachsintflutliche Zivilisation – nimmt ihren A fang. Man schreibt etwa 11.000 vor Christus.

Zurück nach Mesopotamien: Aber die Menschheit und die Götter üssen im bergigen Land bleiben; die Täler sind von Schlamm be-:ckt. Als der Zwölfte Planet sich schließlich um 7500 vor Christus ieder der Erde nähert, beraten sich die Götter und beschließen, die [enschheit zu zivilisieren. Sie helfen den Menschen, Tiere zu domesti-eren, zeigen ihnen, wie man Lehmhütten baut, und bringen ihnen :i, wie man Ton zum Töpfern und als Baumaterial benutzt. Dann, n 3800 vor Christus, beraten sich die Götter erneut und beschlie-:n, dass die Menschheit und die Götter in den Süden Mesopotami-ıs zurückkehren dürfen, um dort die antiken Orte genauso wieder-ıfzubauen, wie sie einmal gewesen sind. Die »plötzliche Zivilisation« on Sumer erblüht beinahe über Nacht.

Die Menschheit greift nach dem Himmel: Wie viel »Zivilisation« – 'issenschaft, Technologie – soll man die Menschheit lehren? In ihrer ast, die neue Beziehung zu entwickeln, lehren die Erhabenen (der Be-iff, den wir als »Götter« übersetzen) die Menschen Astronomie, Ma-ematik, Metallbearbeitung, Chemie und die Kunst, mehrstöckige äuser zu bauen. Die Städte werden im Umfeld neu errichteter Tempel ler göttlicher Wohnstätten errichtet, und jeder Zikkurat erhält einen cht allgemein zugänglichen (»geheiligten«) Bereich, wo die »Göttli-ıen Vögel« oder »Wirbelwinde« (wie Hesekiel einen gesehen hat) un-rgebracht sind. Die Götter ziehen am Himmel der Erde dahin und :suchen die sich ausbreitende Menschheit. Aber die Menschheit kann cht so leicht miteinander kommunizieren. Der Gott der Wissenschaft ıtwickelt schließlich mit seinen sumerischen Gefolgsleuten einen raffi-erten Plan. Mitten in Mesopotamien liegt immer noch der nicht wie-:r aufgebaute vorsintflutliche Raumhafen, das ursprüngliche Bab-ili Babylon – »Tor der Götter«). Er zeigt den Erdlingen, wie man den artturm neu erbaut, »den Turm zu Babel«, und wie man »eine Schem ıfsteigen lässt«, eine Raumrakete.

Als die anderen Götter die Konsequenzen seines Plans durchschauen, :reiteln sie ihn. Um künftige abgestimmte Maßnahmen der Erdlinge ı verhindern, verwirren sie die einheitliche Sprache der Menschen in ele Zungen. Sie verstreuen die Menschheit und ihre Wohnstätten und :ben den Menschen die Zivilisation des Nils und dann die des Indust-s, verbreiten die Menschheit in alle vier Winde.

Wo befindet sich der Zwölfte Planet jetzt?

In den antiken Schriften, auch denen des Alten Testaments, wird die Rückkehr des Zwölften Planeten in die Nachbarschaft der Erde als eine Zeit der Erdbeben und des Chaos beschrieben, gefolgt von einer Ära des Friedens und der Harmonie. Man bezeichnete das damals als den »Tag des Herrn«, an dem das »Königreich des Himmels« zur Erde zurückkehren würde.

Allen Berechnungen zufolge befindet sich der Zwölfte Planet auf dem Weg zurück in unsere nähere Umgebung.

Haben seine Bewohner bereits ihre Raumschiffe in Richtung Erde in Bewegung gesetzt? Sind die UFOs Vorboten – Späher –, mit denen sie ihren künftigen Besuch auf der Erde vorbereiten?

Die Antwort werden wir kennen, wenn unsere Astronomen aufhören, in fernen Galaxien nach Antworten zu suchen und stattdessen ihre Teleskope auf jene Bereiche des Sonnensystems richten, welche die Sumerer uns gezeigt haben!

2

Die plötzliche Zivilisation

Auszug aus »Der zwölfte Planet«, am amerikanischen Original überarbeitet und ergänzt.

Beim archäologischen Studium der Ursprünge der Menschheit und der ersten frühen Zivilisationen auf unserem Planeten deutet alles darauf, dass in Sumer in Mesopotamien erstmalig eine fortschrittliche Zivilisation entstanden ist. Aber die uralte, ungemein hoch entwickelte Kultur von Sumer ist ebenso verblüffend wie geheimnisvoll, hat es doch den Anschein, als wäre sie vollständig entwickelt aus dem Nichts aufgetaucht. Wie ist diese hoch entwickelte Gesellschaft entstanden, und welche Zivilisation hat es dort vor ihr gegeben? In Kapitel 2 seines ersten Buchs *Der zwölfte Planet* setzt sich Zecharia Sitchin damit auseinander.

Beginnen wir mit den Reichen von Babylon und Assyrien, die sich lange vor der Zeit Christi im antiken Mesopotamien entwickelt haben. Die babylonischen und assyrischen Kulturen standen um etwa 1.900 vor Christus in ihrer höchsten Blüte und hielten sich ungefähr 1.500 Jahre. Ihnen voraus ging ein Reich, das sich Akkad nannte. Und je tiefer die Wissenschaftler gruben, umso deutlicher stellte sich heraus, dass dieses Reich Akkad eine mächtige Wurzelkultur mit einer präakkadischen Sprache als wichtigem Element war – der ersten geschriebenen Sprache –, die man schließlich als Sumerisch bezeichnete.

In diesem Kapitel macht uns Sitchin mit den Leistungen und den technischen und künstlerischen Fähigkeiten der Sumerer vertraut, wozu, um nur einige zu nennen, Wissenszweige wie Mathematik, Architektur, Metallurgie, Medizin und ärztliche Behandlungsmethoden zählten. Der in allen Disziplinen erreichte hohe Wissensstand ist beispiellos und unerklärlich ... Es sei denn, man hielte für möglich, dass diese antiken Völker ihr hoch entwickeltes Wissen von einer äußerst hoch entwickelten Kultur oder mehreren solchen Kulturen geerbt haben, die vor ihnen existierten. Beim Blick auf den frühen rätselhaften Ursprung der Zivilisation im südlichen Mesopotamien untermauert Sitchin seine Fragestellung mit antiken Schriften.

Lange Zeit glaubten die Menschen im Westen, ihre Zivilisation sei das Geschenk der alten Griechen und Römer. Aber die griechischen Philosophen schrieben selbst wiederholt, sie hätten aus viel früheren Quellen geschöpft. Später berichteten Reisende nach ihrer Rückkehr nach Europa von imposanten Pyramiden in Ägypten und von halb im Sand vergrabenen Tempelstätten, die von seltsamen Steintieren, Sphinx genannt, bewacht würden.

Als Napoleon 1799 nach Ägypten kam, brachte er Gelehrte mit, die diese uralten Monumente studieren und erklären sollten. Einer von ihnen fand in der Nähe von Rosetta eine Steinplatte mit einer Proklamation aus dem Jahre 196 vor Christus, die sowohl in ägyptischen Hieroglyphen als auch in zwei anderen Schriften eingemeißelt war.

Die Entzifferung der alten ägyptischen Schrift und Sprache sowie die weiteren archäologischen Forschungen offenbarten den Menschen im Westen, dass es in Ägypten schon lange vor Beginn der griechischen Zivilisation eine hochstehende Kultur gegeben hatte. Ägyptische Aufzeichnungen sprachen von Königsdynastien, die um 3100 vor Christus ihren Anfang genommen hatten, zwei volle Jahrtausende vor Beginn der hellenischen Zivilisation. Da sie erst im fünften und vierten Jahrhundert zur Reife gelangte, war Griechenland eher ein Nachzügler als ein Begründer.

Liegt der Ursprung unserer Zivilisation also in Ägypten?

So logisch diese Schlussfolgerung auch erscheinen mag, die Tatsachen sprechen dagegen. Griechische Gelehrte beschrieben tatsächlich Reisen nach Ägypten, aber die alten Quellen des Wissens, die sie erwähnen, wurden anderswo gefunden. Die prähellenischen Kulturen am Ägäischen Meer – die minoische auf Kreta und die mykenische auf dem grie-

Abb. 1

Hebräisch	Kanaanäisch-Phönizisch	Früh-griechisch	Spät-griechisch	Griechisch	Latein
Aleph				Alpha	**A**
Beth				Beta	**B**
Gimel				Gamma	**C G**
Daleth				Delta	**D**
He				E(psilon)	**E**
Vau				Vau	**F V**
Zayin				Zeta	
Heth (1)				H(eta)	**H**
Teth				Theta	
Yod				Iota	**I**
Khaph				Kappa	
Lamed				Lambda	**L**
Mem				Mu	**M**
Nun				Nu	**N**
Samekh				Xi	**X**
Ayin				O(nicron)	**O**
Pe				Pi	**P**
Sade (2)				San	
Koph				Koppa	**Q**
Resh				Rho	**R**
Shin				Sigma	**S**
Tay				Tau	**T**

(1) Hebräisch »Heth« entspricht in der Umschrift dem Zeichen ***h*** *und hat in den sumerischen und semitischen Sprachen den Lautwert* ***ch*** *wie im deutschen Wort* ***ach*** *oder* ***Loch****.*

(2) »Sade« (auch »Zade«) entspricht in der Umschrift dem Zeichen ***s****, hat den mit starker Pressung gesprochenen Laut* ***s****, im Sumerischen und Semitischen ein* ***ts****.*

chischen Festland – zeigen, dass die vorderasiatische, nicht die ägyptische Kultur übernommen worden ist. Syrien und Anatolien, nicht Ägypten, waren die Hauptkanäle, durch die den Griechen eine frühere Zivilisation zugänglich wurde.

In Übereinstimmung mit der Tatsache, dass die Dorier ungefähr zur gleichen Zeit (etwa im 13. Jahrhundert vor Christus) in Griechenland einwanderten wie die Israeliten nach dem Auszug aus Ägypten in Kanaan, stellten die Forscher fortlaufend Ähnlichkeiten zwischen der semitischen und der hellenischen Zivilisation fest. Professor Cyrus H. Gordon erschloss in *Forgotten Scripts: Evidence for the Minoan Language* (»Vergessene Schriften: Beweis für die minoische Sprache«) ein neues Studienfeld, als er entdeckte, dass eine frühe minoische Schrift, Linear A genannt, in einer semitischen Sprache abgefasst ist. Er folgerte, dass »das Modell (im Unterschied zum Inhalt) der hebräischen und der minoischen Zivilisation weitgehend gleich ist«, und wies darauf hin, dass der Name Kreta, im Minoischen *Ke-re-ta* geschrieben, dasselbe Wort ist wie das hebräische *Ke-re-et* (ummauerte Stadt) und ein Gegenstück in einer semitischen Erzählung von einem König von Keret hat.

Sogar das hellenische Alphabet, von dem das lateinische und auch unser eigenes abstammen, kam aus dem Nahen Osten. Die alten griechischen Geschichtsschreiber schrieben selbst, dass ein Phönizier namens Kadmus (Alter) ihnen das Alphabet gebracht habe, das dieselbe Buchstabenzahl in der gleichen Reihenfolge aufweise wie im Hebräischen. Zurzeit des Trojanischen Krieges war es das einzige Alphabet. Im 5. Jahrhundert vor Christus wurde die Zahl der Buchstaben von dem griechischen Lyriker Simonides von Keos auf sechsundzwanzig erhöht.

Dass die griechische und lateinische Schrift und damit die gesamte Grundlage unserer westlichen Kultur aus dem Nahen Osten übernommen wurden, ist leicht zu beweisen, wenn man Anordnung, Namen, Zeichen und auch Zahlenwerte des ursprünglichen nahöstlichen Alphabets mit dem viel späteren altgriechischen und noch jüngeren lateinischen vergleicht (Abb. 1).

Natürlich ist es bekannt, dass die Griechen im 1. Jahrtausend vor Christus mit dem Nahen Osten in Berührung standen, nicht zuletzt durch den Sieg, den Alexander der Große 331 vor Christus über die Perser errang. Griechische Schriften gaben Auskunft über die Perser und ihr Land (das ungefähr dem heutigen Iran entspricht). Aus den Namen ihrer Könige – Kyros, Darius, Xerxes – und den Namen ihrer Götter, die anscheinend vom indoeuropäischen Sprachstamm herrühren, schlossen die Gelehrten, dass es sich um das arische (vornehme/herrschaftliche) Volk handele, das gegen Ende des 2. Jahrhunderts vor Christus aus dem Nichts heraus plötzlich am Kaspischen Meer erschienen war und sich von dort aus westwärts nach Kleinasien ausgebreitet hatte, ostwärts nach Indien und südwärts nach dem, wie es im Alten Testament heißt, »Land der Meder und Parsen«.

Aber so einfach war das alles nicht. Trotz des vermutlich fremden Ursprungs dieser Eindringlinge behandelt das Alte Testament sie als wesentlichen Bestandteil der biblischen Ereignisse. Zum Beispiel wurde Kyros als »Gesalbter Jahwes« angesehen – eine recht ungewöhnliche Beziehung zwischen dem hebräischen und einem nichthebräischen Gott. Dem biblischen Buch Esra zufolge anerkannte Kyros seinen Auftrag, den Tempel in Jerusalem zu bauen, und sagte, er habe den Befehl von dem Herrn erhalten, den er den »Gott vom Himmel« nennt.

Kyros und die anderen Könige seiner Dynastie nannten sich Achämeniden – nach dem Titel, den der Begründer der Dynastie, Hachâmanis, annahm. Es war kein arischer Titel, sondern ein semitischer, der »weiser Mann« bedeutet. Im Großen und Ganzen haben es die Gelehrten versäumt, die vielen Fingerzeige zu untersuchen, die auf Ähnlichkeiten zwischen dem hebräischen Gott Jahwe und dem »weisen Herrn« der Achämeniden hindeuten. Wie das Königssiegel des Darius zeigt, stellten die Achämeniden ihren Gott im Himmel schwebend dar (Abb. 2).

Inzwischen hat man ergründet, dass die kulturellen, religiösen und geschichtlichen Wurzeln dieser alten Perser bis zu den früheren Reichen von Babylon und Assyrien zurückgehen, deren Ausdehnung und Fall das Alte Testament schildert. Die Symbole auf den Monumenten und Siegeln der Achämineden hat man zuerst als Verzierungen angesehen. Der Weltreisende Engelbert Kämpfer, der 1686 die altpersische Hauptstadt Persepolis besuchte, beschrieb die Zeichen als »cuneates«, das heißt als keilförmige Eindrücke. Darum spricht man heute von Keilschrift.

Als man die Inschriften der Achämeniden zu entziffern versuchte, zeigte es sich, dass es die gleiche Schrift war wie auf alten Gegenständen und Tafeln in der Ebene und dem Hochland zwischen Euphrat und Tigris. Das Rätsel der verstreuten Funde reizte den italienischen Archäologen Paul Emile Botta; er leitete 1843 die ersten größeren Ausgrabungen. Er suchte eine Stelle in Nordmesopotamien aus, in der Nähe von Mosul. Botta stellte bald fest, dass der Ort auf den Inschriften Dur Scharru Kin hieß (jetzt Chorsabad). Die Inschriften waren in semitischer Sprache abgefasst, die mit dem Hebräischen verwandt ist. Der Name bedeutet »ummauerte Stadt des gerechten Königs«. In unseren Lehrbüchern heißt dieser König Sargon II.

Den Mittelpunkt der Hauptstadt des assyrischen Königs bildete ein prächtiger Palast, dessen Mauern Flachreliefs schmückten, die sich, aneinandergereiht, über anderthalb Kilometer erstreckt hätten. Die ganze Anlage wurde von einer Stufenpyramide beherrscht, Zikkurat genannt, die den Göttern als »Himmelsleiter« diente (Abb. 3).

Die Anlage der Stadt und die Skulpturen künden von einer großzügigen Lebensweise. Paläste, Tempel, Häuser, Ställe, Speicher, Mauern, Tore, Säulen, schmückendes Beiwerk, Kunstwerke, Türme, Schutzwälle, Terrassen, Gärten, das alles wurde in fünf Jahren vollendet. Georges Contenau sagt in seinem Buch *La Vie Quotidienne á Babylone et en Assyrie* (»Alltagsleben in Babylon und Assyrien«), es könne einem schwindlig werden, wenn man sich die Macht eines Reiches vorstellt, das in einem so kurzen Zeitraum so viel zu vollbringen vermochte – vor etwa dreitausend Jahren.

Um sich nicht ausstechen zu lassen, erschienen die Engländer auf dem Schauplatz in Gestalt von Sir Austen Henry Layard, eines Alter-

Abb. 2

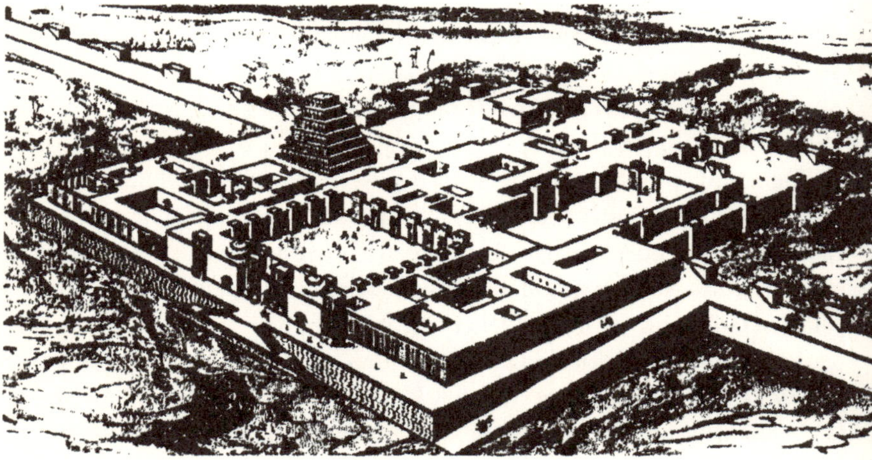

Abb. 3

tumsforschers, der seine Ausgrabungen dreizehn Kilometer den Tigris flussabwärts von Chorsabad entfernt an einem Ort durchführte, den die Einheimischen Kujundschik nannten und der sich als die assyrische Hauptstadt Ninive entpuppte.

Biblische Namen und Geschehnisse erwachten zum Leben. Ninive war die Hauptstadt Assyriens unter seinen letzten drei großen Herrschern: Sanherib, Asarhaddon und Asurbanipal. »Im vierzehnten Jahr aber des Königs Hiskia zog herauf Sanherib, der König zu Assyrien, wider alle festen Städte Juda«, erzählt das Alte Testament (2 Könige 18,13), und als der Engel des Herrn sein Heer schlug, »zog Sanherib fort, kehrte um und blieb zu Ninive«.

Die Hügel, auf denen Ninive von Sanherib und Asurbanipal erbaut wurde, enthüllten Paläste, Tempel und Kunstwerke, die diejenigen von Sargon übertrafen. Das Gebiet, in dem man die Ruinen von Asarhaddons Palästen vermutet, kann nicht ausgegraben werden; denn dort steht jetzt eine muslimische Moschee, und zwar über dem vermeintlichen Grab des Propheten Jonas, der von einem Walfisch verschluckt wurde, als er sich weigerte, Jahwes Botschaft nach Ninive zu bringen.

Layard hatte in alten griechischen Berichten gelesen, dass Alexanders Heer »einen Ort mit Pyramiden und Ruinen einer alten Stadt« sah – einer Stadt, die bereits zu Alexanders Zeiten begraben war! Layard grub sie ebenfalls aus, und sie entpuppte sich als Nimrud, das militärische Zentrum Assyriens. Hier hat Salmanassar II. einen Obelisken errichtet zum Gedenken an seine militärischen Unternehmungen und

.ngen. Der Obelisk steht jetzt im Britischen Museum und nter den Königen, die Tribut zollen mussten, »Jehu, Sohn des Cönig von Israel«. Wieder stimmen die mesopotamischen In- ı und der biblische Text überein!

unt über die immer häufigeren Übereinstimmungen befassten Assyrologen, wie diese Gelehrten seinerzeit genannt wurden, ı zehnten Kapitel der Schöpfungsgeschichte. Darin wird Nim- in gewaltiger Jäger vor dem Herrn« – als Begründer des König- lesopotamien beschrieben.

ıd der Anfang seines Reiches:
bel und Erech und Akkad, alle im Land Schinear.
n dem Land ist darnach kommen Assur,
Ninive erbaut ward, eine Stadt mit breiten Straßen,
d Calah und Ressen – die große Stadt
vischen Ninive und Calah.

lich lagen zwischen Ninive und Nimrud Hügel, die von den ıischen Calah genannt wurden. Als in diesem Gebiet unter W. zwischen 1903 und 1914 Ausgrabungen vorgenommen wur- :deckte man die Trümmer von Assur, dem religiösen Zentrum ıs und seiner ältesten Hauptstadt. Von allen in der Bibel er- ı assyrischen Städten muss nur noch Ressen gefunden werden. me bedeutet »Pferdezügel«; vielleicht beherbergte sie die Ställe rischen Könige.

fähr zur selben Zeit, als Assur ausgegraben wurde, beendete R. ey die Ausgrabung Babylons, der biblischen Stadt Babel mit Pa- empeln, hängenden Gärten und der unvermeidlichen Zikkurat. kurzem entschleierten Kunstgegenstände und Inschriften die hte der beiden konkurrierenden mesopotamischen Reiche Baby- n Süden und Assyrien im Norden.

n Aufstieg oder im Niedergang, ob einander bekämpfend oder ıander bestehend, beide zeichneten sich seit ungefähr 1900 vor ; über 1.500 Jahre lang durch eine hohe Zivilisation aus. Assur ıive wurden schließlich 614 und 612 vor Christus von den Ba- n eingenommen und zerstört. Wie die biblischen Propheten es esagt hatten, fand Babylon selbst ein unrühmliches Ende, als der nide Kyros die Stadt 539 vor Christus eroberte.

Obwohl Assyrien und Babylonien während ihrer ganzen Ge
Rivalen waren, findet man heute keine bedeutenden Unte
mehr in kultureller oder materieller Hinsicht. Zwar nannten d
rier ihren Hauptgott Assur (»der Allsehende«), während die Bal
Marduk (»Sohn des Hellen Hügels«) anbeteten, aber beider
waren vollkommen gleich.

Viele Museen in der Welt zählen zu ihrem kostbarsten Aussı
gut die Tempeltore, geflügelten Stiere, Flachreliefs, Wagen, We
Gebrauchsgegenstände, Schmuckstücke, Statuen und anderen
aus allem möglichen Material, die unter den Hügeln von Assyı
Babylonien ausgegraben worden sind. Aber die wahren Schätz
Reiche sind die schriftlichen Berichte: Tausende und Abertause
Keilinschriften, darunter kosmologische Erzählungen, epische D
gen, Lebensgeschichten von Königen, Tempelprotokolle, Heir
Scheidungsurkunden, astronomische Tafeln, astrologische Vora
mathematische Formeln, geografische Tabellen, grammatische S
te und Wörterverzeichnisse und, keineswegs als geringstes, Te
sich mit Namen, Genealogie, Eigenschaften, Taten, Mächten un
ten der Götter befassen.

Die übliche Sprache, die das kulturelle, historische und religic
zwischen Babylonien und Assyrien bildete, war Akkadisch. Da
erste bekannte semitische Sprache, verwandt, zeitlich vorangeh
dem Hebräischen, Aramäischen, Phönizischen und Kanaanitisc
Assyrier und Babylonier behaupteten jedoch nicht, die Sprache c
Schrift erfunden zu haben – viele ihrer Tafeln tragen sogar den V
dass sie von früheren Originalen kopiert worden seien.

Wer aber hat die Keilschrift erfunden und die Sprache mit i
nauen Grammatik und ihrem Wortreichtum entwickelt? Wer
»früheren Originale« geschrieben? Und warum nannten die Assy
Babylonier die Sprache Akkadisch?

Wieder gibt die Schöpfungsgeschichte in der Bibel Auskun
der Anfang seines Reiches: Babel und Erech und Akkad.« A
kann es wirklich eine solche Königsstadt gegeben haben, vo
lon und Ninive?

Die Ruinen von Mesopotamien haben den schlüssigen Beweis
dass es vor langer Zeit tatsächlich ein Königreich namens Akkad
hat, gegründet von einem viel früheren Herrscher, der sich als ein
ru-kin bezeichnete (»gerechter Herrscher«). In seinen Inschriften

tet er, dass sich sein Reich durch die Gnade seines Gottes Enlil vom Unteren Meer (dem Persischen Golf) bis zum Oberen Meer (vermutlich dem Mittelmeer) erstreckt habe. Er rühmte sich, »am Landeplatz von Akkad Schiffe aus vielen fernen Landen« liegen zu haben.

Die Forscher waren von Ehrfurcht ergriffen: Sie waren auf ein mesopotamisches Reich im 3. Jahrtausend vor Christus gestoßen! Das war ein Sprung – rückwärts – von über zweitausend Jahren vom assyrischen Sargon von Dur Scharru Kin zum Sargon von Akkad. Und doch brachten die Hügel, an denen ausgegraben wurde, Literatur und Kunst, Wissenschaft und Politik, Handel und Kommunikation – eine vollflügge Zivilisation – ans Licht, die lange vor dem Erscheinen Assyriens und Babyloniens bestanden hatten.

Überdies wurde offenbar, dass der Vorgänger und die Quelle der späteren mesopotamischen Zivilisationen, Assyriens und Babyloniens nur Zweige des akkadischen Stammes waren.

Das Geheimnis einer solchen frühen mesopotamischen Zivilisation verdunkelte sich noch mehr, als die Inschriften gefunden wurden, die von den Leistungen und der Genealogie Sargons und Akkads berichteten. Sie besagten, dass sein voller Titel »König von Akkad, König von Kisch« lautete und dass er vor der Thronbesteigung Ratgeber der »Herrscher von Kisch« gewesen war. Hat es etwa, fragten sich die Forscher, vor Akkad ein noch früheres Königreich gegeben – Kisch?

Abermals gewinnen die biblischen Verse Bedeutung.

Und Kusch zeugte Nimrod;
er wurde der erste Held im Lande ...
Und der Anfang seines Reiches:
Babel und Erech und Akkad.

Viele Gelehrte sind zu der Ansicht gelangt, dass Sargon von Akkad der biblische Nimrod war. Wenn man in dem Bibelvers »Kusch« durch »Kisch« ersetzt, scheint es zuzutreffen, dass Kisch der Vater Nimrods war, wie Sargon behauptet. Die Forscher nahmen daraufhin seine übrigen Inschriften wörtlich: »Er eroberte Uruk und riss seine Mauern nieder ... Er siegte im Kampf gegen die Bewohner von Ur ... Er eroberte das ganze Gebiet von Lagasch bis zum Meer.«

Ist das biblische Erech identisch mit dem Uruk in Sargons Inschriften? Als der Ort, der heute Warka heißt, ausgegraben wurde, stellte sich heraus, dass dies stimmt. Und das von Sargon erwähnte Ur ist nichts anderes als das biblische Ur, Abrahams Geburtsstadt.

Die archäologischen Entdeckungen bestätigen nicht nur die biblischen Berichte, sondern es stand damit auch fest, dass es in Mesopotamien sogar vor dem 3. Jahrtausend vor Christus Königreiche, Städte und Zivilisationen gegeben haben muss. Die Frage war nur: Wie weit musste man zurückgehen, um das *erste* zivilisierte Königreich zu finden?

Der Schlüssel zur Lösung des Rätsels war wieder eine andere Sprache.

DEN FORSCHERN WURDE BALD KLAR, dass Namen nicht nur im Hebräischen und im Alten Testament eine Bedeutung hatten, sondern im ganzen alten Nahen Osten. Alle akkadischen, babylonischen und assyrischen Personen- und Ortsnamen hatten eine Bedeutung. Aber die Namen der Herrscher, die Sargon und Akkad vorausgegangen sind, ergaben keinen Sinn: Der König, an dessen Hof Sargon als Berater diente, hieß Urzababa; der König, der in Erech herrschte, hieß Lugalzagesi – und so weiter.

In einem Vortrag, den der Orientalist Sir Henry Rawlinson 1853 vor der Königlichen Asiatischen Gesellschaft hielt, wies er darauf hin, dass solcherlei Namen weder semitisch noch indoeuropäisch sind und »keiner bekannten Sprachgruppe angehören«. Wenn aber die Namen eine Bedeutung hatten, welche geheimnisvolle Sprache war es dann, in der sie etwas bedeuteten?

Abermals nahmen sich die Gelehrten die akkadischen Inschriften vor. Im Grunde war die akkadische Keilschrift eine Silbenschrift: Jedes Zeichen stellte eine Silbe dar (*ab*, *ba*, *bat* und so weiter). Aber die Schrift machte auch ausgiebigen Gebrauch von Zeichen, die keine phonetischen Silben waren, sondern »Gott«, »Stadt«, »Land«, »Leben«, »erhaben« und dergleichen bedeuteten. Die einzig mögliche Erklärung für dieses Phänomen war die, dass diese Zeichen Überbleibsel einer früheren Schreibweise waren, die Piktogramme benutzte, Bildzeichen. Dem Akkadischen musste also eine andere Sprache vorausgegangen sein, deren Schreibweise den ägyptischen Hieroglyphen ähnelte.

Bald wurde es offenbar, dass man es tatsächlich mit einer früheren Sprache zu tun hatte, nicht nur mit einer früheren Schreibweise. Die Forscher fanden heraus, dass die akkadischen Inschriften ausgiebigen Gebrauch von Lehnwörtern machten (genau wie wir heute, wenn wir etwa das englische Wort *weekend* benutzen). Das war besonders bei wissenschaftlichen und technischen Ausdrücken der Fall, auch bei Ding‹ die die Götter und den Himmel betrafen.

Die größten Funde akkadischer Texte wurden in den Ruinen eiı Bibliothek gemacht, die Assurbanipal in Ninive zusammengetragen h Layard und seine Kollegen trugen von dort 25.000 Tafeln weg, die na Angabe der Schreiber Kopien »alter Texte« waren. Eine Gruppe v dreiundzwanzig Tafeln endete mit dem Vermerk »23. Tafel: Sprache v Schumer (*shumer*) nicht geändert«. Ein anderer Text enthielt eine räts hafte Anmerkung von Assurbanipal persönlich:

Der Gott der Schriftgelehrten hat mir die Gabe verliehen,
mich auf meine Kunst zu verstehen.
Ich bin in die Geheimnisse des Schreibens eingeweiht worden.
Ich kann sogar die schwierigen Tafeln auf Schumerisch lesen.
Ich verstehe die rätselhaften, in Stein gemeißelten Wörter
aus den Tagen vor der Flut.

Assurbanipals Erklärung machte alles noch rätselhafter. Aber im Janı 1869 verkündete der Orientalist Julius Oppert vor der Französisch Gesellschaft der Numismatiker und Archäologen das Ergebnis seiı Studien: Er hatte die assyrischen Keilinschriften nicht nur entziffe sondern sogar zwei Hauptsprachen festgestellt. Es sei klar erwiesen, d es vor dem Akkadischen schon eine andere Sprache und damit ein anc res Volk gegeben habe. Mit dem Hinweis darauf, dass die frühen He scher von Mesopotamien ihre Legitimität mit dem Titel »König von S mer und Akkad« proklamiert hatten, schlug er vor, das Volk »Sumer‹ und das Land »Sumer« zu nennen.

Abgesehen von der falschen Aussprache – richtig wäre Schumer gev sen –, hatte Oppert recht. Sumer war kein geheimnisvolles, fernes Laı sondern der einstige Name Südbabyloniens, wie es die Schöpfungs; schichte deutlich sagt: Die Königsstätte Babel und Erech und Akkad gen »im Lande Schinear«. (Schinear oder Schinar ist der biblische Naı für Sumer.) Nachdem die Gelehrten diese Schlussfolgerungen überno: men hatten, waren die Schleusen geöffnet. Der akkadische Hinweis ‹ »alte Texte« gewann Sinn, und es wurde klar, dass die Tafeln mit lang Wörterspalten akkadisch-sumerische Wörterbücher darstellten, die d Assyriern und Babyloniern zum Studium der ersten geschriebenen Sp che, des Sumerischen, dienten.

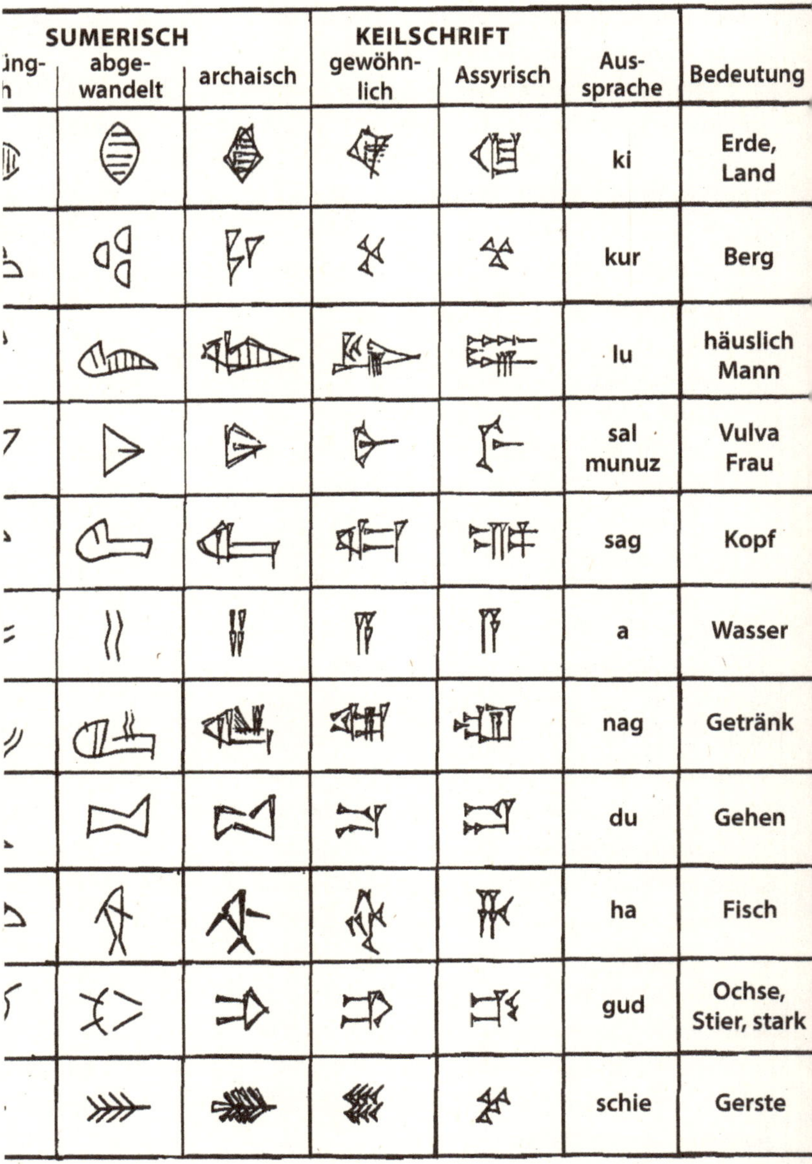

SUMERISCH			KEILSCHRIFT			
ing- h	abgewandelt	archaisch	gewöhnlich	Assyrisch	Aussprache	Bedeutung
					ki	Erde, Land
					kur	Berg
					lu	häuslich Mann
					sal munuz	Vulva Frau
					sag	Kopf
					a	Wasser
					nag	Getränk
					du	Gehen
					ha	Fisch
					gud	Ochse, Stier, stark
					schie	Gerste

Abb. 4

Ohne diese uralten Wörterbücher wären wir noch längst nicht imstande, sumerische Texte zu lesen. Dank ihnen wurde ein großer literarischer und kultureller Schatz erschlossen. Es stellte sich heraus, dass die sumerische Schrift, ursprünglich eine Bilderschrift und in vertikalen Spalten in Stein gemeißelt, dann horizontal verlagert und später, zu Keilschrift stilisiert, in weiche Tontafeln geritzt wurde, in jener Keilschrift, die von den Akkadern, Babyloniern, Assyriern und anderen Völkern des alten Nahen Ostens übernommen wurde (Abb. 4).

Die Entzifferung der sumerischen Sprache und Schrift sowie die Erkenntnis, dass die Sumerer und ihre Kultur die Quelle aller akkadisch-babylonisch-assyrischen Errungenschaften waren, spornten zu archäologischen Forschungen in Südmesopotamien an. Alles wies nun darauf hin, dass dort der Anfang lag.

Die erste bedeutsame Ausgrabung einer sumerischen Siedlung wurde 1877 von französischen Archäologen begonnen, und die Funde allein an dieser Stelle waren so zahlreich, dass andere hier bis 1933 weitergruben, ohne dass die Arbeit abgeschlossen wurde.

Der von den Einheimischen »Telloh« (Hügel) genannte Ort erwies sich als frühsumerische Stadt, eben als das Lagasch, mit dessen Eroberung sich Sargon von Akkad gebrüstet hatte. Es war tatsächlich eine Königsstadt, deren Herrscher den gleichen Titel wie Sargon trugen, allerdings in sumerischer Sprache: EN.SI (»gerechter Herrscher«). Ihre Dynastie begann ungefähr 2900 vor Christus und hielt sich fast 650 Jahre. Während dieser Zeit regierten dreiundvierzig *Ensi* ununterbrochen in Lagasch: Namen, Genealogie und Dauer der Regentschaft sind allesamt lückenlos verzeichnet.

Die Inschriften (Abb. 5) gaben viele Auskünfte. Bitten an die Götter, »das Korn sprießen und wachsen zu lassen ... die bewässerte Pflanze Korn liefern zu lassen«, beweisen, dass Landwirtschaft und Bewässerung bekannt waren. Die vom »Aufseher der Kornkammer« zu Ehren einer Göttin verfasste Inschrift auf einem Kelch zeigt, dass Korn aufbewahrt, gemessen und gehandelt wurde.

Ein *Ensi* namens Eannatum brachte auf einem Lehmziegel eine Inschrift an, aus der hervorgeht, dass diese sumerischen Herrscher den Thron nur mit Bewilligung der Götter besteigen konnten. Er verzeichnete auch die Eroberung einer anderen Stadt, womit erwiesen ist, dass es zu Beginn des 3. Jahrtausends vor Christus in Sumer noch andere Stadtstaaten gegeben hat.

Eannatums Nachfolger Entemena schreibt vom Bau eines Tempels, der mit Gold und Silber geschmückt war, von Gartenanlagen und von der Vergrößerung ausgemauerter Brunnen. Er rühmt sich, eine Festung mit Wachttürmen und Hafenanlagen errichtet zu haben.

Zu den näher bekannten Herrschern von Lagasch gehört Gudea. Er ließ viele Statuetten von sich machen, die ihn in Gebetshaltung zeigen. Das war keine bloße Pose: Gudea hatte sich wirklich der Anbetung

Abb. 5

seines Hauptgottes Ningirsu und dem Bau oder Umbau von Tempeln verschrieben.

Aus seinen vielen Inschriften geht hervor, dass er sich erlesenes Baumaterial beschaffte: Gold aus Afrika und Anatolien, Silber aus dem Taurus-Gebirge, Zedern vom Libanon, anderes seltenes Holz vom Ararat, Kupfer aus den Zagros-Bergen, Diorit aus Ägypten, Karneol aus Äthiopien und anderes Material aus Ländern, die man noch nicht ermittelt hat.

Als Moses in der Wüste eine »Wohnung« für Gott baute, tat er es nach den genauen Anweisungen des Herrn; als König Salomo in Jerusalem den ersten Tempel baute, tat er es, nachdem der Herr ihm »Weisheit« verliehen hatte. Der Prophet Hesekiel hatte ein »göttliches Gesicht«, und er wurde zu einem Mann geführt, der »eine Gestalt wie Erz hatte, in der Hand eine leinene Schnur und eine Messrute hielt«; nach den genauen Anweisungen dieses Mannes errichtete man den zweiten Tempel. Urnammu, der Herrscher von Ur, stellt in einem früheren Jahrtausend dar, wie ihm sein Gott befahl, einen Tempel zu bauen; auch er erhielt die genauen Anweisungen, und der Gott gab ihm die Messrute sowie eine aufgerollte Schnur (Abb. 6).

Abb. 6

Zwölfhundert Jahre vor Moses schilderte Gudea das Gleiche in einer sehr langen Inschrift. In einem göttlichen Gesicht wurden ihm die Anweisungen gegeben. »Ein Mann, der wie der Himmel glänzte und neben dem ein göttlicher Vogel stand, befahl mir, ihm einen Tempel zu bauen.« Dieser Mann, der »nach der Krone auf seinem Haupt offenbar ein Gott war«, ist als der Gott Ningirsu identifiziert worden. Bei ihm war eine Göttin, die in einer Hand die »Tafel mit ihrem Lieblingsstern der Himmel« hielt, in der anderen »einen heiligen Griffel«, mit dem sie Gudea den »Lieblingsplaneten« zeigte. Eine dritte Gestalt, ebenfalls ein Gott, hielt in der Hand eine Tafel aus kostbaren Edelsteinen – »den Plan des Tempels enthielt sie«. Eine Statue Gudeas zeigt ihn sitzend mit dieser Tafel auf dem Schoß; auf der Tafel ist die göttliche Zeichnung deutlich zu sehen (Abb. 7).

So weise Gudea auch war, diese architektonischen Anweisungen verblüfften ihn so sehr, dass er Rat bei einer Göttin suchte, die göttliche Botschaften deuten konnte. Sie erklärte ihm den Sinn der Anweisungen, die Maße des Plans, Größe und Form der Bausteine, die er benutzen sollte. Hierauf stellte Gudea einen »Wahrsager, der Entscheidungen trifft« und eine »Prüferin von Geheimnissen« an, die feststellen mussten, an welchem Ort am Rande der Stadt der Gott seinen Tempel wünsche. Dann bot er 216.000 Leute für die Bauarbeiten auf.

Gudeas Verblüffung ist verständlich, denn der einfach aussehende Grundriss verlangte von ihm, eine komplizierte Zikkurat mit sieben Terrassen zu bauen. In Heft 4 des ersten Jahrgangs von *Der alte Orient* (1900) beschreibt A. Billerbeck wenigstens einen Teil der göttlichen architektonischen Anweisungen. Die uralte Zeichnung auf der beschädigten Statue zeigt oben gruppenweise angeordnete senkrechte Striche, deren Zahl sich in dem Maße vermindert, wie sich der Zwischenraum vergrößert. Die göttlichen Architekten waren offenbar imstande, nach einem einfachen Grundriss mit sieben verschiedenen Maßstäben einen siebenstöckigen Tempel zu bauen (Abb. 8).

Man sagt, der Krieg sporne den Menschen zu wissenschaftlichen und wirtschaftlichen Durchbrüchen an. Im alten Sumer scheint der Tempelbau das Volk und seine Herrscher zu größeren Leistungen auf technischem, kommerziellem und architektonischem Gebiet angeregt zu haben, auch in Bezug auf Transportwesen und Organisation. Die Fähigkeit, nach einem Bauplan große Bauwerke zu errichten, eine riesige Arbeiterschaft zu organisieren und zu verpflegen, Gelände zu ebnen und aufzu-

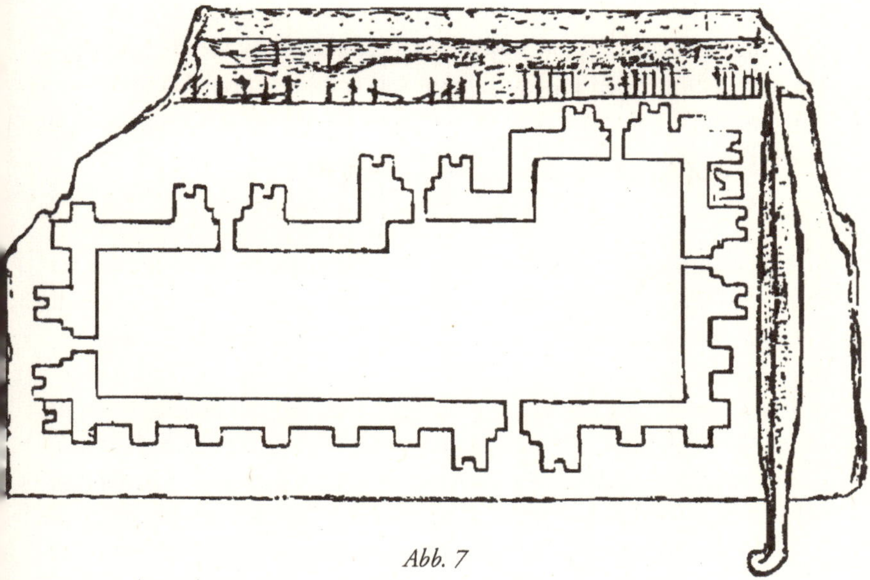

Abb. 7

Abb. 8

werfen, Ziegel zu formen und Steine zu transportieren, seltene Metalle und anderes Material von weither herbeizuschaffen, Metall zu gießen, Utensilien zu formen und zu schmücken – all das spricht deutlich von einer hohen Zivilisation, die schon im 3. Jahrtausend vor Christus in voller Blüte gestanden hat.

So meisterhaft sogar die frühesten sumerischen Tempel auch waren, sie bildeten nur die Spitze des Eisbergs in Anbetracht der Fülle von materiellen Leistungen, die diese erste bekannte Zivilisation hervorgebracht hat.

Abgesehen von der Erfindung und Entwicklung der Schrift, ohne die eine hohe Zivilisation nicht möglich gewesen wäre, gebührt den Sumerern obendrein das Verdienst, den Druck erfunden zu haben. Bereits Jahrtausende, bevor Johann Gutenberg die Buckdruckerkunst »erfand«, indem er bewegliche Typen verwendete, benutzten die sumerischen Schreiber fertige »Typen« mit verschiedenen Bilderschriftzeichen, die sie ähnlich anwendeten wie wir heute Gummistempel, um die Schriftzeichen in der gewünschten Reihenfolge in den feuchten Lehm zu drücken.

Sie erfanden auch den Vorläufer unserer Rotationspresse – das Rollsiegel. Es war ein kleiner Zylinder aus besonders hartem Gestein, in dem die Botschaft oder die Zeichnung spiegelverkehrt eingemeißelt wurde; rollte man das Siegel auf dem feuchten Lehm ab, so erschien sie als »positiver« Abdruck auf dem Lehm. Mit dem Siegel ließ sich zudem die Echtheit eines Schriftstücks beweisen; man brauchte nur einen zweiten Abdruck zu machen und ihn mit dem ersten zu vergleichen (Abb. 9).

Viele numerische und mesopotamische schriftliche Berichte handeln nicht unbedingt von göttlichen und geistigen Dingen, sondern von alltäglichen Aufgaben wie Ernteberichten, Feldmessungen und Preisberechnungen. In der Tat, keine hohe Zivilisation wäre ohne ein ähnlich entwickeltes Zahlensystem möglich gewesen.

Das Sexagesimalsystem der Sumerer verband die weltliche Zahl 10 mit der »göttlichen« 6 und gelangte so zu der Grundzahl 60. Dieses Zahlensystem ist unserem gegenwärtigen Dezimalsystem in mancher Hinsicht überlegen, auf jeden Fall aber den späteren griechischen und römischen Systemen. Es befähigte die Sumerer, mit Millionen zu dividieren und zu multiplizieren, Wurzeln zu ziehen und Zahlen zu mehreren Potenzen zu erheben. Es ist nicht nur das erste bekannte Rechensys-

Abb. 9

tem, sondern auch eins mit Stufenzahlen oder Einheiten. Genau wie beim Dezimalsystem 2 je nach Einstufung 2 oder 20 oder 200 sein kann, so konnte eine 2 bei den Sumerern 2 oder 120 (2 x 60) und so weiter je nach Platzierung bedeuten (Abb. 10).

Der in 360 Grade eingeteilte Kreis, der Fuß und seine 12 Zoll, das Dutzend als Einheit sind nur ein paar Beispiele für die Spuren des sumerischen Zahlensystems, die noch heute in unserem Alltagsleben zu finden sind. Von ihrem astronomischen Wissen, ihrem Kalender und ähnlichen mathematischen Kenntnissen wird noch die Rede sein.

Wie unser wirtschaftliches und soziales System – Bücher, Gerichts- und Steuerakten, Verträge, Heiratsurkunden und dergleichen – vom Papier abhängen, so hing das sumerisch-mesopotamische Leben vom Lehm ab. Tempel, Höfe und Handelshäuser hatten ihre Schreiber, die auf feuchten Tontafeln Entscheidungen, Vereinbarungen, Nachrichten, Preisberechnungen, Löhne, Feldmaße, Zahl der benötigten Ziegelsteine und alles Mögliche andere eintrugen.

Lehm war auch ein lebenswichtiges Rohmaterial für die Herstellung von Gebrauchsgegenständen, Vorrats- und Transportbehältern. Außerdem wurde er zur Herstellung von Ziegeln benutzt – gleichfalls eine Erfindung der Sumerer, die es ihnen ermöglichte, Häuser fürs Volk, Paläste für die Könige und Tempel für die Götter zu bauen.

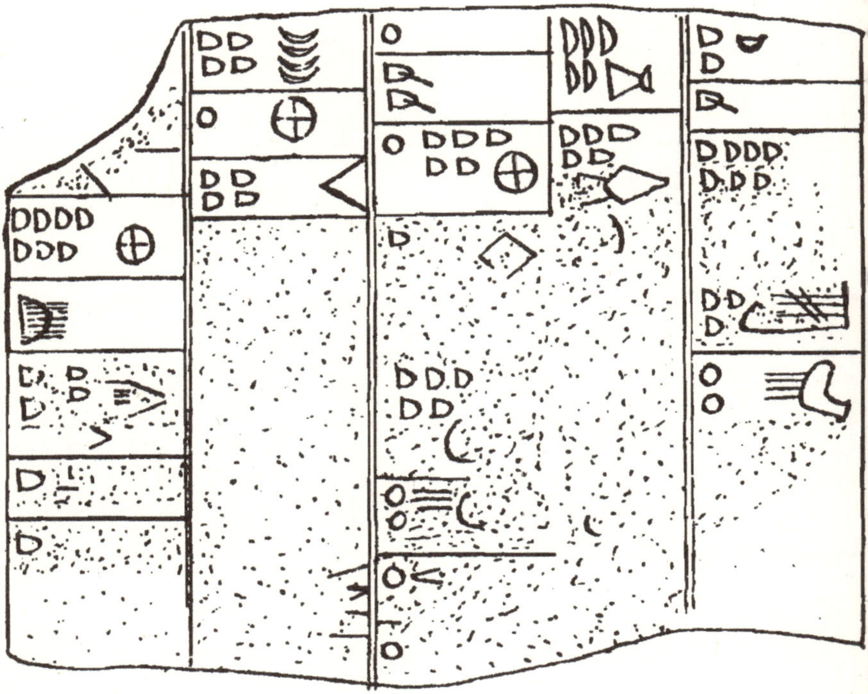

Abb. 10

Zwei weitere technische Durchbrüche sind den Sumerern als Verdienst anzurechnen: Durch Verstärkung und Brennen konnten sie bei allen Lehmprodukten Leichtigkeit mit Spannkraft verbinden. Moderne Architekten haben entdeckt, dass bewehrter Beton, ein außerordentlich starkes Baumaterial, entsteht, wenn man den Beton mit einem Stahlgerippe versieht. Vor langer Zeit verliehen die Sumerer ihren Ziegeln Stärke, indem sie dem feuchten Lehm Binsen- und Strohhäcksel beimischten. Sie wussten auch, dass Tonwaren Spannkraft und Dauerhaftigkeit erhielten, wenn man sie im Ofen brannte. Die ersten Hochhäuser und Bogengänge der Welt wie auch dauerhafte Keramik wurden durch diese technischen Durchbrüche ermöglicht.

Die Erfindung des Brennofens – eines Ofens, in dem starke Hitze kontrolliert werden kann, ohne dass die Produkte mit Staub oder Asche in Berührung kommen – führte zu einem noch größeren technischen Fortschritt, zur Metallzeit.

Vermutlich fand der Mensch ungefähr 6000 vor Christus heraus, dass er »weiches Gestein« – natürlich vorkommende Gold-, Kupfer- und Silıpen – in nützliche oder gefällige Formen hämmern konnte. Die ehämmerten Metallgegenstände wurden im Zagros-Hochland Taurus-Gebirge gefunden. R. J. Forbes weist in seinem Buch *The ce of Old World Metallurgy* (»Die Geburtsstätte der Metallurgie lten Welt«) über die Metallurgie im Altertum jedoch darauf hin, »Kupfervorrat im alten Vorderorient bald erschöpft war, so dass n Abbau von Erz übergehen musste«. Das erforderte Kenntnis Fähigkeit, das Metall abzubauen, zu schmelzen und zu verfeiauter Prozesse, die ohne Schmelzofen und eine allgemein fortgeıe Technik nicht möglich waren.

Kunst der Metallurgie gehörte auch bald die Fähigkeit, Kupfer eren Metallen zu legieren, was zur Herstellung von Bronze führBronzezeit, unsere erste Metallzeit, war ebenfalls ein mesopoer Beitrag zur modernen Zivilisation. Metallhandel stand im ınkt des kaufmännischen Lebens; er bildete überdies die Grundmesopotamischen Bankwesens und des ersten Geldes, des Silkels (»gewogener Barren«).

ielen verschiedenen Metalle und Legierungen, für die Sumerer kader Bezeichnungen gefunden haben, sowie die umfassende he Terminologie zeugen vom hohen Niveau der Metallurgie im esopotamien. Eine Zeitlang verwirrte dies die Forscher, weil es in ın sich keine Metallvorkommen gab, die Metallurgie aber dort slich ihren Anfang genommen hat.

Rätsels Lösung heißt: *Energie.* Schmelzen, Verfeinern, Legieren ßen konnten nicht ohne genügende Feuerung vorgenommen wer-Feuerungsmaterial fehlte es in Mesopotamien nicht. Also wurde all zu den Öfen gebracht, was die vielen frühen Inschriften erklärt, Herbeischaffung von Metallen aus weiter Ferne beschreiben.

Brennmaterial, das Sumer zu technologischer Überlegenheit verstand aus Bitumen und Bergteer, flüssigen Substanzen, die sich s in der Nähe von Erdölquellen finden und in Mesopotamien s an die Erdoberfläche drangen. R. J. Forbes beweist in seinem *tumen and Petroleum in Antiquity* (»Bitumen und Erdöl im Al-), dass die Oberflächenablagerungen in Mesopotamien die erste offquelle von frühester Zeit bis zur römischen Epoche waren. Er dass der technische Gebrauch dieser Naturprodukte in Sumer Jahr 3500 vor Christus begann und dass sie zurzeit der Sumerer genutzt wurden als von späteren Kulturvölkern.

Die Sumerer machten in solchem Maße machten die Sumere Gebrauch – nicht nur als Brennstoff, sondern auch als Material ßenbau, Imprägnierung, zum Tünchen, Malen, Zementieren u men –, dass die Archäologen, die das alte Ur suchten, es unte Hügel begraben fanden, den die einheimischen Araber »Bitume nannten. Forbes zeigt, dass die sumerische Sprache eine Bezeichn jede erdpechhaltige Substanz hatte. Ja, es lässt sich sogar nacl dass die akkadischen, hebräischen, ägyptischen, koptischen, schen, lateinischen und Sanskrit-Wörter, die auf Erdöl Bezug r vom Sumerischen abgeleitet sind; beispielsweise stammt »Napl *naputu* (»Steine, die aufflammen«) ab.

Die Verwendung der Erdölprodukte bildete auch die Grundla fortgeschrittenen Chemie. Der hohe Stand der sumerischen schaft lässt sich nicht nur an vielerlei Färbemitteln und an manc tigkeiten wie dem Glasieren ermessen, sondern auch an der He künstlicher Edelsteine, etwa eines Ersatzes für Lapislazuli.

Erdölprodukte wurden ferner in der Medizin benutzt, die e einen erstaunlich hohen Standard hatte. In Hunderten von schen Inschriften kommen medizinische Ausdrücke und Redev gen vor, die den sumerischen Ursprung der gesamten meso schen Medizin bezeugen.

Assurbanipals Bibliothek in Ninive enthielt eine medizinisch lung. Die Texte wurden in drei Gruppen eingeteilt: *bultitu* (»Th *schi-pir bel imti* (»Chirurgie«) und *urti maschmaschsche* (»Gebote schwörungen«). Frühe Gesetze befassten sich mit den Honorare folgreiche Operationen und der Strafe für ein Misslingen. Eine urgen, der beim Durchbohren der Schläfe mittels Lanzette verse das Auge eines Patienten verletzte, wurde die Hand abgehackt.

Einige Skelette, die in mesopotamischen Gräbern gefunden sind, weisen unmissverständliche Anzeichen der Gehirnchiru Ein teilweise zerbröckelter medizinischer Text spricht von der c schen Entfernung »eines Schattens, der das Auge eines Mannes te«; dabei handelte es sich wahrscheinlich um eine Kataraktop Ein anderer erwähnt die Anwendung eines Schneidegeräts, un heißt es: »Wenn die Krankheit das Innere des Knochens errei musst du auskratzen und entfernen.«

Die Kranken konnten in der sumerischen Zeit zwischen eine (»Wasserarzt«) und einem IA.ZU (»Ölarzt«) wählen. Eine fast

Abb. 11

send Jahre alte, in Ur ausgegrabene Tafel führt einen medizinischen Praktiker als »Lulu, der Doktor« auf. Es gab auch Tierärzte, entweder als »Ochsenärzte« oder als »Eselsärzte« bekannt.

Auf einem sehr frühen Rollsiegel – in Lagasch gefunden –, das »Urlugale-dina, dem Doktor« gehört hat, sind zwei chirurgische Zangen abgebildet. Das Siegel zeigt auch die Schlange auf einem Baum – bis heute das Symbol der Medizin (Abb. 11). Häufig abgebildet ist ein Instrument, das die Hebammen zum Durchschneiden der Nabelschnur benutzten.

Da sich die sumerischen medizinischen Texte mit Diagnose und Rezepten befassen, besteht kein Zweifel daran, dass der sumerische Arzt kein »Medizinmann« oder Zauberer war. Er verordnete Sauberkeit und Waschungen, heiße Bäder mit wasserlöslichen Mineralstoffen, Umschläge mit Heilkräutern, Einreibungen mit Erdölprodukten.

Medikamente wurden aus Pflanzen und wasserlöslichen Mineralstoffen hergestellt. Sollten sie oral eingenommen werden, so wurde das Pulver mit Wein, Bier oder Honig gemischt; bei einem Einlauf in den Mastdarm mischte man es mit Pflanzenöl. Alkohol, der bei Desinfektion und als Grundstoff vieler Medizinen eine so wichtige Rolle spielt, gelangte in unsere Sprachen durch das arabische Wort *kohl*, das vom akkadischen *kuhlu* abgeleitet ist.

Lebermodelle zeigen, dass das medizinische Studium an Tonmodellen menschlicher Organe betrieben wurde. Die Anatomie muss eine fortgeschrittene Wissenschaft gewesen sein, denn Tempelriten verlangten die sorgfältige Sezierung der geopferten Tiere – nur einen Schritt entfernt von der Kenntnis der menschlichen Anatomie.

Etliche Abbildungen auf Rollsiegeln und Tafeln zeigen einen Menschen, der auf einem Tisch liegt, umgeben von Göttern oder Menschen. Aus Epen und anderen Heldengeschichten weiß man, dass sich die Sumerer und ihre Nachfolger in Mesopotamien mit Leben, Krankheit und Tod befassten. Männer wie Gilgamesch, ein König von Erech, suchten den »Lebensbaum« oder ein Mineral (einen »Stein«), der ewige Jugend verleihen könnte. Es gibt auch Hinweise auf Bemühungen, die Toten auferstehen zu lassen, besonders wenn es zufällig Götter waren:

Auf den Leichnam, der an der Stange hing,
richteten sie den Puls und den Strahl;
sie besprenkelten ihn
sechzig Mal mit dem Wasser des Lebens,
sechzig Mal mit der Nahrung des Lebens;
und Manna stand auf.

Waren ultramoderne Methoden – so können wir nur mutmaßen – bekannt, und wurden sie bei derartigen Wiederbelebungsversuchen angewendet? Dass man radioaktives Material kannte und zur Behandlung bestimmter Krankheiten anwendete, muss immerhin in Betracht gezogen werden, wenn die auf einem Rollsiegel abgebildete medizinische Behandlung gedeutet werden soll. Das Siegel stammt aus der Anfangszeit der sumerischen Zivilisation und zeigt einen Menschen, der auf einem besonderen Lager liegt; sein Gesicht ist mit einer Maske bedeckt, und er ist irgendwelchen Strahlen ausgesetzt (Abb. 12).

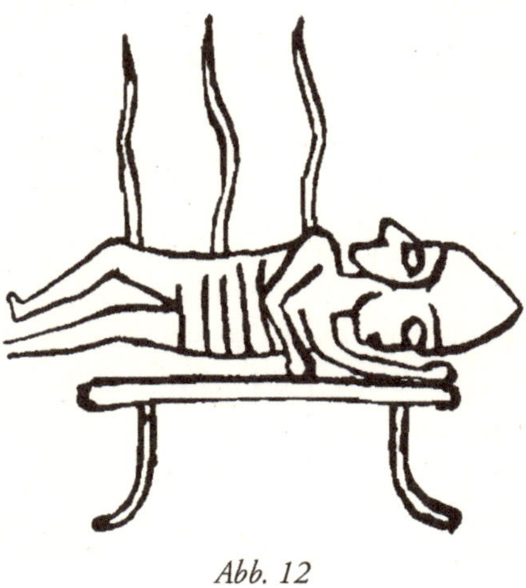

Abb. 12

Zu den frühesten materiellen Errungenschaften der Sumerer gehört die Entwicklung der Textilindustrie.

Abb. 13

Unsere eigene industrielle Umwälzung soll mit der Einführung ‹
Spinn- und Webmaschinen im England der 1760er Jahre begonnen l
ben. Seither galt die Entwicklung der Textilindustrie in den meist
Entwicklungsländern als erster Schritt zur Industrialisierung. Die:
Prozess hat aber nicht etwa im achtzehnten Jahrhundert seinen Anfa
genommen, sondern erwiesenermaßen bereits mit der ersten großen

Abb. 14

vilisation der Menschheit. Der Mensch lernte Stoffe zu weben, sobald er Landwirtschaft betrieb, die ihm ja Flachs lieferte, und als er Tiere zähmte, die ihn mit Wolle versorgten. Grace M. Crowfoot hat in *Textiles, Basketry and Mats in Antiquity* (»Textilien, Korbwaren und Matten im Altertum«) die diesbezügliche Lehrmeinung etabliert, indem sie den unwiederbringlichen Beweis erbrachte, dass die Webkunst schon um das Jahr 3800 vor Christus in Mesopotamien bekannt war.

Überdies war Sumer in uralter Zeit nicht nur für seine gewebten Stoffe berühmt, sondern auch für seine Kleider. n Buch Josua (7,21) wird von einem Mann erzählt, der während der erstörung Jerichos »einem guten Mantel aus Schin'ar« nicht widerstehen onnte und aus der Beute behielt, obwohl darauf die Todesstrafe stand. So och wurden die Gewänder aus Schinar (Sumer) geschätzt, dass die Leute gar ihr Leben aufs Spiel setzten, um sie sich anzueignen.

In sumerischer Zeit gab es bereits eine reiche Terminologie für Kleier und deren Herstellung. Das hauptsächliche Kleidungsstück hieß UG – zweifellos sowohl stilistisch als auch hinsichtlich der Bezeichung ein Vorläufer der römischen Toga. Man nannte es auf Sumerisch UG.TU.SCHE, was soviel heißt wie »Kleidungsstück, das herumgewickelt getragen wird« (Abb. 13).

Die alten Abbildungen enthüllen nicht nur eine erstaunliche Vielfalt nd Üppigkeit der Kleidung, sondern auch Eleganz, bei der guter Gehmack und Zusammenstellung von Kleid, Frisur, Kopfputz und chmuck im Vordergrund standen (Abb. 14, 15).

INE WEITERE SUMERISCHE ERRUNGENSCHAFT war der Ackerbau. In eiem Land mit nur zwei Regenzeiten mussten die Flüsse mittels eines nfassenden Systems von Bewässerungskanälen das ganze Jahr hindurch r Ernten sorgen.

Mesopotamien – das Land zwischen den Flüssen – war in uralter Zeit n wahrer Brotkorb. Der Aprikosenbaum, der im Spanischen *damasco*

Abb. 15

(»Damaskusbaum«) heißt, hat den botanischen (lateinischen) Namen Prunus Armeniaca, der dem akkadischen *armanu* entlehnt ist. Die Kirsche, auf Griechisch *kerasos,* ist vom akkadischen *karschu* abgeleitet. Alles spricht dafür, dass diese und andere Früchte und Gemüse von Mesopotamien aus nach Europa gelangt sind. Das Gleiche gilt für viele Samen und Gewürze: Safran stammt vom akkadischen *azupiranu* ab, Krokos von *kurkanu* (über *krokos* auf Griechisch), Kümmel von *kamanu,* Ysop von *zupu,* Myrrhe von *murru.* Die Liste ist lang; in vielen Fällen war das

Abb. 16

Griechische die physikalische und etymologische Brücke, über die diese Produkte des Landes nach Europa gelangten. Zwiebeln, Linsen, Bohnen, Gurken, Kohl und Kopfsalat waren gewöhnliche Bestandteile des sumerischen Speisezettels.

Ebenso eindrucksvoll sind Ausmaß und Vielfalt der mesopotamischen Küche. Texte und Abbildungen bestätigen, dass Sumerer aus Getreide Mehl zu machen verstanden, aus dem Mehl wiederum gesäuertes und ungesäuertes Brot, Breie, Backwerk, Kuchen und Kekse. Aus gegorener Gerste wurde Bier gewonnen; unter den Texten hat man »technische Leitfäden« für die Bierherstellung gefunden. Wein wurde aus Trauben und Datteln zubereitet. Schafs-, Ziegen- und Kuhmilch diente als Getränk und zum Kochen; außerdem machte man daraus Joghurt, Butter, Sahne und Käse. Fisch war ein verbreiteter Bestandteil der Nahrung. Hammelfleisch stand immer zur Verfügung, und das Fleisch der Schweine, die die Sumerer in großen Herden züchteten, galt als wahre Delikatesse. Gänse und Enten dürften der Tafel der Götter vorbehalten gewesen sein.

Die alten Texte lassen keinen Zweifel daran aufkommen, dass sich die hohe Kochkunst in den Tempeln und im Dienst der Götter entwickelte. Ein Text schreibt als Opfer für die Götter vor: »Gerstenbrotlaibe ... Emmerbrotlaibe ...; eine Paste aus Honig und Sahne; Datteln, Gebäck ...; Bier, Wein, Milch ... Zedernsaft, Sahne.« Ein bestimmtes Stück vom Stier wurde nach einem strengen Rezept zubereitet, das »feines Mehl mit Wasser, bestem Bier und Wein zu einem Teig verrührt« vorschreibt, vermischt mit Tierfett, »aromatischen Bestandteilen von Palmenherzen«, Nüssen, Malz und Gewürzen. Anweisungen für das »tägliche Opfer für die Götter der Stadt Uruk« verlangten als Beigabe zum Mahl fünf verschiedene Getränke und gaben genau an, wie das Mischen und Durchkneten vor sich zu gehen hatte.

Unsere Bewunderung für die sumerische Kochkunst nimmt zu, wenn wir die Gedichte betrachten, die gutes Essen preisen. Ja, was soll man sagen, wenn man dieses jahrtausendealte Rezept für »Coq au Vin«, Hähnchen in Weinsauce, liest:

Im trinkbaren Weine,
im duftenden Wasser,
im Öl der Salbung
habe ich diesen Vogel gekocht
und ihn gegessen.

Eine blühende Wirtschaft, eine Gesellschaft mit solch ausgedehnten materiellen Unternehmungen konnte sich nicht ohne ein leistungsfähiges Transportwesen entwickeln. Die Sumerer benutzten ihre beiden großen Flüsse und das künstliche Kanalnetzwerk als Wasserwege für den Transport von Menschen, Waren und Vieh. Einige der frühesten Abbildungen zeigen zweifellos die ersten Boote der Welt.

Aus vielen frühen Texten geht hervor, dass die Sumerer auch Seefahrt in tiefem Gewässer betrieben und vielerlei Schiffe benutzten, um Metalle, seltene Hölzer, Steine und anderes Material zu holen, das es in Sumer nicht gab. Das akkadische Wörterbuch der sumerischen Sprache enthält eine Rubrik über Schifffahrt; darin sind allein 105 Ausdrücke für verschiedene Schiffe aufgeführt, die sich auf deren Größe, Bestimmung oder Zweck (für Fracht, für Passagiere oder zur ausschließlichen Benutzung bestimmter Götter) beziehen. Weitere 69 sumerische Wörter, die mit der Bemannung und Konstruktion der Schiffe zusammenhängen, mussten ins Akkadische übersetzt werden. Nur eine lange Schifffahrtstradition konnte derartig spezialisierte Fahrzeuge und eine solche Fachterminologie hervorbringen.

Für den Überlandtransport wurde das Rad zuallererst in Sumer benutzt. Die Erfindung und die Übernahme ins Alltagsleben ermöglichten vielfältige Fahrzeuge, vom Karren bis zum Streit- und Triumphwagen. Zweifellos kommt den Sumerern auch der Ruhm zu, als erste

»Ochsenkraft« wie auch »Pferdekraft« als Fortbewegungsmittel eingesetzt zu haben (Abb. 16).

Im Jahr 1956 überprüfte Professor Samuel N. Kramer, einer der bedeutendsten Sumerologen unserer Zeit, das literarische Erbe, das man unter den Hügeln von Sumer gefunden hat. Allein das Inhaltsverzeichnis seines Buches *From the Tablets of Sumer* (»Aus den Tafeln von Sumer«) – mit Fakten von den sumerischen Tontafeln – ist ein Kleinod, denn jedes der fünfundzwanzig Kapitel behandelt einen sumerischen »Erstling«, darunter die ersten Schulen, den ersten Zweikammerkongress, den ersten Historiker, den ersten Pharmazeuten, den ersten Bauernkalender, die erste Kosmogonie, die erste Kosmologie, den ersten »Hiob«, die ersten Sprichwörter und Redensarten, die ersten literarischen Debatten, den ersten »Noah«, den ersten Bibliothekskatalog, das erste Heldenzeitalter des Menschen, seine ersten Gesetze und Sozialreformen, seine erste Medizin, den ersten Ackerbau und die erste Suche des Menschen nach Weltfrieden und Eintracht.

Das ist keine Übertreibung.

Die ersten Schulen in Sumer erwuchsen aus der Erfindung und Einführung der Schrift. Es gab erwiesenermaßen (davon zeugen sowohl ausgegrabene Schulhäuser als auch Schultafeln) schon zu Anfang des 3. Jahrtausends vor Christus ein formales Erziehungssystem. Tausende von Schriftgelehrten und jungen Schreibern, Hofschreiber, Tempelschreiber und Schreiber in hoher staatlicher Stellung lebten in Sumer. Manche betätigten sich außerdem als Schullehrer; man kennt ihre Schulberichte, ihre Aufsätze über Ziel und Zweck der Schule, ihren Lebenslauf und ihre Lehrmethoden.

In den Schulen wurde nicht nur schreiben und lesen gelehrt, sondern auch Unterricht in Botanik, Zoologie, Geografie, Mathematik und Theologie erteilt. Literarische Werke der Vergangenheit wurden studiert und kopiert, neue verfasst.

Schulvorstand war ein *ummia* (»Fachprofessor«), und zur Fakultät gehörten unweigerlich »ein Mann, dem das Zeichnen unterstand«, »ein Mann, dem das Sumerische unterstand« und »ein Mann, dem die Peitsche unterstand«. Anscheinend herrschte eine strenge Disziplin: Ein Schüler beschreibt auf einer Tontafel, wie er aus folgenden Gründen ausgepeitscht wurde: Fehlen in der Schule, Unordnung, Trödelei, Schwatzhaftigkeit, schlechtes Betragen und sogar unleserliche Handschrift.

Eine epische Dichtung handelt von der Geschichte Erechs und der Rivalität zwischen Erech und dem Stadtstaat Kisch. Es wird geschildert, wie die Gesandten von Kisch nach Erech kamen, um eine friedliche Beilegung des Streites anzubieten. Aber der damalige Herrscher von Erech, Gilgamesch, wollte lieber kämpfen als verhandeln. Interessant daran ist, dass er die Angelegenheit der Versammlung der Ältesten, dem »Senat«, zur Abstimmung unterbreiten musste:

Der Herr Gilgamesch
legt die Sache den Ältesten seiner Stadt vor,
er wünscht die Entscheidung:
»Unterwerfen wir uns nicht dem Hause Kisch,
schlagen wir es mit den Waffen.«

Der Ältestenrat war jedoch fürs Verhandeln. Unverzagt trug Gilgamesch die Sache den jüngeren Leuten vor, der Versammlung der Kämpfer, die für den Krieg stimmten. Die Bedeutung der Erzählung liegt in der Offenbarung, dass ein sumerischer Herrscher die Frage von Krieg oder Frieden dem ersten Zweikammerkongress vorlegen musste – vor etwa fünftausend Jahren.

Den Titel des ersten Historikers hat Kramer Entemena verliehen, dem König von Lagasch, der auf Tonzylindern seinen Krieg mit dem benachbarten Umma geschildert hat. Im Gegensatz zu anderen Texten, die literarische Werke oder epische Dichtungen mit geschichtlichem Inhalt bilden, sind Entemenas Inschriften kühle Prosa, nur geschrieben als historische Berichterstattung.

Da die assyrischen und babylonischen Inschriften vor den sumerischen entziffert worden waren, glaubte man lange Zeit, der erste Gesetzeskodex sei vom babylonischen König Hammurabi um das Jahr 1900 vor Christus zusammengestellt und herausgegeben worden. Aber als die sumerische Zivilisation entdeckt wurde, stellte man fest, dass die Ehre, als erste Gesetze und Verfügungen für die soziale Ordnung erlassen zu haben, den Sumerern gebührt.

Lange vor Hammurabi erließ ein sumerischer Herrscher des Stadtstaates Eschnunna (nordöstlich von Babylon) Gesetze über Höchstpreise für Nahrungsmittel und für die Miete von Wagen und Booten, damit die Armen nicht unterdrückt werden konnten. Es gab auch bereits Gesetze über die Verletzung von Personen und Eigentum, über die Schlichtung von Familienangelegenheiten und die Beziehung zwischen Herr und Diener.

Sogar noch früher wurde ein Kodex von Lipit-Ischtar, einem Herrscher von Isin, veröffentlicht. Die 38 Gesetze, die auf der teilweise erhaltenen Tafel (einer Kopie des Originals, das in eine steinerne Stele gemeißelt war) lesbar geblieben sind, handeln von Grundbesitz, Sklaven und Dienern, Heirat und Erbschaft, Bootsmiete, Ochsenmiete und Steuervergehen. Wie später auch Hammurabi erklärt Lipit-Ischtar in der Einleitung zu seinem Kodex, die »großen Götter« hätten ihm befohlen, »den Sumerern und den Akkadern Wohlergehen zu bringen«.

Nicht einmal Lipit-Ischtar war der erste sumerische Gesetzgeber. Bruchstücke von ausgegrabenen Tontafeln enthalten Kopien von Gesetzen, die Urnammu, ein Herrscher von Ur um das Jahr 2350 vor Christus, erlassen hat – über ein halbes Jahrtausend vor Hammurabi. Diese Gesetze, vom Gott Nannar auferlegt, zielten darauf ab, diejenigen zu hindern und zu bestrafen, die sich »die Ochsen, Schafe und Esel der Bürger aneignen«, auf dass »die Waisen nicht den Reichen zum Opfer fallen, die Witwen nicht den Mächtigen, der Mann, der nur einen Schekel besitzt, nicht dem Manne, der sechzig Schekel besitzt«. Urnammu setzte auch »ehrliche und unveränderliche Gewichte und Maße« fest.

Sumerische Rechtsprechung und Gerichtsbarkeit gehen jedoch noch weiter zurück.

Um das Jahr 2600 vor Christus muss in Sumer schon so viel geschehen sein, dass der *Ensi* Urukagina es für notwendig befand, Reformen vorzunehmen. Eine lange Inschrift von ihm gilt bei den Wissenschaftlern als kostbarer Bericht von der ersten Sozialreform des Menschen im Sinne von Freiheit, Gleichheit und Brüderlichkeit – eine »Französische Revolution«, die ein König 4.400 Jahre vor dem 14. Juli 1789 ausgelöst hat.

Urukaginas Reformdekret zählt zunächst die Übel seiner Zeit auf, dann die Reformen. Die Übel bestanden hauptsächlich darin, dass die Aufseher ihre Macht dazu benutzten, das Beste für sich selbst zu nehmen, im Missbrauch hoher Ränge und in Wucherpreisen seitens monopolistischer Gruppen.

Alle diese Ungerechtigkeiten und noch viele andere wurden durch das Reformdekret untersagt. Ein Beamter konnte »für einen guten Esel oder ein Haus« nicht mehr seinen eigenen Preis festsetzen. Ein »großer Mann« konnte einen gewöhnlichen Bürger nicht mehr unterdrücken. Die Rechte der Armen, der Blinden, der Witwen und Waisen wurden neu geregelt. Einer geschiedenen Frau wurde – vor fast fünftausend Jahren – Rechtsschutz verbürgt.

Wie lange hatte die sumerische Zivilisation schon bestanden, dass sie einer solchen größeren Reform bedurfte? Sicher bereits lange Zeit, denn Urukagina sagt, sein Gott Ningirsu habe ihn aufgerufen, »die Vorschriften der früheren Zeit wiedereinzusetzen«. Das lässt deutlich erkennen, dass es sich um eine Wiederaufnahme *früherer* Gesetze handelt.

Die sumerischen Gesetze wurden von einem Gericht hochgehalten, dessen Verhandlungen und Urteile ebenso wie die Verträge genau protokolliert wurden. Die Richter waren eher Geschworene; gewöhnlich bestand das Gericht aus drei bis vier Richtern, von denen einer berufsmäßiger »königlicher Richter« war; die anderen gehörten einem 36-köpfigen Schiedsgericht an.

Im Gegensatz zu den Babyloniern, die Regeln aufstellten, kümmerten sich die Sumerer um Gerechtigkeit, denn ihres Erachtens nach wurden die Könige von den Göttern hauptsächlich ernannt, um Gerechtigkeit im Lande zu üben.

Es lässt sich mehr als eine Parallele mit dem Begriff von Gerechtigkeit und Moral im Alten Testament ziehen. Bevor die Hebräer Könige hatten, wurden sie von Richtern regiert; die Könige wurden nicht nach ihren Eroberungen oder ihrem Reichtum beurteilt, sondern nach dem Maß, in dem sie »das Rechte« taten. In der jüdischen Religion bezeichnet Neujahr eine zehntägige Periode, in der die Taten der Männer zwecks Bestimmung ihres Schicksals im kommenden Jahr gewogen und eingeschätzt werden. Wahrscheinlich ist es kein Zufall, dass die Sumerer glaubten, eine Gottheit namens Nansche beurteile die Menschheit alljährlich auf die gleiche Weise.

Die Bedeutung, die in Sumer dem Recht und dem Unrecht beigemessen wurde, fand auch Ausdruck im »ersten Hiob«, wie Kramer es nennt. Nachdem Kramer die Bruchstücke der Tontafeln im Altertumsmuseum von Istanbul zusammengestellt hatte, konnte er den Gutteil einer sumerischen Dichtung lesen, die wie das biblische Buch Hiob von der Klage eines rechtschaffenen Mannes handelt, der, anstatt von den Göttern gesegnet zu werden, alle möglichen Einbußen und Nichtanerkennung erleiden muss. »Mein gerechtes Wort ist in eine Lüge verdreht worden«, ruft er verzweifelt.

Im zweiten Teil fleht der anonyme Dulder seinen Gott ähnlich an, wie es in einigen Versen der hebräischen Psalmen der Fall ist:

Mein Gott, der du mein Vater bist,
der du mich gezeugt hast – erhebe mein Antlitz ...
Wie lange willst du mich noch vernachlässigen,
mich ungeschützt lassen ...
mich ohne Führung lassen?

Dann folgt ein glückliches Ende. »Die gerechten Worte, die reinen Worte, die er äußerte, nahm sein Gott an ... Sein Gott zog die Hand von der bösen Verkündung zurück.«

Schon über zweitausend Jahre vor dem biblischen Prediger Salomon enthielten viele sumerischen Sprüche die gleichen Begriffe und ebensolchen Witz.

Sind wir zum Sterben verurteilt, mögen wir verprassen;
werden wir lange leben, mögen wir sparen.

Wenn ein Armer stirbt, versuche ihn nicht wiederzubeleben.

Wer viel Silber besitzt, mag glücklich sein;
wer viel Gerste besitzt, mag glücklich sein;
aber wer gar nichts hat, kann schlafen!

Mann: Für sein Vergnügen – die Ehe,
wenn sein Denken wiedereinsetzt – die Scheidung.

Es ist nicht das Herz, das Feindschaft herbeiführt;
es ist die Zunge, die Feindschaft herbeiführt.

In einer großen Stadt ohne Wachhunde
ist der Fuchs der Aufseher.

Neben den materiellen und geistigen Errungenschaften der sumerischen Zivilisation entwickelte sich auch die darstellende Kunst. Eine Forschungsgruppe von der Universität Berkeley in Kalifornien erregte Aufsehen, als sie im März 1974 verkündete, sie habe das älteste Lied der Welt entschlüsselt. Richard L. Crocker, Anne D. Kilmer und Robert R. Brown war es gelungen, die Noten auf einer Keilschrifttafel aus der Zeit um 1800 vor Christus, die man in Ugarit an der Mittelmeer-

eute in Syrien) gefunden hat, nicht nur zu lesen – sie konnten ik sogar spielen.

wussten längst«, erklärte die Gruppe in Berkeley, »dass es in ıen assyrisch-babylonischen Zivilisation Musik gegeben hat; · der Entzifferung wussten wir nicht, dass sie dieselbe diatoni- ɔenstufige Tonleiter hatte, die für die zeitgenössische westliche ınd für die griechische Musik im 1. Jahrtausend vor Christus :hnend ist.« Bisher hatte man gedacht, die westliche Musik ha- . Ursprung in Griechenland; jetzt aber ist erwiesen, dass unsere · wie so vieles andere der westlichen Zivilisation – aus Mesopo- stammt. Das ist insofern nicht überraschend, als der griechi- lehrte Philon schon gesagt hat, die Mesopotamier seien dafür :, dass sie »durch die Töne der Musik weltweite Harmonie und ıt gesucht haben«.

nn kein Zweifel daran bestehen, dass auch Musik und Gesang erischer »Erstling« zu gelten haben. Professor Crocker konnte :e Melodie erst spielen, nachdem er eine Leier gebaut hatte, die Jr gefundenen Instrumenten entsprach. Texte aus dem 2. Jahr- vor Christus weisen auf das Vorhandensein musikalischer ;elzahlen« und einer kohärenten Musiktheorie hin; und Profes- ıer schrieb schon früher in ihrem Buch über die Saiten der Mu- ımente – *The Strings of Musical Instruments: Their Names, Num- ! Significance* (»Die Saiten der Musikinstrumente: Ihre Namen, :rn und Bedeutung«) –, dass viele sumerische hymnische Texte de Anmerkungen hätten, die »Musiknoten zu sein scheinen«. :rte: »Die Sumerer und ihre Nachfolger hatten ein erfülltes mu- ıes Leben.« Es ist also nicht verwunderlich, dass auf Rollsiegeln ıtafeln vielfältige Musikinstrumente sowie Sänger und Tänzer let sind (Abb. 17).

so viele sumerische Errungenschaften sind Musik und Lied in ıpeln entstanden. Doch bald wurde die darstellende Kunst, die ıst der Götter begonnen hatte, auch außerhalb des Tempels ge- Vit ihrer Vorliebe für Wortspiele prägten die Sumerer einen der sich auf die Entlohnung der Sänger bezog: »Ein Sänger, der ɔhlklingende Stimme hat, ist ein armer Sänger.«

hat viele sumerische Liebeslieder gefunden, die zweifellos instru- ɔegleitet wurden. Besonders rührend ist ein Wiegenlied, das eine komponiert und ihrem kranken Kind vorgesungen hat:

Komm, Schlaf, komm, Schlaf, komm zu meinem kranken Soh
Eile, Schlaf, zu meinem Sohn.
Lass seine ruhelosen Augen schlummern …
Du hast Schmerzen, mein Sohn;
ich bin besorgt, ich weiß nichts zu sagen,
ich blicke zu den Sternen empor.
Der junge Mond scheint auf dein Gesicht;
dein Schatten wird Tränen um dich vergießen.
Schlaf ein, schlaf ein …

Möge die Göttin des Wachstums dir gewogen sein;
mögest du einen beredten Wächter im Himmel haben;
mögest du eine glückliche Zeit der Herrschaft erfahren …
Möge ein Weib deine Stütze sein;
möge ein Sohn dein künftiges Los sein.

Das Erstaunliche an solcher Musik und solchen Liedern ist nic die Schlussfolgerung, dass Sumer der Ursprung der westlicher hinsichtlich Struktur und harmonischer Komposition war, nicl ger bedeutungsvoll ist die Tatsache, dass uns die Musik und die wenn wir sie hören und lesen, so überhaupt nicht fremdartig a und dass wir sogar ihren tiefen Ausdruck und ihre Gefühle nach den können. Ja, wenn wir die großartige sumerische Zivilisa trachten, stellen wir nicht nur fest, dass unsere Moral und unser Gerechtigkeit, unsere Gesetze, unsere Architektur, unsere Kunst sere Technik in Sumer wurzeln, sondern auch, dass uns die sum Institutionen durchaus vertraut und nahe sind.

Im Grunde sind wir alle Sumerer, möchte man sagen.

Nach der Ausgrabung von Lagasch deckte der Spaten der logen Nippur auf, das ehemalige religiöse Zentrum von Sur Akkad. Von den hier gefundenen 30.000 Texten sind viele b noch nicht entziffert worden. In Schuruppak wurden Schulhä dem 3. Jahrtausend vor Christus gefunden, in Ur prachtvoll Schmuck, Waffen, Streitwagen, Helme aus Gold, Silber, Kup Bronze, die Überreste einer Weberei, Gerichtsprotokolle und he Zikkurat, deren Ruinen immer noch die Landschaft behe

Abb. 17

In Eschnunna und Adab fanden die Archäologen Tempel und kunstvolle Statuen aus der Zeit vor Sargon. Inschriften in Umma sprechen von früheren Reichen. In Kisch wurden monumentale Gebäude und eine Zikkurat ausgegraben, die mindestens aus dem Jahr 3000 vor Christus stammen.

Uruk (Erech) führte die Archäologen ins 4. Jahrtausend vor Christus zurück. Sie fanden hier die ersten bemalten gebrannten Tonwaren und das erste Zeugnis einer Töpferscheibe. Ein Pflaster aus Kalksteinblöcken ist die älteste Steinkonstruktion, die man bisher entdeckt hat. In Uruk fanden die Archäologen auch die erste Zikkurat – einen großen, von Menschenhand geschaffenen Hügel, auf dem ein weißer und ein roter Tempel standen. Außerdem wurden hier die ersten Inschriften und die ersten Rollsiegel entdeckt. Von den Rollsiegeln schreibt Jack Finegan in seinem Buch *Light from the Ancient Past* (»Licht aus alter Vergangenheit«): »Es ist ganz erstaunlich, wie vortrefflich die Siegel, die zuerst in der Uruk-Periode erscheinen, schon gearbeitet sind.« Andere Ausgrabungen aus der Uruk-Periode zeugen von der Kultur des Metallzeitalters.

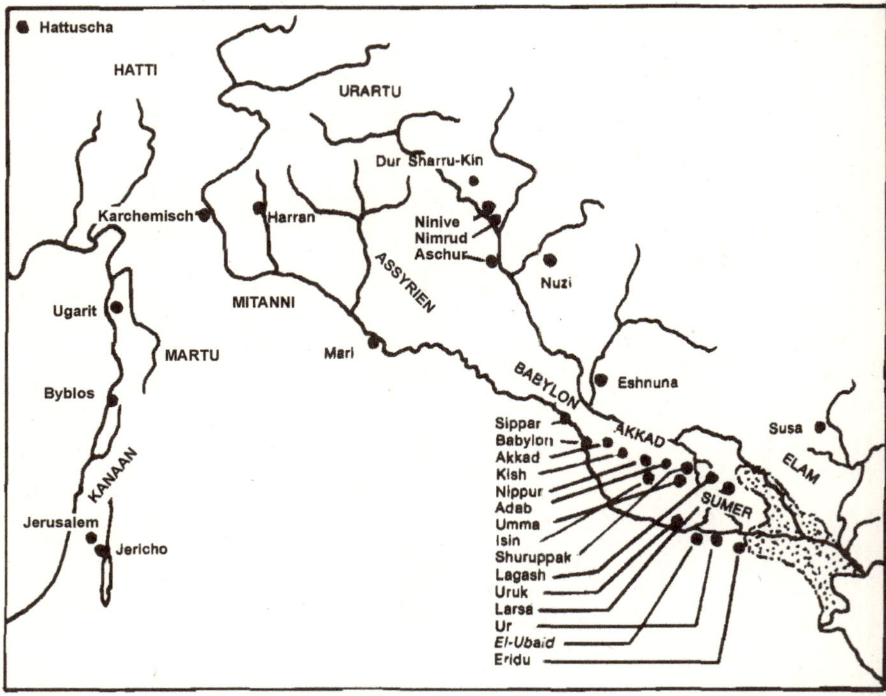

Abb. 18

Im Jahr 1919 stieß H. R. Hall in einem Dorf, das heute El-Ubaid heißt, auf uralte Ruinen. Nach den dortigen Funden wurde die mutmaßliche erste Phase der großen sumerischen Zivilisation benannt. Die Erforschung sumerischer Städte jener Zeit, die zwischen Nordmesopotamien und den südlichen Ausläufern der Zagros-Berge liegen, erbrachte Folgendes: erster Gebrauch von Tonziegeln, Stuckwände, Mosaikausschmückung, Friedhöfe mit ziegelausgekleideten Gräbern, mit geometrischen Mustern bemalte Keramik, Kupferspiegel, Perlen aus importierten Türkisen, Tusche für Augenlider, kupferbeschlagene »Tomahawks«, Kleider, Häuser und vor allem monumentale Tempelgebäude.

Weiter südlich fanden die Archäologen Eridu, laut alten Texten die erste sumerische Stadt. Als man tiefer grub, stieß man auf einen Enki, dem sumerischen Gott des Wissens, geweihten Tempel, der anscheinend nach der Errichtung mehrmals umgebaut worden war. Die Gesteinsschichten führten die Wissenschaftler zu den Anfängen der sumerischen Zivilisation zurück: 2500 vor Christus, 2800 vor Christus, 3000 vor Christus, 3500 vor Christus.

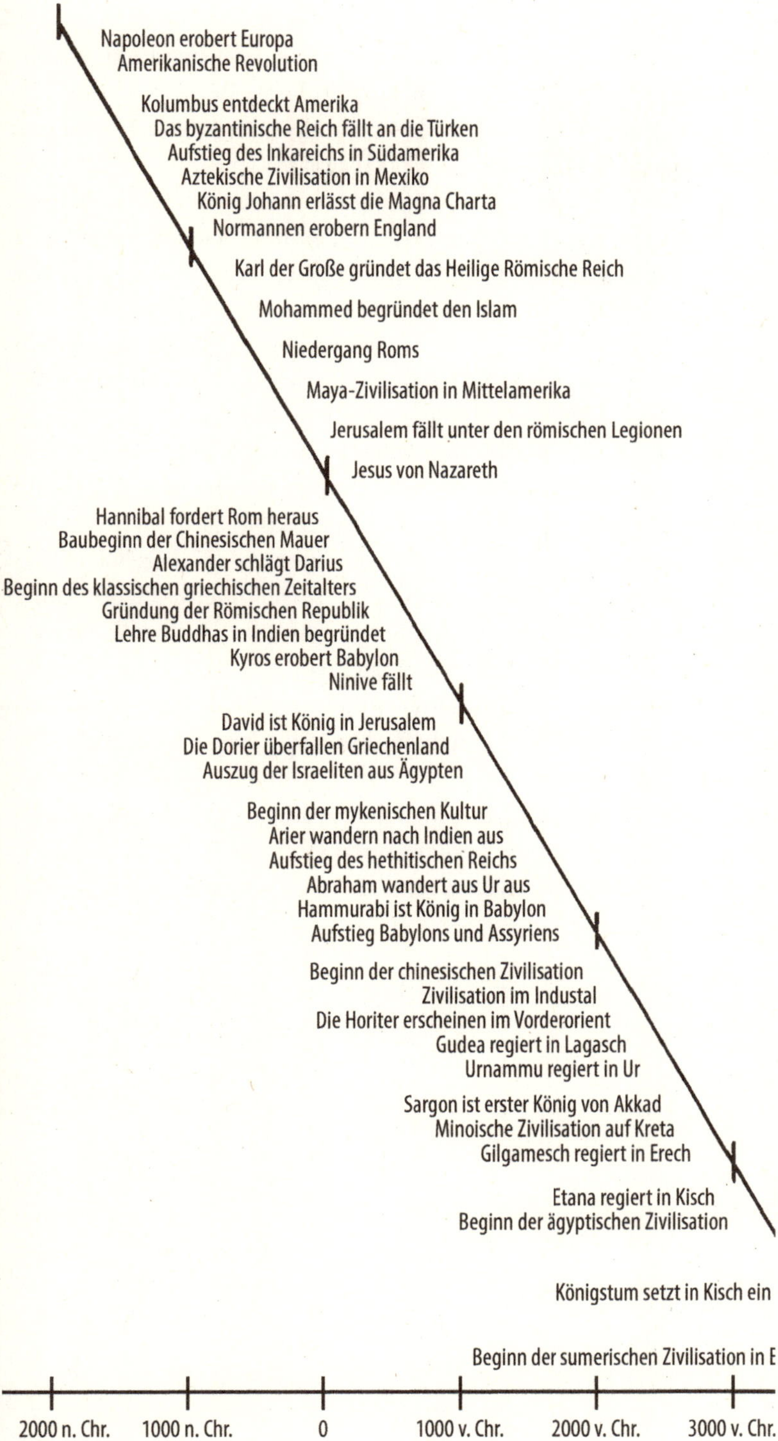
Napoleon erobert Europa
Amerikanische Revolution
Kolumbus entdeckt Amerika
Das byzantinische Reich fällt an die Türken
Aufstieg des Inkareichs in Südamerika
Aztekische Zivilisation in Mexiko
König Johann erlässt die Magna Charta
Normannen erobern England
Karl der Große gründet das Heilige Römische Reich
Mohammed begründet den Islam
Niedergang Roms
Maya-Zivilisation in Mittelamerika
Jerusalem fällt unter den römischen Legionen
Jesus von Nazareth
Hannibal fordert Rom heraus
Baubeginn der Chinesischen Mauer
Alexander schlägt Darius
Beginn des klassischen griechischen Zeitalters
Gründung der Römischen Republik
Lehre Buddhas in Indien begründet
Kyros erobert Babylon
Ninive fällt
David ist König in Jerusalem
Die Dorier überfallen Griechenland
Auszug der Israeliten aus Ägypten
Beginn der mykenischen Kultur
Arier wandern nach Indien aus
Aufstieg des hethitischen Reichs
Abraham wandert aus Ur aus
Hammurabi ist König in Babylon
Aufstieg Babylons und Assyriens
Beginn der chinesischen Zivilisation
Zivilisation im Industal
Die Horiter erscheinen im Vorderorient
Gudea regiert in Lagasch
Urnammu regiert in Ur
Sargon ist erster König von Akkad
Minoische Zivilisation auf Kreta
Gilgamesch regiert in Erech
Etana regiert in Kisch
Beginn der ägyptischen Zivilisation
Königstum setzt in Kisch ein
Beginn der sumerischen Zivilisation in E
2000 n. Chr.
1000 n. Chr.
0
1000 v. Chr.
2000 v. Chr.
3000 v. Chr.

Dann stießen die Spaten auf die Fundamente des ersten Enki geweih-
n Tempels. Darunter befand sich jungfräulicher Boden – vorher war
ɔrt nichts gebaut worden. Die Zeit war ungefähr 3800 vor Christus.
amals begann die Zivilisation.

Es war nicht nur die erste Zivilisation im wahren Sinne des Wortes.
; war auch eine höchst ausgedehnte, umfassende Zivilisation, in vieler
insicht fortgeschrittener als die nachfolgenden alten Kulturen. Es war
veifellos die Zivilisation, auf der unsere eigene beruht.

Nachdem der Mensch vor über zwei Millionen Jahren angefangen
ıtte, Steine als Werkzeuge zu benutzen, erreichte er um das Jahr 3800
ɔr Christus diese noch nie dagewesene Zivilisation in Sumer. Verblüf-
nd daran ist, dass die Gelehrten selbst heute noch keine Ahnung ha-
ɜn, wer die Sumerer eigentlich waren, woher sie kamen und wie und
arum ihre Zivilisation überhaupt erschienen ist.

Sie erschien nämlich urplötzlich, unerwartet, wie aus dem Nichts.

H. Frankfort (*Tell Uqair*) nannte das »erstaunlich«. Pierre Amiet
Elam) verwendete den Begriff »außergewöhnlich«. A. Parrot (*Sumer*)
ɜschrieb es als »eine Flamme, die einfach jäh aufloderte«. Leo Oppen-
ɜim (*Ancient Mesopotamia*) betonte »die erstaunlich kurze Zeit«, die
ese Zivilisation zu ihrer Entstehung brauchte. Joseph Campbell (*Die
Masken Gottes*) fasste es auf seine Weise zusammen: »Mit unfassbarer
ötzlichkeit … taucht in diesem kleinen sumerischen Schlammgar-
n … das gesamte kulturelle Syndrom auf, das seither den einheitli-
ıen Keim für alle Hochzivilisationen der Welt gebildet hat.«

3

UFOs, Pyramiden und der Zwölfte Planet

Bisher unveröffentlichter Vortrag auf der UFO-Konferenz an der Großen Pyramide im Januar 1992.

Im Laufe der Jahre hat man Zecharia Sitchin häufig aufgefordert, auf Konferenzen zu sprechen. Im Januar 1992 hielt er einen Vortrag auf einer UFO-Konferenz, die auf dem Gelände der Großen Pyramide von Gizeh in Ägypten stattfand. In diesem Vortrag erklärt er, wie sein Interesse an diesem Thema geweckt wurde, aus dem sich eine lebenslange Leidenschaft entwickelt sollte. Er führt dabei aus, wie er gleich zu Anfang lernte, durch intensive Forschungsarbeit seine Theorie über die Anunnaki zu untermauern, jener Besucher in grauer Vorzeit, die vor etwa 445.000 Jahren zur Erde gekommen waren und mit ihrem Kommen den Kurs der menschlichen Entwicklung verändert haben.

Eine Facette dieser Geschichte, die hier präsentiert wird, befasst sich mit den Legenden um die Götter der Griechen, eine andere mit dem berühmten Alexander dem Großen, wobei Sitchin zu ergründen versucht, wer Alexander wirklich war. Im Anschluss daran befassen wir uns mit den Fotos der NASA aus den Jahren 1986 und 1989, die sehr reales Beweismaterial dafür liefern, dass die antiken Schriften, die unsere Planeten auf ihren Bahnen und die Entstehung dieser Planeten beschreiben – Berichte, die man bislang als bloße Legenden abgetan hat –, tatsächlich auf Fakten beruhen.

Sitchins gründliche Untersuchung der archaischen Schriften aus Mesopotamien bekräftigt in jeder einzelnen Phase die Aufzeichnungen in der Bibel, darunter auch – wie in diesem Kapitel ebenfalls ausgeführt wird – Berichte über UFOs. Sitchin erklärt überdies, wer die Pyramiden von Gizeh gebaut hat und worin ihre eigentliche Funktion bestand. Ein wichtiger Bestandteil dieses Vortrags ist, dass Sitchin betrügerische Darstellungen von Gelehrten aufdeckt, Darstellungen, die von einigen frühen Pyramidenforschern so und nicht anders vorgetragen wurden, weil sie damit Ruhm und Ehre für die eigene Person und nicht unbedingt die Wahrheit gesucht haben.

Immer, wenn man mir die Frage stellt, was ich eigentlich über UFOs denke, ob ich an ihre Existenz glaube, ob ich den Menschen Glauben schenke, die Begegnungen mit UFOs hatten, halte ich dafür meine eigene kleine UFO-Geschichte bereit.

Es geht darin um einen jungen Mann, der von seinem heimischen Dorf zu einem anderen Ort unterwegs war. Als es am Abend dunkel zu werden begann, legte er sich auf dem Feld schlafen. Mitten in der Nacht wurde er geweckt, nicht etwa von Geräuschen, sondern von grellen Lichtern. Noch im Halbschlaf, von dem grellen Licht halb geblendet, sah er ein UFO. Es schwebte über der Erde. Eine Leiter, vielleicht auch Stufen, schoben sich aus einer offenen Luke oder Tür heraus und erreichten den Boden. Einige Insassen des UFOs stiegen auf dieser Leiter hinab und hinauf. In der offenen Tür konnte er im Lichtschein aus dem Inneren des UFOs ihren Kommandanten sehen, und der junge Mann fiel, von Angst und Entsetzen erfüllt, in Ohnmacht.

Als er wieder zu sich kam, war das UFO verschwunden, aber der junge Mann wusste, was er gesehen hatte, und erkannte: »Tatsächlich ist der Herr an diesem Ort zugegen.« Er sagte sich: »Und ich habe es nicht gewusst … Wie ehrfurchtgebietend dieser Ort doch ist! Es muss der Ort der Götter sein und dies ihr Tor in den Himmel!«

Was für eine Lehre sollen wir aus dieser Geschichte ziehen? Was würden Sie denken, wenn der junge Mann jetzt plötzlich hier erscheinen und uns all dies erzählen würde? Was würden die Medien daraus machen? Würden sie sich darüber lustig machen, oder würden sie seine Geschichte als wahrheitsgemäßes Erlebnis schildern?

Tatsächlich stammt diese Geschichte aus einem Buch, das als sehr, sehr verlässlich gilt. Das Buch nennt sich die Bibel, und wie einige von Ihnen vielleicht erraten haben, handelt es sich bei der Geschichte, die ich Ihnen erzählt habe, um den sogenannten Traum Jakobs. Dies ist eine Begegnung mit einem UFO, an der ich keine Zweifel habe, weil ich fest davon überzeugt bin, dass die Bibel der Hebräer die Wahrheit wiedergibt.

Dieser UFO-Bericht in Kapitel 28 der Genesis enthält ein hohes Maß an wichtigen Informationen. Er zeigt uns, dass das Phänomen, das wir heute als das UFO-Rätsel bezeichnen, die Menschen in biblischen Zeiten beeindruckt, aber nicht verwirrt hat. Für Jakob war das, was er gesehen hatte, kein UFO, kein Unbekanntes Flugobjekt, sondern etwas, was er sofort identifizieren konnte. Er wusste, was es war, und begriff umgehend, dass der Ruheplatz, den er sich für die Nacht ausgesucht hatte, ohne sich dessen bewusst zu sein, in der Nähe eines UFO-Stützpunktes lag. Er wusste, dass das Gefährt von »den Göttern« betrieben wurde, und erkannte, dass »dies das Tor zum Himmel« war.

Die Vision Jakobs ist nicht die einzige Bibelstelle, die sich mit Flugobjekten befasst, die aus dem Himmel gekommen und wieder dorthin verschwunden sind. Da wären noch die Geschichte von dem feurigen Wagen, der den Propheten Elias in den Himmel getragen hat, und die Geschichte von der Flugmaschine, die der Prophet Hesekiel gesehen hatte. Solche Geschichten sind beredte Beispiele für das, was ich Ihnen klarmachen möchte: Wenn Sie an die Bibel glauben, müssen Sie auch an die Möglichkeit von UFOs glauben.

Und tatsächlich verdanken wir es der Bibel, dass ich heute hier zu Ihnen spreche. Ich bin überzeugt, dass jeder Einzelne von uns sich an ein Ereignis, einen besonderen Augenblick, erinnern kann, durch das oder in dem sein Interesse an dem Thema geweckt wurde, das uns hier am Fuß der Großen Pyramide zusammengeführt hat. In meinem Fall war das eine Episode in meiner Schulzeit, als ich das Alte Testament in seiner ursprünglichen hebräischen Sprache studierte. Wir waren zu Kapitel 6 der Genesis gelangt, der Geschichte der Großen Flut, der Sintflut, der Geschichte von Noah und der Arche, der einige sehr rätselhafte Verse vorangehen; sie berichten von den Tagen unmittelbar vor der Sintflut. Wir lesen dort, dass »dies die Tage waren, als die Söhne der Götter« – »Söhne« im Plural, »Götter« im Plural – auf der Erde weilten. Sie heirateten die Töchter der Menschen und zeugten Nachkommen mit ihnen. Jene rätselhaften »Söhne der Götter« werden in diesen Versen als Nefilim bezeichnet, und der Lehrer erklärte uns, dass dieser Begriff »Riesen« bedeute.

Aber der junge Sitchin hob die Hand und fragte den Lehrer, weshalb er denn »Riesen« sage, wo das hebräische Wort Nefilim doch bedeute: »Jene, die zur Erde kamen oder zur Erde hinabstiegen« – vermutlich aus dem Himmel?

Statt mich ob meiner Sprachkundigkeit zu loben, tadelte mich der Lehrer. »Sitchin, setz dich!«, sagte er. »Man zweifelt nicht an der Bibel!«

Der Tadel hat mir wehgetan, denn ich hatte nicht an der Bibel gezweifelt. Im Gegenteil, ich hatte darauf hinzuweisen versucht, was die Worte in der Bibel tatsächlich bedeuteten. Und dieses Erlebnis in meiner Kindheit hat mich nicht in Ruhe gelassen und mich, als ich älter wurde, dazu veranlasst, mich näher mit der Frage zu befassen, wer die Nefilim denn eigentlich wirklich waren.

Wer waren jene Leute? Weshalb hat die Bibel sie mit einem Begriff beschrieben, der darauf hindeutet, dass sie nicht von dieser Erde stammen, sondern aus dem Himmel zu uns herabgestiegen waren? Weshalb dieser große Unterschied zwischen ihnen und den Frauen, die als »die Töchter der Menschen« bezeichnet wurden? Weshalb hat man sie als die »Söhne der Götter« bezeichnet? Und wie konnte die Bibel den Glauben an einen großen, allmächtigen Gott predigen und zugleich von vielen Söhnen vieler Götter sprechen?

Die ersten Schritte meiner lebenslangen Suche führten mich in das weite Feld der Bibelforschung. Den ersten, wichtigen Hinweis fand ich völlig unerwartet in den Kommentaren eines russischen Gelehrten aus dem 19. Jahrhundert. Er schrieb in Bezug auf die Nefilim: »In ferner Vergangenheit regierten die Söhne von Gottheiten, die aus dem Himmel auf die Erde gekommen waren, die Länder. Sie haben die Erde beherrscht und sich ihre Frauen unter den Töchtern der Menschen gesucht und sie geheiratet. Sie waren die Söhne von Gottheiten, die in ferner Vergangenheit aus dem Himmel auf die Erde hinabgestiegen waren, und deshalb nannten sie sich Nefilim, was so viel bedeutet wie ›Jene, die herabgefallen sind‹.«

Dieser Gelehrte, er nannte sich Malbim, beeilte sich hinzuzufügen, dass dies Geschichten heidnischer Götter waren, die einen strenggläubige Menschen, der an den einen einzigen Gott glaubt, nicht zu interessieren hatten.

Ich fand heraus, dass Malbims Kommentar auf etwas beruhte, was wir als Mythologie bezeichnen. Und was wäre uns vertrauter als die Mythologie der Griechen, jene Geschichten von wunderbaren olympischen Göttern – zwölf an der Zahl – und ihren Söhnen und Töchtern, die allen Ernstes mit den Nachkommen der Menschen herumalberten. Was für ein großartiger Haufen das doch war, einerseits so göttlich, scheinbar unsterblich, imstande, sich frei am Himmel zu bewegen, ausgestattet mit Waffen, die Strahlen verschicken oder die Erde mit Blitzen erzittern lassen, und andererseits doch so menschlich – fähig zu Liebe und Hass, fähig zum Schlaf und sich mit den Menschen zu paaren.

Einer der wichtigsten heiligen Orte des antiken Griechenlands war Delphi, gewidmet dem Gott Apoll und Sitz der bekanntesten Orakelgottheit. Heutzutage kommen die Besucher über den sogenannten Heiligen Weg und können sich den antiken Omphalos-Stein ansehen und an genau der Stelle stehen, wo in der Antike die Priester ebenso wie die Gläubigen standen – aber kaum ein heutiger Besucher denkt darüber nach, dass die Menschen vor 2.500 Jahren nicht aus Neugier dorthin kamen, sondern weil sie an das Orakel glaubten. Für sie waren die antiken Götter keine Legende, sondern Realität. Jene Menschen waren fest überzeugt, dass sie göttliche Wesen anbeteten, Götter, die tatsächlich vom Himmel auf die Erde herabgestiegen waren. Sie waren in Flugmaschinen gekommen, die wir heute in unserer Unwissenheit darüber, was die Geschichte uns lehrt, Unbekannte Flugobjekte nennen, UFOs.

In dem Land, in dem wir uns jetzt gerade befinden, im antiken Ägypten, herrschte derselbe Glaube. Auch die alten Ägypter glaubten an Götter, die von einem anderen Planeten zur Erde gekommen waren, einem Planeten, der in den Hieroglyphen-Texten der Ägypter als »Planet der Millionen Jahre« bezeichnet wird. Die Ägypter nannte jene Götter Neteru, ein Wort, das »Hüter« oder »Beschützer« bedeutet. Und in ihren geschichtlichen Aufzeichnungen schrieben sie, dass Ägypten vor den Pharaonen, den menschlichen Königen, von Halbgöttern regiert worden war, die die Götter mit menschlichen Frauen gezeugt hatten. Und vor ihnen haben im Tal des Nils nur Götter geherrscht. Dieser Glaube weist eine verblüffende Ähnlichkeit mit den Hinweisen in der Bibel auf die Nefilim auf.

Der berühmte griechische Eroberer Alexander der Große war fest vom Wahrheitsgehalt dieser Geschichten überzeugt. Im vierten Jahrhundert vor Christi Geburt zog er auf der Suche nach Unsterblichkeit in jene Länder. Er tat dies, weil er der Meinung war, ein Recht darauf zu haben, ebenso lange wie die Götter zu leben. Er begründete dies mit

Gerüchten am mazedonischen Hof, wonach sein wahrer Vater nicht sein Vater Philip, sondern ein ägyptischer Gott gewesen war, der eines Tages verkleidet in den Gemächern von Alexanders Mutter erschien und dort den künftigen Eroberer gezeugt hatte. Der Name jenes ägyptischen Gottes war Amon-Ra, was »RA, der Verborgene« bedeutet.

Alexander zog kämpfend durch Kleinasien (die heutige Türkei) und die Länder, die wir heute als Syrien, Libanon und Israel kennen, und gelangte schließlich nach Ägypten. Seine erste Station, seine allererste Station, war eine Stadt, die die Ägypter ANU nannten und die wir aus der hebräischen Bibel unter dem Namen ON kennen. Die Griechen nannten sie »Stadt der Sonne«, Heliopolis. Dort wurde in einem dem Großen Gott geweihten Schrein jener Gegenstand zur Schau gestellt, in dem der Gott aus dem Himmel zur Erde gekommen war, sein sogenanntes »Himmelsboot«. Der Schrein war weithin bekannt, und einmal im Jahr wurde sein Allerheiligstes für den Pharao geöffnet, damit dieser das heilige Objekt betrachten konnte. Zu jener Zeit waren in Heliopolis Tausende von Pilgern versammelt, ganz ähnlich den Tausenden, die einmal im Jahr nach Mekka kommen, um dort die Ka'aba, den heiligen Schwarzen Stein, zu verehren.

Es ist weder bekannt, wohin dieses Objekt, das Himmelsboot, verschwunden ist, noch, wann es geschah. Manche behaupten, man habe es nach Mekka geschafft und dort in dem großen, kastenförmigen Gebilde untergebracht, in dem die Ka'aba aufbewahrt wird und das von niemandem betreten werden darf. Aber wie jenes Objekt ausgesehen hat, wissen wir; weil nämlich Archäologen eine kleine Nachbildung aus Stein entdeckt haben. Was Alexander damals gesehen hat, war ein UFO ... nur, dass es für ihn ebenso wie 1.500 Jahre zuvor für Jakob kein nicht identifizierbares Flugobjekt war, sondern die Überreste des klar erkennbaren Kommandomoduls eines Weltraumfahrzeugs.

Wo befanden sich dieser Schrein und sein »Weltraummuseum«? Wo lag Heliopolis? Genau hier, gar nicht weit von der Stelle entfernt, an der wir uns gerade befinden. Heute ist uns der Name nur noch als der eines östlichen Vororts von Kairo erhalten, ein schwaches Echo eines einst berühmten, von allen verehrten heiligen Ortes. Und genau wie heute lag dieser Ort auch damals in der Nähe des Plateaus von Gizeh und seiner drei einzigartigen Pyramiden und der nicht weniger einzigartigen Sphinx.

Ehe wir uns jetzt den Pyramiden und der Sphinx zuwenden, sollten wir aber auf der Suche nach der Identität der Götter und nach Sinn und

Zweck der Monumente, die jene Götter hinterlassen haben, erst noch den Spuren Alexanders folgen. In meinem zweiten Buch *Stufen zum Kosmos* habe ich geschildert, wie Alexander von Heliopolis zu einem Schrein in der westlichen Wüste zog, wo ihm ein Orakel seine Herkunft als Halbgott bestätigte. Doch um die Unsterblichkeit zu erlangen, auf die er ein Recht zu haben meinte, musste er das Tor der Götter finden.

Der Weg, den ihm die ägyptischen Priester wiesen, führte ihn auf die Sinai-Halbinsel. Dort begab er sich in ein Labyrinth unterirdischer Gänge und stieß auf verblüffende Artefakte und Bilder. Schließlich gelangte er an eine Stelle, von der eine geheimnisvolle Strahlung ausging. Ein Engel versperrte ihm den Weg und erläuterte ihm, was die Worte des Orakels bedeuteten. »Tor der Götter«, so erklärte der Engel Alexander, ist die wortgetreue Übersetzung des Namens der Stadt, die sich Babylon nannte; ihr antiker Name lautete BAB-IL und bedeutete genau das, nämlich »Tor der Götter«. Dort, so erklärte der Engel Alexander, würde er den Gott RA finden, den man in Babylon als Marduk kannte.

Als Alexander schließlich nach Babylon kam, sah er sich von Angesicht zu Angesicht dem Gott gegenüber, der den Gerüchten nach sein wahrer Vater war. Aber der große Gott, der Alexander Unsterblichkeit gewähren sollte, war tot. Was Alexander gefunden hatte, war ein Gott, der einbalsamiert in seinem Grab lag. Und erst jetzt begriff Alexander die wahre Bedeutung des Orakels. Ihm war es ebenso wie den Göttern bestimmt, am Ende zu sterben. Er würde unsterblich werden – doch nur dadurch, dass man sich an ihn erinnerte. Deshalb baute er, um dies sicherzustellen, wohin auch immer er ging, Städte, die er Alexandria nannte.

Wenn man die Schriften der Griechen studiert, findet man darin die Bestätigung, dass deren Götter über das Mittelmeer zu ihnen gekommen waren. Ihre Götter, so räumten sie ein, unterschieden sich nicht von denen der Ägypter und der Phönizier und auch nicht von denen der Kanaaniter und Hethiter. Und als Archäologen die Überreste dieser antiken Zivilisationen und Kulturen im Nahen Osten entdeckten und ihre Schriften entzifferten, wurde offenkundig, dass all die Geschichten, die wir als Mythen bezeichnen, lediglich die Wiedergabe viel älterer Geschichten sind, die man ursprünglich in einem Land, das sich in der Bibel Shin'ar nennt, auf Tontafeln aufgezeichnet hatte. Die Gelehrten bezeichnen es mit dem Namen, den es auch auf den Tontafeln trägt: SCHUMER. Wörtlich bedeutete das »Land der Wächter« – und das ist exakt derselbe Ausdruck, mit dem auf Ägyptisch, Neteru, die Götter bezeichnet wurden. In unserer Sprache schreibt man den Namen »Sumer« und nicht, wie es eigentlich genauer wäre, »Schumer«. Die ganze Mythologie, all die Geschichten von den Göttern des Himmels und der Erde, nahmen dort ihren Anfang.

Als die Archäologen anfingen, die antiken Städte Mesopotamiens auszugraben (im heutigen Irak), fanden sie Ninive, bei dem es sich um die Hauptstadt Assyriens handelte, und Babylon, die Hauptstadt der Babylonier – beide uns ursprünglich aus der Bibel bekannt –, und andere antike Städte. Diese Entdeckungen führten die Wissenschaftlicher 3.000 und 4.000 Jahre in die Vergangenheit zurück, in das erste und zweite Jahrtausend vor Christi Geburt. Aber in der Bibel sind ausdrücklich auch Städte und Zivilisationen erwähnt, die es sogar noch vor Assyrien und Babylon gegeben hat, was die Wissenschaftler damals einfach nicht für möglich hielten.

Wieder wurde der Wahrheitsgehalt der Bibel angezweifelt. Heute, nach rund 150 Jahren archäologischer Forschung, wissen wir, dass die Angaben in der Bibel sich als richtig erwiesen haben. Je weiter die Archäologen auf der großen Ebene zwischen Euphrat und Tigris in Richtung auf den Persischen Golf nach Süden vordrangen, umso älter waren die Überreste, die sie ausgruben. Sie stießen auch auf Inschriften in einer Sprache, die vor den Sprachen Assyriens und Babylons in Gebrauch war. Dann wurden die ältesten in der Bibel erwähnten Städte entdeckt, Städte wie Erech und Ur (die Stadt Abrahams). Und so kam es, dass Sumer wieder ans Licht gebracht wurde – die erste große Zivilisation der Menschheit. Sie hatte ihre Blütezeit vor unglaublichen sechstausend Jahren.

Wir neigen heute dazu, den Fortschritt der Menschheit als einen stufenweisen Prozess zu sehen. Daher verblüfft alle Wissenschaftler die Tatsache, dass in Schumer (oder Sumer) plötzlich eine Hochzivilisation erblühte, völlig unerwartet, gleichsam wie aus heiterem Himmel. Ohne dass da vorher irgendetwas gewesen wäre, ohne einen stufenweisen Prozess, schossen da plötzlich große Städte, Hochhäuser, Tempel, Paläste, Gerichtshöfe, Handel und Wandel, eine funktionierende Transportinfrastruktur, Bewässerung, Metallverarbeitung, Mathematik und Medizin förmlich aus dem Boden. Ganz plötzlich, geradeso, als hätte jemand mit einem Zauberstab gewunken, tauchten Könige und Priester, Richter und Ärzte, Tänzer, Musiker, Künstler und Handwerker wie aus dem Nichts auf. Und zu alledem auch noch eine Schriftsprache: Schreiber, Schulen, eine Literatur, epische Geschichten, Gedichte, Sprichwörter, Bibliothe-

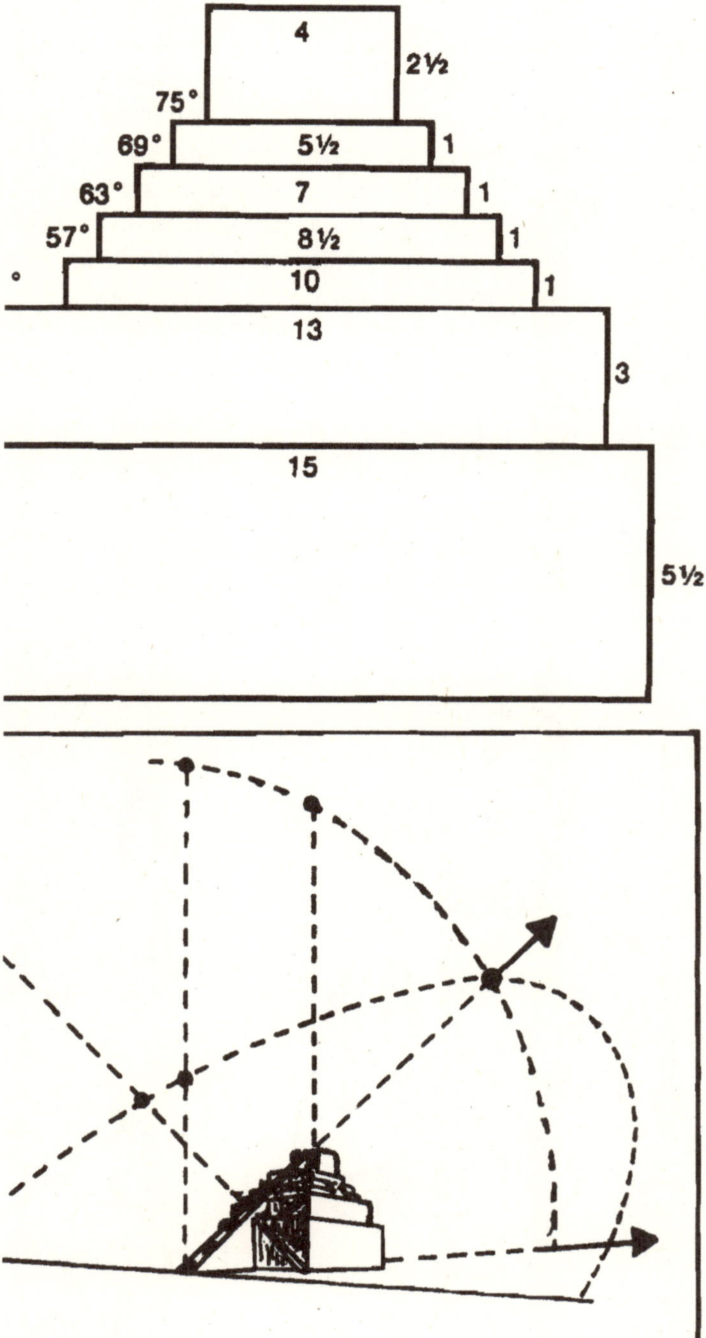

Illustration A

ken. Jeder einzelne Aspekt einer hohen Zivilisation, den wir uns stellen können, hatte seine »Premiere«, seinen Anfang, in Sumer.

Von den Hunderten von Abbildungen in den fünf Büchern, di heute geschrieben habe, lege ich Ihnen hier einige vor. Beginnen einer Zikkurat. Die ersten Menschen, die Ziegelsteine benutzten in Brennöfen getrocknet und gehärtet haben, die Sumerer, bauten pyramiden, die sie Zikkurate nannten und die eine beträchtlicl erreichten (siehe Illustration A und auch Abb. 3 in Kapitel 2).

Die sumerischen Handwerker schnitten kleine Zylinder aus Stein und erfanden damit quasi die erste »Rotations-Druckpres den Stein gravierten sie im »Negativ« verschiedene Bilder ein, u man diesen zylinderförmigen Stein über feuchten Ton rollte, w »Positiv« der Zeichnung in den Ton gepresst, wodurch ein dau »Bild« aus der Antike für spätere Generationen erhalten wur Zeichnung eines solchen Rollsiegels finden Sie in Kapitel 2 als . Man hat Tausende solcher Rollsiegel gefunden, die uns ein gena

Illustration B

vom Alltagsleben der Sumerer liefern, ihrer Religion und darüber, wie sie und ihre Götter eigentlich aussahen.

Und viele exquisit gearbeitete Statuen und Statuetten zeigen uns nicht nur, wie ihre Götter, sondern auch, wie jene ausgesehen haben, die sie anbeteten. Illustration B beispielsweise zeigt eine sumerische Dame in der ganzen Eleganz ihrer Kleidung und ihrer edlen Haltung. Aber das wichtigste Vermächtnis waren die Zehntausende beschrifteter Tafeln (Illustration C ist dafür ein Beispiel) mit Handels- und Eheverträgen, Steuerbelegen, Inventarlisten der Tempel – aber auch Listen von Göttern und Königen oder historischen und prähistorischen Ereignissen. Wieder andere Tafeln liefern uns fortschrittliche, wissenschaftliche Texte, die auf ein verblüffend hoch entwickeltes Wissen hindeuten.

Illustration C

Am Erstaunlichsten waren aber die astronomischen Kenntnisse der Sumerer. Vor allem verblüfft daran, dass sie sämtliche Prinzipien der sphärischen Astronomie, der Grundlage für die moderne Astronomie, an uns weitergegeben haben. Der Begriff einer Himmelssphäre, einer Achse, der Ekliptik, des 360 Grad umfassenden Kreises, die Gruppierung von Sternen in Konstellationen, die Aufteilung des Himmels in zwölf Sternzeichen – selbst die Namen und die bildmäßige Darstellung der Tierkreiszeichen –, all das haben uns die Sumerer überliefert. In der Schule lernen wir, dass Kopernikus im Jahre 1543 erstmals angedeutet hat, die Sonne und nicht die Erde könnte sich im Zentrum unseres Sonnensystems befinden. Falsch. Die Sumerer kannten nicht nur den wahren Aufbau unseres Sonnensystems, sie haben es sogar bildlich dargestellt. (Weitere Informationen hierzu finden Sie im folgenden Kapitel; siehe auch Abb. 20 in Kapitel 4.)

Wie konnte es sein, dass die Sumerer all das schon vor 6.000 Jahren wussten?

In der Schule haben wir gelernt, dass die Menschen in der Antike nur die Sonne, den Mond und fünf Planeten kannten – dass sie nichts von Planeten jenseits des Saturn wussten, schlicht und einfach deshalb, weil sie sie nicht sehen konnten. Nun, hier finden wir, dass die Sumerer nicht nur den Uranus und den Neptun, die weit jenseits des Saturns ihre Bahnen ziehen, im Bild dargestellt haben, sondern sogar den fernsten Planeten, Pluto. Das ist wahrhaft erstaunlich, denn wir selbst haben vor der Erfindung des Teleskops nicht mehr gewusst als die Griechen oder die Römer. Uranus wurde 1781 entdeckt, vor etwa zweihundert Jahren, Neptun 1846, vor einhundertfünfzig Jahren. Wie weit unser Wissen dem der Sumerer unterlegen war, wird klar, wenn wir uns ins Gedächtnis rufen, dass zum Zeitpunkt der Entdeckung des Neptuns die Archäologen bereits die mesopotamischen Tontafeln mit astronomischen Informationen ausgegraben hatten, die nicht nur Uranus und Neptun, sondern auch Pluto enthielten – und …

Wir haben den Pluto erst 1930 entdeckt, vor etwa sechzig Jahren …

Lassen Sie mich das Rätsel noch größer machen. Im August 1977 – ein Jahr, nachdem mein erstes Buch, *Der zwölfte Planet*, erschienen war, hat die NASA, die Weltraumagentur der USA, zwei Weltraumfahrzeuge gestartet, die Voyager 1 und Voyager 2 heißen und deren Ziel Jupiter, Saturn und die Welten noch weiter draußen im All waren. Im Jahr 1986 hat Voyager 2 den Uranus passiert und die ersten Fotos und andere aus der Nähe gewonnene Daten zur Erde gefunkt, die die Menschheit je von dem über drei Milliarden Kilometer entfernten Planeten erhielt. Im August des Jahres erreichte Voyager 2 den Neptun und verschaffte uns auch die allerersten atemberaubenden Bilder und weitere Daten jenes Planeten, der sogar doppelt so weit von uns entfernt ist wie der Uranus.

In beiden Fällen habe ich die Fernsehbilder der NASA gesehen und bin buchstäblich von meinem Sofa aufgesprungen und habe gerufen: »Oh, mein Gott! Genau so hatten die Sumerer vor sechstausend Jahren die beiden Planeten beschrieben! Blaugrün, wie Zwillinge, mit Wasser bedeckt …« Auf Seite 243 der ersten englischen Ausgabe von *Der zwölfte Planet* – erschienen ein Jahr vor dem Start der beiden Raumfahrzeuge – zitiere ich die sumerischen Texte, in denen jeder einzelne Planet beschrieben ist; und der antike Text stimmt exakt mit den verblüffenden NASA-Entdeckungen überein.

Wieder stellt sich die Frage: Wie konnten die Sumerer all das wissen?
Die Antwort liegt in der Zahl Zwölf. Ich habe bereits erwähnt, dass ‹ antiken Pantheons von zwölf »olympischen« Göttern angeführt wurd‹ Aber die himmlische Zahl Zwölf findet sich auch bei den zwölf Stämm Israels, den zwölf Aposteln Jesu, den zwölf Tierkreiszeichen, den zw Monaten des Jahres und so weiter. Weshalb zwölf? Weil das der Zahl ‹ Himmelskörper im Sonnensystem entspricht, haben die Sumerer erklä Neben der Sonne und dem Mond gibt es nicht neun, sondern zehn and‹ Planeten, darauf beharrten sie. Sie haben jenes zwölfte Mitglied des Sc nensystems Nibiru genannt; der Name bedeutet »Kreuzender Plan‹ [*Planet of the Crossing*], und sein Symbol war das Kreuz.

Ein langer Text, den man nach seiner ersten Zeile als *Enuma Elish* l zeichnet, schildert im Detail die sumerische Kosmogonie. Er beschrei wie sich die Planeten um die Sonne gebildet haben, schildert die A kunft eines Eindringlings aus dem äußeren Weltraum, eine Kollision a Himmel, die Bildung unserer Erde und den Ursprung des Mondes. meinem jüngsten Buch, *Die Hochtechnologie der Götter*, zeige ich, d der sumerische Text die Erklärung für viele Aspekte des Sonnensyste liefert, die unseren Wissenschaftlern immer noch Rätsel aufgeben – u dass viele Erkenntnisse der letzten Jahrzehnte nur bedeuten, dass wir a mählich aufholen und dem Wissen der Alten näher kommen.

Etliche Astronomen sind überzeugt, dass ein solcher zusätzlicher P net tatsächlich existiert. Sie nennen ihn »Planet X«, und einige von nen räumen ein, dass man nicht viel mehr tun kann, als diese Tatsac und den Namen des Planeten bekannt zu geben. Ich meinerseits glaul dass die erste Bestätigung im Jahre 1983 stattgefunden hat, und habe die Internationale Astronomische Union in Paris geschrieben und dara bestanden, dass man diesen Planeten mit seinem sumerischen Nam Nibiru bezeichnen soll.

Die Existenz Nibirus erklärt die Herkunft des verblüffenden sume schen Wissens. Und wie um unseren heutigen Fragen vorzugreifen, l ben die Sumerer wiederholt erklärt: »Alles, was wir wissen«, so sagten s »haben uns die ANUNNAKI gelehrt.«

Wörtlich bedeutet dieser Name »Jene, die vom Himmel auf die Er kamen« – die exakte Bedeutung des hebräischen Begriffs Nefilim, der der Bibel verwendet wird. Die Sumerer haben in zahllosen Texten g schildert, wie die Anunnaki tatsächlich zur Erde gelangten – sie sind v Nibiru durch den Weltraum gereist, alle 3.600 Jahre, wenn Nibiru a iner großen elliptischen Bahn um die Sonne den Raum zwischen Mars ıd Jupiter passiert. Immer dann sind sie zwischen ihrem Planeten und :m unseren hin und her gependelt.

AS EPOS VON DER ANKUNFT DER ANUNNAKI auf der Erde vor 450.000 hren und die Berichte über ihre Taten lesen sich wie Science-fiction. 'ie schon an anderer Stelle dargestellt, bezeichnen die Wissenschaftler ne detaillierten Texte als »Mythen«. Aber ich habe mir die Frage geellt: »Was wäre wenn?« Was wäre, wenn dies nicht nur Fantasiegehichten wären, sondern genaue Schilderungen tatsächlicher Geschehsse? In meinen Büchern, die den gemeinsamen Titel »Die Chroniken :s Planeten Erde« tragen, habe ich aus diesen Texten ein überzeugendes :enario der Ereignisse in ferner Vorzeit geschaffen und es mit Hunderen von Bilden aus archäologischen Entdeckungen illustriert.

Ich kann Ihnen hier nur eine sehr kurze Zusammenfassung jener Gehichte und Vorgeschichte der Erde und der Menschheit liefern. Die ers- Gruppe von fünfzig Besuchern auf der Erde, angeführt von einem brilnten Wissenschaftler, der sich ENKI nannte, ist im Persischen Golf :wassert – ein »splash down«, wie die Astronauten es heute nennen. ann ist sie an Land gewatet und hat in der Nähe der heutigen Stadt ısra (Irak) ihre erste Siedlung errichtet. Sie nannten sie ERIDU, »Heim der Ferne«. Das ist der Ursprung des Namens, mit dem wir unseren aneten bezeichnen: *Erde* in den indoeuropäischen Sprachen, *Erets* in :n semitischen Sprachen, *Ertha-Earth* im Englischen und so weiter.

Die Anunnaki sind auf der Suche nach Gold zur Erde gekommen. icht, um es für Schmuck oder Ornamente zu benutzen, sondern um ımit auf ihrem eigenen Planeten einen Schutzschild aus schwebenen Goldpartikeln zu schaffen, damit ihre dahinschwindende Atmohäre geschützt ist.

Ihr erster Plan, das Gold aus dem Wasser des Persischen Golfs zu :trahieren, scheiterte, also zogen sie nach Südostafrika weiter und beınnen dort, Gold unter Tage abzubauen. Zu einem bestimmten Zeitınkt – in den sumerischen Texten ist er genau definiert – gab es eine leuterei unter den zur Bergwerksarbeit abgeordneten Anunnaki. Was llten ihre Anführer tun? Enki, der leitende Wissenschaftler, hatte ei- Lösung. Aus einem bereits auf der Erde existierenden Geschöpf – ollen wir es Affenmensch nennen – könnte man einen intelligenteren

»primitiven Arbeiter« schaffen, sagte er. Und dann beschreibt der Text einen gentechnischen Prozess, bei dem die Erbanlagen eines jungen Anunnaki mit dem Ovum einer weiblichen Affenfrau gekreuzt wurden, um »den Adam« zu schaffen ... Die Anunnaki haben in einem »Frühstart« der Evolution mittels Gentechnologie uns erzeugt, den *Homo sapiens* ...

Das geschah vor etwa 250.000 Jahren. Es sollte Sie nicht überraschen, dass die jüngsten genetischen Studien bestätigen, dass alle heute lebenden Menschen von einer einzigen »Eva« abstammen, die vor 250.000 Jahren im südwestlichen Afrika gelebt hat ...*

Im Laufe der Zeit kam es zu Mischehen zwischen den Anunnaki/Nefilim und den Töchtern Adams, die im Buch der Genesis erwähnt sind. Das bringt uns in die Zeit der Sintflut, der Großen Flut vor etwa 13.000 Jahren. Wissenschaftler haben vor mehr als hundert Jahren erkannt, dass die biblische Darstellung der Sintflut, Noahs und der Rettung der Menschheit nur die gekürzte Fassung eines viel längeren und viel detaillierteren sumerischen Textes ist. In jenem Text werden wie bei allen Geschichten, die in die Bibel übernommen wurden, sämtliche Taten, die in Wirklichkeit Handlungen und Worte vieler Anunnaki sind, einem einzigen dort als »Elohim« bezeichneten Wesen (übrigens ein Pluralbegriff) zugeschrieben. Die Hauptakteure sind in diesen Texten Enki und sein Halbbruder Enlil, ihre Halbschwester Ninharsag und deren Söhne und Töchter.

In den Nachwehen der Sintflut haben die Anunnaki die Erde unter sich aufgeteilt. Enki und seine Nachkommen erhielten die afrikanischen Länder. Enlil und seine Nachkommen bekamen die Länder der Semiten und Indoeuropäer. In diesen Teilen der Erde wurden drei Regionen den Kulturen der Menschheit überlassen – etwa 3800 vor Christus der Kultur von Sumer in Mesopotamien, dann um 3100 vor Christus der Ägyptens und etwa 2900 vor Christus derjenigen des Industals. Die vierte Region war »geheiligt« und ausschließlich den Anunnaki vorbehalten – als deren nachsintflutlicher Raumhafen. Das war der Herrschaftsbereich von Ninharsag, die sich alle Mühe gab, zwischen den beiden streitenden Clans von Enki und Enlil den Frieden zu wahren.

Die Aufteilung der Erde und die daraus resultierende Gründung des nachsintflutlichen Raumhafens auf der Sinai-Halbinsel waren ganz we-

* Hinzu kommt, dass erst vor wenigen Jahren in Südafrika eine vollkommen neue Menschenart mit erstaunlich kleinem Gehirn entdeckt wurde, bei der es sich sehr wohl um diesen »primitiven Arbeiter« gehandelt haben könnte. – *Der Verlag*

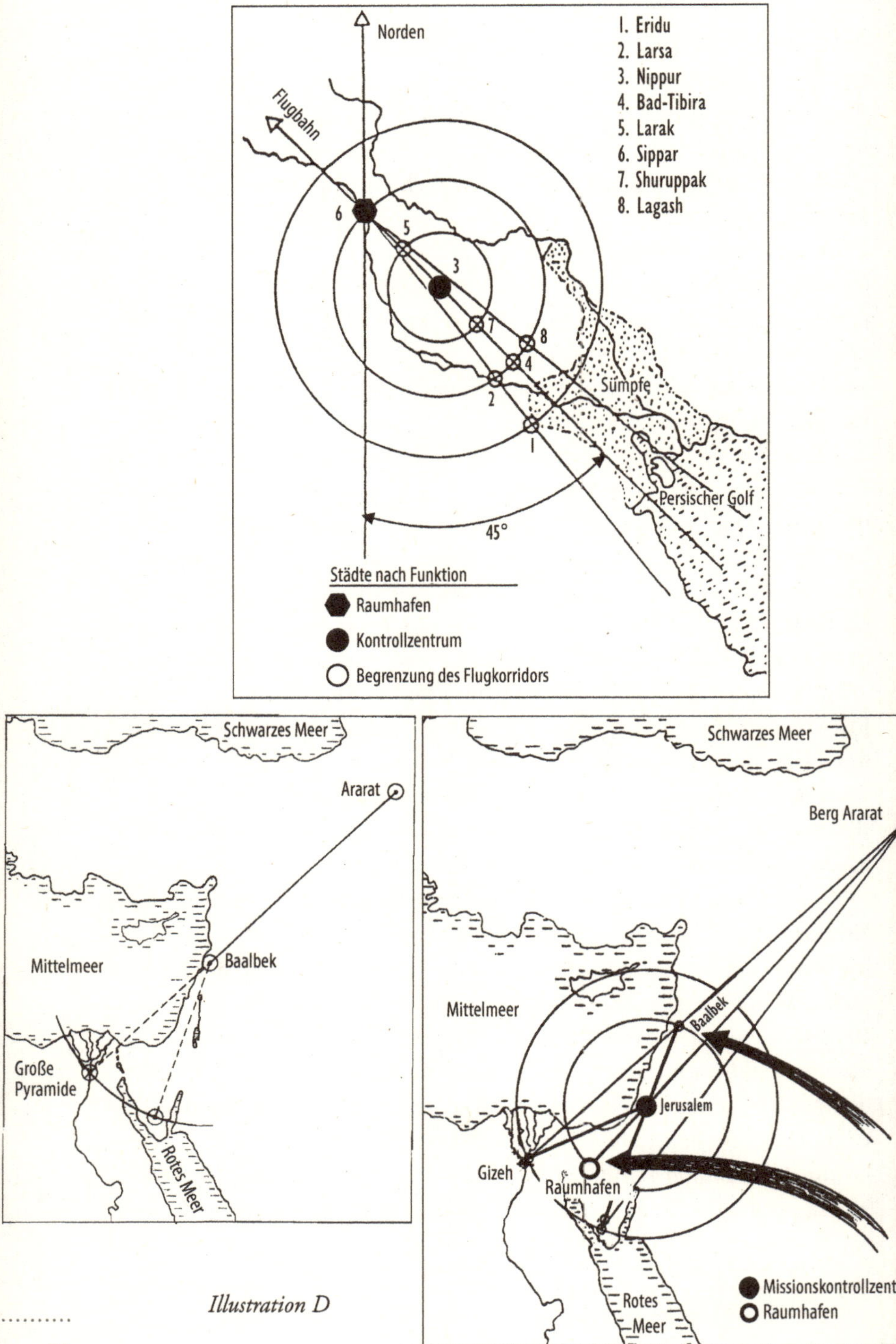

Illustration D

sentliche Entscheidungen, welche die künftigen Ereignisse auf der Erde enorm beeinflussen sollten. Daraus ergaben sich der Bau der drei Pyramiden von Gizeh und eine Anzahl von Kriegen, die ich in meinen Büchern als die Pyramidenkriege bezeichnet habe.

Vor der Sintflut lag der Raumhafen in Mesopotamien, in Sumer. Er umfasste drei Elemente: das Kontrollzentrum, das sich in Nippur, dem Zentrum Enlils befand, den eigentlichen Raumhafen an einem Ort namens Sippar und einen Landekorridor, in dem der Berg Ararat mit seinen zwei Gipfeln den Orientierungspunkt bildete (siehe Illustration D). Nach der gewaltigen Flut war das Tal zwischen den zwei großen Flüssen, Mesopotamien, für lange Zeit unbewohnbar. So wurde der Raumhafen in die neutrale Zone auf der Sinai-Halbinsel verlegt, die wegen des harten Bodens im mittleren Bereich des flachen Tals dafür besonders geeignet war. Wie zuvor auch befand sich das Kontrollzentrum in einiger Entfernung. Ich habe bereits angedeutet, dass es an dem Ort lag, der später unter dem Namen Jerusalem bekannt wurde. Den Ausgangspunkt des Landekorridors bildeten wiederum die beiden Gipfel des Bergs Ararat. Wo aber könnten die beiden Enden des Landekorridors gelegen haben?

In Illustration D zeige ich die Anlage des Raumhafens und seiner Einflugschneisen. Wie Sie sehen, könnten die zwei Gipfel der Sinai-Berge das eine Ende der beiden Linien gebildet haben. Aber wo gab es zwei weitere Gipfel für die zweite Einflugschneise? Die Anunnaki lösten das Problem, indem sie zwei solche sichtbaren Markierungen künstlich erbauten: Die beiden großen Pyramiden von Gizeh.

Es ist nur wenig bekannt, dass die sogenannte Zweite Pyramide zwar etwas kleiner als die benachbarte Große Pyramide aber dennoch gleich hoch ist, weil sie nämlich auf etwas höherem Grund erbaut wurde. In meinen Büchern habe ich sumerische Illustrationen und Texte reproduziert, die aus meiner Sicht zweifelsfrei beweisen, dass die Sumerer diese Pyramiden gekannt haben. Die Große Pyramide wurde von ihnen mit demselben Namen bezeichnet wie die Zikkurat Enlils in Nippur: E. KUR – »Haus, das wie ein Berg ist«, und sie war ebenso wie jene Zikkurat mit Kristallen ausgestattet, die verschiedene gerichtete Strahlen aussandten. Platziert waren die Kristalle in speziell im Mauerwerk ausgesparten Nischen entlang der sogenannten Großen Galerie (siehe Illustration E), einer Art ausgehöhlter Steintruhe, die immer noch in der sogenannten »Königskammer« steht sowie in einer langen, vertikalen Nische in der

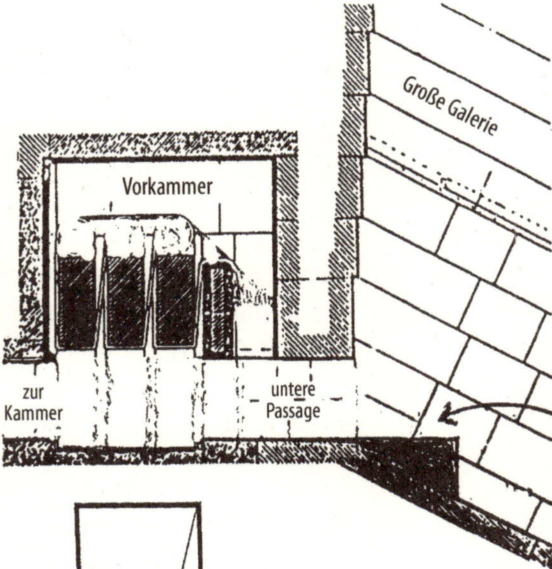

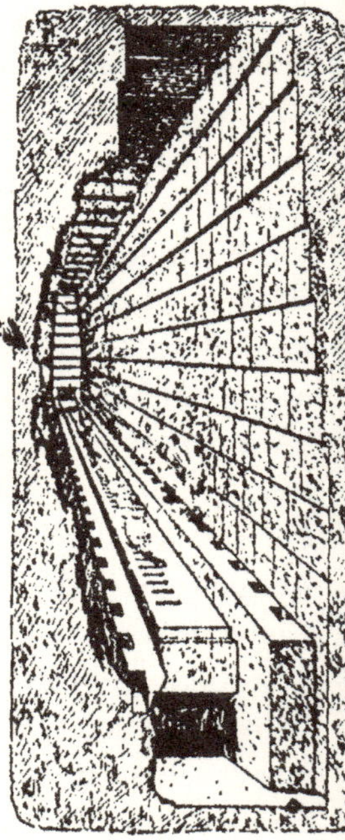

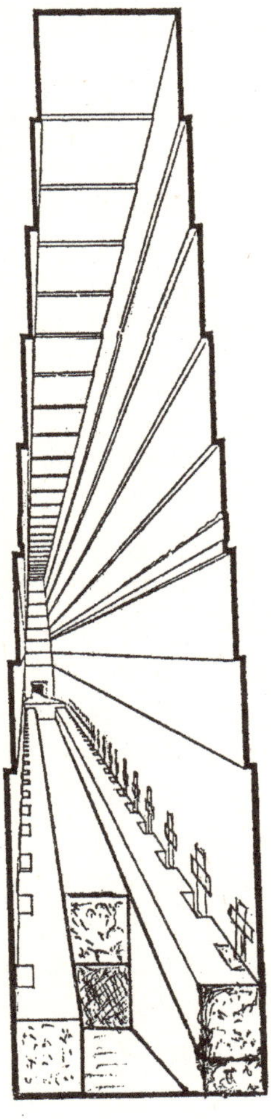

Illustration E

sogenannten »Kammer der Königin«. Man kann diese Kammern und Nischen heute noch sehen, nicht aber die strahlenden Kristalle und das andere wunderbare Gerät: Sie sind nach dem Sieg der Enliliten im grausamsten der Pyramidenkriege vorsätzlich zerstört worden.

Das alles beschreiben mehrere lange sumerische Texte, die ich in meinen Schriften vollständig zitiere. Der letzte, schrecklichste Krieg fand in den Tagen Abrahams statt, des ersten Patriarchen der Hebräer. Die Bibel beschreibt den Krieg als den Aufstand Sodom und Gomorras. In jener Zeit, im Jahr 2024 vor Christus haben die Anunnaki Kernwaffen eingesetzt, um den Raumhafen auf dem Sinai zu zerstören und damit sicherzustellen, dass Marduk, alias RA, nicht die Oberherrschaft über die Erde erlangte.

Dies ist in kurzen Worten die Geschichte der Anunnaki, von ihrer ersten Wasserung im Persischen Golf vor etwa 445.000 Jahren bis zum ersten Einsatz von Nuklearwaffen auf der Erde vor etwa 4.000 Jahren. Viele finden diese Geschichte so gut dokumentiert, dass sie wie ich der Meinung sind, dass in meinem Büchern zum ersten Mal seit der Antike die wahre Geschichte der Erde und der Menschheit geschildert wird, in der die Menschen und ihre Götter in einem plausiblen Szenario in den richtigen Kontext gesetzt werden.

Andere haben große Mühe, das zu glauben. Wenn wir uns nach den Beweisen aus Sumer, Mesopotamien und dem biblischen Material jetzt den ägyptischen Quellen zuwenden, stellt sich jedoch heraus, dass die alten Ägypter mit diesen Schlussfolgerungen kein Problem hatten. Im Grabmal eines ägyptischen Gouverneurs des Sinai finden wir in einer Abfolge farbiger Darstellungen seines Lebens und seiner Leistungen einen

Illustration F

Abschnitt, der ganz deutlich ein Raketenschiff in einem unterirdischen Silo erkennen lässt. Auf Illustration F können Sie erkennen, dass sich in dem Raketenschiff unter der Erde zwei Personen befinden, die das Schiff offenbar bedienen, während über der Erde zwischen Palmen und Giraffen die Kommandokapsel zu erkennen ist.

Nach königlicher Tradition konnten sich die Pharaonen im Leben nach dem Tode zu den Göttern gesellen, indem sie von ihren Gräbern ostwärts zur Sinai-Halbinsel reisten und dort, zwischen zwei Astronauten sitzend, in einer Rakete himmelwärts brausten. Deshalb bezeichnete man die von den Pharaonen erbauten Pyramiden auch als »Treppen zum Himmel«, weshalb ich mein zweites Buch auch *Stufen zum Kosmos* genannt habe.

Aber während die antiken Ägypter mit all dem keine Probleme hatten, haben die modernen Ägyptologen das sehr wohl. Im Laufe Ihres Besuchs in Ägypten werden Sie hören, dass sämtliche Pyramiden von den Pharaonen gebaut worden sind, auch jene drei ganz besonderen in Gizeh. Sie werden hören, dass sie alle als Grabmäler errichtet und dass darin die Pharaonen beigesetzt wurden. Und man wird Ihnen erklären, dass die Große Pyramide von einem Pharao erbaut wurde, der sich Khufu nannte (wir nennen ihn Cheops), die Große Pyramide daneben, die sogenannte Zweite Pyramide, von seinem Nachfolger Chefra (wir nennen ihn Chefren), und die dritte, kleinere, von dessen Nachfolger Menka-ra, uns unter seinem griechischen Namen Mycerinus bekannt.

Man wird Ihnen sagen, diese Gewohnheit sämtlicher Pharaonen, sich eine Pyramide bauen zu lassen, habe mit dem Vater von Khufu-Cheops begonnen, den man Sneferu nannte, dem Gründer jener Dynastie, die man als die Vierte bezeichnet und deren Könige etwa von 2600 bis 2500 vor Christus regierten. Menka-ra/Mycerinus wird ein weiterer, weniger bedeutender Bau, nämlich die Schöpfung der Sphinx, zugeschrieben.

In Ägypten gibt es etwa dreißig größere Pyramiden, und alle – mit Ausnahme der drei in Gizeh – sind tatsächlich von den Pharaonen erbaut worden – nicht unbedingt von jedem eine und auch nicht immer als Grabstätten, in denen sie beigesetzt werden sollten, sondern eher als Kenotaphe, als symbolische Monumente für einen Beigesetzten, der anderswo begraben liegt. Während die Pyramiden sonst alle kunstvoll und aufwändig dekoriert und an der Innenseite mit Zitaten aus dem *Totenbuch* und anderen antiken Beschwörungsformeln bedeckt sind, die man als Pyramidentexte kennt, gibt es an den drei Pyramiden von Gizeh keinerlei Dekoration, keine Malerei und keine Inschriften gleich welcher Art. Sie sind einmalig in ihrer Größe und Haltbarkeit, einmalig hinsichtlich der kunstvollen Steinmetzarbeiten, einmalig auch – das gilt ganz besonders für die Große Pyramide –, was ihre innere Bauweise mit Kammern und Korridoren angeht, deren geradezu unglaubliche Anordnung auf hoch entwickelte Kenntnisse der Mathematik, Geometrie, Ingenieurskunst, der Geografie und Astronomie hinweist. Die Gesamtmasse der Großen Pyramide allein wird auf rund 2,6 Millionen Kubikmeter und ein Gewicht von 7 Millionen Tonnen geschätzt. Man hat ausgerechnet, dass das die Gesamtmasse sämtlicher Kathedralen, Kirchen und Kapellen übersteigt, die seit Beginn der Christenheit je in England gebaut worden sind.

Man kann mit dem Lob der einmaligen und beeindruckenden Eigenschaften der Großen Pyramide und ihrer beiden Gefährten in Gizeh endlos fortfahren. Die entscheidende Frage ist aber die: Sind sie, so wie Ägyptologen das glauben, im 26. Jahrhundert vor Christus von ägyptischen Königen erbaut worden – Khufu, Chefra, Menkara – oder nicht vielleicht schon Jahrtausende früher von den Anunnaki? Wurden diese Pyramiden als Königsgräber errichtet oder – wie ich dargestellt habe – als Markierungen, sozusagen Leuchtfeuer, in einem Landekorridor für einen Raumhafen auf dem Sinai?

Wenn man von den Ägyptologen Beweise dafür verlangt, dass die Pharaonen tatsächlich in ihren Pyramiden beigesetzt worden waren, werden sie die nicht liefern können. Bis vor einigen Jahrzehnten hatten sie ein einziges Beispiel: die Kleine Pyramide hier in Gizeh. Im Juli 1837 berichtete ein Engländer namens Howard Vyse, der in diesem Gebiet Ausgrabungen durchgeführt hat, er habe neben einem Steinsarkophag in der Pyramide Fragmente gefunden – Bruchstücke des Deckels eines Mumienbehälters mit einer königlichen Inschrift darauf sowie Teile des Skeletts. Darauf stand der Name eines Königs: MEN-KA-RA – der »Mycerinus« in griechischer Sprache, dem diese Pyramide zugeschrieben wurde. Das war eine einmalige Entdeckung, weil sie nicht nur anzeigte, dass die Pyramide wirklich ein Königsgrab war, sondern auch unwiderlegbare Beweise für den Namen des Pharaos lieferte.

Wie gesagt war es der einzige Fall dieser Art, und zugleich stellte es den Beweis dar, dass es sich um einen archäologischen Betrug handelt. Die Wissenschaftler hegten schon damals am Alter des Mumienbehälters Zweifel – wegen dessen Bauweise. Als dann ein paar Jahrzehnte später eine Altersbestimmung mittels Radiokarbonmethode möglich war, wurde zweifelsfrei festgestellt, dass der Deckel des Mumienbehälters nicht aus der Vierten, sondern aus der Fünfundzwanzigsten Dynastie stammte, also nicht aus dem Jahre 2600 vor Christus, sondern aus 700 vor Christus, und dass die Skelettüberreste nicht einmal aus vorchristlicher Zeit, sondern aus den ersten Jahrhunderten christlicher Zeitrechnung stammten. Mit anderen Worten: Jemand hat ein Stück eines Holzsargs genommen, den er irgendwo anders gefunden hatte, und es zusammen mit einem Skelett aus einem ganz gewöhnlichen Grab in der Kleinen Pyramide (die schon vorher häufig betreten worden war) zu einem kleinen Geröllhaufen gestapelt, um anschließend zu verkünden: Schaut, was ich gefunden habe!

Als ich an meinem ersten Buch schrieb, wusste ich nichts von diesem Betrug, weil die Fachliteratur über das antike Ägypten sich nur beiläufig damit befasst hatte. Frühere Fachbücher zitierten die Geschichte dieser Entdeckung als schlüssigen Beweis dafür, dass Menkara die Pyramide gebaut hatte und in ihr begraben worden war. Meine Schlussfolgerungen bezüglich der Anunnaki und ihres Raumhafens beruhten damals auf sumerischen und nicht auf ägyptischen Quellen. Aber als ich begann, »Die Chroniken des Planeten Erde« weiterzuschreiben und auch die ägyptischen Quellen zu untersuchen, sah ich mich vor einem Dilemma. Aus meiner Sicht hatten die Anunnaki und nicht etwa die Pharaonen die Pyramiden von Gizeh gebaut und die Sphinx geschaffen, und das nicht um 2600 vor Christus, sondern etwa um 9000 vor Christus. Doch die Ägyptologen stellten das anders dar, und so musste ich mich mit ihrem Beweismaterial auseinandersetzen.

Es handelte sich um zweierlei Material. Jenes, das in der Kleinen oder Dritten Pyramide gefunden worden war und zu dem ich mich gerade geäußert habe, und um eine Inschrift mit dem Königsnamen Cheops, die man in der Großen Pyramide gefunden hatte. Während das in der Dritten Pyramide gefundene Beweismaterial sich in Kammern befand, die vorher schon oft betreten worden waren, befand sich das Beweismaterial aus der Großen Pyramide in einer Kammer, die seit ihrer Erbauung anscheinend nie mehr betreten worden war.

Und wieder geht es hier um denselben Engländer, Howard Vyse, und ich schildere das in meinem zweiten Buch, *Stufen zum Kosmos*, mit sämtlichen pikanten Details. Howard Vyse, das Schwarze Schaf einer angesehenen englischen Familie, war fasziniert von den archäologischen Entde-

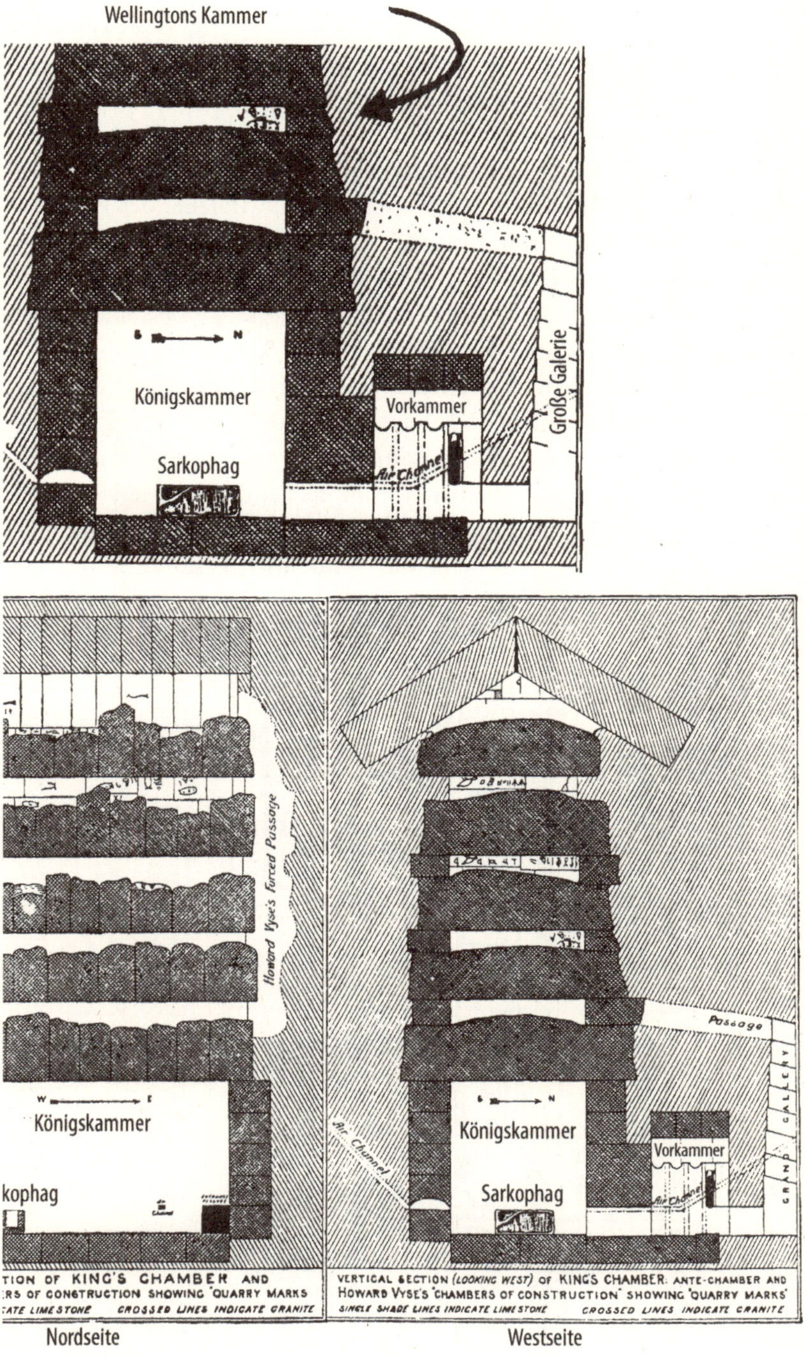

Illustration G

ckungen in Ägypten und hatte beschlossen, das Geld seiner Far für einzusetzen, selbst berühmt zu werden. Also begann er na legendären, geheimen Kammer in der Großen Pyramide zu su der sich gerüchtehalber alle Reichtümer des Cheops befinden Nach großen Anstrengungen und nachdem er fast seine gesamte mittel aufgebraucht hatte, fing er an, im Inneren der Pyramide pulver einzusetzen, um sich den Weg in enge Räume über der kammer frei zu sprengen. Die erste Kammer war 1765 von ein scher namens Nathaniel Davison entdeckt worden. Vyse entde weitere, eine über der anderen – siehe Illustration G.

Wie ich bereits ausgeführt habe, weist die Große Pyramide l Dekoration und auch keinerlei Inschriften auf. Das Gleiche gil von Davison entdeckte Kammer. In den drei von Vyse entdeckte mern hingegen befanden sich in höchst uncharakteristischer W schriften: Markierungen von Steinmetzen und Namen von Köni in roter Farbe. Und eine dieser Inschriften lautete eindeutig »

Illustration .

Vyse hat mit anderen Worten Beweise aus einer Kammer vorgelegt, die all die Jahrtausende versiegelt gewesen waren, Beweise dafür, dass Khufus (Cheops') Steinmetze diese Pyramide gebaut hatten. Er rief die Konsuln Großbritanniens und Österreichs in Kairo zu sich, damit sie die Inschrift bezeugen sollten. Sie übertrugen sie auf Tuchpapier, setzen ihre Unterschrift darunter und schickten die Kopie an das Britische Museum zur Aufbewahrung. Dort lag sie fast eineinhalb Jahrhunderte lang unangetastet, und ein Fachbuch nach dem anderen lehrte die Studenten fortan, diese Inschrift beweise ein für alle Mal, dass Pharao Khufu der Erbauer der Großen Pyramide war.

Und was ist nun mit meinen Anunnaki als Erbauern? Was ist mit dem Raumhafen und den Fluggeräten und Nibiru?

Während ich mich mit dem alten Material beschäftigte, fiel mir etwas Seltsames auf. Nach der Theorie der Ägyptologen, wonach eine Abfolge von Pharaonen eine Abfolge von Pyramiden erbaut haben sollte, wurde die Sphinx (aus örtlichem Stein gehauen) von Chephren errichtet, dem angeblichen Erbauer der Zweiten Pyramide. Er war der vierte König der Vierten Dynastie. Aber ägyptische Zeichnungen auf Tafeln aus der Ersten Dynastie zeigten die Sphinx schon! (Illustration H.) Mit anderen Worten: Die ersten Pharaonen haben die Sphinx bereits sechshundert Jahre vor Chephren in Gizeh stehen sehen!

Darüber hinaus zeigt eine weithin bekannte um 1850 entdeckte Steinstele, bekannt als »Inventory Stela«, eine Inschrift von Khufu (Cheops), in der er nicht nur die Sphinx, sondern auch die Große Pyramide als schon damals in seiner Zeit existierend erwähnt – also etwa hundert Jahre bevor sein Nachfolger Chephren angeblich die Sphinx errichten ließ …

Und so habe ich mich gefragt – was geht hier vor?

Als ich darauf stieß, dass es sich bei dem sogenannten »Beweismaterial« aus der Dritten Pyramide um eine Fälschung handelte, hat es bei mir geklingelt. Der Fälscher war in dem Fall Colonel Vyse.

Aber war er nicht auch der Entdecker des Khufu/Cheops-Beweismaterials in der Großen Pyramide?

Als ich dann noch einmal seine Tagebücher und sonstiges Material hinsichtlich seiner Aktivitäten in Ägypten und über die Ägyptologie jener Zeit las, konnte ich mich des Gefühls nicht erwehren, dass es sich auch bei der Inschrift in roter Farbe, die Vyse in den engen Kammern gefunden haben wollte, um eine Fälschung handeln musste. Mit sehr

(KH-u-f-u)
Illustration I

(RA-u-f-u)
Illustration J

viel Diplomatie und ein wenig Glück konnte ich schließlich in den staubigen Archiven des Britischen Museums in London das in Tuch gebundene Zeugnis finden, das Vyse vor 150 Jahren dort hinterlassen hatte. »Sie sind seit mehr als hundert Jahren der Erste, der das sehen möchte«, meinte der Kurator der Ägyptischen Abteilung des Museums.

Kaum dass ich die zusammengefalteten Blätter aufgeschlagen hatte, wusste ich, dass ich den Beweis für die Fälschung gefunden hatte. Um es kurz zu machen: Infolge der zu jener Zeit noch recht mangelhaften Kenntnis der ägyptischen Hieroglyphen hat der Assistent von Vyse, ein Mr. Hill, der in die Kammer geklettert war und mit Pinsel und roter Farbe jene bedeutsamen Kartuschen mit königlichen Namen dort angebracht hat, KH-U-F-U so geschrieben, wie Illustration I zeigt. Aber was er dort geschrieben oder besser gemalt hatte, lautete gar nicht Khufu, sondern RA-U-F-U. Er hatte irrtümlich den Namen von RA, der Obersten Gottheit Ägyptens, geschrieben. Korrekt wird der Name so geschrieben, wie Illustration J es zeigt; und so werden Sie ihn auch auf der Inventory Stela geschrieben sehen, wenn Sie das Museum in Kairo besuchen.

In meinem Buch *Stufen zum Kosmos* habe ich diesen und andere Beweise vorgelegt. Einige Monate, nachdem das Buch auf dem Markt erschienen war, erhielt ich einen Brief von einem in Pittsburgh wohnhaften Ingenieur. »Was Sie dort über die Fälschung schreiben«, schrieb er, »war in meiner Familie seit 150 Jahren bekannt!«

Ich rief ihn sofort an, und es stellte sich heraus, dass sein Urgroßvater der Steinmetzmeister gewesen war, den Vyse engagiert hatte, um Schießpulver in der Pyramide einzusetzen. In einem Brief an seine Familie hatte er von der Nacht berichtet, in der Mr. Hill mit Pinsel und Farbe in die Pyramide hinabgestiegen war und dort die Fälschung begangen hatte. Nach 150 Jahren meldete sich also ein Augenzeuge, um meine Schlussfolgerungen zu bestätigen …

Die Astronomen stimmen jetzt darin überein, dass es in unserem Sonnensystem in der Tat einen weiteren Planeten gibt. Andere Wissenschaftler aus vielen Disziplinen – der Geologie, der Biologie, der Gene-

tik und der Mathematik – bestätigen andere Aspekte antiken Wisse
All das führe ich im Detail in meinen Büchern der *Chroniken des Pla
ten Erde* und speziell in *Die Hochtechnologie der Götter* auf. In diese
neuesten Buch vollziehe ich auch Schritt für Schritt eines der erschi
terndsten Ereignisse im modernen Raumfahrtprogramm nach. Das h
ist die Wahrheit über die Raumsonde mit der Bezeichnung Fobos 2,
mit internationaler Beteiligung von den Sowjets zur Erforschung
Mars und seines winzigen Mondes Phobos gestartet worden war:
kollidierte im März 1989 mit etwas, und ich zitiere wörtlich, »das
nicht hätte da sein dürfen«. Ich habe in meinem Buch eines der letzt
Fotos abgedruckt, welche die Raumsonde gesendet hat und die je
»Etwas« zeigt. Mittlerweile hat eine russische Quelle ein angeblich k
danach aufgenommenes Foto veröffentlicht. Es zeigt ein länglich
fremdartiges Objekt, das sich der Raumsonde nähert.

Auf dem Mars gibt es erstaunliche Formationen, nicht nur das
rühmte Gesicht, sondern auch gebäudeähnliche Strukturen. Darun
befindet sich etwas, das wie der Grundriss eines Raumhafens aussie
Gemäß den sumerischen Schriften haben die Anunnaki den Mars
Zwischenstation auf dem Weg von Nibiru zur Erde benutzt. *Dieser an
ke Raumhafen ist reaktiviert worden!*

Und wenn meine Schlussfolgerung zutrifft, würde das auch erklär
wo die UFOs und die Androiden, die ihre Besatzung bilden, herko
men.

Die Erde wird erneut ausgeforscht, und auf die Androiden-Bot
werden die Anunnaki selbst folgen. Auf diese Weise erfüllen sich a
Prophezeiungen über die Rückkehr des himmlischen Königreichs
die Erde.

Und indem wir die Schlussfolgerungen bezüglich des zwölften M
glieds unseres Sonnensystems und der Anunnaki bestätigen, lösen
auch gleich das Rätsel des UFO-Phänomens. Einige der überzeugen
ten Beweise sehen wir unmittelbar vor uns: die drei Pyramiden von
zeh und die Sphinx.

4

Die Stufen zum Himmel und das Epos der Schöpfung

Auszüge aus »Stufen zum Kosmos« und »Der zwölfte Planet«, am amerikanischen Original überarbeitet und ergänzt.

Die Existenz des Zwölften Planeten – Nibiru – ist ein wesentlicher Bestandteil von Sitchins Kosmologie, hatten doch die Anunnaki dort ihren Ursprung. Deshalb stellen sich uns einige Fragen nach diesem Planeten Nibiru: Wo ist er? Weshalb wissen wir nichts von ihm? Wieso war er den Sumerern bekannt? Wann kommt er das nächste Mal? Diese letzte Frage wird ausführlicher in Zecharia Sitchins Buch *Apokalypse* beschrieben. Alle anderen Fragen lassen sich zumindest teilweise beantworten, wenn man sich die Interpretation des sumerischen Schöpfungsepos, des *Enuma Elish*, in einigen Büchern Zecharia Sitchins zu eigen macht und wenn man das Wissen der Sumerer über die kosmische Flugbahn von Nibiru versteht, die ihnen die Anunnaki selbst erklärt haben.

Mein Vater, Amnon Sitchin (der Bruder von Zecharia Sitchin), der in Aeronautik und Maschinenbau promoviert hat, war meinem Onkel bei den Berechnungen der Bahn jenes Planeten behilflich. Man muss dazu wissen, dass es sich um eine elliptische Bahnkurve handelt; der Planet kreist im Uhrzeigersinn um die Sonne (im Gegensatz zu den meisten anderen Planeten in unserem Sonnensystem, die unser Zentralgestirn im Gegensinn des Uhrzeigers umkreisen). Seine Bahn verläuft auch nicht auf derselben Ekliptik wie die Bahnen jener anderen Planeten, weshalb er schwer aufzufinden ist, weil der Bereich, in dem er sich befinden könnte, riesengroß ist. Amnon Sitchin stellt fest, dass »abgesehen von der Periode und der Länge der Flugbahn von Nibiru Inklination und Neigung seiner Ekliptik fast mit der des Halley'schen Kometen identisch sind«.

Dieser Auszug aus Kapitel 5 von *Stufen zum Kosmos* liefert eine knappe Zusammenfassung der im *Enuma Elish* beschriebenen Ereignisse und bietet einige wissenschaftliche Erkenntnisse über den geheimnisvollen Planeten Nibiru.

Aus den sumerischen kosmologischen Sagen und Epen, aus Texten, die als Autobiografien der Götter dienten, aus Listen ihrer Funktionen, verwandtschaftlichen Beziehungen und Städte, aus Chroniken und Geschichtsschreibungen, die Königslisten genannt werden, und aus unzähligen anderen Texten, Inschriften und Zeichnungen haben wir ein zusammenhängendes Bild der Ereignisse geschaffen, die sich in vorgeschichtlichen Zeiten abspielten – und davon, wie das alles begann.

Unsere Geschichte beginnt in unvordenklicher Zeit, als das Sonnensystem noch jung war. Damals erschien ein großer Planet aus dem Weltraum und wurde in unser Sonnensystem gezogen. Die Sumerer nannten den Eindringling NIBIRU (»Kreuzender Planet«), die Babylonier gaben ihm den Namen Marduk. Als er die äußeren Planeten passierte, bog Marduks Lauf ab, und er geriet auf Kollisionskurs mit

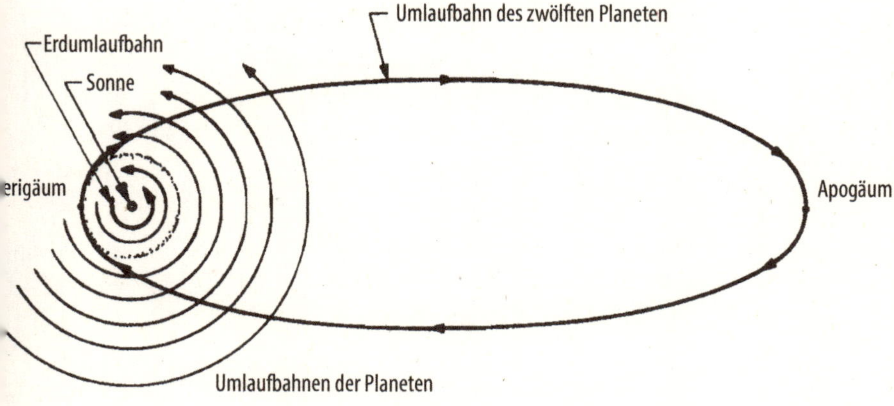

Abb. 19

einem Veteranen des Sonnensystems – einen Planeten namens Tiamat. Die beiden stießen zusammen, und Marduks Satelliten spalteten Tiamat. Der untere Teil wurde zersplittert, und es entstanden die Kometen sowie der Asteroidengürtel – der »himmlische Armreif« aus planetarischen Trümmern, die zwischen Jupiter und Mars kreisen. Tiamats obere Hälfte und ihr Hauptsatellit wurden als Erde und Mond in eine neue Umlaufbahn geworfen.

Marduk selbst geriet unverletzt in eine weite elliptische Umlaufbahn um die Sonne. Er kehrt seither alle 3.600 Erdenjahre zum Schauplatz der »Himmelsschlacht« zurück, die zwischen Jupiter und Mars stattfand (Abb. 19). Dadurch besteht jetzt das Sonnensystem aus *zwölf* Himmelskörpern – der Sonne und dem Mond (den die Sumerer als eigenen Himmelskörper betrachteten), den neun Planeten, die wir kennen, und einem weiteren – dem zwölften Planeten Marduk.

Als Marduk in unser Sonnensystem eindrang, brachte er die »Saat des Lebens« mit. Beim Zusammenstoß mit Tiamat wurde etwas von der Lebenssaat auf den erhalten gebliebenen Teil, die Erde, übertragen. Als das Leben sich auf der Erde entwickelte, folgte es der Evolution auf Marduk. Und so kam es, dass zu der Zeit, als sich das Menschengeschlecht auf der Erde gerade erst zu regen begann, auf dem Planeten Marduk vernunftbegabte Wesen bereits eine hohe Stufe der Zivilisation und Technologie erreicht hatten.

Abb. 20

Von diesem zwölften Mitglied des Sonnensystems, sagten die Sumerer, waren Astronauten auf die Erde gekommen – die »Götter des Himmels und der Erde«. Sie gründeten die sumerische Zivilisation, und vom sumerischen Glauben übernahmen alle anderen Völker des Altertums ihre Religion und ihre Götter. Diese Götter, sagten die Sumerer, haben die Menschheit erschaffen – und ihr jegliche Kenntnisse gegeben, alle Wissenschaften, darunter auch ein unglaublich hoch entwickeltes astronomisches Wissen.

Zu diesem Wissen gehörte die Erkenntnis, dass die Sonne der zentrale Himmelskörper unseres Sonnensystems ist, und die Kenntnis aller Planeten, die uns heute bekannt sind – auch der äußeren Planeten Uranus, Neptun und Pluto, die von der modernen Astronomie erst vor verhältnismäßig kurzer Zeit »entdeckt« worden sind – Planeten, die man mit bloßem Auge nicht sehen kann. Und in planetaren Texten und Listen, genau wie in bildlichen Darstellungen, machten die Sumerer deutlich, dass es noch einen weiteren Planeten gibt – NIBIRU, *Marduk.* Wenn er der Erde am nächsten ist, bewegt er sich zwischen Jupiter und Mars hindurch, wie auf einem 4.500 Jahre alten Rollsiegel zu sehen ist, das elf Kugeln rings um einen großen Himmelskörper zeigt, die Sonne (Abb. 20).

In *Der zwölfte Planet* liefert Kapitel 7 konkrete Beweise für die Existenz von Nibiru. Sie beziehen sich auf die Darstellung auf dem 4.500 Jahre alten sumerischen Rollsiegel (siehe Abb. 45 oben und Abb. 99 mit Details im Folgenden). Auf diesem Siegel ist unser Sonnensystem mit zwölf Himmelskörpern abgebildet: zehn Planeten sowie die Sonne und der Mond. Falls dieses antike Siegel eine exakte bildliche Wiedergabe unseres Sonnensystems darstellt, so wie es zu jener Zeit existierte, lässt sich damit die bislang vorherrschende Theorie widerlegen, wonach der Mond dadurch entstand, dass ein Stück von der Erde abgesprengt wurde und zu einem eigenen Himmelskörper geworden ist. Jüngste wissenschaftliche Erkenntnisse hinsichtlich der chemischen Zusammensetzung des Mondes scheinen die sumerische Darstellung zu bestätigen, wonach Erde und Mond zur gleichen Zeit und weitgehend aus identischem Material geformt wurden. Falls das Siegel den Mond als von der Erde separaten Körper korrekt darstellt, stellt sich die Frage, ob die Abbildung vielleicht auch insoweit korrekt ist, als sie den Planeten zeigt, bei dem es sich um Nibiru handelt.

Dieser Auszug aus Kapitel 7 artikuliert überdies den Inhalt des sumerischen *Enuma Elish* (Schöpfungsepos), einem der wichtigsten Werke der Weltgeschichte. Sitchin führt uns Zeile für Zeile durch weite Teile jener Erzählung und bringt sie mit Ereignissen in der Realität in Verbindung, die mit der Entstehung des Kosmos und unseres eigenen Sonnensystems zu tun haben. Das Schöpfungsmythos *Enuma Elish* war auch für die Babylonier eine heilige Schrift und stellte einen Teil ihrer religiösen Rituale bei der Neujahrsfeier dar. Sie hielten es in hohen Ehren und feierten damit die außergewöhnliche Entstehungsgeschichte der Welt, so wie sie sie kannten. Das *Enuma Elish* erklärt Rätsel in der Bewegung der Planeten, der Kometen und der Satelliten von Planeten und ihrer Orientierung zueinander.

Auf den meisten uralten Rollsiegeln, die gefunden worden sind, stehen die Symbole der Himmelskörper über den Götter- und Menschengestalten.

Auf einem akkadischen Siegel aus dem 3. Jahrtausend vor Christus (im Ostberliner Vorderasiatischen Museum, Katalognummer VA/243) ist die Darstellung der Himmelskörper anders als üblich. Sie stehen nicht einzeln, sondern bilden eine Gruppe von elf Kugeln rings um einen großen strahlenden Stern. Es ist natürlich eine Darstellung des den Sumerern bekannten Sonnensystems, das aus *zwölf* Himmelskörpern besteht (Abb. 21).

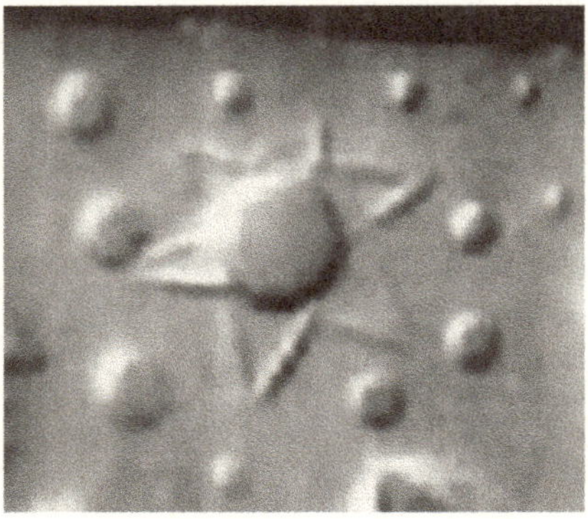

Abb. 21

Wir zeichnen unser Sonnensystem gewöhnlich schematisch als eine Reihe von Planeten in immer größerem Abstand von der Sonne. Würden wir die Planeten aber in einem Kreis um die Sonne zeichnen, so ergäbe sich ein ähnliches Schema wie auf Abb. 100. (Alle Zeichnungen sind des leichteren Verständnisses wegen schematisch und nicht maßstabgerecht, die Umlaufbahnen der

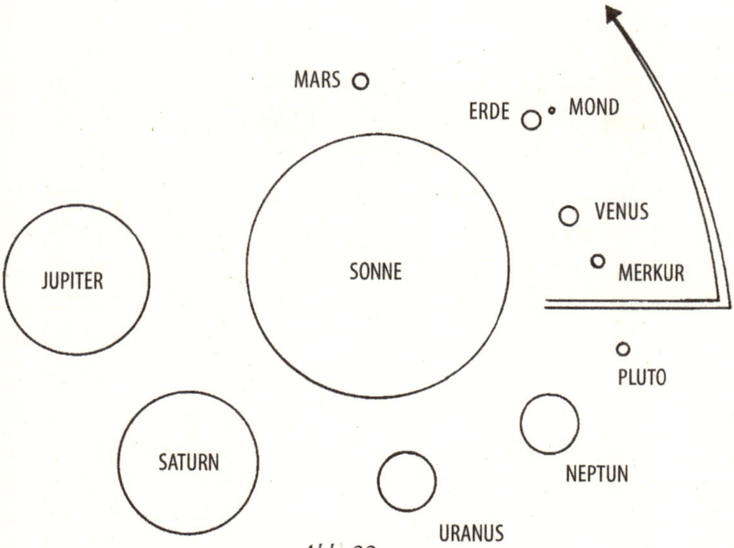

Abb. 22

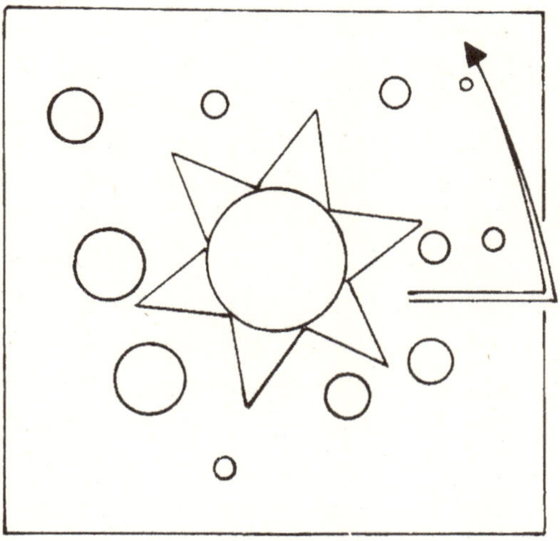

Abb. 23

Planeten rund und nicht elliptisch.)

Die Vergrößerung des Sonnensystems auf dem Siegel VA/243 zeigt, dass die »Punkte« rings um den Stern Kugeln sind, deren Größe und Anordnung mit dem Sonnensystem auf Abb. 22 übereinstimmen. Dem kleinen Merkur folgt die größere Venus. Die Erde, ungefähr gleich groß wie Venus, wird von dem kleinen Mond begleitet. Folgt man der Richtung im Uhrzeigersinn, so ist Mars richtigerweise kleiner als die Erde, aber größer als Mond und Merkur (Abb. 23).

Auf der alten Abbildung ist aber ein uns unbekannter Planet zu sehen, beträchtlich größer als die Erde, allerdings kleiner als Jupiter und Saturn, die ihm folgen. Uranus und Neptun sind deutlich zu erkennen.

Auch der kleinere Pluto ist da, wenn auch nicht an der Stelle, wo *wir* ihn aufzeichnen (nach Neptun), sondern zwischen Saturn und Uranus.

Da die Sumerer den Mond als Himmelskörper betrachtet haben, trägt ihre Darstellung allen bekannten Planeten Rechnung; sie sind richtig angeordnet (Pluto ausgenommen) und größenmäßig beschrieben.

Die 4.500 Jahre alte Darstellung behauptet jedoch, dass es zwischen Mars und Jupiter noch einen Planeten gegeben hat. Es ist, wie sich noch erweisen wird, der Zwölfte Planet, der Planet der Nefilim.

Wäre diese sumerische Himmelskarte vor zwei Jahrhunderten entdeckt worden, so hätten die damaligen Astronomen über die Sumerer gespottet und sie als einfältig verschrien, weil sie meinten, es gäbe jenseits von Saturn noch weitere Planeten. Heute wissen wir jedoch, dass Uranus, Neptun und Pluto wirklich vorhanden sind. Bildeten sich die Sumerer die anderen Diskrepanzen nur ein, oder sind sie von den Nefilim belehrt worden, dass der Mond nach eigenen Gesetzen dem Sonnensystem angehört, dass Pluto in der Nähe von Saturn steht und dass es zwischen Mars und Jupiter einen Zwölften Planeten gibt?

Die lange aufrechterhaltene Theorie, der Mond sei nichts weiter als »ein gefrorener Golfball«, ist durch die Befunde mehrerer Apollo-Mondflüge gründlich widerlegt worden. Es wurde auch vermutet, er sei von der Erde abgesprengt worden, als diese noch geschmolzen und alles andere als stabil war. Gäbe es nicht den Aufprall von Millionen Meteoriten, die auf dem Antlitz des Mondes Krater hinterlassen haben, wäre er ein gesichts- und lebloses Stück Materie ohne jede Geschichte, das sich verfestigt hat und seitdem immerfort der Erde folgt.

Beobachtungen unbemannter Satelliten haben jedoch solche langgehegten Vorstellungen erstmals ins Wanken gebracht. Man fand heraus, dass die chemische und mineralogische Zusammensetzung des Mondes sich in erheblichem Maße von der irdischen unterschied; die Theorie der Abspaltung musste daher in Frage gestellt werden. Die von den amerikanischen Astronauten auf dem Mond durchgeführten Experimente und das Studium sowie die Analyse der mitgebrachten Proben des Erdreichs und der Felsen bewiesen jenseits allen Zweifels, dass der Mond trotz seiner gegenwärtigen Kargheit einst ein »lebendiger Planet« war. Wie die Erde besaß er Schichten, was bedeutet, dass er sich nach einem ursprünglich geschmolzenen Zustand verfestigt hatte. Wie die Erde strahlte er Wärme ab, doch während die Wärme der Erde von ihren radioaktiven Materialien herrührt, die im Inneren unter enormem

Druck »gekocht« werden, stammt die Wärme des Mondes augenscheinlich von Schichten radioaktiven Materials sehr dicht unterhalb der Oberfläche. Dieses Material ist allerdings zu schwer, um sich verflüchtigen zu können. Was hat also überhaupt erst dazu geführt, dass es sich unter der Mondoberfläche einlagerte?

Das Schwerkraftfeld des Mondes scheint unausgewogen zu sein, als wären große Mengen schwerer Materie (wie Eisen) nicht gleichmäßig in seinen Kern abgesunken, sondern hätten sich verteilt. Aber welche Kraft hätte das bewirken können, fragen wir uns. Es gibt Hinweise darauf, dass die alten Felsen des Mondes magnetisiert waren. Es gibt auch Hinweise darauf, dass die Magnetfelder verändert oder umgepolt wurden. Geschah dies durch einen unbekannten inneren Prozess oder durch einen bisher nicht erklärbaren äußeren Einfluss?

Die Apollo-16-Astronauten fanden auf dem Mond Gestein (Brekzien genannt), das durch das Zertrümmern und erneute Zusammenschmelzen unter extremer und plötzlicher Hitze entstanden war. Wann und wie war dieses Gestein zertrümmert und dann wieder verbacken worden? Anderes Oberflächenmaterial auf dem Mond ist reich an seltenem radioaktiven Kalium und Phosphor, Materialien, die es auf der Erde nur tief im Inneren gibt.

Wenn Wissenschaftler solche Befunde zusammenfügen, kommen sie zu der festen Überzeugung, dass Erde und Mond zwar ungefähr zur gleichen Zeit und annähernd aus denselben Elementen entstanden sind, sich aber als getrennte Himmelskörper entwickelten. Nach Meinung der NASA-Wissenschaftler hat sich der Mond die ersten 500 Millionen Jahre ganz normal entwickelt. Dann, sagten sie (einem Bericht in der *New York Times* zufolge):

> *Der katastrophalste Moment kam vor vier Milliarden Jahren, als Himmelskörper vom Ausmaß großer Städte und kleiner Länder auf den Mond stürzten und seine riesigen Becken und hoch aufragenden Bergzüge entstanden.*
>
> *Die gewaltigen Mengen radioaktiven Materials, die durch die Kollisionen zurückblieben, begannen das Gestein unter der Oberfläche zu erhitzen, erhebliche Mengen davon zu schmelzen und Lavaseen durch die Spalten an die Oberfläche zu pressen.*
>
> *Apollo 15 entdeckte im Ziolkowski-Krater einen Felsrutsch, sechs Mal größer als jeder Felsrutsch auf der Erde. Apollo 16 fand*

heraus, dass die Kollision, die das Nektarmeer erschaffen hatte, die Trümmer bis zu tausend Meilen weit weggeschleudert hatte.

Apollo 17 landete an einem Steilhang, der acht Mal so hoch war wie jeder auf der Erde, und das hieß, dass er durch ein Mondbeben entstanden sein musste, das acht Mal heftiger gewesen war als jedes in der Geschichte der Erde.

Die Nachwirkungen dieses katastrophalen kosmischen Ereignisses zogen sich noch 800 Millionen Jahre dahin, bis vor 3,2 Milliarden Jahren das Antlitz und die Oberfläche des Mondes endlich ihre jetzt so vertraute erstarrte Gestalt annahmen.

Die Sumerer hatten also durchaus recht, als sie den Mond als eigenständigen Planeten darstellten. Und wie wir noch sehen werden, hinterließen sie uns einen Text, der eine kosmische Katastrophe beschreibt, die von der NASA erst in jüngster Zeit ermittelt worden ist.

Der Planet Pluto gilt als ein Rätsel. Im Gegensatz zu den anderen Planeten, deren Umlaufbahn um die Sonne fast kreisförmig verlaufen, beschreibt er eine Ellipse, und während die anderen Planeten die Sonne mehr oder weniger auf derselben Ebene umkreisen, gerät er manchmal um siebzehn Grad aus seiner Bahn. Aufgrund dieser beiden Eigenschaften ist er der einzige Planet, der die Umlaufbahn eines anderen schneidet, nämlich die des Neptuns.

Größenmäßig würde der Pluto der Satellitenklasse angehören; sein äquatorialer Durchmesser beträgt nur 5.800 Kilometer. Er ist also nicht viel größer als Triton, ein Satellit des Neptuns, und als Titan, einer der zehn Satelliten des Saturns. Wegen seiner ungewöhnlichen Eigenschaften ist bereits angenommen worden, dieser »Eigenbrötler« habe sein himmlisches Leben als Satellit begonnen, der seinem Herrn irgendwie entronnen und einen eigenen Umlauf um die Sonne angetreten hat.

Laut den sumerischen Texten hat es sich auch tatsächlich so zugetragen.

Und jetzt erreichen wir den Höhepunkt unserer Suche nach Antwort auf die Frage der Uranfänge himmlischer Ereignisse: der Existenz des Zwölften Planeten. So erstaunlich es auch klingen mag, unsere Astronomen haben bereits nach einem Beweis gesucht, dass es einen Planeten zwischen Mars und Jupiter gegeben hat.

Gegen Ende des achtzehnten Jahrhunderts, noch vor der Entdeckung des Neptuns, erklärten zwei Astronomen, dass die Planeten nach einem endgültigen Gesetz in bestimmten Entfernungen von der Sonne ange-

ind. Diese sogenannte bode-titiussche Beziehung überzeugte die men, dass zwischen den Umlaufbahnen von Mars und Jupiter ı Planet um die Sonne kreisen müsste.

sporнt durch mathematische Berechnungen suchten sie die er- Himmelszone nach dem »fehlenden Planeten« ab. Am ersten neunzehnten Jahrhunderts entdeckte Giuseppe Piazzi in Paler- :n sehr kleinen Planeten (Durchmesser 768 Kilometer), den er ınnte. Um 1804 war die Zahl der Planetoiden (kleine Planeten) gestiegen; heute kennt man fast dreitausend, die die Sonne im nten Planetoiden- oder Asteroidengürtel umkreisen. Zweifellos die Einzelteile eines zertrümmerten Planeten, dem die Russen nen Phaëton (»Streitwagen«) gegeben haben.

ıstronomen sind zwar sicher, dass es einen solchen Planeten gegeben r sein Verschwinden können sie nicht erklären. Ist er explodiert? ären die Stücke nach allen Richtungen geflogen und hätten keinen ebildet. Wenn der Planet durch einen Zusammenstoß zertrümmert vo ist dann der Himmelskörper, der den Zusammenstoß verursacht :r auch in Stücke gegangen? Aber die Planetoiden, die sich um die ewegen, machen alles in allem kaum einen ganzen Planeten aus, ge- : denn zwei. Selbst wenn die Planetoiden die Trümmer zweier Pla- ıren, hätten sie die axiale Umdrehung zweier Planeten beibehalten Aber alle Planetoiden weisen dieselbe Rotation auf. Wie denn und ı ist der fehlende Planet zertrümmert worden?

ösung des Rätsels ist uns aus dem Altertum überliefert worden.

: ENTZIFFERUNG EINES IN MESOPOTAMIEN gefundenen Textes :h vor ungefähr einem Jahrhundert, dass dieser akkadische Text, ben in einem altbabylonischen Idiom, der biblischen Schöp- ;chichte entspricht. *Die Keilschriften und das alte Testament* von d Schräder führte 1872 zu einer Flut von Büchern, Artikeln, :n und Debatten, die ein halbes Jahrhundert anhielten. Hatte es unbekannten Vorzeit eine Verbindung zwischen Babylon und :l gegeben? Die Schlagzeilen posaunten es hinaus oder denun- eise: BABEL UND BIBEL.

r den Texten, die Henry Layard in den Trümmern der Bibliothek ırbanipal in Ninive entdeckte, gab es eine, die eine ganz ähnli- ɔpfungsgeschichte erzählte wie die biblische Genesis. Die zerbrochenen Tafeln, die erstmals 1876 von George Smith in *The C Genesis* (»Die Schöpfungsgeschichte der Chaldäer«) wieder zus: gesetzt und veröffentlicht wurden, machten zweifelsfrei klar, da nen akkadischen Text gab, geschrieben im altbabylonischen Dia sich darauf bezog, wie eine bestimmte Gottheit Himmel und schuf und alles auf Erden einschließlich des Menschen.

Mittlerweile gibt es Unmengen von Literatur, die den meso schen Text mit der Bibelgeschichte vergleicht. Das Werk der b: schen Gottheit war nicht in sechs »Tagen« getan, doch in der von sechs Tafeln. Parallel zum siebenten Tag der Ruhe des bi Gottes werden auf der siebenten Tafel die Freunde der babylc Gottheit und ihre Leistungen beschrieben. Folgerichtig gab L. ` seiner Abhandlung darüber den Titel *The Seven Tablets of Creatio* sieben Tafeln der Schöpfung«.

Jetzt »Das Epos der Schöpfung« genannt, war der Text im A für seine Eröffnungsworte *Enuma Elish* (»Als in der Höhe«) t Die biblische Schöpfungsgeschichte beginnt mit der Erschaff Himmels und der Erde, die mesopotamische Geschichte ist hing ne wahre Kosmologie, denn sie handelt von noch früheren Ere und führt uns zum Urbeginn der Zeit zurück:

> *Enuma elish la nabu shamamu*
> Als in der Höhe der Himmel noch keinen Namen trug
> *Shaplitu ammatitm shuma la zakrat*
> Und unten die Erde [der feste Grund] noch nicht benanr

Damals, so erzählt uns das Epos, gebaren zwei Urhimmelskörp rere himmlische »Götter«. Als die Zahl der Himmelswesen z machten sie großen Lärm und Unruhe und störten den Urva treuer Bote drängte ihn, strenge Maßnahmen gegen sie zu ergrei ihnen Zucht beizubringen, aber sie rotteten sich zusammen und ten ihn seiner Schöpferkraft. Die Urmutter suchte Rache zu r Der Gott, der die Revolte gegen den Urvater anführte, mach neuen Vorschlag: Sein junger Sohn sollte in die Versammlung de aufgenommen werden und Macht erhalten, damit er allein das heuer« bekämpfen könne, zu dem die Urmutter geworden war.

Als der junge Gott – Marduk – die Macht hatte, trat er zu terten Kampf gegen das Ungeheuer an, besiegte es und zerspli in zwei Teile. Aus dem einen Teil machte er den Himmel, aus dem anderen die Erde.

Hierauf verkündete er eine feste Himmelsordnung und wies jedem Himmelsgott eine Dauerstellung an. Auf Erden gestaltete er die Berge, Meere und Flüsse, etablierte Jahreszeiten und Vegetation und schuf den Menschen. Als Duplikat der Himmelswohnung wurde auf der Erde Babylon mit seinem hohen Tempel erbaut. Den Göttern und den Sterblichen wurden Gebote, Verpflichtungen und Riten auferlegt. Die Götter riefen dann Marduk als höchste Macht aus und verliehen ihm die »fünfzig Namen« – die Hoheitsrechte und den Nummernrang der Enlilschaft.

Als noch mehr Texte und Bruchstücke gefunden und übersetzt worden waren, wurde klar, dass das Epos kein bloßes literarisches Werk war, sondern bei den Neujahrsriten als heiligste historisch-religiöse Schrift von Babylon verlesen wurde. Um Marduks Übermacht zu propagieren, ließ ihn die babylonische Fassung zum Helden der Schöpfungsgeschichte werden. Das war aber nicht immer so. Es gibt genügend Beweise dafür, dass die babylonische Fassung des Epos eine meisterhafte Fälschung der früheren sumerischen Fassung war, in der Anu, Enlil und Ninurta die Helden sind.

Doch ganz gleich, wie die Handelnden in diesem himmlischen und göttlichen Drama genannt wurden, die Geschichte ist bestimmt ebenso alt wie die sumerische Zivilisation. Die meisten Forscher betrachten das Epos als ein philosophisches Werk – die früheste Darstellung des ewigen Kampfes zwischen Gut und Böse – oder als allegorische Sage von Winter und Sommer der Natur, von Sonnenaufgang und Sonnenuntergang, von Tod und Wiederauferstehung.

Aber warum nicht das Epos als bare Münze nehmen, als Darstellung der kosmologischen Tatsachen, die den Sumerern durch die Belehrungen seitens der Nefilim bekannt waren? Wenn man sich diese Anschauung zu eigen macht, erkennt man, dass das »Epos der Schöpfung« die Ereignisse beschreibt, die wahrscheinlich in unserem Sonnensystem stattgefunden haben.

Der Raum, in dem sich das Himmelsdrama des *Enuma Elish* entfaltet, ist das uranfängliche Universum. Die Handelnden sind sowohl die Schöpfer als auch diejenigen, die geschaffen werden. Erster Akt:

Als in der Höhe der Himmel noch keinen Namen hatte
und unten die Erde noch nicht benannt war …

Nichts [war] als der uranfängliche APSU, ihr Erzeuger,
MUMMU und TIAMAT – sie, die alle gebar;
ihre Wasser wurden miteinander vermischt.

Noch hatte sich kein Schilf gebildet, kein Sumpfland war erschienen.
Noch war keiner der Götter ins Sein gebracht worden,
keiner trug einen Namen, ihre Schicksale waren unbestimmt;
da geschah es, dass Götter unter ihnen Gestalt annahmen.

Mit wenigen Strichen des Schilfgriffels auf der ersten Tafel – mit neun Zeilen – versetzt uns der Dichterchronist in die erste Reihe des Zuschauerraums und lässt den Vorhang aufgehen vor dem majestätischsten Schauspiel: der Schöpfung unseres Sonnensystems.

Im weiten Raum müssen die »Götter« – die Planeten – erst noch erscheinen, einen Namen erhalten und ihr »Schicksale« – ihre Umlaufbahnen – bestimmt werden. Nur drei Körper sind vorhanden: der »uranfängliche AP.SU« (»der von Anfang an da ist«), MUM.MU (»einer, der geboren wurde«) und TIAMAT (»Jungfrau des Lebens«). Die »Wasser« Apsus und Tiamats wurden vermischt, aber der Text stellt klar, dass nicht die Wasser gemeint sind, in denen Schilf wächst, sondern eher die Urwasser, die grundlegenden lebenspendenden Elemente des Universums.

Apsu ist also die Sonne, einer »der von Anfang an da ist«.

Der nächste ist Mummu. Später wird deutlich, dass Mummu Apsus treuhänderischer Gehilfe und Bote ist: eine gute Beschreibung Merkurs, des kleinen Planeten, der sich flink um seinen riesigen Herrn bewegt. Tatsächlich stellten sich die alten Griechen und Römer so den Gott Merkur vor, als schnellen Götterboten.

Weiter entfernt war Tiamat. Sie war das Ungeheuer, das Marduk später zertrümmerte – der »fehlende Planet«. Aber am Uranfang war sie die erste jungfräuliche Mutter der ersten göttlichen Dreifaltigkeit. Der Raum zwischen ihr und Apsu war nicht leer, sondern gefüllt mit den Urelementen Apsus und Tiamats. Diese Wasser vermischten sich, und zwei Himmelsgötter – Planeten – bildeten sich zwischen Apsu und Tiamat.

Ihre Wasser wurden miteinander vermischt …
Götter nahmen unter ihnen Gestalt an:
Gott LAHMU und Göttin LAHAMU wurden hervorgebracht,
beim Namen wurden sie genannt.

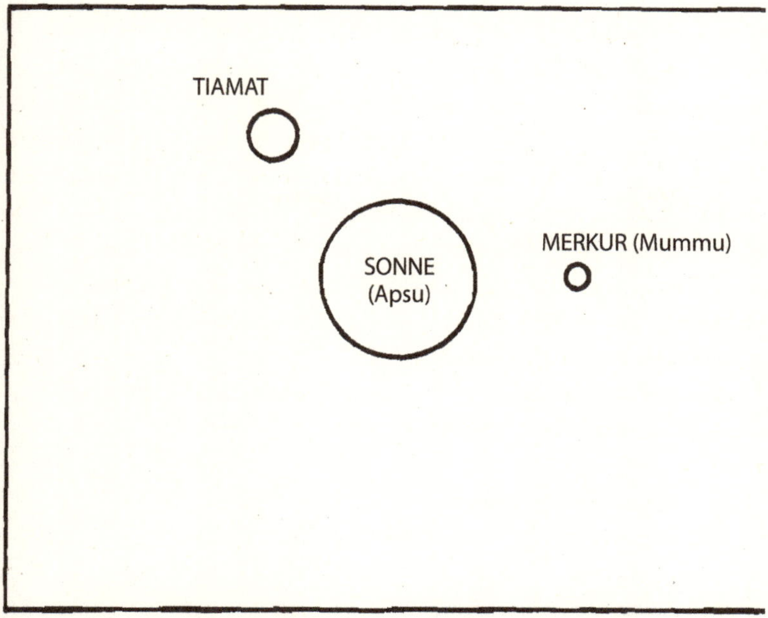

Abb. 24. Den Anfang bilden die Sonne, der Merkur und »Tiamat«.

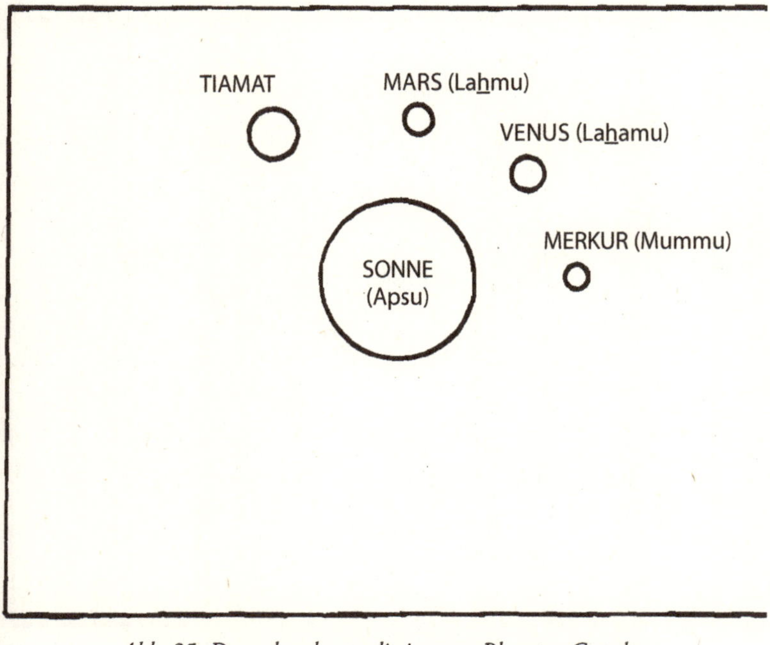

Abb. 25. Danach nehmen die inneren Planeten Gestalt an – die »Götter unter ihnen«.

ymologisch sind die Namen dieser beiden Planeten von LHM (»Krieg hren«) abgeleitet. Die Alten haben uns überliefert, dass Mars der riegsgott und Venus sowohl die Göttin der Liebe als auch des Krieges ar. LAHMU ist ein männlicher Name und LAHAMU ein weiblicher, dass die Identität der beiden Götter im Epos mit den Planeten Mars ıd Venus sowohl etymologisch als auch mythologisch erwiesen ist. Astnomisch liegt ebenfalls eine Bestätigung vor: Als »fehlender Planet« urde Tiamat hinter Mars gesetzt. Mars und Venus stehen tatsächlich vischen der Sonne (Apsu) und »Tiamat«. Das zeigt auch die sumerische immelskarte in Abb. 24 und Abb. 25.

Dann setzt sich die Bildung des Sonnensystems fort. Lahmu und Lamu – Mars und Venus – entstehen, aber:

Ehe sie an Alter zugenommen
und ihre vorgeschriebene Größe erreicht hatten,
nahmen Gott ANSCHAR und Gott KISCHAR Gestalt an
und übertrafen sie [an Größe].
Als die Tage länger wurden und die Jahre sich mehrten,

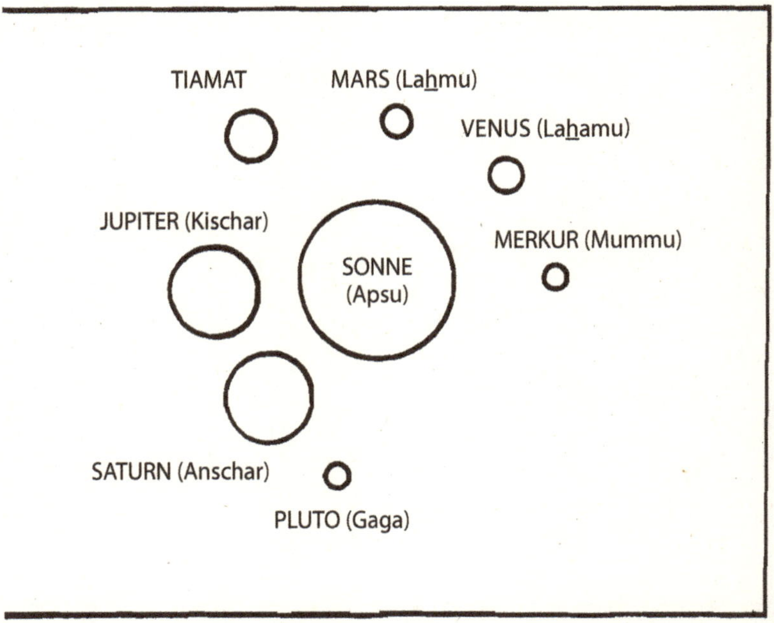

Abb. 26. Im dritten Akt werden die SCHARS – die Riesenplaneten – geschaffen, gemeinsam mit ihren »Boten«.

wurde Gott ANU ihr Sohn – ein Rivale seiner Ahnen.
Dann zeugte Anschars Erstgeborener, Anu,
als seinesgleichen und nach seinem Bilde NUDIMMUD.

Rasch und dicht hat sich der erste Akt der Schöpfungsgeschichte vor unseren Augen entfaltet. Man teilt uns mit, dass Mars und Venus nicht sehr groß werden, doch bevor sie noch fertig gestaltet sind, bildet sich ein anderes Planetenpaar. Es sind zwei majestätische Planeten, wie ihre Namen verraten – AN.SCHAR (»erster Prinz des Himmels«) und KI. SCHAR (»erster Prinz des festen Landes«) –, und sie sind größer als Mars und Venus, das erste Paar. Anhand der Beschreibung, der Namen und ihrer Stellung erkennt man mühelos Saturn und Jupiter (Abb. 26) in diesem Paar.

Nach längerer Zeit (»die Jahre mehrten sich«) tritt ein drittes Planetenpaar hervor. Erst ersteht ANU, kleiner als Anschar und Kischar (»ihr gemeinsamer Sohn«), doch größer als die ersten Planeten (»seinen Ahnen ein Rivale an Größe er war«). Dann zeugt Anu einen Zwillingsplaneten »nach seinem Ebenbild und Aussehen«. Die babylonische Version

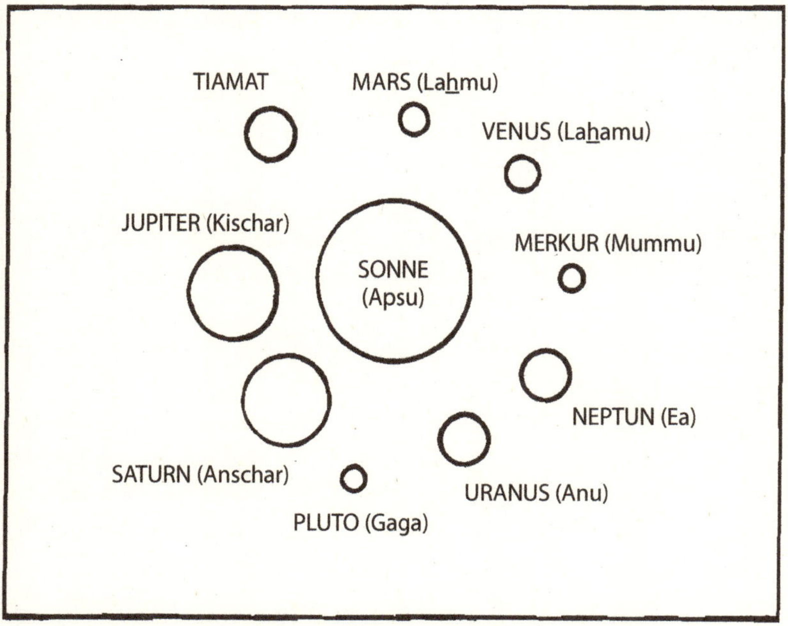

Abb. 27. Die letzten beiden Planeten treten hinzu – einander gleich, ein Ebenbild des anderen.

bezeichnet den Planeten als NUDIMMUD, ein Beiname für Ea/Enki. Wieder einmal entsprechen die Beschreibungen hinsichtlich Größe und Standort dem nächsten bekannten Planetenpaar in unserem Sonnensystem, Uranus und Neptun.

Unter den äußeren Planeten sollte noch ein weiterer genannt werden, nämlich Pluto. Im »Epos der Schöpfung« wird Anu »Anschars Erstgeborener« genannt, was besagt, dass Anschar/Saturn noch ein anderer Planetensohn »geboren« wurde. Das Epos kommt später auf diese Himmelsgottheit zu sprechen, als berichtet wird, wie Anschar seinen Boten GAGA mehrmals auf verschiedene Missionen zu anderen Planeten schickt. Von Funktion und Statur gleicht Gaga Apsus Boten Mummu; das erinnert an die vielen Ähnlichkeiten zwischen Merkur und Pluto, aber die Sumerer zeichneten Pluto auf ihrer Himmelskarte nicht hinter Neptun ein, sondern neben Saturn, dessen »Bote« oder Satellit er war (Abb. 27).

Am Ende des ersten Aktes des »Epos der Schöpfung« gab es ein Sonnensystem, das aus der Sonne und neun Planeten besteht:

SONNE	=	Apsu, »der von Anfang an da war«
MERKUR	=	Mummu, Apsus Ratgeber und Bote
VENUS	=	Lahamu, »Herrin der Schlachten«
MARS	=	Lahmu, »Gottheit des Krieges«
?	=	Tiamat, »Jungfrau, die Leben gab«
JUPITER	=	Kischar, »Erster der festen Lande«
SATURN	=	Anschar, »Erster in den Himmeln«
PLUTO	=	Gaga, Ratgeber und Bote Anschars
URANUS	=	Anu, »der von den Himmeln«
NEPTUN	=	Nudimmud (Ea), »geschickter Schöpfer«

Wo waren Erde und Mond? Sie mussten erst noch entstehen – Produkte einer bevorstehenden kosmischen Kollision.

Nach der Geburt der Planeten heben die Autoren des Schöpfungsepos den Vorhang jetzt im zweiten Akt des Dramas zu einem Himmelsaufruhr. Die neugeschaffene Planetenfamilie ist keineswegs stabil. Die Planeten geraten durch Anziehungskraft einander in den Weg; sie nähern sich Tiamat, stören und gefährden die Urkörper.

Die göttlichen Brüder rotteten sich zusammen;
sie störten Tiamat, als sie hin und her schwankten.

Sie stießen an Tiamats »Bauch«
bei ihren Kapriolen in den Himmelswohnungen.
Apsu vermochte ihr Gezeter nicht zu dämpfen;
Tiamat, sprachlos, konnte ihnen nicht ausweichen.
Ihr Treiben war abscheulich …
störend waren ihre Wege.

Hierbei handelt es sich offenbar um Verweise auf unregelmäßige Umlaufbahnen. Die neuen Planeten »schwanken hin und her«, geraten zu nahe aneinander (»rotten sich zusammen«), schneiden Tiamats Umlaufbahn (stoßen an seinen »Bauch«). »Störend waren ihre Wege.« Obwohl Tiamat die Hauptgefährdete ist, findet auch Apsu ihr Treiben »abscheulich«. Er verkündet seinen Entschluss, »die Wege (der Planeten) zu zerstören«. Dazu wendet er sich an Mummu, bespricht sich insgeheim mit ihm. Aber »was sie auch zwischen sich planten«, die anderen Götter hören es. Der Einzige, der kühlen Kopf behält, ist Ea (Neptun). Er rät, »Schlaf über Apsu zu senken«. Nachdem die anderen Götter dem Komplott zugestimmt haben, zeichnet Ea »eine getreue Karte des Universums« und belegt das uranfängliche Wasser des Sonnensystems mit einem göttlichen Bann.

Was war das für ein »Bann« oder eine Kraft, die »Ea« (der Planet Neptun) – damals der äußerste Planet – bei seiner Umlaufbahn um die Sonne ausübte, während er alle anderen Welten des Systems umkreiste? Wirkte sich seine eigene Umlaufbahn auf den Magnetismus der Sonne aus und damit auf ihren radioaktiven Ausstoß? Oder gingen bereits bei Neptuns Erschaffung große Mengen radioaktiver Energie von ihm aus? Welche Wirkung es auch immer gehabt haben mochte, das Epos vergleicht sie mit »Schlaf«, der sich auf Apsu (die Sonne) herabsenkt; es war also eine beruhigende Wirkung. Selbst »Mummu, der Ratgeber, konnte sich nicht mehr rühren«.

Wie in der biblischen Geschichte von Samson und Delila konnte der Held – von Schlaf übermannt – leicht um seine Kräfte gebracht werden. Ea/Neptun beeilte sich damit, Apsu seiner schöpferischen Rolle zu berauben. Offenbar unterband er den enormen Ausstoß an Urmaterie aus der Sonne und »streifte Apsus Diadem ab, entzog ihm den Mantel seiner Aura«. Apsu war »besiegt«. Mummu konnte nicht mehr umhertollen. Er war »gebunden und zurückgelassen« worden, ein lebloser Planet an der Seite seines Herrn.

Indem die Götter der Sonne die Schöpferkraft nehmen, dem Prozess ein Ende bereiten, dass sie weiterhin Energie ausstrahlt und zusätzliche Planeten bildet, bringen sie dem Sonnensystem vorübergehend Frieden. Der Sieg wird damit bezeichnet, dass Apsus Bedeutung und Stellung sich ändern. Von nun an ist von »Eas Wohnung« die Rede. Weitere Planeten können fortan nur noch vom neuen Apsu kommen, »aus der Tiefe«, aus dem weit entfernten Raum, in dem der äußerste Planet steht.

Wie lange dauerte es, bis der Himmelsfriede abermals gebrochen wurde? Das Epos sagt es nicht. Fast ohne Pause hebt sich der Vorhang zum dritten Akt:

In der Schicksalskammer, dem Ort der Schicksale,
wurde ein Gott erzeugt, der fähigste und weiseste der Götter;
im Herzen der Tiefe wurde MARDUK erschaffen.

Ein neuer himmlischer »Gott«, ein neuer Planet, tritt dem Ensemble bei. Er hat sich in der Tiefe gebildet, weit draußen im Raum; seine Umlaufbewegung – das »Schicksal« eines Planeten – wird ihm dort zugewiesen. Der äußerste Planet zieht ihn ins Sonnensystem: »Der ihn zeugte, war Ea« (Neptun), und der neue Planet ist prächtig anzusehen:

Verführerisch war seine Gestalt, strahlend der Blick seiner Augen,
edel sein Gang, gebieterisch wie in alten Zeiten …
Großartig erhaben war er über die Götter,
alle übertreffend …
Er war der höchste der Götter,
überragend an Größe.
Seine Glieder waren riesig, so hoch reichte er.

Der neugeborene Planet, der aus dem Außenraum auftaucht, speit Feuer und gibt Strahlung ab. »Wenn er die Lippen bewegte, loderten Flammen hervor.«

Als sich Marduk den anderen Planeten nähert, »überhäuften sie ihn mit ihren schrecklichen Blitzen«, und er strahlt hell auf, »bekleidet mit dem Glorienschein von zehn Göttern«. Seine Annäherung ruft also bei den anderen Mitgliedern des Sonnensystems elektrische und andere Entladungen hervor. Und ein einziges Wort bestätigt hier unsere Deu-

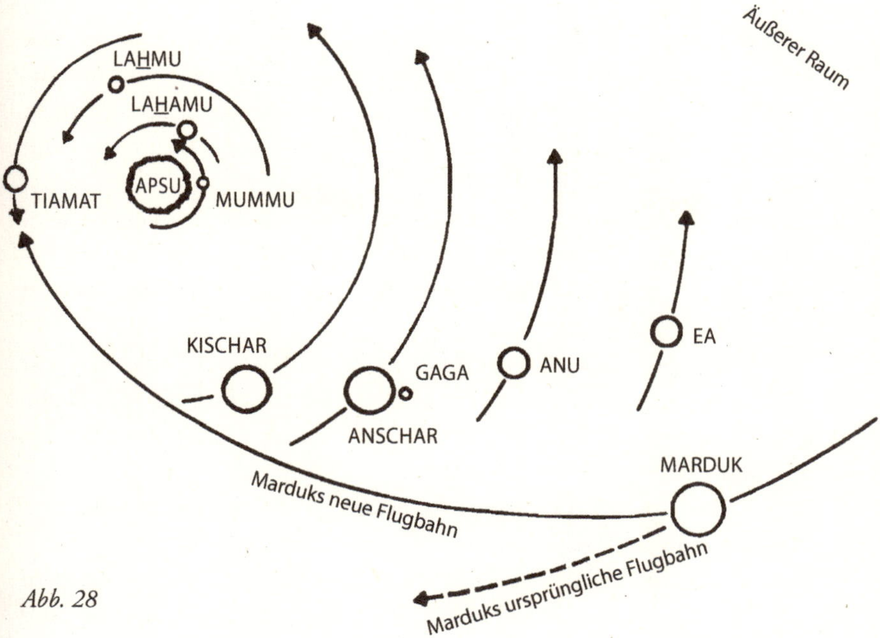

Abb. 28

tung dieser Schöpfungsgeschichte: *Zehn* Himmelskörper haben ihn erwartet – die Sonne und nur neun andere Planeten.

Jetzt bringt uns die epische Erzählung zu Marduks immer schnellerem Lauf. Zuerst kommt er an dem Planeten vorbei, der ihn »gezeugt« und ins Sonnensystem gezogen hat: Ea/Neptun. Je mehr sich Marduk ihm nähert, desto stärker wird Neptuns Anziehungskraft. Sie bestimmt Marduks Weg, »macht ihn gut für seinen Zweck«.

Zu dieser Zeit muss Marduk immer noch sehr formbar gewesen sein. Als er an Ea/Neptun vorbeikommt, ruft die Anziehungskraft an einer Seite eine Wölbung hervor, als ob Marduk »einen zweiten Kopf« habe. Es wird jedoch bei diesem Durchgang kein Stück von ihm abgerissen; das geschieht erst, als er in die Nähe von Anu/Uranus kommt, wodurch sich Materieklumpen lösen, die schließlich Marduks vier Satelliten bilden. »Anu brachte die vier Seiten hervor und formte sie, versah den Anführer der Schar mit ihrer Macht.« Er ruft »Winde« auf, und die vier werden in eine rasante Umlaufbahn um Marduk geworfen, »tosend wie ein Wirbelsturm«.

Die Reihenfolge des Durchgangs – erst an Neptun, dann an Uranus vorbei – zeigt an, dass Marduk nicht in Drehrichtung des Sonnensystems in dieses eintritt (nicht linksläufig), sondern entgegengesetzt: Er bewegt sich rechtsläufig, im Uhrzeigersinn. Auf seiner Bahn packen den hereinkommenden Planeten bald die gewaltige Anziehungskraft und die Magnetfelder des Riesen Anschar/Saturn, dann die von Kischar/Jupiter. Sein Weg krümmt sich immer mehr einwärts – ins Zentrum des Sonnensystems, auf Tiamat zu (Abb. 28).

Marduks Annäherung wirkt sich auf Tiamat und die inneren Planeten (Mars, Venus, Merkur) störend aus. »Er rief Strömungen hervor, beunruhigte Tiamat; die Götter waren nicht im Frieden, wurden wie von einem Sturm geschüttelt.«

Obwohl der uralte Text an dieser Stelle teilweise beschädigt ist, lässt sich deutlich ablesen, was der nahende Planet anrichtet. Er »schwächte ihre Lebenskraft ... stach sie in die Augen.« Tiamat »stolzierte verzweifelt hin und her« – offenbar ist ihr Umlauf gestört.

Die Anziehungskraft des großen, immer näher kommenden Planeten reißt kurz darauf Stücke aus Tiamat heraus. Aus ihrer Mitte tauchen elf »knurrende, wütende Ungeheuer« auf, Satelliten, die sich von ihrem Körper »trennten« und »an Tiamats Seite weiterzogen«. In Vorbereitung auf den heranstürmenden Marduk »krönte Tiamat sie mit Glorienscheinen«, so dass sie wie »Götter« (Planeten) aussehen.

Von besonderer Bedeutung für das Epos und die mesopotamische Kosmologie ist Tiamats Hauptsatellit, genannt KINGU, »der Erstgeborene unter den Göttern, der ihre Versammlung herbeiführte«.

Sie erhob Kingu in Amt und Würden,
in ihrer Mitte machte sie ihn groß ...
Die hohe Befehlsgewalt der Schlacht
gab sie vertrauensvoll in seine Hand.

Den widerstreitenden Anziehungskräften ausgesetzt, beginnt Tiamats großer Satellit zu Marduk einzuschwenken. Das Kingu zugestandene »Schicksal« – ein eigener planetarischer Weg – bringt die äußeren Planeten besonders in Wut. Wer hat Tiamat das Recht zugebilligt, neue Planeten hervorzubringen?, fragt Ea. Er legt das Problem Anschar vor, dem gewaltigen Saturn.

Auf alle Pläne, die Tiamat geschmiedet, entgegnete er:
»Sie hat eine Versammlung anberaumt und ist außer sich vor Wut.
Sie hat unvergleichliche Waffen verteilt und Monstergötter geboren.

Dabei hat sie Elf dieser Art hervorgebracht;
aus den Reihen der Götter, die ihre Versammlung bildeten,
hat sie Kingu erhoben, ihren Erstgeborenen, und zum Obersten gemacht ...
Sie hat ihm eine Tafel der Schicksale gegeben und an seine Brust geheftet.«

Anschar wendet sich mit der Frage an Ea, ob er so weit gehen dürfe, Kingu zu erschlagen. Die Antwort kennen wir nicht, da die Tafel an dieser Stelle zerbrochen ist; aber Anschar muss mit Ea unzufrieden gewesen sein, denn er ersucht Anu (Uranus), »sich Tiamat zu widersetzen«. Anu jedoch »konnte sich ihr nicht stellen und wandte ihr den Rücken zu«.

In den aufgewühlten Himmeln bahnt sich eine Konfrontation an; ein Gott nach dem anderen tritt zur Seite. Ist denn niemand bereit, gegen die tobende Tiamat zu kämpfen?

Nun nähert sich Marduk, nachdem er Neptun und Uranus hinter sich gelassen hat, Anschar (Saturn) und seinen breiten Ringen. Das bringt Anschar auf einen Gedanken: »Er, der mächtig ist, soll unser Rächer sein; er, der ein kühner Kämpfer ist: Marduk, der Held!« Und als er in Reichweite von Saturns Ringe kommt (»er küsste Anschar auf die Lippen«), antwortet Marduk:

Wenn ich in der Tat als euer Rächer
Tiamat vernichten und euer Leben retten soll –
beruft eine Versammlung ein und ernennt mein Schicksal
zum allerhöchsten!

Die Bedingung ist anmaßend, aber einfach: Marduk und sein »Schicksal« – sein Umlauf um die Sonne – sollen unter allen Himmelsgöttern die oberste Stellung einnehmen. Doch da löst sich Gaga, der Satellit von Anschar/Saturn – und künftige Pluto –, aus seiner Umlaufbahn.

Anschar öffnete den Mund,
richtete das Wort an Gaga, seinen Ratgeber ...
»Mach dich auf den Weg, Gaga,
baue dich vor den Göttern auf
und wiederhole vor ihnen, was ich dir jetzt
sagen werde.«

Als er an den anderen Göttern/Planeten vorbeizieht, drängt er sie: »Trefft eure Wahl zugunsten Marduks.« Die Entscheidung fällt wie erwartet aus: Die Götter sind nur zu froh, dass ein anderer bereit ist, für sie in die Bresche zu springen. »Marduk ist König!«, rufen sie und drängen ihn, keine Zeit mehr zu verlieren: »Geh und schneide Tiamat das Leben ab!«

Der Vorhang hebt sich jetzt zum vierten Akt, der Himmelsschlacht.

Die Götter haben Marduks »Schicksal« beschlossen; ihre vereinte Anziehungskraft hat nun Marduks Bahn festgelegt, so dass es für ihn nur einen Weg gibt – hin zur »Schlacht«, zur Kollision mit Tiamat.

Wie es sich für einen Krieger gebührt, wappnet Marduk sich mit einer Vielzahl von Waffen. Er erfüllt seinen Körper mit einer »lodernden Flamme«; »er baute einen Bogen ... befestigte daran einen Pfeil ... vor sich entfesselte er den Blitz«, und »dann machte er ein Netz, um Tiamat darin einzufangen«. Das sind einfache Worte für etwas, was nur Himmelsphänomene gewesen sein können – die Freisetzung elektrischer Ladung, als die zwei Planeten kollidieren, die Anziehung der Schwerkraft (ein »Netz«) aufeinander.

Aber Marduks hauptsächliche Waffen sind die vier »Winde«, die er von Uranus erhalten hat, als er an diesem Planeten vorbeikam: Südwind, Nordwind, Ostwind, Westwind. Als Marduk nun an den Riesen Saturn und Jupiter vorbeikommt und ihrer Anziehungskraft ausgesetzt ist, bringt er noch drei Satelliten hervor: den Bösen Wind, den Wirbelwind und den Unvergleichlichen Wind.

Er benutzt seine Satelliten als »Sturmwagen« und »entfesselte die Winde, die er hervorgebracht hatte, alle sieben«. Die Gegner sind bereit für die Schlacht.

Der Herr preschte vor, folgte seinem Lauf;
der tobenden Tiamat ins Antlitz er starrte ...
Der Herr näherte sich, um Tiamats Inneres zu betrachten –
und den Plan Kingus, ihres Gefährten, zu erkennen.

Aber als sich die Planeten einander nähern, gerät Marduk außer Kurs:

Sein Lauf wurde unsicher,
die Richtung er verlor, er handelte verwirrt.

Auch seine Satelliten kommen von der Bahn ab:

: die Götter, seine Helfer,
: an seiner Seite marschierten,
n tapferen Kingu sahen, verschwamm ihr Blick.

die Kämpfenden einander doch noch verfehlen? die Würfel sind gefallen, der Zusammenprall muss erfolgen. »Tießß ein Brüllen aus« … »der Herr entfesselte den Regensturm, ächtige Waffe.« Als Marduk sich noch mehr nähert, nimmt Ti-Raserei« weiter zu; »ihre Beine erbebten bis in die Spitzen hin-: schlägt vor, »Bannsprüche« gegen Marduk auszusprechen – die Art himmlischer Wellen, die Ea zuvor gegen Apsu und Mummu zt hat. Doch Marduk nähert sich ihr unaufhaltsam.

amat und Marduk, die Weisesten unter den Göttern,
ebten weiter aufeinander zu;
drängten auf den einzigen Kampf,
näherten sich der Schlacht.

os schildert nun die Himmelsschlacht, deren Nachwirkung die ung von Himmel und Erde ist.

r Herr breitete sein Netz aus, sie einzufangen;
t dem Bösen Wind peitschte er ihr Gesicht.
: Tiamat den Mund öffnete, ihn zu verschlingen –
te er den Bösen Wind hinein,
dass sie die Lippen nicht schließen konnte.
ı griffen die heftigen Sturmwinde ihren Bauch an;
· Körper blähte sich, ihr Mund klappte weit auf.
schoss einen Pfeil hinein, der zerriss ihren Bauch;
schnitt in ihr Inneres, drang ein in ihren Schoß.
: er sie niedergerungen hatte, raubte er ihr den Lebensatem.

o erklärt eine höchst originelle Theorie die Himmelsrätsel, vor vir immer noch stehen (Abb. 29). In ein instabiles Sonnensys-s aus der Sonne und neun Planeten besteht, dringt aus dem ıum ein großer, kometenhafter Planet ein. Er begegnet zuerst ; als Uranus, Saturn und Jupiter an ihm vorbeiziehen, wird er rlich ins Zentrum des Sonnensystems gelenkt, und er bringt sie-

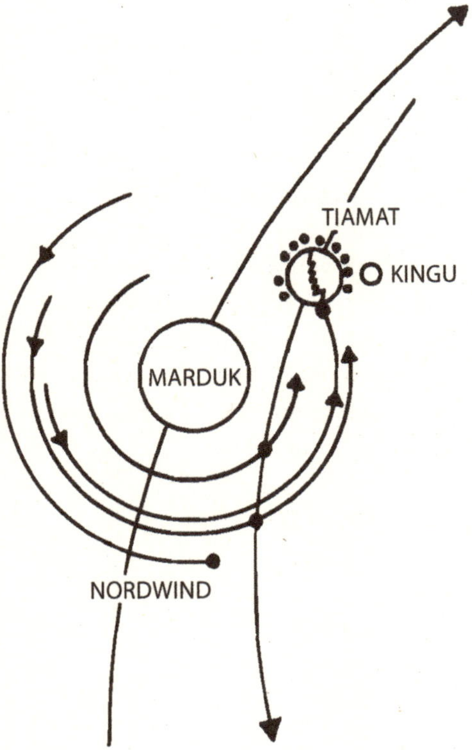

Abb. 29. Marduks »Winde« kollidieren mit Tiamat und ihrer »Schar« (angeführt von Kingu).

ben Satelliten herv Kurs führt ihn zwa fig zum Zusammen: Tiamat, dem nächs neten in der Reihe.

Aber die beiden l sind nicht zusamm ßen, ein Faktum, größter astronomis deutung ist. Es sir duks Satelliten, die mat kollidieren, nic duk selbst. Sie »bläh amas Körper auf, einen breiten Spalt Durch diese Risse ir schießt Marduk eine einen »heiligen Bli enorme elektrisch dung, die von dem tisch aufgeladenen l dem Planeten, der len Glanz gehüllt w ein Funke überspringt. Die Entladung findet ihren Weg in Tia neres und »raubte ihr den Lebensatem« – neutralisiert Tiamat elektrische Kräfte und Felder und löscht sie aus.

Die erste Begegnung zwischen Marduk und Tiamat lässt sie ri leblos zurück; aber ihr endgültiges Schicksal ist noch nicht be sondern sollte künftigen Begegnungen zwischen den beiden üb bleiben. Auch mit Kingu, dem Anführer von Tiamats Satellit erst später abgerechnet. Hingegen ist das Schicksal der zehn k Satelliten bereits entschieden.

Nachdem er Tiamat, den Anführer, besiegt hatte,
brach ihre Schar auseinander, löste ihr Heer sich auf.
Die Götter, ihre Helfer, die neben ihr marschiert waren,
zitterten vor Furcht,
machten kehrt, um ihr Leben zu retten.

Können wir diese »auseinandergebrochene« und »aufgelöste« Heerschar identifizieren, die »zitternd kehrt machte« – die Richtung wechselte?

Die sich anbietende Erklärung löst gleich noch ein Rätsel unseres Sonnensystems – das Phänomen der Kometen. Diese kleinen Materiekugeln werden oft als »Rebellen« des Sonnensystems bezeichnet, denn sie scheinen keinem der üblichen Gesetze der Straße zu folgen. Die Umlaufbahnen der Planeten um die Sonne sind (mit Ausnahme des Pluto) fast kreisförmig; die Umlaufbahnen der Kometen sind gestreckt, in den meisten Fällen sogar *sehr* gestreckt – in einem Maße, dass wir manche von ihnen für Hunderte oder Tausende von Jahren aus den Augen verlieren. Die Planeten (mit Ausnahme des Pluto) bewegen sich im Allgemeinen auf derselben Ebene um die Sonne; die Umlaufbahnen der Kometen beschreiben sehr viele unterschiedliche Ebenen. Am Wichtigsten jedoch ist: Während alle uns bekannten Planeten die Sonne in dieselbe Richtung gegen den Uhrzeigersinn umkreisen, bewegen sich viele Kometen in die entgegengesetzte Richtung.

Die Astronomen vermögen nicht zu sagen, welche Kräfte und welches Ereignis die Kometen geschaffen und sie in ihren ungewöhnlichen Umlauf gebracht hat. Unsere Antwort auf die Frage lautet: Marduk. In umgekehrter Richtung laufend, auf einem eigenen Weg, zertrümmerte er Tiamats Heerschar in kleine Kometen und zog sie in sein »Netz«, in seine Umlaufbahn:

Ins Netz geworfen, waren sie eingefangen …
Die ganze Schar der Dämonen, die an ihrer Seite marschierten,
er schlug sie in Ketten, band ihnen die Hände …
so eingesponnen, konnten sie nicht fliehen.

Als die Schlacht vorbei ist, nimmt Marduk Kingu die Tafel der Schicksale (Kingus unabhängige Umlaufbahn) weg und heftet sie sich selbst an die Brust: Sein Lauf ist nun dauerhaft der Bahn um die Sonne verpflichtet. Fortan ist Marduk gezwungen, immer wieder zum Schauplatz der Himmelsschlacht zurückzukehren.

Nachdem er Tiamat »bezwungen« hat, segelt Marduk in die Himmel davon, hinaus in den Raum, um die Sonne herum und zurück, um seinen Durchgang an den äußeren Planeten vorbei in umgekehrter Richtung zu wiederholen: Ea/Neptun, »dessen Schicksal Marduk herbeiführte«, Anschar/Saturn, »dessen Triumph Marduk besiegelte«. Dann führt seine neue Umlaufbahn Marduk zum Schauplatz seines Triumphes zurück, »um seinen Griff um die bezwungenen Götter zu festigen«, Tiamat und Kingu.

Wenn sich der Vorhang zum fünften Akt hebt – erst jetzt –, gleicht sich die biblische Schöpfungsgeschichte dem mesopotamischen »Epos der Schöpfung« an; denn erst jetzt beginnt die Geschichte von der Erschaffung des »Himmels und der Erde«.

Nach seinem allerersten Umlauf um die Sonne »kehrt Marduk zu Tiamat zurück, die er besiegt hat«.

Der Herr stand still, ihren leblosen Körper zu betrachten.
Geschickt das Ungeheuer zu zerteilen, war seine Absicht.
Dann spaltete er sie, wie eine Muschel, in zwei Teile.

Marduk selbst trifft nun auf den besiegten Planeten und zerbricht Tiamat in zwei Hälften, trennt ihren »Schädel« oder oberen Teil ab. Hierauf prallt einer von Marduks Satelliten, der sogenannte Nordwind, gegen die abgetrennte Hälfte. Der schwere Schlag befördert diesen Teil – der zur Erde werden soll – in eine Umlaufbahn, in der bisher noch kein Planet gekreist ist.

Der Herr trat auf Tiamats Hinterteil;
mit seiner Waffe schnitt er ihr den Schädel ab;
er durchtrennte ihre Blutgefäße
und veranlasste den Nordwind,
ihn an unbekannte Orte zu tragen.

Die Erde ist erschaffen!

Den unteren Teil erwartet ein anderes Schicksal: Nach dem zweiten Umlauf zertrümmert Marduk ihn höchstpersönlich (Abb. 30):

Ihre [andere] Hälfte hängte er als Schirm an die Himmel:
Er verknüpfte sie, zu Wächtern bestellte er sie …
Er bog Tiamats Schwanz und formte
das Große Band zum Armreif.

Die Trümmer dieser zerbrochenen Hälfte werden gehämmert und bilden einen »Armreif« in den Himmeln, der als Schirm zwischen den in-

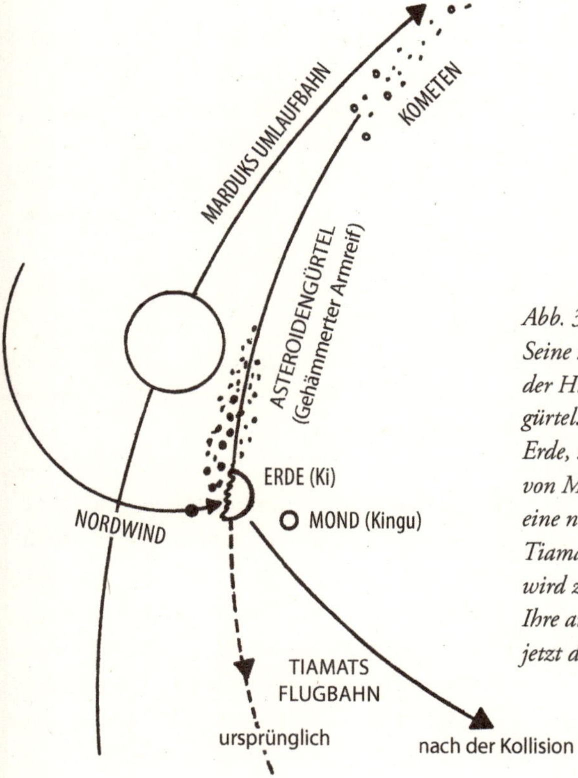

Abb. 30. Tiamat ist gespalte Seine zertrümmerte Hälfte i der Himmel – der Asteroide gürtel. Die andere Hälfte, d Erde, stößt »Nordwind«, eir von Marduks Satelliten, in eine neue Umlaufbahn. Tiamats Hauptsatellit King wird zum Mond der Erde. Ihre anderen Satelliten bild jetzt die Kometen.

neren und den äußeren Planeten dient. Sie werden zu einem »groß Band« gedehnt. Damit ist der Asteroidengürtel erschaffen.

Astronomen und Physiker erkennen mittlerweile an, dass zwisch den inneren oder »terrestrischen« Planeten (Merkur, Venus, Erde sov ihr Mond und der Mars) und den äußeren Planeten (Jupiter und dar ber hinaus) – zwei Gruppen, die der Asteroidengürtel trennt – ein gı ßer Unterschied besteht. Aus dem sumerischen Epos ergibt sich, d dieses Phänomen schon in uralter Zeit bekannt war.

Außerdem bietet das Epos erstmals eine zusammenhängende k mologisch wissenschaftliche Erklärung für die Himmelsereignisse, zum Verschwinden des »fehlenden Planeten« und der darauffolgend Entstehung des Asteroidengürtels (sowie der Kometen) und der Er geführt haben. Nachdem mehrere seiner Satelliten und seine elekt schen Entladungen Tiamat gespalten haben, schiebt ein anderer v Marduks Satelliten ihre obere Hälfte – der zu unserem Planeten Er wird – in eine neue Umlaufbahn; dann zertrümmert Marduk bei s ɜr zweiten Umrundung die untere Hälfte und dehnt sie zu einem oßen Himmelsband aus.

Jedes Rätsel, das wir hier erwähnen, wird vom »Epos der Schöpfung«, wie wir es entschlüsselt haben, gelöst. Mehr noch, wir haben jetzt sogar e Antwort auf die Frage, warum sich die Kontinente der Erde auf der nen Seite zusammendrängen und auf der anderen Seite ein tiefes Loch afft – der Grund des Stillen Ozeans. Immer wieder spricht das Epos von iamats »Wassern«, und Tiamat selbst wird als »Wässriges Ungeheuer« beichnet. Es leuchtet ein, dass auch die Erde, als ein Teil Tiamats, diese Vasser aufweist. Tatsächlich nennen manche moderne Gelehrte die Erde Planet Ozean« – denn sie ist der einzige bekannte Planet des Sonnensysms, der mit so viel lebenspendendem Wasser gesegnet ist.

So neu diese kosmologischen Theorien auch klingen mögen, den Proeten und Weisen, deren Worte das Alte Testament füllen, waren sie ɜkannt. Der Prophet Jesaja erinnerte sich an »die uranfängliche Zeit«, s die Macht des Herrn »den Hochmütigen schnitzte, das wässrige ngeheuer sich zu drehen veranlasste und die Wasser von *Tehom-Raha* ɔcknete«. Nachdem er den Herrn Jahweh »meinen ursprünglichen Kög« nennt, umreißt der Psalmist in einigen wenigen Versen die Kosmonie des Schöpfungsepos. »Durch deine Macht hast du die Wasser verilt; die Anführer der wässrigen Ungeheuer hast du zerbrochen.« Hiob innert sich, wie dieser himmlische Herr auch »die Helfer des Hochmüzen« niederstreckte; und mit eindrucksvoller astronomischer Erfahrenɜit pries er den Herrn für seine Taten:

Der gehämmerte Baldachin dehnte sich aus am Ort von Tehom,
die Erde schwebte in der Leere …
Seine Kräfte hielten die Wasser gefangen,
seine Energie spaltete den Hochmütigen;
sein Wind maß den Gehämmerten Armreif aus;
seine Hand vernichtete den sich windenden Drachen.

ibelgelehrte erkennen mittlerweile an, dass das hebräische Wort *Tehom* Wässrige Tiefe«) sich von Tiamat ableitet, dass *Tehom-Raha* nichts anɜres als »großer Tiamat« heißt und dass das biblische Verständnis der ranfänge auf den kosmologischen Epen der Sumerer beruht. Es sollte zwischen auch klar sein, dass diese Parallelen bereits mit den Eröffɹngsversen der Genesis beginnen, in denen geschildert wird, wie der

Wind des Herrn über den Wassern von *Tehom* schwebt und wie der Blitz des Herrn (in der babylonische Version Marduk) die Dunkelheit des Raums erhellt, als er Tiamat trifft und spaltet, wodurch Erde und *Rakia* (wörtlich: »Gehämmerter Armreif«) entstanden. Dieses Himmelsband (seitdem als »Firmament« übersetzt) wird »der Himmel« genannt.

In Genesis 1,8 heißt es ausdrücklich, dass der Herr diesen »ausgehämmerten Armreif« als »Himmel« (*shamaim*) bezeichnete. Auch die akkadischen Texte bezeichnen diesen Himmelsbereich als »gehämmerten Armreif« (*rakkis*) und beschreiben, wie Marduk Tiamats unteren Teil ausdehnt und die Enden zu einem dauerhaften großen Kreis zusammenführt. Die sumerischen Quellen lassen keinen Zweifel daran, dass es sich bei diesem speziellen »Himmel«, im Unterschied zur allgemeinen Bedeutung der Himmel und des Weltraums, um den Asteroidengürtel handelt.

Der »gehämmerte Himmel« ist von Luther mit »Feste«, von anderen mit »Gewölbe« übersetzt worden. Doch mit »Himmel und Erde« – in mesopotamischen Quellen ebenso wie in der Bibel – sind unsere Erde und der Asteroidengürtel gemeint, und sie wurden erschaffen, als der himmlische Herr Tiamat zertrümmerte.

Nachdem Marduks Nordwind der Erde ihre eigene Bahn um die Sonne gegeben hat, wodurch unsere Jahreszeiten bedingt sind, erhält sie auch ihre Rotation, die Tag und Nacht bewirkt. Nach den mesopotamischen Texten gehörte es nach der Erschaffung der Erde tatsächlich zu Marduks Aufgaben, der Erde »die Sonnentage beizumessen und Tag und Nacht sich abwechseln zu lassen«. So ist es auch in der biblischen Schöpfungsgeschichte:

Und Gott sprach:
»Es seien Lichter am gehämmerten Himmel,
zu unterscheiden zwischen dem Tag und der Nacht;
sie seien die himmlischen Zeichen
für Jahreszeiten, für Tage und für Jahre.«

Nach Ansicht moderner Wissenschaftler war die Erde nach der Planetwerdung eine heiße Kugel brodelnder Vulkane, die den Himmel mit Nebel und Wolken füllte. Bei ihrer Abkühlung verdichteten sich die Dämpfe zu Wasser, die das Antlitz der Erde in trockenes Land und Meere schieden.

Die fünfte Tafel des *Enuma Elish* – sie ist allerdings stark beschädigt – befasst sich mit derselben wissenschaftlichen Erklärung. Die brodelnde Lava wird als Tiamats »Spucke« beschrieben, und erst danach folgen richtigerweise die Bildung der Atmosphäre, der Meere und der Erdteile. Nachdem die »Wolken sich zusammengeballt« haben, beginnen sich die Ozeane zu bilden, und die »Fundamente« der Erde – ihre Kontinente – heben sich. Als »Kälte herbeigeführt« wird – also ein Abkühleffekt eintriit –, erscheinen Regen und Nebel. Unterdessen quillt weiter die »Spucke« hervor, »Schicht um Schicht«, und gestaltet die Topografie der Erde.

Abermals ist die Parallele in der Bibel klar:

Und Gott sagte:
»Lass die Wasser unter den Himmeln sich versammeln
an einem Ort und lass trockenes Land erscheinen.«
Und so war es.

Die Erde mit ihren Ozeanen, Kontinenten und einer Atmosphäre war nun bereit dafür, dass Berge, Flüsse, Quellen und Täler entstehen. Jegliche Schöpfung schreibt *Enuma Elish* dem Herrn Marduk zu, und die Erzählung schildert weiter:

Als Tiamats Kopf [die Erde] in Stellung war,
errichtete er darauf die Berge.
Er erschloss Quellen, die Regengüsse abzuziehen.
Aus ihren Augen ließ er Tigris und Euphrat frei.
Aus ihren Brustwarzen formte er die hohen Berge,
bohrte Brunnen, das Wasser der Quellen fortzutragen.

In vollständiger Übereinstimmung mit modernen Erkenntnissen lassen sowohl die Genesis als auch das *Enuma Elish* und andere, ähnliche mesopotamische Texte das Leben auf Erden in den Wassern beginnen, gefolgt von »lebenden Geschöpfen, die ausschwärmen« und »Vögeln, die fliegen«. Erst danach entstehen »lebende Geschöpfe nach ihrer Art: Vieh und Kriechtiere und Bestien« auf der Erde, was mit dem Erscheinen des Menschen seinen Höhepunkt erreicht. Das ist der letzte Akt der Schöpfung.

Abb. 31

Als Teil der neuen himmlischen Ordnung auf der Erde »ließ Marduk den heiligen Mond erscheinen ... die Nacht zu bezeichnen und die Tage jeden Monats zu bestimmen«.

Wer war dieser himmlische Gott? Im Text heißt er SCHESCH.KI (»Himmelsgott, der die Erde beschützt«). Vorher wird in dem Epos kein Planet dieses Namens erwähnt; doch hier ist er nun, »innerhalb *ihres* himmlischen Druckes (Gravitationsfeld)«. Wer ist mit »ihr« gemeint: Tiamat oder die Erde?

Die Rolle von Tiamat und der Erde scheint austauschbar zu sein, der Bezug ist auf beide möglich. Die Erde ist die wiederverkörperte Tiamat. Der Mond wird als »Beschützer« der Erde bezeichnet, und genauso hat Tiamat ihren Hauptsatelliten Kingu genannt.

Im »Epos der Schöpfung« wird Kingu ausdrücklich von Tiamats »Heerschar« ausgeschlossen, die nun zertrümmert und verstreut ist und als Kometen in entgegengesetzter Richtung um die Sonne kreist. Nachdem Marduk seinen ersten Umlauf vollendet hat und zum Schlachtfeld zurückgekehrt ist, bestimmt er Kingus besonderes Schicksal:

Und Kingu, der zum Obersten unter ihnen geworden war,
ließ er schrumpfen;
als Gott DUG.GA.E. bezeichnete er ihn.

Er nahm ihm die Tafel der Schicksale,
die nicht rechtmäßig ihm gehörten.

Marduk hat Kingu also nicht zerstört. Er bestraft ihn, indem er ihm seinen selbständigen Umlauf nimmt, der ihm von Tiamat zugebilligt worden ist. An Größe geschrumpft, bleibt Kingu ein »Gott« – ein planetarisches Mitglied unseres Sonnensystems. Aber ohne Umlauf kann er nur wieder ein Satellit werden. Vermutlich wurde Kingu, als Tiamats obere Hälfte in einen neuen Umlauf gelangte (als der neue Planet Erde), ganz einfach mitgezogen. Unser Mond muss demnach Kingu sein, Tiamats früherer Satellit.

Verwandelt in einen himmlischen *duggae*, ist Kingu seiner »lebenswichtigen« Elemente beraubt – Atmosphäre, Wasser, radioaktive Substanzen; er schrumpft an Größe und wird »eine leblose Lehmmasse«. Diese numerische Beschreibung trifft auf unseren leblosen Mond und seine kürzlich entdeckte Geschichte zu, ebenso wie auf das Schicksal dieses Satelliten, der als KING.GU (»großer Bote«) begann und als DUG. GA.E (»Lehmtopf«) endete.

In *The Seven Tablets of Creation* (»Die Sieben Schöpfungstafeln«) berichtet L. W. King von der Existenz einer anderen Darstellung des Kampfes zwischen Marduk und Tiamat; auf den Fragmenten einer astronomisch-mythologischen Tafel stünden Verse, die sich damit befassen, wie Marduk sich von Kingu trennt. »Kingu, ihre Partnerin, schnitt er mit einer Waffe ab, die nicht dem Krieg diente … Die Tafeln des Schicksals entnahm er Kingus Händen.« Einen weiteren Versuch veröffentlichte B. Landesberger 1923 im *Archiv für Keilschriftforschung.* Er übersetzte und kommentierte den Text vollständig und zeigte damit, dass die Namen Kingu/Ensu/Mond austauschbar sind.

Derartige Texte bestätigen nicht nur die Schlussfolgerung, dass Tiamats Satellit unser Mond geworden ist; sie erklären außerdem die Befunde der NASA, nach denen es zu einer Kollision gekommen ist, wobei »Himmelskörper von der Größe einer Großstadt in den Mond gekracht und die Mondkrater entstanden sind«. Sowohl die NASA als auch der von L. W. King entdeckte Text beschreiben den Mond als den »Planeten, der verödet worden ist«.

Man hat auch Rollsiegel entdeckt, auf denen die Himmelsschlacht abgebildet ist: Marduk im Kampf mit einer ungestümen Göttin. Eine solche Abbildung zeigt Marduk, wie er seinen Blitz auf Tiamat abschießt,

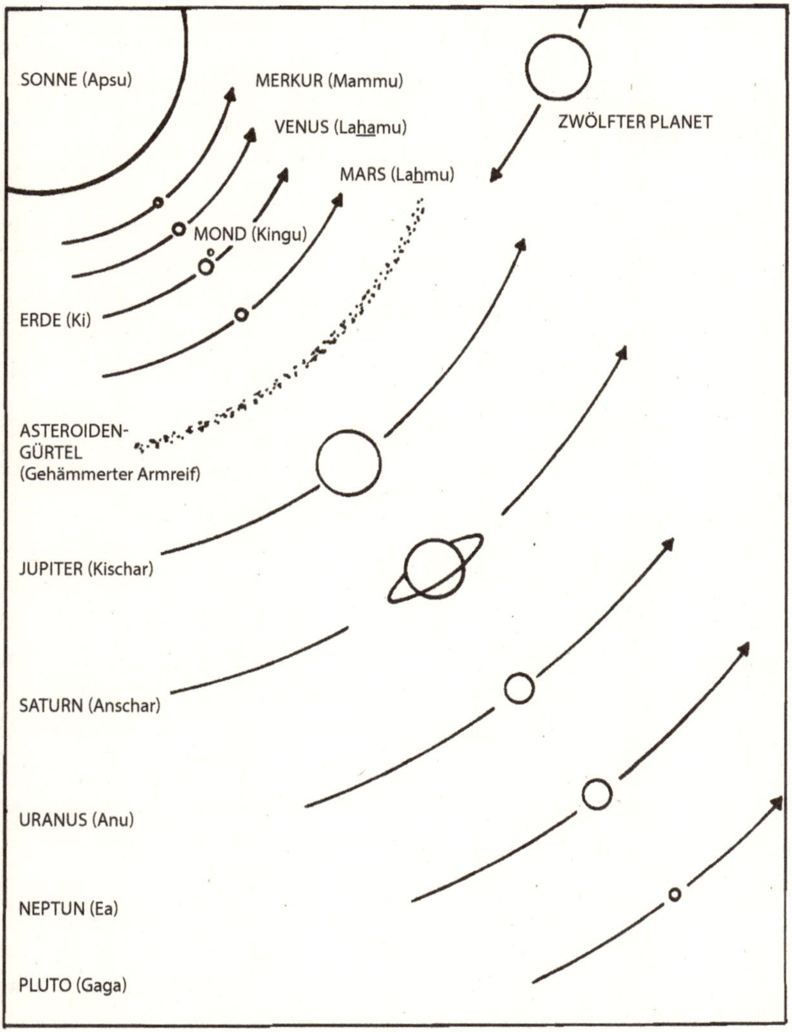

Abb. 32

während Kingu, deutlich als Mondsichel gezeichnet, seine Schöpferin Tiamat zu beschützen versucht (Abb. 31).

Dieser Bildbeweis dafür, dass es sich beim irdischen Mond und bei Kingu um ein und denselben Satelliten handelt, wird noch gestützt von der etymologischen Tatsache, dass der Name des Gottes SIN, der später mit dem Mond in Verbindung gebracht worden ist, sich von SU.EN (»Herr der Ödnis«) ableitet.

Nachdem Marduk Tiamat und Kingu erledigt hat, »durchquert er abermals die Himmel und überwacht seine Gebiete«. Diesmal richtet sich seine Aufmerksamkeit auf »die Wohnung Nudimmuds« (Neptuns), um das endgültige »Schicksal« für Gaga festzulegen, den ehemaligen Satelliten von Anschar/Saturn, der zum »Boten« der anderen Planeten gemacht worden ist.

Das Epos teilt uns mit, dass Marduk als eine seiner letzten Taten in den Himmeln diesen himmlischen Gott »an einen verborgenen Platz« schickt, in eine bis dahin unbekannte Umlaufbahn im Angesicht »der Tiefe« (äußerer Weltraum), und ihm das Amt eines »Ratgebers der Wässrigen Tiefe« anvertraut. Einhergehend mit seiner neuen Stellung erhält der Planet auch einen neuen Namen: US.MI (»einer, der den Weg weist«). Es handelt sich um den äußersten Planeten, unseren Pluto.

Laut dem »Epos der Schöpfung« hat sich Marduk einmal gebrüstet: »Die Wege der Himmelsgötter will ich geschickt verändern … In zwei Gruppen sollen sie geteilt werden.«

Tatsächlich hat er das getan. Er löschte die erste Schöpfungsgefährtin der Sonne, Tiamat, am Himmel aus. Er schuf die Erde und brachte sie in eine neue Umlaufbahn näher an der Sonne. Er »hämmerte« einen Armreif in die Himmel – den Asteroidengürtel, der die äußeren Planeten von den inneren scheidet. Er machte aus den meisten von Tiamats Satelliten Kometen und aus ihrem höchsten Satelliten den Mond, der die Erde umkreist. Und er verwandelte einen Satelliten des Saturn, Gaga, in Pluto und verlieh ihm einige von Marduks eigenen Charakteristika (beispielsweise eine andere Ebene der Umlaufbahn).

Die Rätsel unseres Sonnensystems – die gewaltigen Löcher in den Ozeanen der Erde, die Verödung des Mondes, der gegenläufige Umlauf der Kometen, das Phänomen Pluto – alle diese Rätsel löst die mesopotamische Schöpfungsgeschichte, seit sie entziffert worden ist.

Nachdem Marduk solcherart »Stationen« für die Planeten »errichtet« hatte, wählte er für sich selbst die »Station Nibiru«, »durchquerte die Himmel und überwachte« das neue Sonnensystem. Es bestand nun aus zwölf Himmelskörpern, deren Gegenstücke zwölf Große Götter bildeten (Abb. 32).

5

Ist das Nibiru?

Bisher unveröffentlichter Artikel, geschrieben 1997.

Ein Großteil des Rätsels um die Anunnaki betrifft ihren Heimatplaneten Nibiru. Häufig bereitet es Schwierigkeiten, seine Umlaufbahn zu begreifen; sie unterscheidet sich nämlich stark von denjenigen der uns bekannten Planeten in unserem Sonnensystem. Und obwohl Nibiru im Vergleich mit diesen anderen Planeten ungewöhnlich ist, sind weder seine elliptische Bahn noch seine gegenläufige Bewegung einmalig. Jüngste wissenschaftliche Entdeckungen, die nach Erscheinen von *Der zwölfte Planet* gemacht wurden, dessen Originalausgabe 1976 herauskam, bestätigen viele Schlussfolgerungen Sitchins hinsichtlich jenes rätselhaften Himmelskörpers, der die Heimat der antiken Besucher der Erde ist.

Als 1995 der Komet Hale-Bopp entdeckt wurde, haben mich viele besorgte Fans und Medienvertreter angerufen und gefragt: »Ist das Nibiru?«

Nein, habe ich erwidert, das ist nicht Nibiru, der Planet der Anunnaki, aber viele Aspekte von Hale-Bopp deuten auf gewisse Gemeinsamkeiten mit Nibiru hin – zuallererst wohl seine Umlaufzeit, die »zwischen 3.000 und 4.000 Jahren« beträgt, wie die Astronomen erklären – und natürlich deren Entsprechung zur 3.600 Jahre betragenden

Umlaufzeit Nibirus, die ich den sumerischen Texten entnommen habe. Eine weitere Ähnlichkeit besteht darin, dass der Komet eine rückläufige Bahn beschreibt, also im Uhrzeigersinn durch das Sonnensystem reist – und somit im Gegensatz zur allgemeinen Richtung der Planetenbewegung – was wiederum mit der Richtung von Nibirus Umlaufbahn identisch ist.

Die gleiche Frage hat man mir Anfang Juni 1997 erneut gestellt – diesmal waren es allerdings nicht so sehr Fans, die das wissen wollten (und großteils von den Geschehnissen gar nichts wussten), sondern die zunehmend aufmerksamer werdenden Medien. »Ist das Nibiru?«, fragten sie mich – und diesmal betraf die Frage einen neu entdeckten Himmelskörper mit dem recht schlichten Namen »1996 TL66« …

Obwohl dieses Objekt bereits im Oktober des Vorjahres entdeckt worden und in einem astronomischen Rundschreiben im Januar des Jahres gemeldet worden war, schlug sein Erscheinen erst Wellen, als die *Los Angeles Times* die Nachricht verbreitete. Die Schlagzeile vom 5. Juni 1997 beruhte auf einer damals noch unveröffentlichten Studie in der Zeitschrift *Nature* und umfasste Farbdiagramme sowie astronomische Aufnahmen. »ASTRONOMEN WUNDERN SICH ÜBER UNGEWÖHNLICHES VERHALTEN EINES OBJEKTS WEIT DRAUSSEN«, lautete der Aufmacher. Der vom wissenschaftlichen Redakteur der Zeitung geschriebene Artikel befasste sich mit dem »neu entdeckten Objekt, dem am weitesten entfernten Himmelskörper im Sonnensystem, den Astronomen bis zur Stunde entdeckt haben. Das Objekt nähert sich der Sonne nur bis zur Umlaufbahn des Pluto und jagt dann auf einer stark abgeflachten Flugbahn wieder nach draußen.« Man bezeichnete es als ein »Objekt von der Größe Texas' in den äußersten Bereichen unseres Sonnensystems«, und es hieß, es sei »zu groß, um ein Komet zu sein, aber nicht groß genug für einen richtigen Planeten«. (Nach ersten Erkenntnissen betrug die Umlaufzeit des Objekts um die Sonne etwa 780 Erdjahre, die maximale Entfernung von der Sonne rund 19 Milliarden Kilometer, und sein Durchmesser wurde mit etwa 480 Kilometern angegeben.)

Wenn Nibiru etwa drei oder vier Mal so groß wie die Erde ist, wie ich nach sumerischen Daten und im Einklang mit den Erkenntnissen von Dr. Harrington vom U.S. Naval Observatory geschätzt habe, handelt es sich bei »1996 TL66« nicht um Nibiru. Aber es bestätigt antikes astronomisches Wissen und die hoch entwickelte Kosmogo-

: die wissenschaftliche Grundlage des sumerischen Schöp-
os bildet.

stätigt außerdem (im Gegensatz zu bisher vertretenen Auffassun-
ss das Sonnensystem durchaus auch so weit draußen noch ihm
ige Himmelskörper haben kann, die (im Gegensatz zu mehr
niger kreisförmigen) eben stark elliptisch ausgeprägte Umlauf-
aufweisen. In den antiken Schriften kann man lesen, dass Nibiru
em Auftauchen aus unbekannten Weltraumtiefen den Neptun
: und anfing, Satellitenmonde an sich zu ziehen. Nun, wie es
ist dieser weit entfernte Bereich auch die Heimat des neu ent-
Objekts.

n die Sumerer gewusst, worüber sie schrieben? Die Antwort dar-
nten Ihnen die Schlagzeilen in den Zeitungen liefern.

6

Gott, der Außerirdische

Auszug aus »Begegnungen mit den Göttern«, am amerikanisc[h] Original überarbeitet und ergänzt.

Eine der in der hebräischen Bibel benutzten Bezeichnungen fü[r] lautet *Eluhaynu*. Auch der Plural dieses Wortes, *Elohim*, wird in de[r] gebraucht. Beim Studium der hebräischen Bibel stellt sich als wichtige Frage: Wenn die Anunnaki die *Elohim* der Bibel sind, w dann »der Schöpfer von Allem«? Wer ist Jahwe? Ist der Gott, der Bibel angebetet wird, ein besonderes Mitglied der Anunnaki-Ko auf der Erde oder gar eine ganze Gruppe von ihnen – wie die Ve dung des Begriffes *Elohim* (Plural) anstatt *Eluhaynu* (Singular) and könnte? Oder gibt es ein völlig anderes Wesen, das der unsich Gott der hebräischen Bibel ist?

Sitchin setzt sich vermittels einer Reihe von Schlussfolgerunge den Attributen und Eigenschaften verschiedener Abkömmlinge d sprünglichen Anunnaki auf der Erde auseinander, um so heraus den, wer vielleicht der wahre Jahwe gewesen sein könnte. Der folg Auszug hilft Ihnen, Ihre eigenen Schlüsse zu ziehen.

Wer also war nun Jahwe?

War Er einer von *ihnen*? War Er ein Außerirdischer?

Die Frage, der die Antwort bereits innewohnt, ist gar nicht hört. Wenn wir Jahwe – »Gott« für all jene, die ihr religiöses Glau tem auf die Bibel gründen – nicht als einen von uns Erdlingen erachten, kann es eigentlich nur sein, dass Er nicht von dieser Erde stammt – was »außerirdisch« (»von außerhalb, nicht irdisch«) bedeutet. Und die Geschichte der göttlichen Begegnungen von Menschen, dem Gegenstand dieses Buches, ist so voller Parallelen zwischen den biblischen Erfahrungen und jenen von Begegnungen mit den Anunnaki durch vorgeschichtliche Menschen, dass die Möglichkeit, Jahwe wäre einer von »ihnen«, ernsthaft in Betracht gezogen werden muss.

Diese Frage mit der ihr innewohnenden Antwort stellt sich tatsächlich unvermeidlich. Dass die biblische Schöpfungsgeschichte, mit der das Buch der Genesis beginnt, auf dem mesopotamischen *Enuma Elish* aufbaut, ist über jeden Zweifel erhaben. Dass das biblische Eden eine Wiedergabe des sumerischen E.DIN darstellt, ist fast selbstverständlich. Dass die Erzählung der Sintflut, Noahs und der Arche, auf den akkadischen *Atra Hasis*-Texten und der zeitlich früheren sumerischen Sintflut-Erzählung im Gilgamesch-Epos beruht, ist sicher. Dass der Plural »uns« in den Abschnitten, die sich mit der Erschaffung »des Adam« befassen, auf die sumerischen und akkadischen Aufzeichnungen über die Diskussionen der Führer der Anunnaki zurückgeht, die zu der gentechnologischen Anwendung führte, die den *Homo sapiens* hervorbrachte, sollte offensichtlich sein.

In den mesopotamischen Versionen ist es Enki, der Chefwissenschaftler, der die gentechnologische Anwendung vorschlägt, um den Erdling zu erschaffen; er soll als primitiver Arbeiter dienen. Und es dürfte auch Enki sein, den die Bibel mit den Worten zitiert: »Lasst uns den Adam machen, nach unserem Ebenbild und uns gleich.«

Ein Beiname von Enki war NU.DIM.MUD – »Er, der gestaltet«; die Ägypter nannten Enki außerdem Ptah – »den Entwickler«, »den, der Dinge gestaltet« – und bildeten ihn als einen Lehm formenden Menschen ab, einen Töpfer. »Der Gestalter des Adams« nannten die Propheten Jahwe wiederholt (»Gestalter«, nicht »Schöpfer«!); und Jahwe mit einem Töpfer zu vergleichen, der den Menschen aus Lehm formt, war ein häufig gebrauchter biblischer Vergleich.

Als Meisterbiologe trug Enki das Abzeichen der sich umeinanderwindenden Schlangen, was die Doppelhelix der DNA verkörpert – den genetischen Code, der es Enki ermöglichte, die genetische Mischung herzustellen, die »den Adam« hervorbrachte, und anschließend (was die Geschichte von Adam und Eva im Garten Eden darstellt) auch genetisch die neuen Hybriden manipulierte und sie zur Fortpflanzung befähigte. Einer von Enkis sumerischen Beinamen war BUZUR; er bedeutete sowohl »der, der Geheimnisse löst« als auch »der von den Minen«, denn die Kenntnis der Mineralogie wurde als Kenntnis über die Geheimnisse der Erde betrachtet, der Geheimnisse ihrer dunklen Tiefen.

Die biblische Geschichte von Adam und Eva im Garten Eden – die Geschichte der zweiten Genmanipulation – weist der Schlange die Rolle des Auslösers für ihren Erwerb von »Wissen« zu (der biblische Begriff für sexuelle Fortpflanzung). Der hebräische Begriff für Schlange ist *Nahash*; und interessanterweise bedeutet das gleiche Wort auch Wahrsager, »er, der Geheimnisse löst« – was zugleich die zweite Bedeutung von Enkis Beinamen ist. Mehr noch, der Begriff hat dieselbe Wurzel wie das hebräische Wort für das Mineral Kupfer, *Nehoshet*. Es war eine *Nahash Nehoshet*, eine Kupferschlange, die Moses formte und dazu ausersah, eine Epidemie zu stoppen, welche die Israeliten während des Exodus befallen hatte; und unsere Analyse lässt keine andere Möglichkeit zu, als daraus zu schließen, dass das, was er herstellte, um einen göttlichen Eingriff herbeizurufen, ein Zeichen Enkis war. Ein Abschnitt in 2 Könige 18,4 offenbart, dass diese Kupferschlange, der die Menschen den Spitznamen *Nehushtan* gaben (ein Wortspiel mit der dreifachen Bedeutung Schlange/Kupfer/Geheimnislöser), beinahe sieben Jahrhunderte lang in Jahwes Jerusalemer Tempel aufbewahrt wurde, bis zurzeit König Hezekiahs.

Wichtig in diesem Zusammenhang mag die Tatsache sein, dass das erste von Moses vollbrachte Wunder mit dem Schäferstab, den Jahwe zu einem magischen Stab hatte werden lassen, darin bestand, diesen Stab in eine Schlange zu verwandeln.

War Jahwe also doch ein und derselbe wie Enki?

Die Verbindung von Biologie und Mineralogie, zusammen mit der Fähigkeit, Geheimnisse zu lösen, erhellten Enkis Status als Gott des Wissens und der Wissenschaft über die verborgenen Metalle der Erde; er war derjenige, der den Bergbau im südöstlichen Afrika etablierte. All diese Aspekte waren auch Attribute von Jahwe. »Es ist Jahwe, der Weisheit gibt, aus seinem Mund kommt Wissen und Verstehen«, behauptet das Buch der Sprüche (2,6); und Er war es, der Salomon unvergleichliche Weisheit gewährte, wie Enki sie dem Weisen Adapa gegeben hatte. »Das Gold gehört mir, und das Silber gehört mir«, verkündete Jahwe (Haggai 2,8). »Ich werde dir die Schätze der Dun-

kelheit geben und die verborgenen Reiche der geheimen Plätze«, v
sprach Jahwe Cyrus (Jesaja 45,3).

Die deutlichste Übereinstimmung zwischen den mesopotamisch und biblischen Erzählungen findet man in der Geschichte über die Si flut. In der mesopotamischen Version ist es Enki, der von seinem W abgeht, um seinen treu ergebenen Anhänger Ziusudra/Utnapishtim v der kommenden Katastrophe zu warnen, ihm Anweisungen erteilt, v er die wasserdichte Arche bauen soll, ihm ihre speziellen Daten und M ße gibt und ihm zeigt, wie er die Saat tierischen Lebens retten kann. der Bibel wird all dies von Jahwe getan.

Die Gleichsetzung Jahwes mit Enki wird gestärkt, prüft man (Hinweise auf Enkis Hoheitsgebiet. Nachdem die Erde unter den En liten und Enkiiten aufgeteilt war (laut der mesopotamischen Text wurde Enki die Herrschaft über Afrika gewährt. Seine Bereiche schl sen den *Apsu* (abgeleitet vom Sumerischen AB.ZU) ein, das Gebiet (Goldminen, in dem sich Enkis Hauptwohnsitz befand (zusätzlich seinem »Kultzentrum« Eridu in Sumer). Der Begriff *Apsu*, so glaub wir, klärt den biblischen Begriff *Apsei-eretz*, der gewöhnlich mit »I Enden der Erde« übersetzt wird, und macht ihn verständlich. Es ist (Land am Rand des Kontinents – Südafrika, wie wir es verstehen. der Bibel liegt dieser ferne Ort *Apsei-eretz* da, wo »Jahwe richten wi (1 Samuel 2,10), wo er regieren soll, wenn Israel wiederhergestellt (Michäas 5,3). Jahwe wurde auf diese Weise in seiner Rolle als He scher des Apsu mit Enki gleichgesetzt.

Dieser Aspekt der Ähnlichkeit zwischen Enki und Jahwe wird no eindringlicher – und in einer Hinsicht für die monotheistische Bil vielleicht sogar peinlich –, wenn wir den Abschnitt im Buch der Sprüc erreichen, in dem durch rhetorische Fragen die unübertroffene Grö Jahwes zum Ausdruck gebracht wird:

Wer ist zum Himmel aufgestiegen
und auch abgestiegen?
Wer hat den Wind in seine Hände gefasst
und die Wasser wie einen Umhang gebunden?
Wer hat den Apsei-eretz errichtet …
Wie heißt er
und wie sein Sohn –
wenn du ihn nennen kannst?

ıut den mesopotamischen Quellen bewilligte Enki, als er den afrikani-hen Kontinent unter seinen Söhnen aufteilte, den *Apsu* seinem Sohn ergal. Die polytheistische Wortwahl der Anrufung (den Namen des psu-Herrschers und den *seines Sohnes* zu erfragen) kann nur durch eine daktionell unbeabsichtigte Beibehaltung eines Abschnitts des sumeri-hen Originaltextes erklärt werden – es handelt sich um den gleichen ebrauch der Anrufung wie bei der Verwendung von »uns« in »lasst uns :n Adam machen« und in »lasst uns hernieder kommen« bei der Ge-hichte vom Turm zu Babel. Die Wortwahl in Sprüchen (30,4) ersetzt fensichtlich Enki durch »Jahwe«.

War *Jahwe also Enki* in biblisch-hebräischem Gewand?

Wäre es denn so einfach ... Wenn wir die Erzählung von Adam und /a im Garten Eden genau unter die Lupe nehmen, werden wir bemer-:n, dass zwar die *Nahash* – Enkis Schlangenverkleidung als Kenner der ologischen Geheimnisse – den Erwerb der sexuellen »Kenntnisse« bei dam und Eva auslöst, die es ihnen ermöglichen, Nachkommen zu ha-:n, *dass wir es hier aber nicht mit Jahwe, sondern einem Widersacher hwes zu tun haben* (wie Enki ein Widersacher Enlils war). In den su-erischen Texten war es Enlil, der Enki zwang, einige der neugestalte-n primitiven Arbeiter (die erschaffen worden waren, um in den Gold-inen des *Apsu* zu arbeiten) nach E.DIN in Mesopotamien zu schicken, ımit sie dort Landwirtschaft und Schafzucht betreiben. In der Bibel t es Jahwe, der »den Adam nahm und ihn in den Garten Eden brach-, damit er diesen hegte und bewahrte«. Es ist Jahwe, nicht etwa die :hlange, der als Herr von Eden dargestellt wird und bei seinem Ge-ıräch mit Adam und Eva herausfindet, was sie getan haben, um sie ıraufhin zu verbannen. In all dem setzt die Bibel Jahwe nicht mit En-, sondern mit Enlil gleich.

Tatsächlich herrscht in der eigentlichen Erzählung – der Erzählung ɔer die Sintflut –, in der die Gleichsetzung von Jahwe mit Enki am :utlichsten wird, ziemliche Verwirrung. Die Rollen werden getauscht, ıd plötzlich spielt Jahwe nicht mehr die Rolle von Enki, sondern von inem Widersacher Enlil. In den mesopotamischen Originaltexten ist es ılil, der unglücklich ist über die Art, in der sich die Menschheit entwi-:elt hat, und nach ihrer Zerstörung durch das ankommende Unheil achtet. Er ist es, der die anderen Anunnaki-Führer schwören lässt, all es vor der Menschheit geheim zu halten. In der biblischen Version Genesis 6) ist es Jahwe, der seiner Unzufriedenheit mit der Menschheit

Ausdruck verleiht und die Entscheidung trifft, sie vom Angesicht der Erde hinwegzufegen. Am Ende der Erzählung, als Ziusudra/Utnapishtim auf dem Berg Ararat Opfer darbringt, ist es Enlil, der angezogen wird von dem angenehmen Geruch des gerösteten Fleisches und (nach einiger Überredung) das Überleben der Menschheit akzeptiert, Enki vergibt und Ziusudra sowie seine Frau segnet. In der Genesis errichtet Noah einen Altar für Jahwe und opfert Tiere darauf, und es war Jahwe, »der das angenehme Aroma roch«.

War nun also doch Enlil Jahwe?

Für diese Gleichsetzung spricht eine bemerkenswerte Sache: Wenn es, soweit es die beiden Halbbrüder, Söhne von Anu, betrifft, einen *primus inter pares* (»Ersten unter Gleichen«) gab, so war dies Enlil. Obwohl Enki der Erste war, der auf die Erde kam, wurde EN.LIL (»Herr des Kommandos«) zum Oberhaupt der Anunnaki auf Erden. Diese Situation entspricht der Aussage in Psalmen 97,9: »Denn du, oh Jahwe, bist der Höchste über der ganzen Erde; der Höchste bist du über all die Elohim.« Die Erhebung Enlils in diesen Status wird im *Atra Hasis*-Epos gleich in den einführenden Versen, vor der Meuterei der Anunnaki in den Goldminen, beschrieben:

Anu, ihr Vater, war der Herrscher;
ihr Kommandant war der Held Enlil.
Ihr Krieger war Ninurta;
ihr Versorger war Marduk.

Sie alle schlugen die Hände zusammen,
zogen Lose und trennten sich:
Anu stieg zum Himmel auf;
Enlil bekam die Erde zum Gegenstand.
Das begrenzte Reich der See
gaben sie dem fürstlichen Enki.
Nachdem Anu zum Himmel hinaufgegangen war,
ging Enki hinunter zum Apsu.

(Enki, der in den mesopotamischen Texten wahlweise auch E.A. – »dessen Zuhause das Wasser ist« – genannt wurde, war somit der Vorgänger des Meeresgottes Poseidon der griechischen Mythologie, der Bruder von Zeus, welcher der Kopf des Pantheons war).

Nachdem Anu, der Herrscher von Nibiru, im Anschluss an seinen Besuch auf der Erde nach Nibiru zurückgekehrt war, berief Enlil die Ratsversammlung der Großen Anunnaki ein, wann immer größere Entscheidungen getroffen werden mussten, und führte den Vorsitz darüber. Zu verschiedenen Zeiten wichtiger Entscheidungen – wie »den Adam« zu erschaffen, die Erde in vier Regionen zu teilen, das Königtum als Puffer und Kontakt zwischen den Anunnaki-Göttern und der Menschheit zu errichten, ebenso wie in Krisenzeiten der Anunnaki untereinander, als ihre Rivalitäten in Kriegen, sogar unter Einsatz nuklearer Waffen, gipfelten – »beratschlagten die Anunnaki, welche die Schicksale bestimmten«. Typisch war dabei die Art, wie eine solche Diskussion eingeleitet wurde. »Enki richtete Worte des Lobes an Enlil: ›Oh, einer, der der Erste unter Brüdern ist, Stier des Himmels, der das Schicksal der Menschheit in Händen hält.‹« Mit Ausnahme der Zeiten, in denen die Debatten zu hitzig wurden und zu verbalen Schlachten ausarteten, verlief die Prozedur, mit der Enlil sich an jedes Mitglied der Versammlung wandte, um seine oder ihre Meinung einzuholen, in geordneten Bahnen.

Der monotheistischen Bibel unterläuft einige Male der Fehler, Jahwe auf ähnliche Weise zu beschreiben, wie er den Vorsitz über geringere Gottheiten führt, die normalerweise *Bnei-elim* – »*Söhne* der Götter« – genannt werden. Das Buch Hiob beginnt die Geschichte vom Leiden eines rechtschaffenen Mannes mit der Schilderung, wie die Prüfung seines Gottesglaubens auf einen Vorschlag Satans hin erfolgte – »eines Tages, als die Söhne der *Elohim* zusammenkamen, um sich Jahwe vorzustellen«. »Der Herr steht in der Versammlung der Götter, unter den *Elohim* richtet Er«, lesen wir in den Psalmen 82,1. »Gebet Jahwe, o Söhne der Götter, gebet Jahwe Herrlichkeit und Macht«, sagen die Psalmen 29,1, »beuget euch zu Jahwe, der grandios ist in seiner Heiligkeit.« Die Erfordernis, dass sich sogar die »Söhne der Götter« vor dem Herrn verneigen, findet ihre Entsprechung in der sumerischen Beschreibung über den Status von Enlil als Oberstem Befehlshaber: »Die Anunnaki bescheiden sich vor ihm, die Igigi verneigen sich bereitwillig vor ihm; sie sind seinen Anweisungen treu ergeben.«

Ein Bild von Enlil, das mit dieser Begeisterung übereinstimmt, findet sich im Lied der Miriam, nach der wundersamen Überquerung des Roten Meeres: »Wer ist wie du unter den Göttern, Jahwe? Wer ist wie du, mächtig in seiner Heiligkeit, überwältigend in den Lobpreisungen, der Vollbringer von Wundern?« (Exodus 15,11).

Soweit es ihren Charakter betrifft, war Enki, der Gestalter der Menschheit, geduldiger, weniger durchsetzungsstark, sowohl bei Göttern als auch bei Sterblichen. Enlil war strenger, ein »Gesetz und Ordnung«-Typ, kompromisslos, nicht zaudernd, Strafen aufzuerlegen, wenn Bestrafung nötig war. Vielleicht kam dies daher, dass, während Enki es schaffte, mit sexueller Promiskuität mühelos durchzukommen, Enlil schon nach einem einzigen Übertritt (als er eine junge Pflegerin vergewaltigte, von der er, wie sich herausstellte, verführt worden war) zum Exil verurteilt wurde (seine Verbannung wurde allerdings aufgehoben, als er diese Frau zu seiner Gemahlin Ninlil machte). Enlil stand den Mischehen zwischen *Nefilim* und den »Töchtern der Menschen« ablehnend gegenüber. Als die Übel der Menschheit überhandnahmen, beabsichtigte er, sie durch eine Sintflut umkommen zu lassen. Seine Strenge gegenüber anderen Anunnaki, sogar seinen eigenen Nachkommen, wird veranschaulicht durch seinen Sohn Nannar (Mondgott Sin), der die unmittelbar bevorstehende Zerstörung seiner Stadt Ur durch die tödliche Nuklearwolke, die vom Sinai herüberdriftete, beklagte. Grob teilte ihm Enlil mit: »Ur wurde tatsächlich ein Königtum gewährt, von einer immerwährenden Regentschaft war jedoch nicht die Rede.«

Enlils Charakter wies jedoch gleichermaßen eine andere Seite auf. Wenn die Menschen ihre Pflicht erfüllten, wenn sie strebsam waren und gottesfürchtig, kümmerte sich Enlil seinerseits um die Notwendigkeiten aller und stellte den guten Zustand und den Wohlstand des Landes und seiner Leute sicher. Die Sumerer nannten ihn liebevoll »Vater Enlil« und »Hirte der wimmelnden Massen«. Eine *Hymne auf Enlil, den Allerwohltätigsten* sagt aus, dass ohne ihn »keine Städte gebaut, keine Niederlassungen gegründet, keine Ställe errichtet, keine Schafpferche gezimmert würden; kein König würde erzogen, kein Hohepriester geboren.« Die letzte Aussage erinnert an den Umstand, dass es Enlil zukam, die Wahl der Könige zu bestätigen, und dass bei ihm die Abstammungslinie der Priesterschaft vom heiligen Bezirk bis zum »Kultzentrum« Nippur seinen Ausgang nahm.

Diese beiden Charaktereigenschaften von Enlil – Strenge und Bestrafung für Übertretungen, Milde und Schutz, sofern man es »verdiente« – ähneln der Art und Weise, wie Jahwe in der Bibel beschrieben wird. Jahwe kann segnen, und Jahwe kann verfluchen, betont das Deuteronomium 11,26 ausdrücklich. Wenn die göttlichen Gebote befolgt werden, werden die Menschen und ihre Nachkommen gesegnet sein, ihre Ernte wird zahlreich sein, ihr Vieh wird sich vermehren, ihre Feinde werden besiegt werden, sie werden erfolgreich sein in jeder Art Handel, den sie wählen; aber wenn sie Jahwe und seine Gebote verlassen, werden sie, ihre Heime und ihre Felder verflucht sein, und sie werden Nöte, Verluste, Entbehrungen und Hunger leiden (Deuteronomium 28). »Jahwe, dein *Elohim* ist ein gnädiger Gott«, besagt das Deuteronomium 4,13. »Er ist ein rachsüchtiger Gott«, sagt dasselbe Deuteronomium nur ein Kapitel später in 5,9 ...

Es war Jahwe, der bestimmte, wer in den Priesterstand erhoben wurde. Er war es, der die Regeln für die Königsherrschaft aufstellte (Deuteronomium 17,16), und er machte deutlich, dass niemand außer ihm jemanden zum König ernennen dürfe – wie dies tatsächlich noch Jahrhunderte nach dem Exodus der Fall war, angefangen bei der Entscheidung für Saul und David. In all diesen Dingen glichen Jahwe und Enlil einander.

Wichtig für einen solchen Vergleich ist auch die Bedeutung der Zahlen sieben und fünfzig. Es sind keine physiologisch auffälligen Zahlen (wir haben keine sieben Finger an der Hand), noch stimmt ihre Kombination mit natürlichen Phänomenen überein (7 x 50 ergibt 350 und nicht die 365,25 Tage eines solaren Jahres). Die »Woche« aus sieben Tagen entspricht ungefähr der Länge eines Mondmonats (etwa 28,5 Tage), wenn man sie mit Vier multipliziert, aber woher kommt die Vier? Und doch hat die Bibel die Zählung nach der Sieben, vom Urbeginn der göttlichen Aktivität an, eingeführt und die Heiligkeit des Siebten Tages als heiligen Sabbath. Die Verfluchung Kains sollte sieben Mal sieben Generationen lang anhalten; Jericho sollte sieben Mal umrundet werden, damit seine Mauern einstürzten; viele der priesterlichen Riten mussten sieben Mal wiederholt werden oder sieben Tage andauern. Durch ein länger bestehendes Gebot musste das Neujahrsfest eigens vom ersten Monat Nisan auf den siebten Monat Tishrei verschoben werden, und die wichtigsten Festtage sollten sieben Tage währen.

Die Zahl 50 war das numerische Hauptmerkmal bei der Konstruktion und Ausstattung der Bundeslade und des Tabernakels und ein wesentlicher Bestandteil des zukünftigen Tempels, der Hesekiel vorschwebte. Sie bildete eine kalendarische Anzahl von Tagen in priesterlichen Riten; Abraham überredete den Herrn, Sodom zu verschonen, wenn dort 50 aufrechte Männer gefunden würden. Aber noch bedeutsamer war, dass ein größeres, soziales und wirtschaftliches Konzept über ein Jubiläumsjahr erstellt wurde, in dem die Sklaven freigelassen würden, Grundeigentum an die Eigner zurückgegeben würde und dergleichen mehr. Es ereignete sich im 50. Jahr: »Ihr sollt das 50. Jahr heiligen und Freiheit für das ganze Land verkünden«, lautete das Gebot in Levitikus 25.

Beide Zahlen, 7 und 50, wurden in Mesopotamien mit Enlil in Verbindung gebracht. Er war »der Gott, der Sieben ist«, denn als Anunnaki-Führer mit dem höchsten Rang auf der Erde hatte er das Kommando über den Planeten, der der Siebte Planet war. Und in der zahlenmäßigen Hierarchie der Anunnaki, in der Anu den höchsten Zahlenwert 60 innehatte, hielt Enlil (als sein designierter Nachfolger für Nibiru) den numerischen Rang von fünfzig (Enkis Rangordnungswert war vierzig). Bedeutsam ist, als Marduk ungefähr 2000 vor Christus die Vormacht auf der Erde übernahm, dass eine der Maßnahmen, die ergriffen wurden, um seinen Aufstieg deutlich zu machen, darin bestand, ihm fünfzig Namen zuzusprechen, die seine Machtübernahme des 50. Ranges kundtaten.

Die Ähnlichkeiten zwischen Jahwe und Enlil erstrecken sich noch auf andere Bereiche. Obwohl es sein könnte, dass er auf Rollsiegeln dargestellt wurde (was nicht ganz sicher ist, weil es sich auch um seinen Sohn Ninurta handeln könnte), war er über weite Strecken ein unsichtbarer Gott, verborgen in den innersten Räumen seiner Zikkurat oder ganz abwesend aus Sumer. In einem verräterischen Abschnitt in der *Hymne an Enlil, den Allerwohltätigsten* wird Folgendes über ihn gesagt:

Wenn er in seiner überwältigenden Größe die Schicksale bestimmt,
wagt kein Gott, ihn anzublicken;
nur seinen hochgeachteten Boten Nusku
lässt er den Befehl wissen, das Wort,
das in seinem Herzen ist.

»Kein Mensch kann mich sehen und weiterleben«, sagte Jahwe in einer ähnlichen Stimmung zu Moses, und Seine Worte und Gebote wurden durch Boten und Propheten bekannt gemacht.

Solange all diese Gründe, Jahwe mit Enlil gleichzusetzen, dem Leser noch frisch im Gedächtnis sind, lassen Sie uns vielleicht rasch den gegenteiligen Nachweis erbringen, der auf andere, sich davon unterscheidende Identifikationen hinweist.

Einer der mächtigsten biblischen Beinamen für Jahwe ist *El Shaddai*. Trotz einer unsicheren Etymologie ging davon eine geheimnisvolle Aura aus, und im Mittelalter wurde er zu einem Kodewort für kabbalistischen Mystizismus. Frühe griechische und lateinische Übersetzer der hebräischen Bibel deuteten *Shaddai* als »omnipotent«, was in der King-James-Bibel zu der Übersetzung »Gott der Allmächtige« führte, wenn der Beiname in den Geschichten der Patriarchen (wie bei »Und Jahwe erschien Abram und sagte zu ihm: ›Ich bin *El Shaddai*. Geh vor mir und sei untadelig!« in Genesis 17,1) oder bei Hesekiel, in den Psalmen oder mehrfach auch in anderen Büchern der Bibel auftaucht.

Aber Fortschritte im Studium der akkadischen Sprache in den letzten Jahren legen nahe, dass das hebräische Wort verwandt ist mit *shaddu*, was im Akkadischen »Berg« bedeutet, so dass *El Shaddai* wohl einfach »Gott der Berge« bedeutet. Dass dies eine korrekte Deutung des biblischen Ausdrucks darstellt, zeigt ein Zwischenfall, über den in 1 Könige, 20 berichtet wird. Die Aramäer, die bei dem Versuch, Israel (Samaria) einzunehmen, besiegt wurden, glichen ihre Verluste wieder aus und planten ein Jahr später einen zweiten Angriff. Um diesmal zu gewinnen, schlugen die Generäle des aramäischen Königs eine List vor, mit der sie die Israeliten aus ihren Bergfestungen zu einem Schlachtfeld auf den Ebenen an der Küste locken wollten. »Ihr Gott ist ein Gott der Berge«, teilten die Generäle dem König mit, »und deshalb siegten sie über uns; aber wenn wir sie in der Ebene bekämpfen, werden wir die Stärkeren sein.«

Nun kann Enlil unmöglich »Gott der Berge« genannt worden sein oder als solcher gegolten haben, denn es gibt keine Berge in der großen Ebene, die Mesopotamien war (und noch immer ist). Im Hoheitsgebiet der Enliliten war das Land, das »Bergland« genannt wurde, Kleinasien im Norden, angefangen mit dem Taurusgebirge (Taurus = Stier); und dies war das Gebiet von Adad, Enlils jüngstem Sohn. Sein sumerischer Name war ISCH. KUR, was »Er vom Bergland« bedeutete (und sein »Kulttier« war der Stier). Das sumerische ISH wurde im Akkadischen mit *shaddu* übersetzt, so dass *Il Shaddu* zum biblischen *El Shaddai* wurde.

Gelehrte sprechen von Adad, den die Hethiter Teshub nannten, als von einem »Sturmgott«, der immer dargestellt wird mit Blitz, Donner und Wind und demnach der Gott des Regens ist. Die Bibel stattete Jahwe mit ähnlichen Attributen aus. »Wenn Jahwe Seine Stimme erhob«, heißt es in Jeremias 10,13), »ertönt das Grollen von Wasser in den Himmeln, und Stürme kommen vom Ende der Erde; mit dem Regen macht er Blitze und entfacht einen Wind an seinen Ursprüngen.« Die Psalmen (135,7), das Buch Hiob und andere Propheten bestätigen Jahwes Rolle als Geber oder Verweigerer des Regens, eine Rolle, die ursprünglich den Kindern Israels während des Exodus dargelegt wurde.

Auch wenn diese Attribute die Ähnlichkeiten zwischen Jahwe und Enlil schmälern, sollten sie uns nicht davon abbringen, davon auszugehen, dass Jahwe, wenn überhaupt, Adads Spiegelbild war. Die Bibel kennt Hadad (wie sein Name im Hebräischen buchstabiert wurde) als einen der »anderen Götter« anderer Nationen, nicht von Israel, und erwähnt zahlreiche Könige und Prinzen (im aramäischen Damaskus und in anderen benachbarten Hauptstädten), die Ben-Hadad (»Sohn von Adad«) genannt wurden. In Palmyra (dem biblischen Tadmor), der Hauptstadt des östlichen Syrien, lautete Adads Beiname *Ba'al Shamin*, »Herr des Himmels«, was die Propheten veranlasste, ihn nur als einen der Ba'al-Götter der benachbarten Nationen zu betrachten, die in den Augen Jahwes eine Abscheulichkeit darstellten. Deshalb können Jahwe und Adad unmöglich ein und derselbe gewesen sein.

Die Vergleichbarkeit von Jahwe und Enlil wird ebenfalls geschmälert durch ein weiteres, wichtiges Attribut Jahwes, dem eines Kriegers. »Jahwe geht voran wie ein Krieger, wie ein Held schürt Er Seine Rache; Er wird brüllen und schreien, und über Seine Feinde wird Er siegen«, sagt Jesaja 42,13 und wiederholt damit die Verse im Lied von Miriam, das in Numeri 15 behauptet: »Ein Krieger ist Jahwe.« Unaufhörlich bezieht sich die Bibel auf Jahwe als den »Herrn der Heerscharen« und erklärt in Jesaja 13,4: »Jahwe, der Herr der Heerscharen, befehligt eine kriegführende Armee.« Und Numeri 21,14 bezieht sich auf *Jahwes Buch der Kriege*, in dem die göttlichen Kriege aufgezeichnet wurden.

In den mesopotamischen Aufzeichnungen gibt es nichts, das für ein solches Image Enlils sprechen würde. Der Krieger *par excellence* war sein Sohn Ninurta, der Zu bekämpfte und besiegte, an den Pyramidenkriegen mit den Enkiiten teilnahm und in der Großen Pyramide gegen Marduk kämpfte und ihn dort einsperrte. Seine häufigen Beinamen lauteten »der Krieger« und »der Held«, und Hymnen auf ihn priesen ihn als »Ninurta, den Ersten Sohn, Träger göttlicher Kräfte ... den Helden, der in seiner Hand die göttliche strahlende Waffe trägt«. Seine überragenden Leistungen als Krieger werden in einem epischen Text beschrieben, dessen sumerischer Titel *Lugal-e-Ud-Melam-bi* heißt und den die Gelehrten *Das Buch von Ninurtas Bravourstücken und Heldentaten* genannt haben. Man fragt sich, ob es sich dabei um Jahwes geheimnisvolles *Buch der Kriege* gehandelt haben mag, von dem die Bibel spricht.

Mit anderen Worten, könnte Jahwe Ninurta gewesen sein?

Als erstgeborener Sohn und offensichtlicher Erbe Enlils trug Ninurta ebenfalls den numerischen Rang 50 und konnte sich dadurch ähnlich gut wie Enlil als derjenige Herr ausweisen, der das Fünfzig-Jahr-Jubiläum und andere von Fünfzig abgeleitete Aspekte, die in der Bibel erwähnt sind, verordnet hat. Er war im Besitz eines berüchtigten Göttlichen Schwarzen Vogels, den er für Kriege wie auch für humanitäre Missionen verwendete; es könnte sich um das Fluggerät namens *Kabod* gehandelt haben, das Jahwe besaß. Er war aktiv im Sagrosgebirge östlich von Mesopotamien, dem Land Elam, und wurde dort als Ninshushinak verehrt, »Herr der Stadt Shushan« (die elamitische Hauptstadt). Einmal führte er große Dammarbeiten im Sagrosgebirge aus, ein andermal baute er Deiche und leitete Regenkanäle aus den Bergen zur Sinai-Halbinsel, um ihre gebirgigen Teile für seine Mutter Ninharsag zu kultivieren; in gewisser Weise war auch er ein »Gott der Berge«. An seine Verbindung mit der Sinai-Halbinsel und die Kanalisierung des Regenwassers, das nur im Winter massenweise auftrat, in ein Bewässerungssystem, erinnert man sich bis zum heutigen Tag: das größte *Wadi* (ein Fluss, der sich im Winter mit Wasser füllt und im Sommer austrocknet) auf der Halbinsel wird noch immer *Wadi El-Arish* genannt, das Wadi von *Urash* – dem Pflüger – ein früherer Spitzname Ninurtas. Der Zusammenhang mit der Sinai-Halbinsel, ihren Wasseranlagen und der Residenz seiner Mutter lässt gleichfalls eine Identifikation mit Jahwe vermuten.

Ein anderer interessanter Aspekt von Ninurta, der Ähnlichkeit mit dem Herrn der Bibel aufweist, tritt auf einer Inschrift des assyrischen Königs Ashurbanipal, der einmal Elam einnahm, ans Licht. Darin bezeichnet ihn der König als jenen »mysteriösen Gott, der an einem geheimen Ort weilt, an dem niemand sehen kann, was es mit seinem göttlichen Dasein auf sich hat.« Ein unsichtbarer Gott!

Aber Ninurta war kein sich versteckender Gott, so weit es die frühen Sumerer betrifft, und grafische Darstellungen von ihm waren, wie wir gezeigt haben, nicht gerade selten. Dann stoßen wir bei einer weiteren Gleichsetzung von Jahwe mit Ninurta auf einen frühgeschichtlichen Text, der sich mit einem größeren und unvergesslichen Ereignis beschäftigt, dessen Eigenarten uns zu verraten scheinen, dass Ninurta nicht Jahwe war.

Eine der entscheidendsten Handlungen, die in der Bibel Jahwe zugesprochen wird und die eine nachhaltige Wirkung hatte und sich unausı in das Gedächtnis einbrannte, war die Umwälzung von Sodom morra. Das Ereignis wurde, wie wir in *Die Kriege der Menschen ter* gezeigt haben, in den mesopotamischen Texten ausführlich ben und in Erinnerung gerufen und machte damit einen Ver- iit den Gottheiten möglich, die daran beteiligt waren.

r biblischen Version waren Sodom (wo Abrams Neffe und seine lebten) und Gomorra, die Städte in der grünen Ebene südlich sees, sündhaft. Jahwe »kommt herab« und besucht, begleitet :i Engeln, Abram und seine Frau Sarai in ihrem Lager bei He- achdem Jahwe voraussagt, dass das betagte Paar einen Sohn be- n würde, brechen die beiden Engel nach Sodom auf, um das der »Versündigung« der Städte zu prüfen. Jahwe enthüllt Ab- ın, dass die Städte und ihre Bewohner zerstört werden würden, ch die Sünden bestätigten. Abram fleht Jahwe an, Sodom zu ıen, wenn fünfzig rechtschaffene Menschen darin gefunden und Jahwe erklärt sich damit einverstanden (die Anzahl wurde am auf zehn heruntergehandelt) und geht davon. Die Engel er- Lot, seine Familie zu nehmen und zu fliehen, nachdem sie her- ıden haben, dass die Städte tatsächlich von Übel sind. Lot bit- Zeit, bis er die Berge erreicht hat, und sie stimmen zu, die ıng hinauszuzögern. Schließlich ereilt die Städte ihr Schicksal, ve auf Sodom und Gomorra schwefliges Feuer regnen ließ, der we aus den Himmeln kommt; und Er brachte jene Städte in und die gesamte Ebene und alle Bewohner davon und alles, Boden wuchs ... Und Abram ging früh am Morgen zu dem Ort, orher mit Jahwe gestanden hatte, und blickte in die Richtung lom und Gomorra, über die Ebene, und er sah von der Erde aufsteigen wie aus einem Hochofen« (Genesis 19).

gleiche Ereignis ist bestens dokumentiert in den mesopotami- nnalen, als Höhepunkt im Kampf Marduks, die Vormacht auf ı erhalten. Im Exil lebend, beauftragte Marduk seinen Sohn Na- Menschen im westlichen Asien zur Anhängerschaft Marduks zu n. Nach einer Reihe von Gefechten waren die Streitkräfte Nabus nug, Mesopotamien einzunehmen und es Marduk zu ermögli- ıch Babylon zurückzukehren, wo er seine Absicht kundtat, die m Tor der Götter zu machen (was der Name *Bab-Ili* zum Aus- ringt). Alarmiert traf sich der Rat der Anunnaki zu einer Krisen- ınter Vorsitz von Enlil. Ninurta und ein entfremdeter Sohn Enkis mit Namen Nergal (aus dem südafrikanischen Hoheit empfahlen drastische Maßnahmen, um Marduk Einhalt zu g Enki sprach sich vehement dagegen aus. Ischtar hob hervor, da duk Stadt für Stadt einnahm, während sie debattierten. Wächter entsandt, um Nabu zu ergreifen, aber er entkam und versteckte ter seinen Anhängern, in einer der »sündhaften Städte«. Schließli den Ninurta und Nergal authorisiert, aus einem versteckten Ort liche Nuklearwaffen zu entnehmen und sie für die Zerstör Raumflughafens im Sinai (damit er nicht in Marduks Hände fiel des Gebiets, wo sich Nabu versteckte, zu verwenden.

Das sich entfaltende Drama, die hitzigen Diskussionen, die l digungen und die abschließende drastische Handlung – der Ein Nuklearwaffen 2024 vor Christus – sind ausführlich in einem ' schrieben, den die Gelehrten das *Erra-Epos* nennen.

In diesem Dokument spricht man von Nergal als Erra (»der l und Ninurta wird Ischum genannt (»der Versengende«). Sobald Einsatzbefehl bekommen hatten, entnahmen sie »die schreckliche Waffen, die unvergleichlich waren« und gingen damit zum Raum der Nähe des »Allerhöchsten Berges«. Die Zerstörung des Rau wurde von Ninurta/Ischum ausgeführt: »Er hob seine Hand; c wurde zerschlagen; danach löschte er die Ebene beim Allerhöchs aus; bei dieser Kraft blieb kein einziger Baumstumpf stehen.«

Nun galt es, die sündhaften Städte in Aufruhr zu versetzen, u Aufgabe wurde von Nergal/Erra ausgeführt. Er gelangte dahin, i dem Königsweg folgte, der den Sinai und das Rote Meer mit M mien verband:

Dann, in Nachahmung Ischums,
folgte Erra dem Königsweg.
Den Städten brachte er das Ende,
in Verwüstung stürzte er sie.

Der Gebrauch von Nuklearwaffen zerstörte die Sandbarriere, c immer teilweise in Form einer Zunge (El Lissan genannt) existi das Wasser des Salzsees floss nach Süden und überflutete die tief Ebene. Der frühgeschichtliche Text berichtet, dass Erra/Ner »durch den See grub und ihn zur Gänze teilte«. Und die Nuklea verwandelten den Salzsee zu der Wassermasse, die heute das To genannt wird: »Was darin lebt, ließ er verdorren«, und das, was einst eine gedeihliche und grünende Ebene war, »wie mit Feuer versengte er dort die Tiere, verbrannte ihr Korn, dass es wie Staub wurde«.

Wie schon beim klar umrissenen Fall der göttlichen Akteure in der Sintflut-Erzählung, finden wir auch hier, im Zusammenhang mit der Zerstörung von Sodom, Gomorra und den anderen Städten dieser Ebene zu beiden Seiten der Sinai-Halbinsel, einerseits jemanden, auf den die Charakterisierung von Jahwe passt, aber gleichzeitig jemanden, mit dem das gängige Bild von Jahwe nicht übereinstimmt, wenn man den biblischen und den sumerischen Text vergleicht. Der mesopotamische Text bringt klar Nergal und nicht Ninurta mit der Zerstörung der sündhaften Städte in Verbindung. Nachdem die Bibel geltend macht, dass es nicht die zwei Engel waren, die die Situation klärten, sondern Jahwe selbst es war, der Zerstörung auf die Städte regnen ließ, *kann Jahwe nicht Ninurta gewesen sein.*

(Der Hinweis in Genesis 10 auf Nimrod als denjenigen, der beauftragt war, das Königtum in Mesopotamien einzuführen, was wir zuvor erörtert hatten, wird von einigen als Hinweis nicht etwa auf einen menschlichen König, sondern auf einen Gott verstanden und damit auf Ninurta, dem ja die Aufgabe zufiel, die ersten Königtümer zu errichten. Wenn dem so ist, dann macht die biblische Aussage, dass Nimrod »ein mächtiger Jäger vor Jahwe war« auch die Möglichkeit zunichte, dass Ninurta/Nimrod Jahwe hätte sein können.)

Und ebensowenig war Nergal Jahwe.

Er wird namentlich erwähnt als Gottheit der Kuthäer, die sich unter den Fremden befanden, welche von den Assyrern herübergebracht worden waren, um die vertriebenen Israeliten zu ersetzen. Er wird aufgelistet unter den »anderen Göttern«, die die Neuankömmlinge verehrten und für die sie Götzen aufstellten. Er kann nicht gleichzeitig »Jahwe« und ein Gegenstand von Jahwes Abscheu gewesen sein.

Wenn Enlil und zwei seiner Söhne, Adad und Ninurta, ebenfalls nicht in Frage kommen bei einer möglichen Gleichsetzung mit Jahwe, wie steht es dann mit Enlils drittem Sohn Nannar/Sin (dem »Mondgott«)?

Sein »Kultzentrum« (wie Gelehrte es nennen) in Sumer war Ur, eben die Stadt, in der die Wanderung Terahs und seiner Familie ihren Anfang nahm. Von Ur, wo Terah priesterliche Dienste leistete, gingen sie nach Harran am oberen Euphrat – einer Stadt, die als Kultzentrum Nannars ein Duplikat von Ur darstellte (wenn auch in geringerem Ausmaß). Unserer Auffassung nach stand die Wanderung zu dieser speziellen Zeit mit religiösen und königlichen Veränderungen in Zusammenhang, die Nannars Verehrung beeinflusst haben könnten. War er also vielleicht die Gottheit, die den Sumerer Abram angewiesen hatte, all sein Hab und Gut zu nehmen und Ur zu verlassen?

Da er Frieden und Wohlstand nach Sumer gebracht hatte, als Ur seine Hauptstadt war, wurde er zusammen mit seiner geliebten Frau NIN.GAL (»Große Dame«) in Urs großer Zikkurat verehrt (deren Überreste sich bis zum heutigen Tag eindrucksvoll erheben). Zurzeit des Neumondes drückten die Hymnen, die dem göttlichen Paar gesungen wurden, die Dankbarkeit der Menschen ihnen gegenüber aus; und das Dunkel des Mondes wurde als Zeit betrachtet »des Geheimnisses des großen Gottes, eine Zeit von Nannars Orakel«, als er »Zagar, den Gott der nächtlichen Träume« zu senden pflegte, um sowohl Anordnungen zu treffen als auch Sünden zu vergeben. In den Hymnen wurde er beschrieben als »Entscheider von Schicksalen im Himmel und auf Erden, Führer der lebenden Kreaturen ... derjenige, der Wahrheit und Gerechtigkeit herbeiführt«.

Dies alles klingt nicht unähnlich einigen der Preisungen, die von den Psalmisten über Jahwe gesungen wurden ...

Der akkadisch-semitische Name für Nannar lautete Sin, und es kann kein Zweifel daran bestehen, dass der Teil der Sinai-Halbinsel, der in der Bibel »Wildnis von Sin« genannt wurde, aus Verehrung von Nannar so hieß und schließlich sogar die ganze Halbinsel nach ihm benannt wurde. In diesem Teil der Welt, wo sich der »Berg der Götter« befand, erschien Jahwe Moses zum ersten Mal, spielte sich die größte Gotteserscheinung aller Zeiten ab. Und obendrein wird der Hauptlebensraum der zentralen Ebene des Sinai, die sich in der Nachbarschaft dessen befindet, was wir für den echten Berg Sinai halten, auf Arabisch immer noch *Nakhl* genannt, nach der Göttin Ningal, deren semitischer Name *Nikal* ausgesprochen wurde.

Lässt dies alles darauf schließen, dass Jahwe mit Nannar/Sin identisch ist?

Die Entdeckung vor einigen Jahrzehnten von ausführlicher kanaanitischer Literatur (»Mythen« für die Gelehrten), die sich mit ihrem

Pantheon beschäftigte, enthüllte, dass zwar ein Gott, den sie *Ba* nannten (die Gattungsbezeichnung für »Herr«, als persönlicher Na verwendet) bei ihnen alles am Laufen hielt, dass er aber in Wahrh nicht völlig unabhängig von seinem Vater *El* war (eine Gattungsb zeichnung, die »Gott« bedeutet und als persönlicher Name verwen wurde). In diesen Texten wird *El* als Gott dargestellt, der sich zurüc gezogen hat und mit seiner Ehefrau Asherah abseits der bevölkert Gebiete lebt, an einem ruhigen Ort, wo »die zwei Gewässer sich tr fen« – ein Ort, den wir in unserem Buch *Stufen zum Kosmos* als Sü spitze der Sinai-Halbinsel identifiziert haben, wo die beiden Golfe, vom Roten Meer ausgehen, sich treffen. Diese Tatsache und and Überlegungen haben uns zu dem Schluss geführt, dass der Kanaan El der zurückgezogen lebende Nannar/Sin war. Zu den hier dargel ten Gründen kommt noch, dass es an einem wichtigen Kreuzun punkt im vorgeschichtlichen Nahen Osten, der selbst heute noch b deutsam ist, ein »Kultzentrum« von Nannar/Sin gab; die Stadt ist u als Jericho bekannt, aber ihr biblisch-semitischer Name ist *Yeriho*, w »Stadt des Mondes/Mondgottes« bedeutet; und die Übernahme v *Allah* – »El« im Arabischen – als Gott des Islam von Stämmen aus d Süden wird durch die Sichel des Mondes repräsentiert.

In den kanaanitischen Texten als zurückgezogen lebende Gottheit b schrieben, gab es wahrhaft Gründe, die El als Nannar/Sin in den Ru stand gezwungen haben mögen: Die sumerischen Texte handeln von d Auswirkungen der nuklearen Wolke, die ostwärts trieb und Sumer r ihrer Hauptstadt Ur erreichte. Sie enthüllen, dass Nannar/Sin – der si weigerte, seine geliebte Stadt zu verlassen – von der tödlichen Wolke b fallen wurde und teilweise gelähmt war.

Die Vorstellung von Jahwe, speziell in der Zeit des Exodus und d Besiedelung Kanaans, also nach – nicht vor – dem Untergang von U klingt nicht nach einer zurückgezogen lebenden, gequälten und müd Gottheit, die Nannar/Sin zu der Zeit geworden war. Die Bibel malt d Bild einer aktiven Gottheit, beharrlich und hartnäckig, die ihre Befeh gewalt voll ausübt, den Göttern von Ägypten trotzt, Seuchen verhän Engel entsendet, die Himmel durchstreift, allgegenwärtig, Wunder vo bringend, ein magischer Heiler, ein göttlicher Architekt. Nichts dav finden wir in den Beschreibungen über Nannar/Sin.

Sowohl Nannar/Sins Verehrung als auch seine Furcht vor ihm sta men daher, dass er mit seiner himmlischen Entsprechung assoziiert wi em Mond, und dieser himmlische Aspekt dient als entscheidendes rgument gegen eine Gleichsetzung von ihm mit Jahwe: In der göttlien Ordnung der Bibel war es Jahwe, der Sonne und Mond befohlen itte, als Leuchtmittel zu dienen; »Sonne und Mond preisen Jahwe«, klärte der Psalmist (148,3). Und auf Erden symbolisiert das Einstürn der Mauern von Jericho durch die Trompeten Jahwes dessen Voracht über den Mondgott Sin.

Dies war auch der Fall bei Ba'al, der kanaanitischen Gottheit, deren nbetung ein permanenter Dorn im Auge von Jahwes Getreuen war. ie entdeckten Texte enthüllen, dass Ba'al ein Sohn von El war. Seine 'ohnstatt in den Bergen des Libanon ist noch immer bekannt als *Baalk* – »Tal des Baal« –, dem Ort, der das erste Ziel Gilgameschs auf iner Suche nach Unsterblichkeit war. Der biblische Name dafür war *eit-Shemesh* – »Haus/Wohnstatt von Schamasch«, und Schamasch, wir innern uns, war der Sohn von Nannar/Sin. Die kanaanitischen »Myen« auf Tontafeln widmen den Unarten zwischen Ba'al und seiner hwester *Anat* viel Raum; die Bibel listet in der Gegend von *Beitemesh* einen Ort auf, der *Beit Anat* genannt wurde, und wir sind so gut ie sicher, dass der semitische Name Anat abgeleitet war von *Anunitu* Anus Geliebte«) – ein Spitzname von Inanna/Ischtar, der Zwillingshwester von Utu/Schamasch.

All dies legt nahe, dass wir im kanaanitischen Trio El-Ba'al-Anat die esopotamische Triade Nannar/Sin-Utu/Schamasch-Inanna/Ischtar wieerfinden – die Götter, die mit dem Mond, der Sonne und der Venus in erbindung gebracht werden. *Und keiner von ihnen könnte Jahwe gewen sein,* denn die Bibel ist voll mit Ermahnungen gegen die Anbetung eser drei Himmelskörper und ihrer Abzeichen.

'ENN WEDER ENLIL NOCH EINER SEINER SÖHNE (oder sogar Enkel) sich s Jahwe qualifizieren, muss sich die Suche in eine andere Richtung bewen, zu den Söhnen Enkis, wohin einige Merkmale ebenfalls weisen.

Die Anweisungen, die Moses während des Aufenthalts auf dem Berg nai gegeben wurden, waren zum großen Teil medizinischer Natur. inf ganze Abschnitte in Levitikus und viele Abschnitte in Numeri sind en medizinischen Prozeduren, Diagnosen und der Behandlung gewidet. »Heile mich, o Jahwe, und ich werde geheilt sein«, rief Jeremias 7,14) aus; »meine Seele segnet Jahwe ... der all meine Gebrechen heilt«, sang der Psalmist (103,1-3). Wegen seiner Frömmigkeit wurde König Hezekiah auf Jahwes Geheiß nicht nur von einer schlimmen Krankheit geheilt, ihm wurden noch fünfzehn weitere Lebensjahre gewährt (2 Könige 19). Jahwe konnte außer zu heilen auch das Leben verlängern; durch seine Engel und Propheten konnte er sogar die Toten zum Leben erwecken. Ein extremes Beispiel bietet Hesekiels Vision von den verstreuten trockenen Knochen, die wieder zum Leben erwachten, weil ihr Tod kraft Jahwes Willen rückgängig gemacht wurde.

Über die biologisch-medizinischen Kenntnisse, die solchen Fähigkeiten zugrunde liegen, verfügte Enki, und dieses Wissen gab er an zwei seiner Söhne weiter: Marduk (in Ägypten als Ra bekannt) und Thoth (den die Ägypter Tehuti und die Sumerer NIN.GISH.ZIDDA nannten – »Herr des Lebensbaums«). Bei Marduk beziehen sich viele Texte auf seine Heilkräfte, aber wie seine eigene Beschwerde bei seinem Vater enthüllt, war ihm zwar die Kenntnis zu heilen gegeben, aber nicht die, Tote wieder zum Leben zu erwecken. Thoth hingegen besaß dieses Wissen und setzte es bei einer Gelegenheit auch ein, um Horus, den Sohn des Gottes Osiris und seiner Schwester-Frau Isis, wiederzubeleben. Laut dem hieroglyphischen Text, der sich mit dieser Begebenheit beschäftigt, wurde Horus von einem giftigen Skorpion gebissen und starb. Als seine Mutter den »Gott der wundersamen Dinge« um Beistand anrief, kam Thoth in einem Himmelsboot aus dem Firmament herunter auf die Erde und brachte den Jungen ins Leben zurück.

Als in der Wildnis des Sinai und später in Jerusalem das Tabernakel konstruiert und ausgestattet wurde, zeigte Jahwe eindrucksvolle Kenntnisse über Architektur, heilige Ausrichtungen, dekorative Details, die Verwendung von Materialien und Konstruktionsverfahren – sogar bis zu dem Punkt, den Erdlingen maßstabgerechte Modelle von dem zu zeigen, was er entworfen hatte oder sich wünschte. Marduk war nicht für so allumfassende Kenntnisse bekannt, Thoth/Ningishzidda hingegen schon. In Ägypten wurde er als Bewahrer der Geheimnisse des Pyramidenbaus angesehen, und als Ningishzidda lud man ihn nach Lagasch ein, damit er dort half, die Materialien des Tempels, der für Ninurta gebaut wurde, auszurichten, zu entwerfen und zu gestalten.

Ein anderer Punkt großer Übereinstimmung zwischen Jahwe und Thoth war die Sache mit dem Kalender. Thoth wird der erste ägyptische Kalender zugeschrieben, und als er von Ra/Marduk aus Ägypten verbannt wurde und (unseren Nachforschungen nach) Mittelamerika aufsuchte, wo er »Geflügelte Schlange« (Quetzalcoatl) genannt wurde, arbeitete er dort den aztekischen und den Maya-Kalender aus. Wie die biblischen Bücher Exodus, Levitikus und Numeri klarmachen, machte Jahwe nicht nur das Neujahr zum »siebten Monat«, sondern richtete auch die Woche ein, den Sabbath und eine Reihe von Feiertagen.

Heiler, Wiederbeleber der Toten, der in einem Himmelsboot herabkam, ein göttlicher Architekt, großer Astronom und Entwickler von Kalendern. Die Eigenschaften, die Thoth und Jahwe gemeinsam haben, erscheinen überwältigend.

War also Thoth Jahwe?

Obwohl in Sumer bekannt, wurde er dort nicht als einer der großen Götter angesehen, und so passte der Beiname »Allerhöchster Gott« ganz und gar nicht, den Abraham und auch Melchizedek, der Priester von Jerusalem, bei ihrer Begegnung verwendeten. Außerdem war er ein *Gott Ägyptens* und (es sei denn, man schloss dies durch das Argument aus, er *sei* Jahwe) damit einer von denen, die Jahwe verurteilte. Er war berühmt im vorgeschichtlichen Ägypten, es gab keinen Pharao, der über diese Gottheit nicht informiert sein konnte. Und doch, als Moses und Aaron vor den Pharao traten und ihm mitteilten: »So spricht Jahwe, der Gott Israels: Lass Mein Volk ziehen, auf dass es Mir in der Wüste huldige«, sagte der Pharao: »Wer ist dieser Jahwe, dass ich seinen Worten gehorchen sollte? Ich kenne keinen Jahwe und werde die Israeliten nicht ziehen lassen.«

Wäre Jahwe Thoth, hätte der Pharao ganz sicher nicht auf diese Weise geantwortet, und Moses und Aaron wäre die Erfüllung ihrer Aufgabe leicht gefallen, denn sie hätten sie nur zu sagen brauchen, also – »Jahwe«, das ist bloß ein anderer Name für Thoth … und Moses, der am ägyptischen Hof aufgewachsen war, hätte dies gewusst – wenn es so gewesen wäre.

Wenn Thoth nicht Jahwe war, scheint nach dem Ausschlussverfahren nur noch ein Kandidat übrig zu bleiben: Marduk.

Dass er ein »Allerhöchster Gott« war, steht auf fester Grundlage; der Erstgeborene von Enki, der glaubte, dass seinem Vater ungerechterweise die Vormachtstellung auf der Erde vorenthalten würde – eine Vormachtstellung, die in rechtmäßiger Nachfolge eher ihm, Marduk, gebühre als Enlils Sohn Ninurta. Seine Eigenschaften schlossen zum größten Teil – fast gänzlich – alle Eigenschaften Jahwes ein. Er besaß wie Jahwe eine *Schem*, eine Himmelskammer; als der babylonische König Nebukadnezar II. den heiligen Bezirk von Babylon wiederaufbaute, errichtete er dort eine speziell verstärkte Einfriedung für den »Himmelswagen von Marduk, dem Obersten Reisenden zwischen Himmel und Erde«.

Als Marduk schließlich die Vormacht auf der Erde erwarb, diskreditierte er die anderen Götter nicht. Im Gegenteil, er lud sie alle dazu ein, in eigenen Pavillons innerhalb des heiligen Bezirks von Babylon zu residieren. Es gab nur einen Haken: Ihre speziellen Kräfte und Eigenschaften mussten an ihn übergeben werden – wie dies auch für die fünfzig Namen (Ränge) von Enlil galt. Ein babylonischer Text, teilweise lesbar, listete daher die Funktionen anderer großer Götter auf, die Marduk übertragen wurden:

NINURTA	=	Marduk der Hacke
NERGAL	=	Marduk des Angriffs
ZABABA	=	Marduk des Kampfes
ENLIL	=	Marduk der Herrschaft und de Rates
NABU	=	Marduk der Zahlen und des Zählens
SIN	=	Marduk der Erleuchter der Nacht
SCHAMASCH	=	Marduk der Gerechtigkeit
ADAD	=	Marduk des Regens

Das war nicht der Monotheismus der Propheten und der Psalmen; das war etwas, was Gelehrte als Henotheismus bezeichnen – eine Religion, in der die höchste Macht von einer Gottheit unter mehreren an eine andere als deren Nachfolger übergeht. Aber Marduk regierte nicht lange als Höchster Gott; bald nach seiner Einführung als Nationalgott durch die Babylonier wurde er von deren assyrischen Rivalen wieder entthront, die *Aschur* zum »Herrn über alle Götter« erhoben.

Abgesehen von den Argumenten, die wir in Thoths Fall erwähnten und die eine Identifikation mit irgendeiner höheren ägyptischen Gottheit (und schließlich war Marduk der große ägyptische Gott Ra) unmöglich machen, schließt die Bibel selbst jede Gleichsetzung von Jahwe mit Marduk aus. Nicht nur wird Jahwe in einigen Abschnitten, die mit Babylon zu tun haben, als größer und mächtiger als die Götter der Babylonier dargestellt, als erhaben über sie – sie sagt auch deren Untergang unter Namensnennung ausdrücklich voraus. Jesaja (46,1) und Jeremias (50,2) prophezeien, dass Marduk (auch unter seinem babylonischen Beinamen *Bel* bekannt) und sein Sohn Nabu am Tag des Jüngsten Gericht vor Jahweh stürzen und zusammenbrechen werden.

Solche prophetischen Worte zeichnen die beiden babylonischen Götter als Antagonisten und Feinde Jahwes aus; *Marduk kann daher ebensowenig wie Nabu Jahwe gewesen sein.*

(So weit es Aschur betrifft, legen die Götterlisten und andere Nachweise nahe, dass er ein wieder erwachender Enlil war, den die Assyrer in »Der Allsehende« umbenannt hatten; und demzufolge kann auch er nicht Jahwe gewesen sein.)

Nachdem wir bei unserer Suche nach einem passenden »Jahwe« so viele Ähnlichkeiten und andererseits auch entscheidende Unterschiede und widersprechende Aspekte in den alten Pantheons des Nahen Ostens finden, können wir jetzt nur weitermachen, indem wir das tun, was Jahwe Abraham riet: »Erhebe den Blick zum Himmel ... «

Der babylonische König Hammurabi zeichnete die Legitimation für Marduks Vormacht auf Erden so auf:

Hoher Anu,
Herr der Anunnaki,
und Enlil,
Herr von Himmel und Erde,
der die Schicksale des Landes bestimmt,
bestimmte für Marduk, den Erstgeborenen Enkis,
die Enlil-Funktionen über die gesamte Menschheit
und machte ihn groß unter den Igigi.

Dies stellt klar, sogar Marduk erkannte, als er die Vormacht auf Erden errang, dass Anu und nicht er der »Herr der Anunnaki« war. War er also der »Allerhöchste Gott«, auf den Abraham und Melchizedek sich bezogen, wenn sie sich gegenseitig grüßten?

Das Keilschrift-Zeichen für Anu (AN im Sumerischen) war ein Stern; es hatte die vielfältige Bedeutung von »Gott, göttlich« sowie »Himmel« und stand für den persönlichen Namen dieses Gottes. Anu blieb, wie wir aus den mesopotamischen Texten wissen, im »Himmel«, und auch zahllose Bibelverse bezeichnen Jahwe als den »Einen, der im Himmel ist«. Es war »Jahwe, der Gott des Himmels«, der ihm gebot, nach Kanaan zu gehen, sagte Abraham (Genesis 24,7). »Ich bin ein Hebräer, und es ist Jahwe, der Gott des Himmels, den ich verehre«, sagte der Prophet Jonah (1,9). »Jahwe, der Gott des Himmels, befahl mir, für ihn ein Haus in Jerusalem zu bauen, in Judäa«, verkündete Cyrus in seinem Erlass, der den Wiederaufbau des Tempels von Jerusalem zum Thema hatte (Esra 1,2). Als Salomon den Bau des (ersten) Tempels in Jerusalem abschloss, betete er zu Jahwe, er möge ihn im Himmel erhören und den Tempel als Sein Haus segnen, wenngleich es – wie Salomon zugab – wohl kaum möglich sei, dass »Jahwe *Elohim*« auf die Erde herabkäme, um dort zu wohnen, in diesem Haus, »wenn der Himmel und der Himmelshafen Dich nicht halten können« (1 Könige 8,27); und die Psalmen besagen wiederholt: »Aus dem Himmel sah Jahwe hernieder auf die Kinder Adams« (14,2), »Vom Himmel erblickte Jahwe die Erde« (102,20), »Im Himmel errichtete Jahwe Seinen Thron« (103,19).

Obwohl Anu die Erde etliche Male besuchte, lebte er auf Nibiru; und für einen Gott, dessen Wohnstatt sich im Himmel befand, war er wahrhaftig unsichtbar: Unter den zahllosen Darstellungen von Gottheiten auf Rollsiegeln, Statuen und Statuetten, Keilschnitten, Wandgemälden und Amuletten – erscheint sein Abbild nicht ein einziges Mal!

Da Jahweh ebenfalls unsichtbar blieb und auf Bildern nicht vertreten war und außerdem im »Himmel« lebte, erhebt sich unvermeidlich die Frage: *Wo befand sich die Jahwes Wohnstatt?* Bei so vielen Ähnlichkeiten zwischen Jahwe und Anu, hatte Jahwe vielleicht auch ein »Nibiru«, auf dem er lebte?

Diese Frage in Bezug auf Jahwes Unsichtbarkeit stammt nicht von uns. Sie wurde sarkastischerweise vor beinahe 2.000 Jahren von einem Ketzer einem jüdischen Weisen gestellt, dem Rabbi Gamliel; und die Antwort, die gegeben wurde, ist wirklich erstaunlich!

Die Wiedergabe des Gesprächs, das S. M. Lehrman für sein Buch *The World of the Midrash* (»Die Welt der Midraschim«) übersetzt hat, liest sich so:

> *Als Rabbi Gamliel von einem Häretiker gebeten wurde, ihm genau anzugeben, wo sich Gott befände, nachdem die Welt doch so unermesslich sei und es sieben Ozeane gebe, lautete seine Antwort nur: »Das kann ich dir nicht sagen.«*
>
> *Worauf der andere spöttisch erwiderte: »Und das nennst du Weisheit, täglich zu einem Gott zu beten, dessen Aufenthaltsort du nicht kennst?«*

Der Rabbi lächelte: »Du verlangst von mir, den Finger genau auf die Stelle Seiner Präsenz zu legen, obgleich die Tradition besagt, dass die Entfernung zwischen Himmel und Erde einer Reise von 3.500 Jahren bedürfe. Darf ich dich denn nach dem genauen Aufenthaltsort von etwas fragen, das immer bei dir ist und ohne das du keinen Moment leben kannst?«

Der Heide war fasziniert. »Wonach?«, fragte er begierig.

Der Rabbi antwortete: »Nach der Seele, die Gott in dich gepflanzt hat; nun sage mir, wo genau befindet sie sich?«

Es war ein gestrafter Mann, der verneinend den Kopf schüttelte.

Nun war es am Rabbi, erstaunt und amüsiert zu sein. »Wenn du nicht weißt, wo deine eigene Seele sich befindet, wie kannst du erwarten, den genauen Ort von Einem zu erfahren, der die ganze Welt mit Seiner Herrlichkeit erfüllt?«

Lassen Sie uns sorgfältig zur Kenntnis nehmen, welche Antwort Rabbi Gamliel gibt: Nach jüdischer Tradition, sagt er, ist der der genaue Punkt in den Himmeln, wo Gott seinen Wohnort hat, so entfernt, dass es einer Reise von 3.500 Jahren bedürfe ...

Wieviel näher kann man den 3.600 Jahren, die Nibiru braucht, um einen Umlauf um die Sonne zu vollziehen, noch kommen?

Obwohl es keine speziellen Texte gibt, die von Anus Wohnstatt auf Nibiru handeln oder sie beschreiben, kann man indirekt doch eine gewisse Vorstellung davon bekommen – aus Texten wie der Erzählung von Adapa, gelegentlichen Bezugnahmen in verschiedenen Schriften und sogar durch assyrische Abbildungen. Es war ein Ort – lassen Sie uns dabei an einen königlichen Palast denken –, der durch eindrucksvolle Tore betreten wurde, flankiert von Türmen. Ein Götterpaar (Ningishzidda und Dumuzi werden in einem Fall erwähnt) stand an den Toren Wache. Im Inneren saß Anu auf einem Thron; wenn Enlil und Enki sich auf Nibiru befanden oder wenn Anu die Erde besucht hatte, standen sie zu beiden Seiten des Throns und hielten himmlische Wappen oder Schilde hoch.

(An den Wänden zahlreicher Pyramiden des alten Ägyptens finden sich die sogenannten *Pyramidentexte*, die heute als Sammlung religiöser Sprüche gelten. In meist sehr ähnlichem Wortlaut beschreiben sie den Aufstieg des Pharaos im Leben nach dem Tod zur himmlischen Wohnstatt, wobei ein »Aufsteiger« ihn emporträgt. Dazu verkünden sie dem scheidenden König: »Die Doppeltore des Himmels wurden für dich geöffnet, die Doppeltore des Himmels wurden für dich geöffnet«, und vergegenwärtigen sich vier zepterhaltende Götter, die auf dem »Unvergänglichen Stern« seine Ankunft bekannt geben.)

In der Bibel wird Jahwe auch als auf einem Thron sitzend beschrieben, der von Engeln flankiert wird. Hesekiel beschreibt, wie er das Gesicht des Herrn sieht, das wie Elektrum schimmert (eine natürlich vorkommende Goldlegierung aus drei Teilen Gold und einem Teil Silber, die im Altertum für Gefäße, Schmuck und Münzen verwendet wurde), als er auf einem Thron im Inneren eines fliegenden Fahrzeugs sitzt. Die Psalmen (11,4) verkünden, »der Thron von Jahwe ist im Himmel«, und auch die Propheten geben an, dass sie Jahwe gesehen haben, wie er auf seinem Thron in den Himmeln sitzt. Der Prophet Michaiah (»Wer ist wie Jahwe?«), ein Zeitgenosse von Elias, sagte zum König von Judäa, der um ein göttliches Orakel ersucht hatte (1 Könige 22):

Ich sah Jahwe auf seinem Thron sitzen,
und die himmlischen Heerscharen standen neben Ihm,
zu Seiner Rechten und zu Seiner Linken.

Der Prophet Jesaja zeichnete in Vers 6 seines Buches eine Vision auf, die er hatte, »in dem Jahr, als der König Usija starb«. Darin sah er Gott auf seinem Thron sitzen, begleitet von strahlenden Engeln:

Ich erblickte meinen Herrn auf einem hohen und erhabenen
Thron sitzen,
und die Schleppe Seiner Robe füllte die große Halle.
Seraphen standen dienstbar in Seiner Nähe,
jeder von ihnen trug sechs Flügel:
mit zweien bedeckte jeder sein Gesicht,
mit zweien bedeckte jeder seine Beine,
und mit zweien pflegte jeder zu fliegen.
Und einer rief zum anderen:
Heilig, heilig, heilig ist der Herr der Heerscharen!

Die Bezugnahme der Bibel auf Jahwes Thron geht noch weiter: Sie gibt sogar an, wo er sich befand, an einem Ort namens *Olam*. »Dein Thron ist für immer errichtet, von *Olam* bist du«, erklären die Psalmen (93,2);

»Du, Jahwe, bist gekrönt in *Olam* und dauerst über die Zeiten«, besagen die Klagelieder (5,19).

Nun sind diese und andere Verse aber gewöhnlich auf andere Weise übersetzt worden. In der Martin-Luther-Version zum Beispiel wird der zitierte Vers aus den Psalmen übersetzt mit »Von Anbeginn steht dein Thron fest, du bist ewig«, und die Verse in den Klageliedern lauten: »Aber du, Herr, der du ewiglich bleibst und dein Thron von Geschlecht zu Geschlecht.« Moderne Übersetzungen machen aus *Olam* gern »immerwährend« oder »für immer« (*The New American Bible*) oder geben es als »Ewigkeit« und »auf ewig« wieder (*The New English Bible*), was die Unentschlossenheit zeigt, ob der Begriff als Adjektiv oder Nomen verwenden werden soll. Nachdem die Jewish Publication Society jedoch erkannt hatte, dass *Olam* eindeutig ein Hauptwort ist, löste sie das Problem in der allerneuesten Übersetzung durch das Wort »Ewigkeit«, ein abstraktes Nomen.

Die hebräische Bibel, die streng auf die Genauigkeit ihrer Terminologie achtet, verwendet andere Begriffe, um den Status »ewig andauernd« auszudrücken. Einer ist *Netzah*, wie in Psalm 89,47, wo gefragt wird: »Wie lange, Jahwe, willst du dich verstecken – *für immer*?« Ein anderer Begriff, der exakter »für alle Zeiten« bedeutet, ist *Ad*, was normalerweise auch mit »für immer« übersetzt wird, wie bei: »Und ich will seine Nachkommen einsetzen für immer«, in Psalm 89,30. Es gab keine Notwendigkeit, einen dritten Begriff einzuführen, der das Gleiche ausdrückt. *Olam*, oft begleitet von dem Adjektiv *Ad*, um seine immerwährende Natur zu betonen, war selbst kein Adjektiv, sondern ein Nomen, abgeleitet von der Wurzel, die »verschwindend, auf rätselhafte Weise verborgen« bedeutet. Die zahlreichen biblischen Verse, in denen *Olam* erscheint, weisen darauf hin, dass es als physikalischer Ort angesehen wurde und nicht als Abstraktion. »Du bist von *Olam*«, heißt es in den Psalmen – Gott ist von einem Ort, der verborgen ist (was auch seine Unsichtbarkeit erklärt).

Es war ein Ort, den man sich als physikalisch existent vorstellte: das Deuteronomium (33,15) und der Prophet Habakkuk (3,6) sprachen von den »Hügeln von *Olam*«. Jesaja (33,14) bezog sich auf die »Wärmequellen von Olam«. Jeremias (6,16) erwähnte die »Pfade von Olam« und (18,5) »die Gassen von Olam« und bezeichnete Jahwe als »König von *Olam*« (10,10), wie dies auch die Psalmen in 10,16 taten. Die Aussagen in den Psalmen ähneln sehr den Hinweisen auf die Tore ıs Wohnstatt in den sumerischen Texten und auf die Tore des ls in alten ägyptischen Texten, und sie sprechen ebenfalls von ›ren *Olams*«, die sich öffnen und den Herrn Jahwe willkom-ißen mögen, wenn Er dort auf Seinem Kabod, seinem Him-ıt, eintrifft (24,7-10):

hebt eure Köpfe, o Tore von Olam,
f dass der König des Kabod hereinkomme!
›r ist der König des Kabod?
ıwe, stark und kühn, ein mächtiger Krieger!

hebt eure Köpfe, o Tore von Olam,
d der König des Kabod möge hereinkommen!
›r ist der König des Kabod?
ıwe, Herr der Heerscharen, ist der König des Kabod.

st der König von *Olam*«, erklärt Jesaja (40,28) und wiederholt da-biblische Aufzeichnung in der Genesis (21,33) über Abrahams m Namen Jahwes, des Gottes von *Olam*«. Kein Wunder also, dass d, symbolisiert durch die Beschneidung, »dem himmlischen Zei-om Herrn »der Bund des *Olam*« (Genesis 17,13) genannt wurde, ı Abraham und seinen Abkömmlingen auferlegt hatte:

ıd mein Bund soll in eurem Fleisch sein,
· Bund des Olam.

ɔiblischen Diskussionen der Rabbiner sowie im modernen Heb-eht das Wort *Olam* für »Welt«. Tatsächlich beruhte die Antwort, ɔi Gamiel auf die Frage nach der Göttlichen Wohnstatt gab, auf ɛrzeugungen der Rabbiner, dass sie von der Erde durch sieben l getrennt sei, in denen sich jeweils eine unterschiedliche Welt , und dass die Reise von einer zur anderen 500 Jahre erfordert, die vollständige Reise durch sieben Himmel von der Welt na-rde zu der Welt, die die Göttliche Wohnstatt ist, 3.500 Jahre Wie wir bereits erwähnten, kommt das dem 3.600 (irdische) ıuernden Umlauf von Nibiru so nahe, wie man nur erwarten nd da die Erde für jemanden, der aus dem Raum kommt, der lanet wäre, wäre Nibiru für jemanden von der Erde tatsächlich sieben himmlische Räume entfernt, wenn er sich wieder auf dem seinem Apogäum befindet, dem erdfernsten Punkt.

Ein derartiges »Verschwinden« – die Urbedeutung von *Ola* zeugt natürlich das »Jahr« von Nibiru – eine enorm lange menschliche Begriffe. Die Propheten sprachen in ähnlicher W zahlreichen Abschnitten, von den »Jahren von *Olam*« als Maßeir eine sehr lange Zeit. Ein deutliches Gefühl für Periodizität, wi aus dem regelmäßigen Auftauchen und Verschwinden eines I zwangsläufig ergibt, lässt sich auch an der häufigen Verwendung mulierung »von *Olam* zu *Olam*« ablesen, die ein bestimmtes (we extrem langes) Maß an Zeit ist: »Ich hatte euch dieses Land von *Olam* gegeben«, wird der Herr in Jeremias 7,7 und 25,5 zitiert. ausschlaggebender Faktor zur Gleichsetzung von *Olam* mit Nil in Genesis 6,4 die Aussage, dass es sich bei den *Nefilim*, den Anunnaki, die von Nibiru auf die Erde gekommen waren, um d te des Schem« handelte – die Leute von den Raketenschiffen, › gen, die von *Olam* kamen«.

Bei der offensichtlichen Vertrautheit der Bibelverfasser, Pr und Psalmenschreiber mit den »Mythen« und der Astronomie v sopotamien wäre es schon merkwürdig gewesen, in der Bibel Wissen über den wichtigen Planeten Nibiru zu finden. *Unserer tung nach war sich die Bibel Nibirus sehr wohl bewusst – und na Olam, den »verschwindenden Planeten«.*

Bedeutet all dies, dass deshalb Anu Jahwe war? Nicht notw weise ...

Obwohl die Bibel Jahwe als jemanden darstellte, der wie An ner himmlischen Wohnstatt regierte, betrachtete sie ihn auch nig« über die Erde und allem darauf – wohingegen Anu den Ob auf der Erde eindeutig an Enlil abgetreten hatte. Anu besuch die Erde, aber noch vorhandene Texte beschreiben diese Geleg meistens als zeremonielle Staats- und Inspektionsvisiten; es gil nichts Vergleichbares zur aktiven Beteiligung Jahwes an den An heiten der Nationen und Einzelpersonen. Darüber hinaus bezi die Bibel auf einen Gott, der anders war als Jahwe, einen »Gott Nationen«, *An* genannt; seine Verehrung wird vermerkt in de tung (2 Könige 17,31) der Götter durch die Fremden, welche c rer in Samaria wiederangesiedelt hatten, wo er als *An-melekh* (» König«) aufgeführt ist. Der Eigenname *Anani*, der Anu ehrt,

Ort namens *Ananot* werden in der Bibel ebenfalls genannt. Und es gibt in der Bibel hinsichtlich Jahwes nichts, was dem Stammbaum von Anu entsprechen würde (Eltern, Ehefrau, Kinder), seinem Lebensstil (Scharen von Konkubinen) oder seiner Vorliebe für seine Enkelin Inanna (deren Verehrung als »Königin des Himmels« – Venus – in Jahwes Augen eine Abscheulichkeit war).

Und so gibt es trotz der Ähnlichkeiten zu viele wesentliche Unterschiede zwischen Anu und Jahwe, als dass die beiden ein und derselbe sein könnten.

Mehr noch, aus biblischer Sicht war Jahwe nicht nur ein »König« oder »Herr« von *Olam*, gemessen daran, wie Anu auf Nibiriu als König herrschte. Mehr als einmal wird er als *El Olam*, der »Gott« von *Olam* (Genesis 21,33), und *El Elohim*, der »Gott« der Elohim, gepriesen (Josua 22,22; Psalmen 50,1 und Psalmen 136,2).

Die biblische Vermutung, die Elohim – die »Götter«, die Anunnaki – hätten selbst einen Gott verehrt, erscheint im ersten Augenblick völlig unglaubhaft, aber bei näherem Nachdenken ziemlich logisch.

In der Schlussbetrachtung unseres ersten Buches, *Der zwölfte Planet*, in dem die Geschichte des Planeten Nibiru erzählt wird und wie die Anunnaki (die biblischen Nefilim) von dort zur Erde kamen und die Menschheit »erschufen«, stellten wir die folgende Frage:

> *Und wenn die Nefilim die »Götter« waren, die den Menschen auf Erden »erschufen«, erschuf dann die Evolution auf dem Zwölften Planeten die Nefilim alleine?*

Technologisch fortgeschritten, Hunderttausende von Jahren vor uns in der Lage, durchs Weltall zu reisen, im Besitz einer kosmologischen Erklärung für die Entstehung des Sonnensystems und, genau wie wir es gerade ansatzweise tun, fähig, über das Universum nachzudenken und es zu verstehen – *müssen* sich die Anunnaki ganz einfach über ihre Herkunft Gedanken gemacht haben und bei dem angekommen sein, was wir Religion nennen – ihrer Religion, *ihrer Vorstellung von Gott.*

Wer erschuf die Nefilim, die Anunnaki, auf ihrem Planeten? Die Bibel selbst hält die Antwort darauf bereit. Jahwe, heißt es darin, war nicht nur »ein großer Gott, ein großer König über all die *Elohim*« (Psalmen 95,3). Er war bereits da, auf Nibiru, bevor es sie selbst dort gab: »Vor den *Elohim* saß Er auf *Olam*«, erklärt Psalm 61,8. Wie die Anunnaki sich vor »dem Adam« auf der Erde befunden hatten, so war Jahwe schon vor den Anunnaki auf Nibiru/Olam gewesen. Der Schöpfer ging den Erschaffenen voraus.

Wir haben bereits erklärt, dass sich hinter der vermeintlichen Unsterblichkeit der Anunnaki-»Götter« nur ihre extreme Langlebigkeit verbarg, die von der Tatsache herrührte, dass ein Nibiru-Jahr 3.600 Erdenjahren entsprach; und dass sie ebenfalls geboren wurden, altern und sterben konnten (und dies auch taten). Eine Zeitmessung, die auf *Olam* anwendbar ist (»Tage von *Olam*« und »Jahre von *Olam*«), war den Propheten und Psalmisten bekannt, aber noch eindrucksvoller ist ihre Erkenntnis, dass die verschiedenen *Elohim* (die sumerischen DIN.GIR, die akkadischen *Ilu*) in Wahrheit nicht unsterblich waren – im Gegensatz zu Jahwe, dem Gott. Daher sieht Psalm 82 Gott ein Urteil über die Elohim sprechen und erinnert sie, dass sie – die *Elohim!* – ebenfalls sterblich sind: »Gott steht in der göttlichen Versammlung, unter den *Elohim* urteilt Er« – und er teilt ihnen dies mit:

Ich habe gesagt, ihr seid Elohim,
alle von euch Söhne des Allerhöchsten;
aber ihr werdet sterben wie Menschen,
wie jedweder Prinz werdet ihr fallen.

Wir glauben, dass solche Aussagen, die nahelegen, dass der Herr Jahwe nicht nur den Himmel und die Erde erschuf, sondern auch die *Elohim*, die Anunnaki-»Götter«, einen gewissen Anteil an dem Rätsel haben, das Generationen von Bibelgelehrten ratlos zurückgelassen hat. Es ist die Frage, warum der allererste Vers der Bibel, der vom Uranfang berichtet, nicht mit dem ersten Buchstaben des Alphabets beginnt, sondern vielmehr mit dem zweiten. Die Bedeutung und der Symbolismus, den Anfang mit dem eigentlichen Anfang zu beginnen, muss für die Bibelverfasser offensichtlich gewesen sein, und doch haben sie sich entschieden, uns das Folgende zu übermitteln:

Breshit bara Elohim
et Ha'Shamaim v'et Ha'Aretz

Das wird gemeinhin mit »Am Anfang schuf Gott Himmel und Erde« übersetzt.

Da die hebräischen Buchstaben numerische Werte haben, trägt c
erste Buchstabe *Aleph* (von dem das griechische *alpha* abstammt) d
numerischen Wert »eins, der Erste« – der Anfang. Warum dann, so l
ben sich Gelehrte und Theologen gefragt, beginnt die Schöpfung r
dem zweiten Buchstaben, *Beth*, dessen Wert »zwei, der Zweite« ist?

Auch wenn der Grund unbekannt bleibt, hätte es ein erstaunlicl
Ergebnis, wenn wir den ersten Vers im ersten Buch der Bibel mit *Ale*
beginnen ließen, denn der Satz läse sich dann so:

Ab-reshit bara Elohim
et Ha'Shamaim v'et Ha'Aretz
Der Vater-des-Anfangs erschuf die Elohim,
die Himmel und die Erde.

Durch diese leichte Veränderung, nur durch den Beginn mit de
Buchstaben, der allem vorangeht, taucht ein omnipotenter, allgege
wärtiger Schöpfer von Allem aus dem urzeitlichen Chaos auf: *A*
Reshit, »der Vater des Anfangs«. Die größten wissenschaftlichen De
ker unserer Zeit haben in dem Versuch, den Anfang des Universur
zu erklären, die Urknalltheorie hervorgebracht – müssen aber imm
noch erklären, wer den Urknall, den »Big Bang«, eigentlich veru
sacht hat. Hätte die Genesis dort begonnen, wo sie hätte beginn
sollen, dann hätte uns die Bibel – die eine exakte Erzählung der Ev
lution anbietet und an der vernünftigsten Kosmogonie festhäl
auch darauf die Antwort geben können: der Schöpfer, der da war,
les zu erschaffen.

**Und auf einmal verschmelzen Wissenschaft und Religion, Phys
und Metaphysik miteinander in einer einzigen Antwort, die de
Credo des jüdischen Monotheismus entspricht: »Ich bin Jahwe,
gibt niemanden außer mir!« Es ist ein Credo, das die Propheter
und uns mit ihnen – aus der Arena der Götter hin zu dem Go
brachte, der das Universum umarmt.**

Man kann nur spekulieren, warum die Bibelherausgeber, die, v
Gelehrte glauben, die *Torah* (die ersten fünf Bücher der Bibel) währe
des babylonischen Exils kanonisierten, das *Aleph* wegließen. Gesch
es, um zu vermeiden, dass sie ihre babylonischen Exilgewährer belei
gen (weil der Anspruch, dass Jahwe die Anunnaki-Götter erschaff
hatte, Marduk nicht ausschloss)? Nicht bezweifelt werden kann unse

leinung nach jedenfalls, dass das erste Wort im ersten Vers der Bibel gendwann einmal mit dem ersten Buchstaben des Alphabets begann. iese Gewissheit beziehen wir aus den Aussagen im Buch der Offenba- ıngen (»Die Apokalypse des heiligen Johannes«, Neues Testament), in :m Gott dieses verkündet:

Ich bin Alpha und Omega,
der Anfang und das Ende,
der Erste und der Letzte.

ie Aussage, die drei Mal wiederholt wird (1,8, 21,6, 22,13), verwendet :n ersten Buchstaben des Alphabets (mit seinem griechischen Namen) ır den Anfang, für den göttlichen Ersten, und den letzten Buchstaben :s (griechischen) Alphabets für das Ende, denn Gott ist der Letzte von llem, wie er der Erste von Allem ist.

Dass dies am Beginn der Genesis der Fall war, wird nach unserer uffassung durch die Gewissheit bestätigt, dass die Aussagen in der ffenbarung auf die hebräischen Schriften zurückgehen, denen die ıtsprechenden Verse in Jesaja (41,6, 42,8, 44,6) entnommen wurden. s handelt sich um die Verse, in denen Jahwe Seine Absolutheit und ınmaligkeit verkündet:

Ich, Jahwe, war der Erste,
und der Letzte werde ich auch sein!

Ich bin der Erste,
und ich bin der Letzte;
Es gibt keine Elohim ohne mich!

Ich bin Er,
Ich bin der Erste,
Ich bin ebenso der Letzte.

s sind diese Aussagen, die dabei helfen, den biblischen Gott durch die ntwort zu identifizieren, die er selbst gab, als er gefragt wurde: »Wer, o ott, bist du?« Das war, als Er Moses aus dem brennenden Busch an- ›rach und sich selbst nur als »der Gott deiner Väter, der Gott Abra- ıms, der Gott Isaaks und der Gott Jakobs« zu erkennen gab. Nachdem

Moses seine Aufgabe übergeben worden war, wies er darauf hin, dass er nicht wisse, was er sagen solle, wenn er zu den Kindern Israels käme und sich mit den Worten an sie wandte, »der Gott eurer Vorväter hat mich zu euch gesandt, und sie würden ihn fragen: Wie lautet Sein Name?« Er fragt also Gott: »Was soll ich ihnen sagen?«

Und Gott sprach zu Moses:
Ehyeh-Asher-Ehyeh –
dies ist, was du sagen sollst
den Kindern von Israel:
Ehyeh sandte mich:
Und Gott sprach weiter zu Moses:
Das sollst du sagen den Kindern von Israel:
Jahwe, der Gott deiner Väter,
der Gott Abrahams, der Gott Isaaks
und der Gott Jakobs,
hat mich zu euch gesandt;
Dies ist mein Name in Olam,
dies ist mein Apell an alle Generationen.

(Exodus 3,13-15)

Die Aussage *Ehyeh-Asher-Ehyeh* war schon Gegenstand von Diskussionen, Analysen und Interpretationen bei Generationen von Theologen, Bibelgelehrten und Sprachwissenschaftlern.

Die King-James-Version übersetzt: »Ich bin, dass ich bin ... *Ich bin* hat mich zu euch geschickt.« Andere, modernere Übersetzungen verwenden »Ich bin, das ist, was ich bin … *Ich bin* hat dich geschickt«. Die jüngste Übersetzung durch die Jewish Publication Society zieht es vor, das Hebräisch intakt zu lassen, und versieht die Stelle mit der Fußnote »Bedeutung des Hebräischen unklar«.

Der Schlüssel, um die Antwort, die bei dieser Göttlichen Begegnung gegeben wird, verstehen zu können, liegt in der Grammatik, die hier zum Ausdruck kommt. *Ehyeh-Asher-Ehyeh* wird nicht im Präsens, sondern im Futur verwendet. Mit einfachen Worten besagt es: »Wer immer ich sein werde, werde ich sein.« Und der Göttliche Name, der einem Sterblichen zum ersten Mal offenbart wird (in der Unterhaltung erfährt Moses, dass der heilige Name, das Tetragrammaton YHWH, nicht einmal Abraham enthüllt worden war), fasst die drei Zeiten der

Wurzel zusammen, die »Sein« bedeutet – derjenige, der war, der ist und der sein wird. Es ist eine Antwort und ein Name, wie sie dem biblischen Konzept Jahwes als ewiglich existierend gebührt: Einer, der war, ist und immer sein wird.

Eine häufig verwendete Form, diese immerwährende Natur des biblischen Gottes kundzutun, ist der Ausdruck »Du bist von *Olam* zu *Olam*.« Normalerweise wird das mit »Du bist immerwährend« übersetzt, und das vermittelt zweifellos auch den Sinn der Aussage, nicht aber ihre präzise Bedeutung. Wörtlich genommen unterstellt es, dass die Existenz und Regierungszeit Jahwes sich von einem *Olam* zum anderen erstreckt – dass Er nicht nur für das eine *Olam*, das die Entsprechung des mesopotamischen Nibiru darstellt, »König« und »Herr« war, sondern auch für andere *Olams*, andere Welten!

Nicht weniger als elf Mal bezieht sich die Bibel auf Jahwes Wohnstatt, Herrschaftsgebiet und »Königreich« und verwendet dabei den Begriff *Olamim*, den Plural von *Olam* – ein Hoheitsgebiet, eine Heimstätte, ein Königreich, das viele Welten umfasst. Es ist eine Erweiterung von Jahwes Herrschaft von der Vorstellung eines »Nationalgottes« hin zu der eines Richters über alle Nationen, auch jenseits der Erde und Nibirus, bis zu den »Himmeln des Himmels« (Deuteronomium 10,14, 1 Könige 8,27, 2 Chroniken 2,5 und 6,18), was nicht nur das Sonnensystem umfasst, sondern sogar noch die entfernten Sterne (Deuteronomium 4,19, Ecclesiasten 12,2).

Das ist das Bild eines kosmischen Reisenden.

Alles andere – die himmlischen planetarischen »Götter«, Nibiru, das unser Sonnensystem veränderte und die Erde bei seinen nahen Durchgängen erneuert, die Anunnaki-»Elohim«, die Menschheit, die Nationen, Könige – all das sind Seine Manifestationen und Seine Werkzeuge, die einen göttlichen und universellen, immerwährenden Plan ausführen. In gewisser Weise sind wir alle Seine Engel, und wenn die Zeit für die Erdlinge gekommen ist, den Weltraum zu bereisen und den Anunnaki auf einer anderen Welt nachzueifern, werden auch wir nur eine vorbestimmte Zukunft erfüllen.

Es ist das Bild eines universellen »Herrn«, das am besten in dem hymnischen Gebet *Adon Olam* zusammengefasst wird. Als hoheitsvolles Lied wird es bei Festen im jüdischen Synagogengottesdienst, am Sabbath und an jedem Tag des Jahres vorgetragen:

Herr des Universums, der bereits herrschte
ehe alles, was existiert, überhaupt erschaffen war.
Wenn durch Seinen Willen alle Dinge wirken,
»Allmächtiger« ist Sein Name, der kundgetan wird.

Und wenn mit der Zeit alle Dinge enden,
wird er immer noch erhaben regieren.
Er war, Er ist, Er wird bleiben.
Er wird sein in Herrlichkeit immerdar.

Unvergleichlich, einzigartig ist Er,
Keiner kann Seine Einheit teilen.
Ohne Anfang, ohne Ende.
Die Macht der Herrschaft ist Sein zu tragen.

7

Die kosmische Verbindung: DNA

Auszug aus »Der kosmische Code«, im Original erschienen 1998.

Die Anunnaki kamen zur Erde, um Gold für ihren Planeten Nibiru zu suchen, weil sie seine Atmosphäre zerstört hatten und dieses Metall benötigten, um sie wiederherzustellen. Im Wissen um die reichlichen Vorkommen auf der Erde extrahierten sie das Gold ursprünglich aus dem Persischen Golf. Als sich zeigte, dass dort zu wenig vorhanden war, fingen sie an, es unter Tage in Afrika abzubauen, was solange funktionierte, bis die Bergleute sich wegen der harten Arbeitsbedingungen dagegen auflehnten. Das führte die Anunnaki zu der Erkenntnis, dass sie für die Arbeit unter Tage einen neuen hybriden Arbeiter erschaffen könnten, und so wurde der erste Adam erschaffen. Unter Einsatz ihrer fortgeschrittenen Genetik-Kenntnisse versuchten sie auf experimenteller Basis ein perfektes, ideal für ihre Zwecke geeignetes Wesen zu erzeugen.

Dabei kam es zu mehreren Rückschlägen; einmal wurde ein Wesen mit drei Köpfen, ein andermal eines mit zwei Gesichtern geschaffen. Aus jenen fernen Zeiten erhaltene mesopotamische Bilder zeigen uns Darstellungen solcher antiken Mutanten.

Schließlich gelang Enki und Ninharsag (den Kindern von Anu) die Erschaffung »des Adam«, der unter Einsatz einer Hominiden-DNA von der Erde und der DNA der Anunnaki-Frau geschaffen wurde, die das Kind austragen sollte. Die heutige Wissenschaft hat zu einigen der antiken Berichte aufgeholt. Laut einem mesopotamischen Text hatte Gilgamesch behauptet, er sei zu zwei Dritteln göttlich.

Modernen Standards nach galt dies bis in die 1980er Jahre als genetisch unmöglich, doch dann entdeckte man einen anderen Typ DNA, der nur von der Mutter übertragen wird. Diese DNA – man nennt sie mitochondriale DNA – weist dem Kind eine Extraportion der kollektiven mütterlichen DNA zu. Gilgamesch wäre demnach, wenn man davon ausgeht, dass seine Mutter eine Göttin war, ganz wie er behauptet hatte, tatsächlich zu zwei Dritteln göttlich gewesen. Trotz der Fortschritte in der DNA-Forschung beweist dies, dass wir noch keineswegs den hoch entwickelten Stand der Gentechnik erreicht haben, der in diesen antiken Überlieferungen beschrieben wird.

Schon vor der Zeit des Fernsehens haben Gerichtsdramen viele Menschen in ihren Bann gezogen, und einige Fälle haben Geschichte geschrieben. Es hat sich seit der biblischen Regel »von zwei Zeugen soll das Urteil gesprochen werden« bis heute eine Menge getan. Die Beweisführung hat sich vom Heranziehen von Augenzeugen über Dokumentationen bis hin zum gerichtsmedizinischen Nachweis verlagert sowie auch – und dies ist derzeit wohl der größte Fortschritt – zur genetischen Beweisführung mittels der DNA.

Nachdem die moderne Wissenschaft entdeckt hat, das alles Leben durch die kleinen Nukleinsäure-Bestandteile der DNA bestimmt und gebildet wird, die anhand der Chromosomen Vererbung und Individualität regeln, hat sie nun die Fähigkeit erlangt, diese paarweise auftretenden DNA-»Buchstaben« zu entziffern und ihre einzigartigen »Wörter« zu lesen. Die Verwendung von DNA-»Fingerabdrücken« zum Beweis der Schuld oder Unschuld eines Angeklagten ist zum Höhepunkt aller Gerichtsdramen geworden.

Eine bisher unerreichte Meisterleistung des technisch orientierten zwanzigsten Jahrhunderts? Nein, eine Meisterleistung des 100. Jahrhunderts *in der Vergangenheit* – ein Gerichtsdrama aus der Zeit 10.000 vor Christus.

Der in der Vorzeit gefeierte Fall fand zu einer Zeit in Ägypten statt, als noch die Götter und nicht der Mensch über das Land herrschten; und es betraf nicht nur den Menschen, sondern auch die Götter selbst.

Es betraf die Widersacher Seth und Horus und hat seine Wurzeln in den Rivalitäten zwischen den Halbbrüdern Seth und Osiris.

Seth, so erinnern wir uns, griff auf falsche Tricks zurück, um Osiris loszuwerden und seinen Herrschaftsbereich an sich zu reißen. Das erste Mal lockte er Osiris in eine Truhe, die er dann schnell versiegelte und im Mittelmeer versenkte. Doch Isis fand die Truhe und erweckte Osiris mit Hilfe von Thoth wieder zum Leben. Das zweite Mal ergriff Seth Osiris und zerteilte ihn in vierzehn einzelne Teile. Isis fand die verstreuten Teile, setzte sie wieder zusammen und mumifizierte Osiris, um die Legende um sein Nachleben einzuleiten. Was sie jedoch nicht mehr fand, war sein Phallus, denn Seth hatte ihn entfernt, so dass Osiris keine Nachkommen würde zeugen können.

Isis hatte jedoch beschlossen, auf jeden Fall einen Sohn zu zeugen, der dann seinen Vater rächen würde, und wandte sich um Hilfe dazu an Thoth, den Hüter der göttlichen Geheimnisse. Thoth entzog den von Osiris vorhandenen Körperteilen die »Essenz«, prägte sie Isis ein und verhalf ihr so zur Geburt ihres Sohnes Horus.

Die »Essenz« (nicht »die Saat«!) war, wie wir nun wissen, das, was wir heute die DNA nennen – genetische Nukleinsäuren, die auf den Chromosomen Ketten bilden, welche in Paaren zu einer Doppelhelix zusammengesetzt sind. Bei der Empfängnis, wenn das männliche Spermium in die Eizelle eindringt, spalten sich diese gewundenen Doppelhelices auf, und ein Strang der männlichen DNA verbindet sich mit einem Strang der weiblichen DNA zu einer neuen Doppelhelix, aus der die Nachkommen hervorgehen. Deshalb ist es wesentlich, nicht nur die beiden Doppelhelix-DNA-Stränge zusammenzuführen, sondern auch eine Trennung – ein Entwinden – der Doppelstränge und eine Neukombination nur eines Stranges von jeder Quelle zu einer neu gewundenen Doppelhelix-DNA zu bewirken.

Bilddarstellungen aus dem alten Ägypten zeigen, dass Thoth, der Sohn von Ptah/Enki, sich sehr wohl dieser biologisch-genetischen Prozesse bewusst war und sie in seinen genetischen Meisterleistungen verwendete. In Abydos zeigt eine Wandmalerei (Abb. 33), auf der der Pharao Seti I. die Rolle von Osiris spielte, wie Thoth dem toten Gott das Leben (symbolisiert durch den *Ankh*-Schlüssel) zurückgab, indem er ihm zwei DNA-Stränge entnahm. In einer Abbildung im *Totenbuch*, die sich mit der anschließenden Geburt von Horus befasst (Abb. 34), sehen wir, wie die beiden Geburtsgöttinnen, die Thoth helfen, *je einen DNA-*

Abb. 33

Abb. 34

Strang halten; die Doppelhelix war aufgespalten, so dass sich ein einzelner Strang mit Isis' DNA wiederverbinden konnte (Isis hält auf dem Bild den neugeborenen Horus).

Isis zog den Jungen im Geheimen auf. Als er alt genug war, beschloss seine Mutter, dass es an der Zeit für ihn wäre, das Erbe seines Vaters anzutreten. Zu Seths großer Überraschung erschien Horus also eines Tages vor dem Rat der großen Götter und verkündete, dass er der Sohn und Erbe von Osiris wäre. Dies war eine unglaubliche Behauptung, die jedoch nicht so einfach abgetan werden konnte. War der junge Gott tatsächlich der Sohn des toten Osiris?

Wie in einem Text mit dem Namen *Chester Beatty Papyrus No. 1* aufgezeichnet ist, versetzte das Erscheinen von Horus die versammelten Götter in Erstaunen – Seth natürlich noch mehr als alle anderen. Als der Rat die plötzlich im Raum stehende Behauptung von Horus überdachte, machte Seth einen versöhnlichen Vorschlag: Stellt die Überlegungen ein, damit er, Seth, Gelegenheit hätte, sich mit Horus vertraut zu machen und die ganze Angelegenheit vielleicht auf freundliche Weise beizulegen. Er lud Horus ein: »Komm, lass uns einen schönen Tag in meinem Haus verbringen.« Horus nahm das Angebot an. Seth, der ja bereits mit Osiris ein falsches Spiel gespielt hatte, dachte allerdings schon über einen neuen Trick nach:

Als es Abend wurde,
bereitete er das Bett für sie vor,
und die beiden legten sich hinein.
Und in der Nacht
erzeugte er bei sich eine Gliedsteife
und drang zwischen die Lenden des Horus ein.

Als die Beratung der Götter weiterging, machte Seth eine überraschende Ankündigung. Es spiele keine Rolle mehr, sagte er, ob Horus ein Sohn von Osiris sei oder nicht, denn nun befände sich seine, Seths, Saat in Horus, und das mache Horus zu seinem Nachfolger auf dem Thron, nicht zu seinem Vorgänger!

Dann machte Horus eine noch überraschendere Ankündigung. Im Gegenteil, sagte er, nicht er sei es, der disqualifiziert sei, sondern Seth! Und er fuhr fort, dass er nicht wirklich geschlafen hatte, als Seth seinen Samen ejakuliert hatte. Das Sperma wäre nicht in seinen Körper ıngen, sagte er, weil »ich den Samen mit meiner Hand auf-m nächsten Morgen zeigte er seiner Mutter Isis den Samen, die Idee kam. Sie sagte zu Horus, er möge sein Glied steif werden nd seinen Samen in eine Tasse ejakulieren. Dann nahm sie den ınd sprenkelte ihn über den Feldsalat in Seths Garten – dessen ;sspeise zum Frühstück. Ohne es zu wissen, nahm er mit dem ɔrus' Samen zu sich. Also, sagte Horus, befände sich nun sein n Seth, was bedeute, Seth sei in der Thronfolge nach ihm dran, nesfalls vor ihm ...

Götterrat war total verblüfft und wandte sich an Thoth, um die enheit beizulegen. Mit seinen Kenntnissen der Genetik prüfte er ıen, den Isis in einem Topf aufbewahrt hatte, und fand heraus, atsächlich Seths Sperma war. Er untersuchte Horus und entdeck-m keine Spuren von Seths Samen. Dann untersuchte er Seth und st, dass dieser tatsächlich Horus' Samen in sich hatte.

ı, der hier wie ein moderner Gerichtsmediziner tätig war – wo-edoch offensichtlich mit technischen Fertigkeiten ausgestattet wir erst noch erlangen müssen –, übergab dem Götterrat das s seiner DNA-Analysen. Sie entschieden einstimmig, dass Horus Herr über Ägypten sein würde. (Seths Weigerung, seine Herr-ı Horus abzutreten, führte zum Ersten Pyramidenkrieg, in dem m Kampf zwischen den Göttern zum ersten Mal auch auf die n Menschen zurückgriff. Im Buch *Die Kriege der Menschen und* erichten wir eingehend darüber.)

ɔhe Entdeckungen auf dem Gebiet der Genetik werfen ein ıf einen gewohnheitsmäßigen und scheinbar seltsamen Brauch ter und zeigen ihre fortgeschrittenen Kenntnisse auf dem Gebiet ;enetik.

Wichtigkeit der Frau-Schwester bei den Erbfolgeregeln der Göt-lesopotamien und Ägypten, die anhand unserer Berichte leicht lziehbar ist, findet sich auch in griechischen Mythen ihrer eige-tter. Die Griechen benannten das erste göttliche Paar, das dem ntstieg, *Gaea* (»Erde«) und *Uranus* (»Himmel«). Sie brachten *tanen* zur Welt, sechs männliche und sechs weibliche. Sie heira-ıtereinander und hatten Nachkömmlinge, was den Grundstein ;päteren Herrschaftskämpfe legte. Aus den ersten Auseinandersetzungen trat *Chronos* hervor, der jüngste männliche Titan, de: mahlin *Rhea* war. Ihre Kinder waren die drei Söhne *Hades*, *Posei* *Zeus* sowie die drei Töchter *Hestia*, *Demeter* und *Hera*. Obglei sich seinen Weg zur Herrschaft erkämpfte, musste er den Thron nen Brüdern teilen. Die drei teilten das Gebiet unter sich auf Versionen besagen, sie hätten Lose gezogen –, ähnlich wie es auc Mu, Enlil und Enki getan hatten. Zeus war der himmlische (doch wohnhaft auf der Erde, auf dem Olymp), Hades erhielt di welt und Poseidon die Meere.

Die drei Brüder und Schwestern, Nachkommen von Chro Rhea, bildeten die erste Hälfte des olympischen Kreises der Zw anderen sechs waren Nachkommen von Zeus, die jeweils der gung von Zeus mit mehreren Göttinnen entsprangen. Eine vo Leto, schenkte ihm seinen erstgeborenen Sohn, den großen gri römischen Gott *Apoll*. Als jedoch die Zeit gekommen war, eine lichen Erben in Übereinstimmung mit den Thronfolgeregeln e zen, wandte sich Zeus an seine Schwestern. Hestia, die älteste vo war aber allen Berichten nach eine Einsiedlerin und zu alt und k dass sie noch imstande gewesen wäre, für Nachkommen zu sorg ersuchte sodann seine zweitälteste Schwester Demeter, einen zeugen, doch statt eines Sohnes gebar sie ihm eine Tochter, Pers Dies ebnete Zeus den Weg, die jüngste Schwester Hera zu heir schenkte Zeus einen Sohn, *Ares*, und zwei Töchter (Ilithyia unc Als die Griechen und Römer, die das Wissen um die Planeten des Saturn verloren hatten, die bekannten Planeten benannten die den Mars Ares zu. Obwohl er nicht der erstgeborene Sohn er Zeus wichtigster Sohn. So groß wie er als Gott auch war – c chen und Römer benannten keinen Planeten nach Apoll.

All dies macht die Wichtigkeit einer Frau-Schwester in den der Götter deutlich. In Angelegenheiten der Erbfolge kam diese immer wieder auf: Wer würde der Nachfolger sein: der erstgebore oder der wichtigste Sohn, wenn letzterer der Sohn einer Halbs war und ersterer nicht? Diese Frage scheint den Verlauf der Ereig der Erde von dem Moment an, als Enki sich Enlil auf diesen ten anschloss, diktiert und beherrscht zu haben, und setzte sic Rivalitäten fort, die zwischen ihren Söhnen (Ninurta und Mard brannten. In den ägyptischen Göttererzählungen ergab sich aus äl Gründen ein Konflikt zwischen Ras Nachkommen Seth und Osir

Die Rivalitäten, die von Zeit zu Zeit in einen Krieg ausarteten (Horus und Seth bekämpften sich am Ende gegenseitig am Himmel über der Sinai-Halbinsel), begannen allen Aufzeichnungen zufolge nicht erst auf der Erde. Es gab ähnliche Thronfolgekonflikte auf Nibiru, und auch Anu kam nicht ohne Kämpfe und Schlachten an die Macht.

Genau wie bei dem Brauch, dass eine Witwe, die ohne einen Sohn zurückblieb, vom Bruder des Ehemanns verlangen konnte, dass er als Ersatz-Ehemann einsprang und ihr einen Sohn zeugte, fanden die Erbfolgeregeln der Anunnaki, die dem Sohn einer Halbschwester Priorität gaben, ihren Niederschlag in den Bräuchen von Abraham und seinen Abkömmlingen. In seinem Fall war sein erster Sohn Ismael, wobei die Zofe Hagar die Mutter war. Doch als Sara im unglaublich hohen Alter und nach göttlichem Eingriff doch noch Isaak gebar, war es dieser, der der rechtmäßige Erbe war. Warum? Weil Sara Abrahams Halbschwester war. »Sie ist meine Schwester, die Tochter meines Vaters, jedoch nicht meiner Mutter«, erklärte Abraham (Genesis 20,12).

Eine Halbschwester zur Frau zu nehmen war unter den ägyptischen Pharaonen vorherrschende Praxis. Es diente als Mittel, sowohl die Regentschaft des Königs als auch die seiner Nachkommen zu legitimieren. Selbst unter den peruanischen Inka-Königen fand sich diese Praxis, und zwar in einem solchen Ausmaß, dass das Auftreten von Kalamitäten während der Regentschaft eines bestimmten Königs einmal auf die Tatsache zurückgeführt wurde, dass er eine Frau geheiratet hatte, die nicht seine Halbschwester war. Dieser Brauch unter den Inka hatte seine Wurzeln in den Legenden über die Anfänge der Andenvölker, nach denen der Gott Viracocha vier Brüder und vier Schwestern zeugte, die sich untereinander verheirateten und in verschiedene Länder geführt wurden. Eines dieser Bruder-Schwester-Paare, denen ein goldener Zauberstab gegeben wurde, mit dem sie den Nabel der Erde in Südamerika auffinden sollten, begann seine Regentschaft in Cuzco (der einstigen Inka-Hauptstadt). Deshalb konnten Inka-Könige – vorausgesetzt sie waren als Sohn eines solchen königlichen Bruder-Schwester-Paares geboren worden – immer auf ihre direkte Abstammung vom Schöpfergott Viracocha verweisen.

(Den Anden-Legenden nach war Viracocha ein großer Gott des Himmels, der vor langer Zeit zur Erde gekommen war und die Anden zu seinem Domizil wählte. Im Buch *Versunkene Reiche* haben wir ihn als den mesopotamischen Gott Adad und den Hethiter-Gott Teshub identifiziert und, abgesehen vom Bruder-Schwester-Brauch, auf viele weitere Ähnlichkeiten zwischen den Anden-Kulturen und denen des Nahen Ostens in der Vorzeit hingewiesen.)

Der fortwährende Brauch der Heirat unter Brüdern und Schwestern und die scheinbar überhaupt nicht angemessene Wichtigkeit, die dies für die Herrscherpaare – sowohl unter Göttern als auch unter Menschen – hatte, ist für uns verwirrend. Dieser Brauch scheint noch andere Hintergründe als die naheliegende Einstellung »Lasst uns den Thron in der Familie behalten« zu haben, denn im schlimmsten Fall konnte ja auch das Erbgut unter diesen halb inzestuösen Verbindungen leiden. Warum dann also dieser Aufwand, den die Anunnaki (Beispiel: Enkis wiederholte Anstrengungen, von Ninmah einen Sohn zu erhalten) betrieben, um auf diesem Wege einen Sohn als Nachkommen zu haben? Was war so besonders an den Genen einer Halbschwester – die, so erinnern wir uns, die Tochter der *Mutter* des Mannes war, jedoch nicht die seines Vaters?

Bei der Suche nach einer Antwort darauf ist es hilfreich, andere biblische Praktiken zu untersuchen, die sich mit dem Mutter-Vater-Thema auseinandersetzen. Es ist Brauch, die Zeitperiode von Abraham, Isaak, Jakob und Joseph als Zeitalter der Patriarchen zu bezeichnen, und wenn man Menschen fragt, sind sie oft der Meinung, dass die im Alten Testament wiedergegebene Geschichte aus dem Blickwinkel eines Mannes präsentiert wird. Doch Tatsache ist, dass es die *Mütter* waren, nicht die Väter, die die Namensgebung des Kindes unter ihrer Kontrolle hatten – diejenige Handlung, die aus Sicht der Alten dem Gegenstand der Erzählung erst den Status des »Seins« verlieh. In der Tat wurde nicht nur eine Person, sondern auch ein Ort, eine Stadt oder ein Land als nichtexistent angesehen, bis ihm oder ihr ein Name gegeben wurde.

Diese Einstellung führt tatsächlich bis zum Beginn der Zeit zurück, denn die einleitenden Zeilen des Schöpfungsepos, der dem Leser deutlich machen möchte, dass die Geschichte noch vor der Erschaffung unseres Sonnensystems begann, erklärt, dass die Geschichte von Tiamat und den anderen Planeten wie folgt seinen Anfang nahm:

Enuma elish la nabu shamamu
Als in der Höhe der Himmel noch keinen Namen trug
Shaplitu ammatitm shuma la zakrat
Und unten die Erde [der feste Grund] noch nicht benannt war

Abb. 35

Und in der wichtigen Angelegenheit der Namensgebung des Sohnes v
ren es entweder die Götter selbst oder die Mutter, die das Privileg da
genossen. So finden wir, dass, als die *Elohim* den *Homo sapiens* erschuf
sie es waren, die dem neuen Wesen den Namen »Adam« gaben (Gene
5,2). Doch als dem Menschen die Fortpflanzungsfähigkeit verlieh
wurde, war es Eva, nicht Adam, die das Recht und Privileg hatte, ihr er
geborenes männliches Kind Kain zu nennen (Genesis 4,1), ebenso v
Seth, der an die Stelle des getöteten Abel trat (Genesis 4,25).

Am Beginn des »Zeitalters des Patriarchats« (!) entdecken wir, dass c
Privileg der Namensgebung für die beiden Söhne Abrahams von v
göttlichen Wesen übernommen wurde. Sein Erstgeborener, Sohn c
Zofe seiner Frau, wurde von einem der Engel Jahwes Ismael genar
(Genesis 16,11), und der rechtmäßige Erbe Isaak (*Itzhak*, »der Gelächt
verursacht«) wurde so von einem der drei göttlichen Wesen genannt, c
Abraham vor der Zerstörung von Sodom und Gomorra aufsucht
(denn als Sara Gott sagen hörte, dass sie einen Sohn bekommen würe
hatte sie gelacht; Genesis 17,19 und 18,12). Keine weiteren spezifisch
Informationen liefert die Bibel bezüglich der beiden Söhne von Isa
durch Rebekka, Esau und Jakob. (Es wird eben einfach festgestellt, d
sie so benannt wurden.) Doch dann wird erwähnt, dass Lea Jakobs Sö

:n, die er mit ihr und ihrer Zofe hatte, die Namen gab, wie auch Rahel ;enesis 29 und 30). Jahrhunderte später, nachdem sich die Israeliten in anaan niedergelassen hatten, war es Samsons Mutter, die ihm seinen amen gab (Richter 13,24), genau wie die Mutter des Gottesmannes ımuel (1 Samuel 1,20).

Die sumerischen Texte liefern keine Informationen in dieser Hin- :ht. Wir wissen zum Beispiel nicht, wer Gilgamesch seinen Namen ge- ·ben hat – seine Mutter, die Göttin, oder sein Vater, der Hohepriester. ber die Geschichte von Gilgamesch liefert einen wichtigen Schlüssel ır Lösung des vorliegenden Puzzles: die Wichtigkeit der Mutter bei der :stimmung des hierarchischen Rangs des Sohnes.

Gilgameschs Bemühungen, die Langlebigkeit der Götter zu erreichen, erinnern wir uns, führte ihn zunächst zum Landeplatz in den Zederber- :n, doch er und sein Gefährte Enkidu wurden durch den Roboterwäch- r und den Himmelsstier am Betreten der Anlage gehindert. Gilgamesch iste dann zum Raumflughafen auf der Sinai-Halbinsel. Der Zugang zu m wurde von mehreren ehrfurchtgebietenden Wesen mit tragbaren Ra- :tensätzen bewacht, die »die schrecklichen Lichter, die die Berge abstri- ıen«, und deren »Anblick der sichere Tod war« (Abb. 42), auf ihn richte- n. Doch Gilgamesch konnte dies nichts anhaben, woraufhin einer der aketenmänner zu seinem Kameraden hinüberrief:

Er, der da kommt,
sein Körper ist aus dem Fleisch der Götter!

ilgamesch durfte nähertreten und bestätigte die Schlussfolgerung der /achen: Tatsächlich war er immun gegen die Todesstrahlen, denn sein örper war aus dem »Fleisch der Götter«. Er erklärte, er sei nicht nur ein *'alb*gott, er sei sogar »zu *zwei Dritteln* göttlich«, denn nicht sein Vater war n Gott, sondern seine *Mutter*, eine der weiblichen Anunnaki.

Hier, so glauben wir, liegt der Schlüssel zum ganzen Rätsel um ie Erbfolgeregeln und anderweitigen Hervorhebungen der Mutter. urch sie erhielt der Held oder Erbe (ob Anunnaki oder Patriarch) ne »Extraportion Qualität«.

Dies schien zunächst keinen Sinn zu ergeben, hatte die Entdeckung :r DNA-Doppelhelix-Struktur im Jahre 1953 doch gezeigt, wie die :iden Stränge sich entwinden und trennen, so dass nur ein Strang von :r weiblichen Eizelle und einer aus dem männlichen Spermium sich neu kombinieren und das Kind die Gene beider Eltern zu gleichen Teilen erhält. Das hätte uns vielleicht eine Antwort darauf geben können, wie ein Halbgott zustande kommt, nicht jedoch, wie Gilgamesch zu zwei Dritteln göttlicher Natur sein könnte.

Erst in den 1980er Jahren fingen Gilgameschs Behauptungen an, einen Sinn zu ergeben. Man fand nämlich heraus, dass sich – zusätzlich zu der in den Zellen sowohl von Männern als auch Frauen befindlichen DNA-Doppelhelix-Strukturen auf den Chromosomen, die sich im Zellkern befinden – noch eine weitere Art von DNA in der Zelle außerhalb des Zellkerns befindet. Sie wurde als Mitochondrial-DNA (mtDNA) bezeichnet. Wie sich herausstellte, wird sie so wie sie ist – das heißt, ohne Aufspaltung und Neukombination mit der männlichen DNA –, *nur von der Mutter übertragen.*

Mit anderen Worten: Wenn Gilgameschs Mutter eine Göttin war, hatte sie ihm nicht nur ihre reguläre Zellkern-DNA, sondern *auch* die mtDNA vererbt, was ihn, wie er ganz richtig behauptete, zu zwei Dritteln göttlich machte.

Die Entdeckung der Existenz und Übertragung der mtDNA, so wie sie ist, versetzte die Wissenschaftler ab 1986 in die Lage, diese mtDNA im modernen Menschen bis zu einer »Eva« zurückzuverfolgen, die vor etwa 250.000 Jahren in Afrika gelebt hatte.

Zunächst glaubten die Wissenschaftler, dass die einzige Funktion der mtDNA die eines »Kraftwerks« für die Zelle sei, damit sie die notwendige Energie für die Myriaden chemischer und biologischer Reaktionen bereitstellen könne. Doch dann erkannte man zweifelsfrei, dass die mtDNA aus Mitochondrien besteht, die siebenunddreißig Gene, wie eine Kette in einem geschlossenen Kreis angeordnet, enthalten, und dass solch eine genetische Kette über sechzehntausend Basenpaare des genetischen Alphabets enthält. (Zum Vergleich: Jedes der Chromosomen, die sich im Zellkern befinden und zur einen Hälfte von der Frau und zur anderen vom Mann stammen, enthält mehr als hunderttausend Gene und zusammen mehr als drei Milliarden Basenpaare.)

Es brauchte ein weiteres Jahrzehnt zu erkennen, dass Beeinträchtigungen oder Schäden an der Struktur oder Funktion der mtDNA im menschlichen Körper, besonders im Nervensystem, den Herz- und Skelettmuskeln sowie den Nieren, tatsächlich Störungen und Debilität zur Folge hatten. In den 1990er Jahren fanden Forscher dann noch heraus, dass Defekte (»Mutationen«) an der mtDNA überdies die Produktion dreizehn

Abb. 36a und 36b

wichtiger Körperproteine unterband, was in mehreren ernsthaften Beschwerden resultierte. Eine Liste, die 1997 in der Zeitschrift *Scientific American* veröffentlicht wurde, beginnt mit der Alzheimer-Krankheit und schließt Probleme und Funktionsstörungen der Augen, der Muskeln, des Knochenmarks, des Herzens, der Nieren und des Gehirns mit ein.

Diese genetischen Fehlfunktionen fügen sich einer noch längeren Liste von Defekten und Fehlfunktionen hinzu, die die Zellkern-DNA verursachen kann. Während die Wissenschaftler allmählich den vollständigen genetischen Code – das »Genom« – des Menschen zu enthüllen und zu verstehen beginnen (eine Leistung, die erst kürzlich in Bezug auf ein einzelnes niederes Bakterium erbracht worden war), werden jetzt auch die Funktionen jedes Gens (oder die Beschwerden, wenn es abwesend ist oder Fehlfunktionen aufweist) schrittweise bekannter. Produziert das Gen nicht ein bestimmtes Protein, Enzym oder einen anderen wichtigen Bestandteil des Körpers, verursacht das regulative Gen, so fand man heraus, Brustkrebs, fehlendes Knochenwachstum, Taubheit, Blindheit, Herzstörungen, starke Gewichtszunahme oder -abnahme und noch vieles mehr.

In diesem Zusammenhang ist es interessant, dass wir beim Studium sumerischer Texte über Enkis Erschaffung des primitiven Arbeiters mit Hilfe von Ninmah auf eine ähnliche Liste genetischer Defekte stoßen. Der Versuch, die Stränge humanoider DNA mit Anunnaki-DNA zu kombinieren, um ein *Hybridwesen* zu erzeugen, war ein Prozess von Versuch und Irrtum, und den hervorgebrachten Wesen fehlten mitunter bestimmte Organe oder Gliedmaßen – oder sie hatten zu viele. Der babylonische Priester Berossus, der im 3. Jahrhundert vor Christus für die Griechen die Geschichte und das Wissen der frühen Sumerer zusammentrug, beschrieb die Fehlversuche des Schöpfers des Menschen und berichtete, dass einige dieser Versuch-und-Irrtum-Wesen zwei Köpfe auf einem Körper hatten. Solche »Monster« wurden von den Sumerern tatsächlich im Bild dargestellt (Abb. 36a) – und noch eine andere Anomalie: ein Wesen mit einem Kopf, aber zwei Gesichtern, das Usmu genannt wurde (Abb. 36b). Es wird auch ein Wesen erwähnt, das seinen Harndrang nicht zurückhalten konnte, sowie eine Reihe anderer Fehlfunktionen aufwies wie Augenstörungen, zitternde Hände, eine schlecht funktionierende Leber, ein versagendes Herz und »Alterskrankheit«. Der Text mit dem Namen *Enki und Ninmah: Die Erschaffung der Menschheit* listete weitere Fehlfunktionen auf (starre Hände, gelähmte Beine, tröpfelnder Samen) und zeigte im Bild Enki als besorgten Gott, der für einige von ihnen doch noch eine sinnvolle Funktion im Leben fand. Wenn das Ergebnis also zum Beispiel ein Mensch mit Sehstörungen war, brachte Enki ihm Künste bei, für die es nicht notwendig war, sehen zu können – unter anderen die Künste des Singens oder Leierspielens.

Enki, so besagt der Text, wies all den Wesen dieses oder jenes Schicksal zu. Dann forderte er Ninmah heraus, selbst einige genetische Experimente zu unternehmen. Die Resultate waren grauenerregend: Die Wesen, die sie hervorbrachte, hatten den Mund an der falschen Stelle, einen verformten Kopf, Augen- und Nackenschmerzen, lose Rippen, nicht funktionierende Lungen, fehlende Darmtätigkeit, Hände, die zu kurz waren, um selbst den Mund zu erreichen, und noch vieles mehr. Doch als Versuche und Irrtümer voranschritten, war Ninmah immer mehr imstande, die verschiedenen Defekte zu korrigieren. Tatsächlich war sie nach einiger Zeit mit den anunnaki-hominiden Genomen so versiert, dass sie prahlte, sie könne nun ein Wesen so perfekt oder fehlerhaft hervorbringen wie sie wollte:

Wie gut oder schlecht ist der Körper eines Menschen?
Wenn mich mein Herz dazu bewegt,
kann ich sein Schicksal gut oder schlecht gestalten.

Auch wir haben nun die Stufe erreicht, wo wir ein bestimmtes Gen, dessen Rolle wir entschlüsselt haben, an einer bestimmten Stelle ein- oder ersetzen und so eine bestimmte Krankheit oder Mangelerscheinung verhindern oder behandeln können. Daraus hat sich sogar schon ein neuer Industriezweig entwickelt, die Biotechnologie, mit scheinbar unbegrenztem Potenzial in der Medizin (als auch an der Börse). Wir haben dabei etwas gelernt, was man als Gentransfer-Technik bezeichnet – die Übertragung von Genen einer bestimmten Spezies auf eine andere, und diese Leistung war nur möglich, weil das gesamte Genmaterial auf diesem Planeten, vom niedersten Bakterium bis zum komplexesten Wesen, dem Menschen, aus demselben genetischen ABC zusammengesetzt ist – denselben Nukleinsäuren, die die »Saat« bildeten, die von Nibiru in unser Sonnensystem gebracht wurde.

Unsere Gene sind tatsächlich unsere kosmische Verbindung.

Kürzliche Fortschritte auf dem Gebiet der Genetik bewegen sich auf zwei verschiedenen, jedoch miteinander in Verbindung stehenden Wegen. Einer von ihnen ist die Analyse des menschlichen Genoms, des gesamten genetischen »Make-Ups« des Menschen. Dies schließt die Entschlüsselung eines Codes ein, der – obwohl er nur aus vier Buchstaben besteht (A-G-C-T, die abgekürzten Bezeichnungen der vier Nukleinsäuren, die die gesamte DNA bilden) – sich aus zahllosen Kombinationen dieser vier Buchstaben zusammensetzt, die dann ihrerseits »Wörter« bilden, die sich zu »Sätzen« und »Absätzen« fügen und schließlich das »Buch des Lebens« ergeben.

Der zweite Forschungsweg ist die Bestimmung der Funktion jedes einzelnen Gens. Diese Aufgabe ist sogar noch schwieriger, doch sie wird durch die Tatsache erleichtert, dass, wenn dasselbe Gen (»genetisches Wort«) in einfacheren Geschöpfen (wie zum Beispiel niederen Bakterien oder Laborratten) gefunden und seine Funktion experimentell bestimmt werden kann, es praktisch gewiss ist, dass dasselbe Gen im Menschen auch dieselbe Funktion hat (oder, bei Abwesenheit, dieselben Fehlfunktionen auslösen würde). Auf diese Weise hat man zum Beispiel bereits diejenigen Gene ausfindig machen können, die für Fettleibigkeit verantwortlich sind.

Das ultimative Ziel dieser Suche nach Ursachen menschlicher Defekte und Beschwerden sowie deren Behandlung hat zwei Aspekte: einerseits, diejenigen Gene zu finden, welche die Physiologie des Körpers kontrollieren, darunter auch die neurologischen Funktionen des Gehirns, und andererseits, diejenigen Gene zu finden, die den Alterungsprozess steuern, die zelleigene Uhr des Lebens – die Gene der Langlebigkeit – und solche, die Gedächtnis, Vernunftdenken und Intelligenz beeinflussen. Experimente mit Labormäusen und menschlichen Zwillingen sowie eingehende Forschungen im Bereich dazwischen weisen darauf hin, dass für beide oben genannten Aspekte tatsächlich Gene oder Gengruppen existieren. Wie mühsam und schwer definierbar diese Forschungsziele sind, kann anhand einer Schlussfolgerung aufgezeigt werden, die bei der Suche nach einem »Intelligenz-Gen« unter Zwillingen gezogen wurde: Die Forscher kamen überein, dass es mehr als zehntausend »Genbereiche« oder »genetische Wörter« gibt, die für Intelligenz und Geisteskrankheiten verantwortlich sind, wobei jedes einzelne eine bestimmte Rolle spielt.

Angesichts solcher Komplexitäten wünschte man sich, dass die heutigen Wissenschaftler sich einer Art »Landkarte« bedienen würden, die – jawohl! – von den Sumerern zur Verfügung gestellt wird.

Die bemerkenswerten Fortschritte in der Astronomie bestätigen ein ums andere Mal die sumerische Weltentstehungslehre und die wissenschaftlichen Daten, die im Schöpfungsepos enthalten sind: die Existenz anderer Sonnen- und Sternsysteme, stark elliptische Umlaufbahnen, rückläufige Planetenbahnen, Katastrophen, Wasser auf den äußeren Planeten – als auch, weshalb der Uranus praktisch auf der Seite liegt, welchen Ursprung der Asteroidengürtel und der Mond haben sowie die Land- und Wasserhemisphäre der Erde. All dies wird durch die wissenschaftlich anspruchsvolle Erzählung von Nibiru und der himmlischen Schlacht erklärt.

Warum also nicht auch den anderen Teil der sumerischen Schöpfungsgeschichten als eine Art Landkarte ernst nehmen – den der Erschaffung Adams?

Die sumerischen Texte geben uns Aufschluss darüber, dass die »Saat des Lebens« – das genetische Alphabet – zuerst während der kosmischen Schlacht vor etwa vier Milliarden Jahren vom Nibiru zur Erde gebracht wurde. Wenn die Evolutionsprozesse auf Nibiru lediglich zu einem Prozent vor der Zeit derer auf der Erde stattgefunden hätten, hätte die Evolution auf Nibiru ganze vierzig Millionen Jahre vor der auf der Erde begonnen. So ist es ziemlich plausibel, dass die Anunnaki als fortgeschrittene

Supermenschen schon vor einer halben Million Jahren imstande waren, den Raum zu bereisen. Es ist auch nachvollziehbar, dass sie, als sie hierherkamen, auf der Erde ähnlich intelligente Wesen vorfanden, die sich jedoch noch nicht in einem voll entwickelten hominiden Zustand befanden.

Doch da die genetische »Saat« sich glich, war eine manipulative Genübertragung möglich, wie Enki herausfand und anschließend auch vorschlug. »Das Wesen, das wir brauchen, existiert bereits!«, hatte er erklärt. »Alles, was wir tun müssen, ist, ihm unseren [genetischen] Abdruck aufzuprägen.«

Man kann also annehmen, dass sich die Anunnaki damals schon mit dem vollständigen Genom der Nibiruaner auskannten und nicht weniger als wir heute in der Lage waren, das Genom der Hominiden zu bestimmen. Nur, welche vererbbaren Eigenschaften wollten Enki und Ninmah von den Anunnaki auf den Menschen übertragen? Sowohl sumerische als auch biblische Texte weisen darauf hin, dass – auch wenn die ersten Menschen schon eine gewisse Langlebigkeit aufwiesen (jedoch nicht die der Anunnaki) – Enki und Ninmah ganz bewusst die Gene der Unsterblichkeit nicht auf Adam übertragen hatten (also die enorme Langlebigkeit der Anunnaki, die Nibirus Umlaufzeit entsprach). Welche genetischen Defekte blieben andererseits in den rekombinierten Genen Adams verborgen?

Wir sind der festen Überzeugung, dass, wenn kompetente Wissenschaftler die in den sumerischen Texten festgehaltenen Daten eingehend und detailliert studieren würden, wertvolle biogenetische und medizinische Informationen ans Tageslicht gefördert würden.

Ein in diesem Zusammenhang interessanter Fall ist der als »Williams-Syndrom« bekannte Gendefekt. Ungefähr eines von 20.000 Neugeborenen kommt mit dieser Fehlfunktion zur Welt, die sich in einem sehr niedrigen Intelligenzquotienten und Demenz äußert; andererseits stechen Menschen mit diesem Defekt aber wieder durch ihre künstlerischen Leistungen auf einem bestimmten Gebiet hervor.

Forschungen haben ergeben, dass das Syndrom, das solche Menschen hervorbringt, durch einen winzigen Spalt im Chromosom 7 verursacht wird und den Betreffenden etwa fünfzehn Gene vorenthält.

Eine der dabei häufig auftretenden Beeinträchtigungen ist die Unfähigkeit des Gehirns, etwas als gesehen zu verarbeiten, was die Augen wahrgenommen haben – *Sehstörungen.* Eines der unter ihnen am meisten verbreiteten Talente ist musikalischer Art.

Aber das entspricht erstaunlicherweise genau einem Fall, der in den sumerischen Texten erwähnt wird: der Mensch mit Sehstörungen, den Enki in Gesang und im Musizieren unterwies!

Weil Adam zunächst nicht fortpflanzungsfähig war (was es erforderlich machte, dass die Anunnaki sich mit dem Klonen befassten), müssen wir davon ausgehen, dass zu jenem Zeitpunkt das Hybridwesen nur die grundlegenden zweiundzwanzig Chromosomen aufwies. Die verschiedenen Beschwerden, Defekte und deren Behandlung, von denen die moderne Biomedizin erwarten kann, sie bei einer eingehenderen Beschäftigung mit diesen Chromosomen zu finden, sind von genau der Art und Reichweite, wie wir sie auch schon in den Texten von Enki und Ninmah finden.

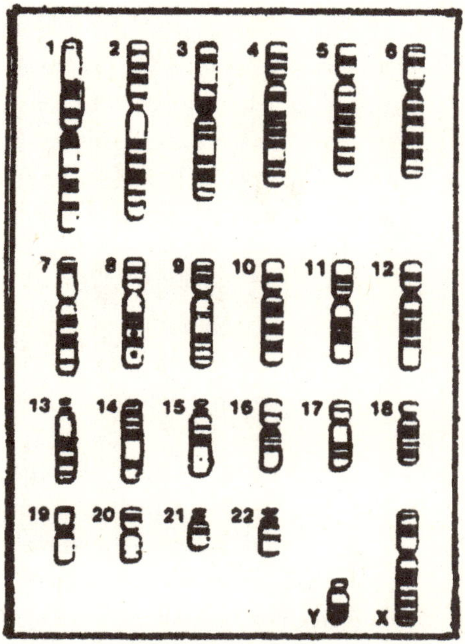

Abb. 37

Bei der darauffolgenden Genmanipulation (in der Bibel die Geschichte von Adam und Eva im Garten Eden) handelte es sich um die Gewährung der Fortpflanzungsfähigkeit – die Hinzufügung der weiblichen X- und der männlichen Y-Chromosomen zu den zweiundzwanzig bereits vorhandenen (Abb. 37). Im Gegensatz zu der weitverbreiteten Überzeugung, dass diese beiden Chromosomen nur das Geschlecht der Nachkommen bestimmen würden, haben Forschungsarbeiten inzwischen enthüllt, dass sie eine noch viel größere und ganz andere Rolle spielen. Aus irgendeinem Grunde überraschte dies die Wissenschaftler, vor allem das männliche Y-Chromosom. Studien, die 1997 unter wissenschaftlichen Überschriften wie »Funktionale Kohärenz des menschlichen Y-Chromosoms« veröffentlicht wurden, erhielten breite Aufmerksamkeit und Presseschlagzeilen wie zum Beispiel »Männliches Chromosom ist doch keine genetische Wüste« (*New York Times* vom 28. Oktober 1997). (Diese Entdeckungen bestätigten zusätzlich noch, dass »Adam« wie auch Eva ursprünglich aus Südostafrika stammen.)

Woher bezog Enki – der *Nachash* – die X- und Y-Chromosomen? Und aus welcher Quelle bezog er die mtDNA? In den sumerischen Texten finden sich verstreute Hinweise, dass Ninki, Enkis Gemahlin, eine wichtige Rolle bei der endgültigen Stufe menschlicher Evolution gespielt hatte. Sie sollte, so beschloss Enki, dem Menschen den letzten Schliff und ein zusätzliches genetisches Erbe verleihen:

Das Schicksal des Neugeborenen
sollst du verkünden;
Ninki würde ihm dann
das Ebenbild der Götter verleihen.

Diese Worte finden sich auch in der biblischen Aussage »Gott (*Elohim*) schuf den Menschen (Adam) nach seinem *Ebenbilde*«. Und wenn tatsächlich Ninki, Enkis Gemahlin und Mutter von Marduk, die Quelle von »Evas« mtDNA war, dann beginnt die Wichtigkeit, mit der die Schwester-Frau-Beziehung in der Erbfolge betrachtet wurde, einen Sinn zu ergeben – denn dann stellt sie eine weitere Verbindung zur kosmischen Herkunft des Menschen dar.

Die sumerischen Texte behaupten, dass, obwohl die Götter »das ewige Leben« für sich behielten, sie der Menschheit »*Weisheit*« gaben, sozusagen eine »Extraportion« Intelligenz-Gene. Dieser zusätzliche genetische Beitrag ist, so glauben wir, Gegenstand eines Textes, den die Gelehrten *Die Legende von Adapa* nennen.

Adapa wird darin unmissverständlich als »Sohn von Eridu« bezeichnet, und Eridu war Eas/Enkis »Kultzentrum« in Edin; außerdem wird er der »Sohn von Ea« genannt – und ist der Nachkomme von Ea/Enki selbst und einer anderen Frau als seiner Gemahlin, wie der Text andeutet. Aufgrund seiner Abstammung sowie seiner wohlüberlegten Handlungen war Adapa seinen Mitmenschen für Generationen als der Weiseste aller Menschen bekannt und in Erinnerung und erhielt den Beinamen »Weiser von Eridu«:

An jenen Tagen, in jenen Jahren
schuf Ea den Weisen von Eridu
als ein Modell für den Menschen.
Mit großem Verständnis versah er ihn
und enthüllte ihm die Entwürfe der Erde.

hatte ihm Weisheit verleihen,
ch ewiges Leben schenkte er ihm nicht.

Konflikt zwischen Schicksal und Bestimmung bringt uns zu dem t, in dem der *Homo sapiens sapiensis* erschien; auch Adapa, Sohn ottes, bat um das Geschenk der Unsterblichkeit. Dies, so wissen dem Gilgamesch-Epos, konnte durch Aufstieg zum Himmel und nstätte der Anunnaki erreicht werden; und das war es, was Ea/ dapa wissen ließ. Unerschrocken fragte Adapa Enki nach der rte«, um diesen Ort zu erreichen, und erhielt sie von ihm: »Er dapa den Weg zum Himmel, und Adapa stieg zu ihm auf.«
gab Adapa korrekte Anweisungen, wie ihm zu Anus Thronzimgang gewährt würde. Er gab ihm aber auch völlig falsche Anweiwie er sich verhalten sollte, wenn ihm das Brot und das Wasser ens angeboten würden. »Solltest du es annehmen und zu dir , wirst du mit Sicherheit sterben!«, belog er ihn. Und durch seinen Vater so irregeführt, weigerte sich Adapa, Brot und Wasser ens anzunehmen und endete als Normalsterblicher.
Adapa nahm ein Gewand an, dass ihm überreicht wurde. Er ch darin ein, nahm das Öl, das ihm gegeben wurde, und salbte nit. Deshalb, so erklärte Anu, *würde Adapa nun in das geheime der Götter eingeweiht werden.* Er zeigte ihm die himmlischen Weim Horizont bis zum Zenit des Himmels«. Es wurde ihm gestater und wohlbehalten nach Eridu zurückzukehren, wo er von der Ninkarrak in die »Geheimnisse der dem Menschen auferlegten eiten, die Gebrechen, mit denen die Körper der Sterblichen verorden waren«, eingeweiht wurde. Sie unterwies ihn in der Heiser Krankheiten und Gebrechen.
ieser Stelle dürfte es aufschlussreich sein, sich noch einmal die en Zusicherungen Jahwes gegenüber den Israeliten in der WildSinai ins Gedächtnis zu rufen. Drei Tage waren sie bereits ohne nterwegs, als sie endlich eine Wasserstelle erreichten; das Wasser och nicht trinkbar. So wies Gott Moses auf einen bestimmten in und sagte ihm, er möge diesen Baum ins Wasser werfen, worlas Wasser trinken konnten. Danach sagte Jahwe zu den Israelis sie nur auf sein Wort zu hören bräuchten, und er würde die eiten Ägyptens von ihnen fernhalten: »Denn ich bin der Herr dein Arzt« (Exodus 15,26). Dieses Versprechen Jahwes, als Hei-

ler seines auserwählten Volkes zu fungieren, wiederholt sich im (2. Moses 23,25), wo Bezug auf eine unfruchtbare Frau gen wird, die ihre Fähigkeit, Kinder zu zeugen, wiedererlangt. (Dies elle Versprechen wurde gegenüber Sara als auch anderen weiblicl den der biblischen Geschichte eingehalten.)

Da wir hier eine göttliche Wesenheit vor uns haben, können v davon ausgehen, dass wir es mit *genetischer Heilung* zu tun hab Vorfall mit den *Nefilim*, die am Vorabend der Sintflut herau: dass »die Töchter Adams« untereinander vereinbar waren, und z reichend, um zusammen Nachkommen zeugen zu können, hat e mit der Genetik zu tun.

Wurde Adapa dieses Wissen um die Genetik zu Heilungszwec anderen Halbgöttern oder Eingeweihten zugänglich gemacl wenn ja – warum? Wie hätte der komplexe genetische Code den gen in so »primitiven« Zeiten beigebracht werden können?

Um die Antwort darauf zu finden, müssen wir uns mit Zah Buchstaben beschäftigen.

8

Die Pyramidenkriege

Auszug aus »Die Kriege der Menschen und Götter«, am amerikanischen Original überarbeitet und ergänzt.

Ein Großteil der Auseinandersetzungen zwischen den Anunnaki beruhte auf dem Machtkampf zwischen den Brüdern Enki und Enlil, der Söhne von Anu. Obwohl Enki der Erstgeborene war, hatte Enlil als Sohn einer Halbschwester/Ehefrau den höheren Rang. Enki war der Sohn einer Konkubine. Nach den Erbfolgeregeln, die sich sowohl in der Bibel wie auch in den Thronfolgebestimmungen menschlicher Dynastien finden, hat der Spross einer Halbschwester Vorrang vor den Kindern der offiziellen Ehefrau. Diese Festlegung führte zu Konflikten im Führungskreis der Anunnaki und in der Beziehung zwischen den beiden Brüdern Enki und Enlil untereinander sowie zu deren Abkömmlingen. Da Enki und Enlil mächtige Führungspersönlichkeiten ihres Volkes waren, reichte ihre Geschwisterrivalität weit über ihre persönlichen Beziehungen hinaus. Bündnisse bildeten sich, und die Enliliten fochten mehrere Schlachten gegen die Enkiiten. Sitchin bezeichnet diese Kampfhandlungen als »Pyramidenkriege«.

Nach Sitchins Meinung spielten die großen Pyramiden in den Aktivitäten der Anunnaki eine wichtige Rolle, besonders in Bezug auf Kommunikation und Weltraumfahrt. Die Pyramiden waren nicht nur nachsintflutliche Orientierungspunkte für die auf der Erde landenden Weltraumfahrzeuge, sie enthielten auch Kommunikationseinrichtungen und Kriegsgerät für die Verteidigung der Pyramiden gegen rivalisierende Anunnaki, die sie unter ihre Kontrolle bringen wollten. Die modernen Archäologen und Ägyptologen haben in den großen Pyramiden nichts vorgefunden, aber die antiken Berichte deuten darauf hin, dass dies nicht immer der Fall war.

»Im Jahr 363 war Seine Majestät Ra, der Heilige, der Falke des Horizonts, der Unsterbliche, der immerdar lebt, im Lande Chenn. Ihn begleiteten seine Krieger, denn die Feinde hatten sich gegen ihren Herrn verschworen. Horus, der Geflügelte Vermesser, kam zu Ras Barke und sagte zu seinem Vorfahren: ›O Falke des Horizonts, ich habe gesehen, dass sich die Feinde gegen Euch verschworen haben, Herr, um die leuchtende Krone an sich zu nehmen.‹ Darauf sagte Ra, der Heilige, der Falke des Horizonts, zu Horus, dem Geflügelten Vermesser: ›Auf Geheiß des Ra höre dies: Geh schnell hin und schlage die Feinde nieder, die du gesehen hast.‹«

So beginnt eine Inschrift auf den Tempelmauern der alten ägyptischen Stadt Edfu. Das ist meiner Ansicht nach der Anfang des sogenannten Ersten Pyramidenkrieges, eines Krieges, der in dem endlosen Streit um die Herrschaft über die Erde und ihre Raumfahrtanlagen und in den Streitigkeiten zwischen den Großen Anunnaki, insbesondere Enki/Ptah und Ra/Marduk, wurzelt.

Nach Manetho regierte Ptah 9.000 Jahre in Ägypten, aber Ras Regentschaft fand schon nach tausend Jahren ein jähes Ende infolge der Sintflut, wie anzunehmen ist. Dann kam die siebenhundertjährige Herrschaft Schus, der Ra bei der Kontrolle des Himmels über die Erde half, und danach die fünfhundertjährige von Geb (»der die Erde aufhäuft«). Zu dieser Zeit, etwa 10000 vor Christus, wurden die Raumfahrtanlagen – der Raumhafen auf der Sinai-Halbinsel und die Pyramiden von Gizeh – gebaut. Die Sinai-Halbinsel, wo sich der Raumhafen befand, und die Pyramiden von Gizeh galten zwar unter Ninharsags Ägide als neutral, doch es ist zu bezweifeln, dass die Erbauer dieser Anlagen, nämlich Enki und seine Nachkommen, wirklich die Absicht hatten, auf die Herrschaft darüber zu verzichten. Ein sumerischer Text, der mit einer lyrischen Beschreibung anfängt, ist von den Wissenschaftlern »Paradies-Mythos« genannt worden. Der alte Name lautete *Enki und Ninharsag,* und tatsächlich ist es ein Bericht über ihr politisch bedingtes Liebesv hältnis. Enki und seine Halbschwester gingen es ein, um die Herrsch über Ägypten und die Sinai-Halbinsel zu erringen, also über die Pyrar den und den Raumhafen.

Das geschah, nachdem die Erde geteilt worden war und Ninhar Tilmun (die Sinai-Halbinsel) und Enkis Sippe Ägypten erhalten h ten. Zu dieser Zeit überquerte Enki die Sumpfseen, die Ägypten v der Halbinsel Sinai trennten, und kam für eine Liebesorgie zu der ei samen Ninharsag:

Für diejenige, die allein ist …
für die Herrin des Lebens, Herrin des Landes:
Enki kam zur weisen Herrin des Lebens.
Er ließ seinen Phallus die Gräben wässern,
er ließ seinen Phallus das Schilf überschwemmen.
Seinen Samen ergoss er in die große Herrin der Anunnaki,
ergoss den Samen in Ninharsags Schoß.
Sie empfing den Samen in ihrem Schoß, Enkis Samen.

Enkis wahre Absicht war es, einen Sohn von seiner Halbschwester bekommen, aber das Kind war eine Tochter. Enki liebte dann die Toc ter, sobald sie »jung und schön« war, und späterhin auch seine Enkel Als Ergebnis dieser sexuellen Aktivitäten wurden acht Götter gebor sechs weibliche und zwei männliche. Erbost über den Inzest benut Ninharsag ihr medizinisches Können dazu, Enki krank zu machen. I Anunnaki, die ihn begleitet hatten, flehten um sein Leben, aber Ninh sag blieb unerbittlich: »Bevor er tot ist, werde ich ihn nicht mit de ›Auge des Lebens‹ ansehen!«

Äußerst zufrieden damit, dass Enki endlich das Handwerk gelegt w den war, kehrte Ninurta, der zu einer Inspektion nach Tilmun gekomm war, nach Mesopotamien zurück und schilderte bei einer Versammlu der auch Enlil, Nannar/Sin, Utu/Schamasch und Inanna/Ischtar beiwoh ten, was sich zugetragen hatte. Sehr unzufrieden befahl Enlil seinem So Ninurta, wieder nach Tilmun zu gehen und Ninharsag zu holen. Do inzwischen war die Herrin des Lebens von Mitleid mit ihrem Bruder fasst worden und hatte sich anders besonnen. »Ninharsag setzte Enki die Vulva [eine spezielle Kammer in der Großen Pyramide] und fragte il ›Mein Bruder, was schmerzt dich?‹« Nachdem sie Stück für Stück sein örper geheilt hatte, schlug Enki ihr vor, sie beide sollten als Herrscher ›er Ägypten und die Halbinsel Sinai die acht jungen Götter mit Aufga- :n betrauen und Ehen zwischen ihnen stiften:

Lass Abu den Herrn der Pflanzen sein,
lass Nintulla den Herrn von Magan sein;
lass Ninsutu Ninazu heiraten;
lass Ninkaschi diejenige sein, die den Durst löscht;
lass Nazi Nindara heiraten;
lass Azimya Ningischzida heiraten;
lass Nintu die Königin der Monate sein;
lass Enschag den Herrn von Tilmun sein!

heologische Texte aus Memphis erklären ebenfalls, dass acht Götter aus erz, Zunge, Zähnen, Lippen und anderen Körperteilen Ptahs »ins Le- :n gekommen« seien. Auch in ihnen weist Ptah diesen Göttern Gebiete ıd Wohnorte zu: »Nachdem er die Götter geformt hatte, machte er ädte und gründete Bezirke, gab den Göttern ihre heiligen Wohnstät- n. Er baute ihre Schreine und bestimmte ihre Opfergaben.« All das tat , »um das Herz der Herrin des Lebens zu erfreuen«.

Wenn diese Sagen eine reale Grundlage haben – was der Fall zu sein heint –, dann müssen die Rivalitäten, die durch die verworrene Eltern- haft entstanden sind, durch die Ra zugeschriebenen sexuellen Eskapaden ›ch verstärkt worden sein. Am bedeutsamsten ist wohl die Behauptung, ıss Osiris im Grunde Ras Sohn sei und nicht Gebs Sohn, gezeugt, als Ra :imlich seiner eigenen Enkeltochter beigewohnt hatte. Das bildete den gentlichen Auslöser für den Konflikt zwischen Osiris und Seth.

Warum hat Seth, dem Geb Oberägypten zugewiesen hatte, Unterä- ›pten haben wollen, also den Teil, den Osiris erhalten hatte? Ägyptolo- :n haben geografische Gründe und die Fruchtbarkeit des Landes gel- nd gemacht. Aber es gab, wie gezeigt worden ist, noch einen Faktor, :r vom Standpunkt der Götter wichtiger war als die Frage, wie viele :nten ein Gebiet lieferte, nämlich die Große Pyramide und die übrigen ıuwerke in Gizeh. Wer sie kontrollierte, der hatte auch die Kontrolle ›er die Aktivitäten im Weltraum, das Kommen und Gehen der Götter, e lebenswichtige Verbindung zum Zwölften Planeten.

Eine Zeitlang konnte Seth seinen Ehrgeiz befriedigen, da er Osiris ısgetrickst hatte. Dann aber wurde »im Jahr 363«, nachdem Osiris verschwunden war, der junge Horus zum Rächer seines Vaters, indem er Krieg gegen Seth führte – den Ersten Pyramidenkrieg. Es war auch, wie wir gesehen haben, der erste Krieg, in dem die Götter die Menschen in ihre Streitigkeiten verwickelten.

Unterstützt von anderen in Afrika herrschenden Enki-Göttern, begann der rächende Horus mit den Feindseligkeiten in Oberägypten. Unter Zuhilfenahme der Geflügelten Scheibe, die Thoth für ihn angefertigt hatte, rückte Horus unaufhaltsam nach Norden vor, den Pyramiden entgegen. Eine größere Schlacht fand im »Wassergebiet« statt, der Seenkette, die Ägypten von der Sinai-Halbinsel trennt; dabei wurden viele Anhänger von Seth erschlagen. Nachdem friedenstiftende Bemühungen seitens anderer Götter erfolglos geblieben waren, traten Horus und Seth zum persönlichen Zweikampf auf und über der Sinai-Halbinsel an. Im Verlaufe eines Kampfes versteckte sich Seth in »geheimen Tunneln« irgendwo auf der Halbinsel; bei einem anderen Kampf büßte er seine Hoden ein. Daraufhin gab der Rat der Götter ganz Ägypten »als Erbe … an Horus«.

Und was wurde aus Seth, einem der acht Götter, die von Ptah abstammten?

Er wurde aus Ägypten verbannt und ließ sich in östlichen asiatischen Landen nieder, zu denen ein Ort gehörte, wo er »vom Himmel herab sprechen konnte«. War er der Gott, der in der sumerischen Erzählung von Enki und Ninharsag den Namen Enschag trägt und dem die beiden Liebenden Tilmun (die Sinai-Halbinsel) zuweisen wollten? Wenn das stimmt, dann war er der ägyptische (hamitische) Gott, der seine Herrschaft über das Land Schem, das später Kanaan genannt wurde, ausdehnte.

Dieses Ergebnis des Ersten Pyramidenkrieges macht die biblischen Geschichten verständlich. Es ist außerdem die Ursache für den Zweiten Pyramidenkrieg.

Abgesehen vom Raumhafen und dem Verkehrsnetz brauchte man nach der Sintflut auch ein neues Kontrollzentrum in Nippur. Wie wir in dem Buch *Stufen zum Kosmos* ausgeführt haben, bedingte die Notwendigkeit gleicher Entfernungen zu den anderen Raumfahrtanlagen, dass es auf dem Berg Moriah (»Berg der Richtungen«) angelegt wurde, an genau der Stelle, an der einmal die Stadt Jerusalem entstehen sollte.

Dieser Ort hatte – beiden Schilderungen nach, den mesopotamischen und denen in der Bibel – zum Lande Schem gehört, einem Herrschaftsbereich der Enliliten. Doch schließlich wurde er unrechtmäßig von einer

Abstammungslinie Enkis besetzt, den hamitischen Göttern, durch die Nachkommen des Hamiten Kanaan.

Das Alte Testament bezeichnet das Land, das Jerusalem zur Hauptstadt bekommen sollte, als Kanaan, nach dem vierten und jüngsten Sohn des Ham. Es hebt auch besonders hervor, wie tadelnswert Kanaan ist und dass es von Nachkommen bewohnt wird, die sich denen Schems gegenüber sehr unterwürfig zeigen. Die unglaubwürdige Entschuldigung für diese Behandlung lautet, dass Ham – nicht sein Sohn Kanaan – versehentlich die entblößten Genitalien seines Vaters Noah gesehen habe; dafür habe der Herr Kanaan mit einem Fluch belegt: »Verflucht sei Kanaan, und er sei ein Knecht aller Knechte unter seinen Brüdern! Gelobt sei Jahwe, der Gott von Schem, und Kanaan sei sein Knecht.«

Die Darstellung in der Genesis lässt viele Aspekte ungeklärt. Warum wird Kanaan verflucht, wo doch sein Vater unabsichtlich gegen die Sitten verstoßen hat? Warum wird er selbst dazu verurteilt, ein Sklave des Herrn von Schem zu sein? Und wie waren die Götter in das Verbrechen und die Strafe verwickelt? Wenn man die zusätzlichen Informationen im früher einmal biblischen Jubiläenbuch liest, wird deutlich, dass die wahre Erklärung die unrechtmäßige Besetzung des Landes Schem war.

Über die Zeit, als die Menschheit verstreut war und die verschiedenen Stämme ihre Länder besetzten, heißt es im Jubiläenbuch: »Ham ging mit seinen Söhnen in das Land, das er besetzen wollte, das Land im Süden, das er als seinen Anteil ansah.« Aber dann, unterwegs von dem Ort, wo Noah gerettet worden war, hin zu dem Land in Afrika, das man ihm zugewiesen hatte, »gewahrte Kanaan das Land Libanon und sah, dass es gut war«. Und so überlegte er es sich anders. »Er ging nicht in das Land im Westen des Meeres, um sein Erbe anzutreten, sondern blieb im Lande Libanon und westlich des Jordans.«

Sein Vater und seine Brüder versuchten Kanaan von dieser gesetzwidrigen Handlung abzubringen: »Und Ham, sein Vater, und Kusch und Mizraim, die seine Brüder waren, sagten zu ihm: ›Du hast dich in einem Land niedergelassen, das nicht dir gehört und das uns nicht zugefallen ist. Tu das nicht, denn wenn du es tust, werden du und deine Söhne in diesem Lande niedergerungen werden und durch Aufstände verflucht sein. Durch die Verhetzung des Volkes habt ihr gesiedelt, und durch die Verhetzung des Volkes werden deine Kinder gestürzt werden, und ihr werdet für immer entwurzelt sein. Bleibe nicht in Schems Land, denn Schem und seinen Söhnen ist es zugefallen.«

Den Umstand, dass er gesetzwidrig in dem Schem zugewiesenen Land siedeln wollte, führten sie noch weiter aus: »Verflucht seiest du, und verflucht sollst du sein über die Söhne Noahs hinaus, an einem Fluch leiden, den wir auf uns geladen haben durch einen Schwur in Gegenwart des Heiligen Richters und unseres Vaters Noah …« »Aber Kanaan hörte nicht auf sie und blieb im Lande Libanon von Hamath bis zum Einzug nach Ägypten, er und seine Söhne bis zu diesem Tag. Darum ist das Land Kanaan genannt worden.«

Hinter der biblischen Erzählung von der territorialen Usurpation durch einen Nachkommen Hams verbirgt sich offenbar die Geschichte einer ähnlichen Usurpation, die sich ein Nachkomme des Gottes von Ägypten angemaßt hat. Wir dürfen nicht vergessen, dass die Zuteilung von Land und Territorium damals nicht von Menschen vorgenommen wurde, sondern von Göttern. Die Götter, nicht die Menschen, waren die Herren. Ein Volk konnte sich nur irgendwo niederlassen, wenn ihm das Land von seinem Gott zugewiesen worden war, und es konnte nur ein anderes Territorium besetzen, wenn sein Gott das Gebiet durch ein Abkommen oder mit Gewalt an sich gebracht hatte. Die gesetzwidrige Besetzung des Gebietes zwischen dem Raumhafen im Sinai und dem Landeplatz in Baalbek durch einen Nachkommen Hams wäre nur möglich gewesen, wenn ein Nachkomme der hamitischen Gottheiten, also ein jüngerer ägyptischer Gott, das Gebiet an sich gerissen hätte.

Und das war tatsächlich das Ergebnis des Ersten Pyramidenkrieges.

Seths unbefugtes Eindringen in Kanaan bedeutete, dass alle mit der Raumfahrt zusammenhängenden Orte – Gizeh, die Sinai-Halbinsel, Jerusalem – unter die Herrschaft der Enki-Götter geraten waren. Das war eine Entwicklung, die die Enliliten nicht einfach so hinnehmen konnten. Schon relativ bald – meiner Meinung nach 300 Jahre später – entfachten sie absichtlich einen Krieg, um die illegalen Besetzer von den lebenswichtigen Weltraumanlagen zu vertreiben. Diesen Zweiten Pyramidenkrieg beschreiben mehrere Texte, sowohl in der ursprünglichen sumerischen Sprache als auch in akkadischen und assyrischen Fassungen. Sie werden von den Gelehrten »Kur-Mythen« genannt – »Mythen« der Gebirgsländer (Kur). In Wirklichkeit handelt es sich um poetisch verbrämte Chroniken eines Krieges, der um die Erhebungen geführt wird, die mit der Raumfahrt zu tun haben: der Berg Moriah, der Katharinenberg im Sinai namens Harsag und der künstliche Berg, der Ekur in Ägypten (Große Pyramide).

Aus den Texten geht eindeutig hervor, dass die enlilitische Streitmacht von Ninurta, »Enlils oberstem Krieger«, angeführt wurde und dass die ersten Begegnungen auf der Halbinsel Sinai stattfanden. Dort wurden die hamitischen Götter geschlagen; aber sie zogen sich lediglich zurück, um den Krieg von den afrikanischen Gebirgsländern aus fortzusetzen. Ninurta nahm die Herausforderung an und schritt in der zweiten Phase des Krieges zum Angriff gegen die Hochburgen des Feindes; in dieser Phase kam es zu wilden und entfesselten Schlachten. Dann, in der abschließenden Phase, wurde der Krieg bei der Großen Pyramide ausgetragen, der letzten und uneinnehmbaren Hochburg von Ninurtas Gegnern. Hier wurden die hamitischen Götter so lange belagert, bis sie keine Nahrungsmittel und kein Wasser mehr hatten.

Über diesen Krieg, den wir als den Zweiten Pyramidenkrieg bezeichnen, wurde in den sumerischen Aufzeichnungen ausführlich berichtet – sowohl in Form geschriebener Chroniken als auch durch bildliche Darstellungen.

Die Hymnen auf Ninurta enthalten zahlreiche Verweise auf seine Heldentaten in diesem Krieg; ein großer Teil des Psalms »Wie Anu bist du geschaffen« beschäftigt sich mit dem Kampf und endgültigen Sieg. Aber die wichtigste und unmittelbarste Chronik des Krieges ist der epische Text »Lugal-e Ud Melam-bi«, den Samuel Geller zusammengestellt und in seinem Buch *Altorientalische Texte und Untersuchungen* veröffentlicht hat. Wie alle mesopotamischen Texte wurde er nach der Eröffnungszeile benannt:

König, der Ruhm deines Tages ist herrlich;
Ninurta, Oberster, dem göttlichen Kräfte innewohnen,
der du dich mutig in die Kämpfe in den Gebirgsländern vorgewagt hast.
Gleich einer Flut, die nicht aufzuhalten ist,
hast du das Feindesland wie mit einem Gürtel fest umschnürt.
Oberster, der du dich in die Schlacht stürzest,
Held, der in seiner Hand die Göttliche Glänzende Waffe trägt.
Herr: Das Bergland hast du als dein Geschöpf erobert;
Ninurta, Königssohn, dem von seinem Vater Macht verliehen ward;
Held: Aus Angst vor dir hat die Stadt sich ergeben.

Abb. 38a und 38b

Abb. 39

O Mächtiger –
die große Schlange, den heroischen Gott,
hast du von allen Bergen gerissen.

So preist der Text Ninurta, seine Taten und seine Glänzende Waffe, aber auch der Ort des Geschehens – die Gebirgsländer – kommt darin vor sowie sein Hauptgegner, »die Große Schlange«, der Anführer der ägyptischen Gottheiten. Das sumerische Gedicht identifiziert diesen Widersacher mehrmals als *Azag* und nennt ihn einmal *Asar*, beides wohlbekannte Beinamen von Marduk, woraus zu ersehen ist, dass die Anführer im Zweiten Pyramidenkrieg einerseits Enlils Sohn Ninurta und andererseits Enkis Sohn Marduk waren.

Die zweite Tafel – im Ganzen sind es dreizehn, in die das lange Gedicht eingeritzt worden ist – schildert die erste Schlacht. Ninurtas Überlegenheit wird nicht nur seinen göttlichen Waffen zugeschrieben, sondern auch einem neuen Fluggerät, das er für sich gebaut hat, nachdem sein früheres durch einen Unfall zerstört worden war. Es wurde IM. DU.GUD genannt, was gewöhnlich mit »Göttlicher Sturmvogel« übersetzt wird. Aber die Bezeichnung bedeutet wörtlich: »das, was wie ein heldenhafter Sturm läuft«. Durch verschiedene Texte ist uns überliefert, dass seine Flügelspannweite ungefähr zwanzig Meter betrug.

Archaische Zeichnungen stellen das IM.DU.GUD als mechanisch betriebenen »Vogel« dar, mit zwei Flügeln, die von Spanten gestützt werden (Abb. 38a). Das Untergestell hat runde Öffnungen, möglicherweise zur Luftansaugung für einen Antrieb nach Art eines Düsentriebwerks. Dieses vor Jahrtausenden geschaffene Fluggerät ähnelt nicht nur den frühen Doppeldeckern des modernen Luftfahrtzeitalters, es gleicht in verblüffender Weise auch den Skizzen, die Leonardo da Vinci im Jahr 1497 angefertigt hat. So hat er sich damals ein von Menschenkraft getriebenes Flugzeug vorgestellt (Abb. 38b).

Das IM.DU.GUD war auch eine Inspiration für Ninurtas Emblem – einen heldenhaften Vogel mit Löwenkopf, der auf zwei Löwen stand (Abb. 39) oder manchmal auch auf zwei Stieren. Mit diesem »handgefertigten Schiff« – eine handwerkliche Meisterleistung –, »das im Krieg die Wohnstätte des Prinzen zerstört«, flog Ninurta während der Kämpfe im Zweiten Pyramidenkrieg so hoch, dass seine Gefährten ihn nicht mehr zu sehen vermochten. Dann, so heißt es in den Texten, schoss er »in seinem Geflügelten Vogel von oben herab auf die Befestigungen zu;

als sein Vogel sich dem Boden näherte, zertrümmerte er den am höchsten aufragenden Teil« der feindlichen Festung.

Der Feind wurde aus seinen Bollwerken getrieben und begann sich zurückzuziehen. Während Ninurta den Frontangriff fortsetzte, durchstreifte Adad die Gegend hinter den feindlichen Linien und zerstörte den Nachschub, der die Lebensmittel bringen sollte. »Im Ab-Zu veranlasste Adad, dass der Fisch davongespült wurde … Das Vieh zerstreute er.« Als der Gegner sich weiter in die Berge zurückzog, stürmten die beiden Götter »wie eine Flutwelle auf die Berge los und verheerten sie«.

Da die Schlachten sich zeitlich und von ihrem Ausmaß her hinzogen, riefen die beiden führenden Götter die anderen auf, sich zu ihnen zu gesellen. »Mein Herr, warum beteiligst du dich nicht an dem Kampf, der immer mehr ausufert?«, fragten sie einen Gott, dessen Name auf einer beschädigten Tafel nicht mehr zu lesen ist. Die Frage hatten sie eindeutig aber auch Ischtar gestellt, denn diese wird namentlich genannt: »Im Waffengeklirr, bei den heldenhaften Taten, hielt Ischtar ihren Arm nicht zurück.« Als die beiden Götter sie gewahrten, riefen sie ihr aufmunternd zu: »Schreite voran, ohne innezuhalten! Setze deinen Fuß fest auf die Erde! In den Bergen erwarten wir dich!«

»Die Göttin holte die Waffe, die herrlich glänzt, hervor … und machte für sie ein Horn«, das zum Zielen diente. »Als sie sie gegen den Feind benutzte in einer Tat, an die man sich noch »in fernen Zeiten« erinnern würde, »wurde der Himmel rot wie gefärbte Wolle«. Der explosive Strahl »zerriss« den Feind, »so dass er sein Herz mit der Hand umklammerte«.

Die Fortsetzung der Geschichte auf den Tafeln V bis VIII ist leider so beschädigt, dass sie sich kaum entschlüsseln lässt. Es scheint aber, dass sich nach dem Angriff, bei dem Ischtar den Göttern beistand, ein großes Jammern und Wehklagen im Feindesland erhob. »Furcht vor Ninurtas Glanz ergriff das Land«, und die Bewohner mussten statt des Weizens und der Gerste Ersatzmittel nehmen, »um daraus Mehl zu mahlen«.

Unter dem Eindruck dieses Angriffs zog sich die feindliche Streitmacht weiter nach Süden zurück, und jetzt nahm der Krieg wirklich hässliche Züge an. Ninurta führte die Enliliten in Nergals afrikanischen Herrschaftsbereich und zu dessen Tempelstadt Meslam. Sie verbrannten die Erde und färbten die Flüsse rot vom Blut unschuldiger Zuschauer – der Männer, Frauen und Kinder aus dem Ab-Zu.

Die Verse, die diesen Aspekt des Krieges beschreiben, finden sich auf beschädigten Stellen der Tafeln mit dem Haupttext; die Einzelheiten sind jedoch verfügbar durch verschiedene andere fragmentierte Tafeln, die sich mit der »Überwältigung des Landes« durch Ninurta befassen, eine Tat, durch die er den Titel »Vernichter von Meslam« erwarb. Bei diesen Kämpfen bedienten die Angreifer sich sogar der chemischen Kriegführung. Wir lesen, dass Ninurta gifttragende Geschosse auf Meslam herabregnen ließ, die er »in sie hinein katapultierte, und allein das Gift zerstörte schon die Stadt.«

Die Überlebenden flüchteten in die umliegenden Berge. Aber Ninurta »schlug sie mit der Waffe, die Feuer auf die Berge wirft; die himmlische Waffe der Götter, deren Zahn bitter ist, überwältigte sie«. Auch hier scheint ein chemisches Gift eingesetzt worden zu sein:

Die Waffe, die Zerrissenheit bringt,
raubte die Sinne:
Ihr Zahn häutete sie.
Mit Zerrissenheit überzog er das Land.
Die Kanäle füllte er mit Blut
im Feindesland, wie Milch, die von Hunden aufgeleckt wird.

Voller Entsetzen über die erbarmungslose Schlächterei rief Azag seine Anhänger auf, keinen Widerstand mehr zu leisten. »Der aufgestandene Feind suchte Frau und Kinder zusammen, gegen den Herrn Ninurta hob er nicht seine *ami*. Die Waffen von Kur wurden mit Erde bedeckt«, das heißt versteckt. »Azag holte sie nicht hervor.«

Ninurta sah in dem mangelnden Widerstand ein Zeichen des Sieges. Laut F. Hrozny berichtet ein [deutschsprachiger] Text namens »Mythen von dem Gotte Ninib« davon, dass Ninurta, nachdem er die Gegner getötet hatte, die das Land von Harsag (den Sinai) besetzt hielten, damit fortfuhr, »wie ein Vogel« die Götter anzugreifen, die sich »hinter die Mauern von Kur zurückgezogen« hatten, und sie in den Bergen schlug. Danach stimmte er ein Siegeslied an:

Mein Schrecken verbreitender Glanz ist mächtig
wie der des Herrn Anu.
Wer kommt dagegen an?
Ich bin Herr der hohen Berge,
der Berge, die ihren Gipfel zum Himmel erheben.
In den Bergen bin ich der Herr.

r Siegestaumel war verfrüht. Dank seiner Taktik, keinen Wider- leisten, war es Azag geglückt, der Vernichtung zu entgehen. Die adt war zwar zerstört, aber nicht die feindlichen Führer. In dem ıgal-e« steht die nüchterne Bemerkung: »Den Skorpion von Kur nurta nicht ausgelöscht.« Stattdessen zogen sich die feindlichen etzt in die Große Pyramide zurück, wo der »Weise Handwer- nki? Thoth? – »einen Schutzwall hochzog, gegen den der Glanz ıkam«. Er schuf auch einen Schild, den die tödlichen Strahlen ırchdringen konnten.

re Kenntnisse von der letzten und dramatischsten Phase des Pyramidenkrieges beruhen auf Texten, die von der »anderen :ammen. Wie Ninurtas Gefolgsleute Hymnen auf ihn schrie- taten das auch die Anhänger Nergals in Bezug auf ihren An- Diese Hymnen wurden ebenfalls von Archäologen entdeckt J. Bollenrücher in seinem Buch *Gebete und Hymnen an Nergal* tlicht.

ıt werden Nergals Heldentaten in diesem Krieg gepriesen. Dann n die Texte, wie die anderen Götter sich in der Anlage von Gizeh ılossen wiederfanden. Aber Nergal – »der von Ekur geliebte Er- Drache« – »stahl sich des Nachts hinaus«, mit furchtbaren Waf- begleitet von seinen Offizieren, und durchbrach die Einkesse- n zur Großen Pyramide (Ekur) zu gelangen. Er erreichte sie und durch »die verschlossenen Türen, die sich von selbst öffnen«. Ju- urde er willkommen geheißen:

ittlicher Nergal,
r Herr, der sich des Nachts hinausstahl,
:r erschienen zur Schlacht!
e Peitsche lässt er knallen, seine Waffen klirren …
der willkommen ist, seine Macht ist immens:
eich einem Traum erschien er auf der Schwelle.
ittlicher Nergal, der willkommen ist:
kämpfe den Feind von Ekur,
ecke nieder den Wilden von Nippur!

e großen Hoffnungen der belagerten Götter werden bald zer- ı. Aus einem weiteren Text, den George A. Barton aus Fragmen- s beschriebenen Tonzylinders zusammengesetzt hat, die man in den Ruinen von Enlils Tempel in Nippur fand (*Miscellaneous B Texts*, »Verschiedene babylonische Texte«), erfahren wir mehr ı letzten Phasen dieses Pyramidenkrieges.

Als Nergal sich den Verteidigern der Großen Pyramide anges hatte, »in dem eindrucksvollen Haus, das wie ein Berg aufgehä stärkte er die Verteidigungsanlage durch mehrere Strahlen auss Kristalle (Mineral-»Steine«), die in der Pyramide positioniert wa

Der Wasser-Stein, der Schluss-Stein ...
der ...-Stein, der ...
... der Herr Nergal verstärkte deren Kraft.
Die Tür des Schutzes hat er ...
Zum Himmel richtete er das Auge,
grub tief in das, was Leben gibt ...
... im Haus gab er ihnen Nahrung.

Nachdem die Verteidigungsanlage der Pyramide so verstärkt war, änderte Ninurta sein Vorgehen. Er rief Utu/Schamasch an die Wasserzufuhr der Pyramide abstellen möge, indem er den »w Strom« manipuliere, der in der Nähe der Fundamente verlief. I ist hier leider zu verstümmelt, um die Einzelheiten entziffern zu aber anscheinend erfüllte diese Taktik ihren Zweck.

In ihrer letzten Festung, abgeschnitten von Lebensmitteln u ser, taten die belagerten Götter ihr Bestes, die Angreifer abzuwel jetzt hatte trotz der wilden Schlachten noch keiner der höherer bei den Kämpfen den Tod gefunden. Nun aber wollte sich einer geren – vermutlich Horus –, als Widder verkleidet, aus der Gro ramide schleichen. Er wurde von Ninurtas Glänzender Waffe g und verlor dabei das Augenlicht. Da flehte eine ältere Göttin, kannt war für ihre medizinischen Wunder, Ninurta an, dem Gott das Leben zu retten:

Zu der Zeit kam die Mörderische Helle;
die Plattform des Hauses widerstand dem Herrn.
Bis Ninharsag einen Schrei vernahm:
»Die Waffe ... mein Nachfahr
ist mit dem Tod verflucht ...«

In anderen sumerischen Texten ist die Rede von »einem Nachfahr, der seinen Vater nicht kannte«. Diesen Beinamen trug Horus, der nach dem Tod seines Vaters geboren wurde. Die ägyptischen Überlieferungen kennen *Die Legende vom Widder*, in der es heißt, dass Horus an den Augen verletzt wurde, als ein Gott »Feuer auf ihn blies«.

Auf den »Schrei« der Göttin hin beschloss Ninharsag, dem Kampf Einhalt zu gebieten. Die neunte Tafel des Textes »Lugal-e« beginnt mit einer Entscheidung, die die Göttin dem enlilitischen Befehlshaber gegenüber äußert, ihrem eigenen Sohn Ninurta, »dem Sohn Enlils ... dem Gesetzmäßigen Erben, den die Schwester/Ehefrau hervorgebracht hat«. In verräterischen Versen verkündet sie darin den Beschluss, die Schlachtlinien zu durchqueren und den Feindseligkeiten ein Ende zu bereiten:

Zu dem Hause, wo das Messen mit der Schnur beginnt,
wo Asar seine Augen zu Anu erhob, will ich gehen.
Die Schnur will ich durchschneiden
um der kriegführenden Götter willen.

Ihr Ziel war »das Haus, wo das Messen mit der Schnur beginnt« – die Große Pyramide!

Ninurta war zuerst erstaunt über ihren Entschluss, »allein das Feindesland zu betreten«, doch da er sie nicht umstimmen konnte, versorgte er sie mit »Kleidern, die sie furchtlos machten« (vor der restlichen Strahlung des Angriffs schützten?). Als sie sich der Pyramide näherte, wandte sie sich an Enki: »Sie ruft ihm zu ... sie fleht ihn an ...« Der Wortwechsel ist durch die Bruchstellen auf der Tafel verloren gegangen; jedenfalls willigte Enki ein, ihr die Pyramide zu überlassen:

Das Haus, das wie ein Berg ist,
das ich zu einem Berg aufgehäuft habe –
seine Herrin mögest du sein.

Allerdings wurde eine Bedingung gestellt: Die Übergabe sollte erst erfolgen, wenn »die vom Schicksal bestimmte Zeit« gekommen war. Ninharsag versprach, Enkis Bedingung anzunehmen, und wandte sich dann wieder an Enlil.

Viele fragmentarische Texte schildern die folgenden Ereignisse, teilweise auch das Epos »Lugal-e«. Am dramatischsten werden sie aber geschildert in einem Text, der »Ich singe das Lied der Mutter der Götter« heißt. Er hat in großer Länge überdauert, weil er überall im antiken Nahen Osten immer wieder kopiert wurde, bis der Gelehrte P. Dhorme ihn in seine Studie *La Souveraine des Dieux* (»Die Herrschaft der Götter«) aufnahm. Es handelt sich um einen poetischen Text, in dem *Ninmah* (»Große Herrin«) in ihrer Rolle als *Mammi* (»Mutter der Götter«) auf beiden Seiten der Kampflinien gepriesen wird.

Das Gedicht beginnt mit einer Aufforderung an die »Waffengefährten und Kämpfenden«, ihr zuzuhören, und beschreibt kurz die Kriegführung und die Teilnehmer sowie das nahezu weltweite Ausmaß. Auf der einen Seite standen »Ninmahs Erstgeborener« (Ninurta) und Adad, zu denen sich bald Sin und später Inanna/Ischtar gesellten. Auf der anderen Seite sind aufgezählt: Nergal, ein Gott, der als »mächtig, erhaben« bezeichnet wird – Ra/Marduk – und der »Gott der beiden Großen Häuser« (der beiden großen Pyramiden von Gizeh), der heimlich mit einem Widderfell getarnt zu fliehen versucht hat: Horus.

In der Gewissheit, dass Anu ihr Tun billigte, überbrachte Ninharsag Enlil das Kapitulationsangebot Enkis. Sie fand ihn in Adads Anwesenheit vor – Ninurta war auf dem Schlachtfeld geblieben – und bat die beiden Götter, nachdem sie ihre Gedanken dargelegt hatte: »Oh, höret meine Gebete!« Adad war zuerst unnachgiebig:

Adad legte seine Auffassung der Mutter dar
und sagte darauf: »Wir erwarten den Sieg.
Die Streitmacht des Feindes ist geschlagen.
Dem Erbeben des Landes konnte er nicht Widerstand leisten.«

Wenn sie den Feindseligkeiten ein Ende machen wolle, fuhr Adad fort, müssten die Verhandlungen davon ausgehen, dass die Enliliten gesiegt hätten:

»Erhebe dich und geh – sprich mit dem Feind.
Sieh zu, dass er an den Gesprächen teilnimmt,
damit der Angriff aufhören kann.«

Enlil unterstützte den Vorschlag mit weniger schroffen Worten:

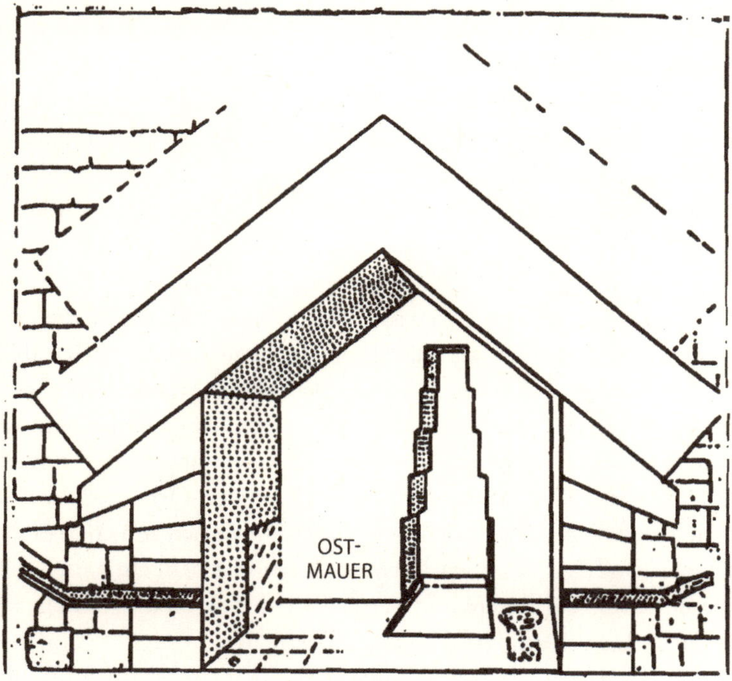

Abb. 40

Enlil öffnete den Mund,
in der Versammlung der Götter sagte er:
»Anu hat auf dem Berg die Götter versammelt,
den Krieg zu beenden, Frieden zu bringen,
und er hat die Mutter der Götter abgesandt,
um mich zu überzeugen.
Lasst die Mutter der Götter unsere Boten sein.«

Zu seiner Schwester sagte er in versöhnlichem Ton:

»Geh, beschwichtige meinen Bruder!
Reich ihm die Hand um des Lebens willen.
Aus seiner versperrten Tür lass ihn hervorkommen!«

Ninharsag tat wie geheißen und »ging, den Bruder zu holen, brach dem Gott ihre Gebete vor«. Sie teilte ihm mit, dass seine Sicherheit und die seines Sohnes »durch die Sterne, denen sie ein Zeichen gegeben gewährleistet sei.

Als Enki zögerte, sagte sie zärtlich zu ihm: »Komm, lass mich dich nausführen.« Daraufhin reichte er ihr seine Hand …

Sie führte ihn und die anderen Verteidiger der Großen Pyramide zum arsag, wo sie wohnte. Ninurta und seine Krieger sahen zu, wie die ıkiiten sich zurückzogen.

Und das große, uneinnehmbare Bauwerk stand unbesetzt, stumm.

'ER HEUTE DIE GROSSE PYRAMIDE BESICHTIGT, trifft ihre Gänge und ammern nackt und leer an. Die komplexe innere Anlage scheint keinen weck zu verfolgen, ihre Nischen und Erker wirken geradezu sinnlos.

So ist es, seit die ersten Menschen die Pyramide betreten haben. Aber war es nicht, als Ninurta sie – unseren Berechnungen nach ungefähr 570 vor Christus – betrat. »An den strahlenden Ort«, verlassen von inen Verteidigern, begab sich Ninurta, wie es in den sumerischen Texn heißt. Und was er tat, nachdem er diesen Ort betreten hatte, veränrte nicht nur das Innere und das Äußere der Großen Pyramide, sonrn auch den Verlauf der Menschheitsgeschichte.

Als Ninurta zum ersten Mal in das »Haus, das wie ein Berg ist«, ging, uss er sich gefragt haben, was er wohl darin finden würde. Erdacht von nki/Ptah, geplant von Ra/Marduk, erbaut von Geb, ausgestattet von ıoth, verteidigt durch Nergal … welche Geheimnisse – der Raumleitelle und andere – barg diese uneinnehmbare Festung?

In der glatten und scheinbar festen Nordwand der Pyramide befand ch ein schwenkbarer Stein, der aufgeklappt den Eingang enthüllte, schützt durch massive, diagonale Blöcke, genau wie der Text es behrieben hatte, in dem auch Ninharsag gepriesen worden war. Ein hräg nach unten führender Gang mündete in die unteren Dienstımmern, wo Ninurta einen Schacht hätte erkennen können, den die erteidiger auf der Suche nach unterirdischem Wasser gegraben hatn. Aber sein Interesse galt den oberen Gängen und Kammern: Dort aren die magischen »Steine« angeordnet – Mineralien und Kristalle, anche irdischen, manche himmlischen Ursprungs, von denen er eininoch nie gesehen hatte. Von ihnen gingen die gepulsten Strahlen ıs, die zur Orientierung der Astronauten, und diejenigen Strahlunn, die der Verteidigung des Bauwerks dienten.

In Begleitung seines Chef-Mineralmeisters inspizierte Ninurta die teine« und Apparate. Er blieb vor jedem stehen und ergründete seine

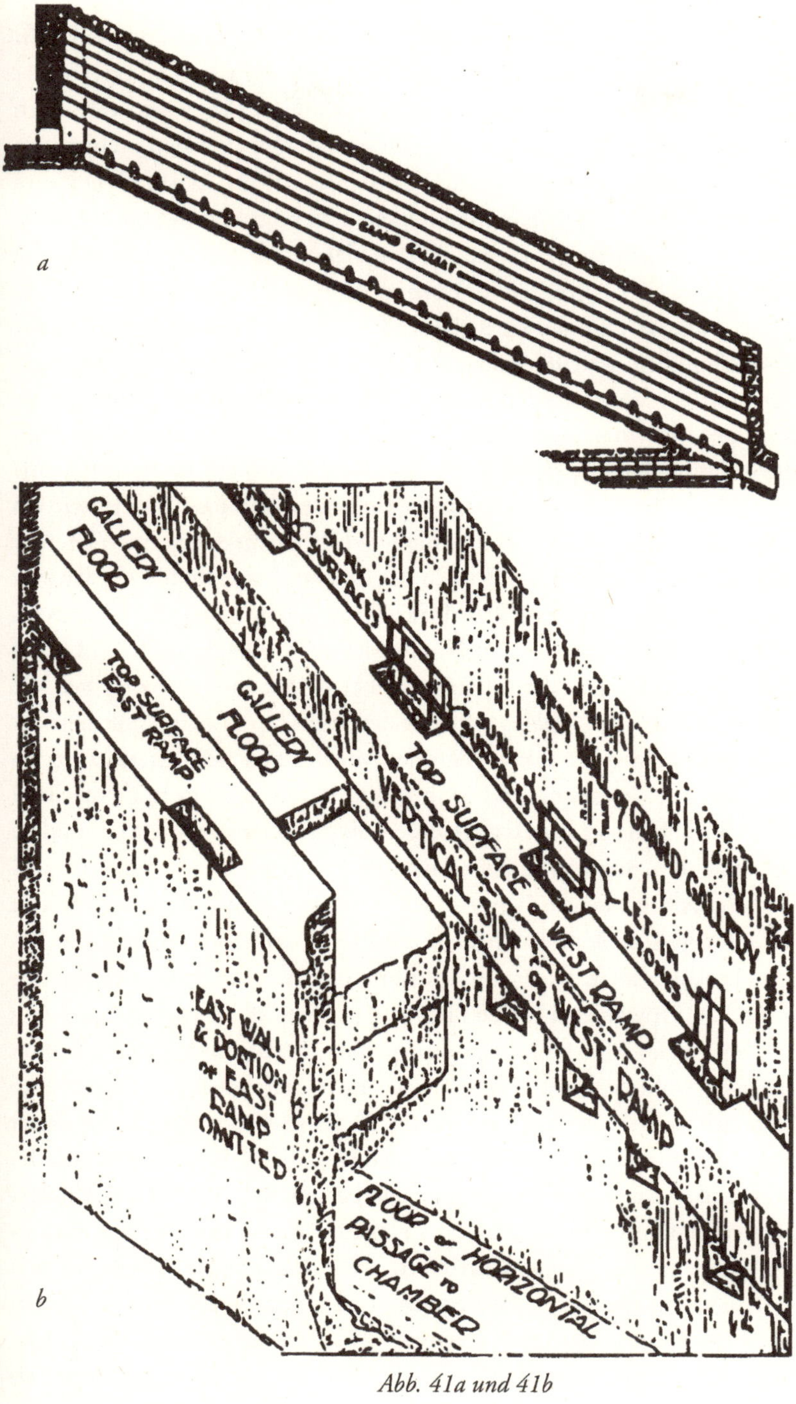

Abb. 41a und 41b

Bestimmung – ob man ihn zertrümmern und vernichten oder vielleicht wegnehmen sollte, um ihn irgendwo zur Schau zu stellen, oder ob er anderswo als Instrument installiert werden sollte. Wir wissen von diesen »Schicksalen« und der Reihenfolge, in der Ninurta vor den Steinen stehenblieb, durch den Text, der auf den Tafeln X bis XIII des »Lugal-e« eingeritzt worden ist. Wenn man diesem Text folgt und ihn richtig interpretiert, enthüllt sich uns endlich das Geheimnis des Zwecks und der Funktion so vieler Anlagen im inneren Aufbau der Pyramide.

Als Ninurta dem aufwärts führenden Tunnel folgte, erreichte er die Abzweigung zu der eindrucksvollen Großen Galerie und einen horizontalen Gang. Zunächst folgte er dem horizontalen Gang, bis er eine große Kammer mit einer Bienenkorbkuppel erreichte. Im Ninharsag-Gedicht die »Vulva« genannt, liegt die Achse dieser Kammer exakt auf der ostwestlichen Mittellinie der Pyramide. Ihre Ausstrahlung – »die ist wie ein Löwe, den niemand anzugreifen wagt« – rührte von einem Stein her, der genau in eine Nische passte, die in der Ostwand ausgehöhlt worden war (Abb. 40). Das war der SCHAM-Stein (»Stein des Schicksals«). Ein rotes Strahlen ging von ihm aus, das Ninurta »in der Dunkelheit sah«; er bildete das pulsierende Herz der Pyramide. Aber er war ihm verhasst, weil die »große Macht« dieses Steins während der Schlacht, als sich Ninurta in der Luft befand, dazu benutzt worden war, »mich zu packen, um mich zu töten, durch ein Spürgerät, das mich verfolgen und mir ein Ende machen« sollte. Er befahl, »es herauszureißen … auseinanderzunehmen … und so zu vernichten, dass nichts mehr davon übrig bleibt«.

Anschließend kehrte Ninurta zu der Abzweigung zurück, um sich in der Großen Galerie umzusehen. So sinnreich und kunstvoll die ganze Pyramide auch wirkte, dieser Anblick war atemberaubend und höchst ungewöhnlich. Im Vergleich zu den niedrigen und engen Gängen ragte sie hoch auf, etwa neun Meter, und war in einander überlappenden sieben Stufen angelegt, wobei sich die Wände immer mehr verengten. Auch die Decke hatte schräge Abschnitte, die winklig in die massiven Wände eingesetzt waren, damit kein Druck auf den unteren Abschnitt ausgeübt wurde. Während in den engen Gängen nur »ein gedämpftes grünes Licht glühte«, glitzerte die Große Galerie in allen Farben. »Ihr Gewölbe ist wie ein Regenbogen; hier endet die Dunkelheit.« Die vielfarbigen Lichter wurden von siebenundzwanzig verschiedenen Kristallpaaren ausgestrahlt, die in gleichem Abstand auf beiden Seiten der Galerie die ganze Länge einnahmen (Abb. 41a). Diese Steine befanden sich in Aushöhlungen unten an

Abb. 42

den Rampen, und jeder Kristall erstrahlte in einer anderen Farbe, wodurch die Regenbogenwirkung entstand. Ninurta ging an ihnen vorbei; sein Ziel war die oberste Kammer mit dem pulsierenden Stein (Abb. 41b).

Oben in der Großen Galerie erreichte Ninurta eine große Treppe, die durch einen niedrigen Gang zu einer merkwürdig gestalteten Vorkammer führte. Hier fügten sich drei Fallgatter – »der Bolzen, der Riegel und das Schloss« im sumerischen Gedicht – sorgfältig gearbeitet in Furchen an den Wänden und der Tür, so dass die oberste Kammer hermetisch abgeriegelt werden konnte: »Dem Feind wird sie nicht geöffnet, nur denjenigen, welche leben, denjenigen wird sie geöffnet.« Aber jetzt öffneten sich die Fallgatter, sobald Ninurta an einigen Schnüren zog, und er konnte eintreten.

Er befand sich im Allerheiligsten der Kammer, wo das »Netz« (Radar?) »ausgespannt« war, »zu beobachten Himmel und Erde«. Der empfindliche Mechanismus war in einem ausgehöhlten Steinblock untergebracht, der genau auf der Nordsüdachse der Pyramide stand. Dieser Mechanismus reagierte auf Vibrationen mit glockenartiger Resonanz. Das Herz der Leitanlage war der GUG-Stein (»Richtungsweisender Stein«), dessen Ausstrahlung durch fünf Aushöhlungen über der Kammer verstärkt und durch zwei abschüssige Kanäle zur nördlichen und südlichen Seite der Pyramide gelenkt wurde. Ninurta befahl, auch diesen Stein zu zertrümmern: »An diesem Tage wurde der GUG durch Ninurta, der das Schicksal bestimmte, aus der Aushöhlung genommen und zerstört.«

Um sicherzugehen, dass niemand jemals den Versuch unternehmen würde, die »Richtung bestimmenden« Funktionen der Pyramide wiederherzustellen, ließ Ninurta auch die drei Fallgatter entfernen. Dabei nahm er als Erstes den SU-Stein (»Vertikalen Stein«) sowie den KA.SCHUR.RA (»Unfassbar reiner Stein, der sich öffnet«) in Angriff. Anschließend trat der Held vor den SAG.KAL (»Robuster Stein, der die Front bildet«).

»Er nahm seine ganze Kraft zusammen«, riss ihn aus seinen Furchen und zerschnitt die Schnüre, die den Stein hielten – und »richtete den Kurs zum Boden aus«. Nun kamen die Kristalle an den Rampen der Großen Galerie an die Reihe. Ninurta ging von einem zum anderen und erklärte ihm sein Schicksal. Wären die Tontafeln, auf denen dieser Text steht, nicht teilweise beschädigt, so würden wir die Namen von allen siebenundzwanzig kennen, aber so sind nur zweiundzwanzig lesbar. Mehrere ließ Ninurta zertrümmern oder pulverisieren, andere, die in der neuen Kontrollzentrale benutzt werden konnten, sollten Schamasch übergeben werden; und der Rest wurde nach Mesopotamien gebracht und in Ninurtas Tempel, in Nippur und sonstwo ausgestellt, um Zeugnis abzulegen vom glorreichen Sieg der Enliliten über die Enki-Götter.

All dies, so verkündete Ninurta, tat er nicht nur seinetwegen, sondern auch für zukünftige Generationen: »Möge die Furcht vor dir« – vor der Großen Pyramide – »meinen Nachkommen genommen sein, möge der Friede für sie gewährleistet sein.«

Endlich blieb nur noch der Schluss-Stein der Pyramide, der UL (»So hoch wie der Himmel«). »Mögen die Nachkommen der Mutter ihn nie mehr sehen«, ordnete er an, und als der Stein krachend herunterfiel, rief er: »Halte sich jeder fern!« Die »Steine«, die Ninurta so verhasst waren, gab es nicht mehr. Als seine Tat verrichtet war, wurde Ninurta von seinen Kameraden gedrängt, das Schlachtfeld zu verlassen und nach Hause zurückzukehren. AN DIM DIM.MA – »Wie Anu bist du beschaffen« – priesen sie ihn. »Das Strahlende Haus, bei dem die Messung mit der Schnur beginnt, das Haus in dem Land, das deine Erfahrungen geprägt hat – freue dich, dass du es betreten hast.« Jetzt kehre heim zu deiner Frau und deinem Sohn, die dich erwarten: »In der Stadt, die du liebst, in der Wohnstätte Nippur, möge dein Herz Ruhe finden … möge dein Herz beschwichtigt werden.«

Der Zweite Pyramidenkrieg war beendet, aber seine Heftigkeit, die Heldentaten und Ninurtas endgültiger Sieg bei den Pyramiden von Gizeh wurden noch lange danach durch Geschichten und Lieder in Erinnerung gehalten – und durch eine erstaunliche Zeichnung auf einem Rollsiegel, das Ninurtas Göttlichen Vogel in einem Siegesgebinde zeigt, wie er triumphierend zwischen den beiden Pyramiden die Schwingen ausbreitet (Abb. 42).

Und die Große Pyramide selbst, nackt und leer und ohne ihren Schluss-Stein, steht seitdem als stummer Zeuge der Niederlage ihrer Verteidiger an ihrem Platz.

9

Der schwer fassbare Berg

Bisher unveröffentlichter Artikel, geschrieben circa 1978.

Den Inhalt dieses Kapitels bildet ein Artikel, dessen Hauptaussagen Zecharia Sitchin später in sein Buch *Stufen zum Kosmos* aufnahm. Die Buchfassung weist allerdings beträchtliche Unterschiede gegenüber der vorliegenden Version auf – nicht unbedingt inhaltlicher Art, aber in der formalen Präsentation seiner Theorien.

Sitchin war der Überzeugung, bei dem Berg Sinai auf der gleichnamigen Halbinsel habe es sich um einen vorsintflutlichen Raumhafen der Anunnaki gehandelt; deshalb maß er ihm so große Bedeutung bei. Den heiligen Berg zu finden wäre nach seiner Ansicht nicht nur deshalb von Interesse, um einen Beweis für die historische Korrektheit der Darstellung in der Bibel zu finden, sondern auch, um eine Verbindung zu den Informationen über die Anunnaki und deren Aktivitäten auf der Erde herzustellen.

Die Wissenschaft war sich lange über die tatsächliche Lage des Berges uneins, und viele Forscher haben sich im Laufe der Jahre bemüht, den Berg – zu den Kandidaten zählen der Berg Musa und der Berg Serbal – endgültig zu finden. Andere sind der Ansicht, der Berg Sinai habe sich überhaupt nicht auf dem südlichen Sinai befunden.

Im Folgenden berichtet Sitchin von den zahlreichen Abenteurern, die sich um eine Lösung des Rätsels bemüht haben, und setzt sich mit ihren Reiserouten und Argumenten auseinander. Er erklärt ihre jeweiligen Begründungen für die Überzeugung, den wahren Ort dieser historisch und kulturell so bedeutsamen Stätte gefunden zu haben. Selbst der große Napoleon Bonaparte beteiligte sich an der Suche.

Eine jüdische Legende, aufgezeichnet im Talmud, die Tausende von Jahren zurückreicht, schildert, dass der König der Aramäer, als die Kunde vom Tod des mächtigen Anführers der Israeliten sich in den Ländern verbreitete, eine Abordnung schickte, um die Begräbnisstätte aufzusuchen. Als seine Männer den Berg Nebo bestiegen, konnten sie unten im Tal das Grab erblicken, doch als sie hinuntergingen, um es sich genauer anzusehen, fanden sie dort nichts. Stattdessen erblickten sie das Grab auf dem Gipfel des Berges. Nach längerem Suchen gaben sie auf. Moses sei in der Tat gestorben, berichteten sie dem König, doch niemand wisse, wo seine Begräbnisstätte liege.

Ähnliche Legenden gibt es auch im Zusammenhang mit der Begräbnisstätte Aarons. Hier heißt es, dass die Leute, als Aaron mit Moses und Elazar nicht mehr vom Berg Hor zurückkehrte, einfach nicht glauben konnten, dass er dort gestorben war. Sie zeigten sich erst überzeugt, als der Herr seinen Engeln befahl, Aarons Leichnam aus einer geheimen Höhle zu holen und ihn hochzuheben, damit die Menschen ihn sahen. Anschließend verbargen die Engel den Leichnam wieder.

Es gab einen Grund dafür, dass die Gräber unbekannt blieben, denn so wollte es die jüdische Tradition: Die menschlichen Anführer sollten nicht verehrt werden. Auch wenn Moses später als »Mann der Götter« verehrt wurde, war er nicht *heilig*, sondern *nur ein Sterblicher*, und es durfte keinen »Personenkult« geben. Ebensowenig sollte es am Berg Sinai zu einer Huldigung kommen. Die Theophanie, also die Manifestation einer Gottheit zu einer menschlichen Person, und der Bund mit Gott waren einzigartige, einmalige Vorkommnisse, und die Menschen versammelten sich nur zu diesem einen Zweck am Berg. Wie im Fall der Begräbnisstätten von Moses und Aaron sollte auch der Pilgerreise zum Berg ein Riegel vorgeschoben werden.

Dem Auszug aus Ägypten gedenkt man seit dreiunddreißig Jahrhunderten durch das Passahfest. Die historischen und religiösen Schriften der Hebräer enthalten viele Bezüge auf den Exodus, die Wanderung in der Wüste, den auf dem Berg Sinai geschlossenen Bund.

Immer wieder wurden die Menschen im Laufe der Jahrhunderte an die Theophanie und die Wunder erinnert. Und doch gibt es im Alten Testament keinen Hinweis auf eine einzige Person, die versucht hätte, zum heiligen Berg zurückzukehren und ihn zu einer Kultstätte zu machen – mit einer Ausnahme.

Die Ausnahme von der Regel war der Prophet Elia – der Wundermacher, der später in einem wilden Streitwagen zum Himmel aufstieg. Das geschah etwa vierhundert Jahre nach dem vermuteten Zeitpunkt des Exodus, während der Regentschaft von König Ahab und Königin Jezebel. Sie führte in Israel die Verehrung des phönizischen Gottes Ba'al ein, und Eliah stellte sich allen Priestern des Ba'al auf dem Berg Karmel zu einem letzten Wettstreit der göttlichen Wunder. Als Jahwes Macht die Oberhand gewann, tötete die Menge alle Priester des Ba'al; woraufhin Eliah vor einer rachsüchtigen Jezebel um sein Leben rennen musste. Er floh zum heiligen Berg, war aber bald so erschöpft, dass er sich veirrte. Ein Engel des Herrn erweckte ihn wieder zum Leben und führte ihn zum Berg.

Heute braucht man wahrhaftig keinen Engel mehr, der einen zum Berg Sinai führt. Nachdem Israel die Sinai-Halbinsel 1967 besetzt hatte, begann die inländische Fluglinie Arkia mit regelmäßigen Flügen zu einem natürlichen flachen und festen Plateau, aus dem sich mit der Zeit das Mount Sinai Airfield entwickelte. Etwa eine Stunde Autofahrt entfernt, wird der Besucher mit dem Bus in die Nähe des Berges Sinai gebracht.

Eine richtige Straße gibt es nicht, nur Reifenspuren von früheren Bussen. Der Weg windet sich in Richtung Süden. Das erstaunlich flache und harte, aber mit Sand bedeckte Plateau ist auf allen Seiten von Berggipfeln umgeben, die miteinander in Größe und Form konkurrieren. Nach einer Weile laufen die Berge zusammen, und der Weg wird felsiger, enger und steiler. Dann ein kurzer Anstieg, und schon kann man vom Gipfel eines der zahllosen Berge weit unten ein Tal sehen und in der Ferne eine Oase mit Dattelpalmen; das ist die Oase Feiran. Dann ein weiterer Stopp, und durch einen Spalt in der Bergkette, die weit hinten den Himmel zu versperren beginnt, lässt sich eine Anzahl Bergspitzen erkennen: Dort liegt der traditionelle Berg Sinai.

Bis auf die Oase Feiran sind die Berge vollständig kahl. Es ist jedoch keine Mondlandschaft. Das ganze Panorama von Bergspitzen, die hinter Bergspitzen aufragen, quillt über von Farben – Braun-, Gelb- und Grautönen –, die sich in altersloser Ehrbarkeit vor einem blauen Himmel abzeichnen. Die Sicht ist begrenzt. Verstreute Felsen, manche rot, manche grünlich, weisen auf das Vorhandensein von Eisen und Kupfer hin.

Wenn man den aufragenden Gebirgszug erreicht, ist dort nicht eine einzige flache Stelle zu sehen. Die Berge bestehen aus solidem Granit und erheben sich wie die Zahnreihe eines Riesen himmelwärts. Zwischen Geröll, das von Bergrutschen liegen geblieben ist, rumpelt der Bus einen felsigen Pfad entlang. Jetzt geht es steil bergab, und der Besucher fragt sich, wohin der Sturz noch führen wird. Bis dann unerwartet ein Tal auftaucht – die »Höhle« vom »Mund des Riesen«, umgeben von seinen furchterregenden Granitzähnen. Der Anblick ist unglaublich: Dort unten liegt der Kirchplatz eines mittelalterlichen europäischen Dorfes, umgeben von der Stadtmauer!

Das ist das Katharinenkloster. Die wenigen griechisch-orthodoxen Mönche pflegen einen nahen Garten, bewachen die Reliquien und die Bibliothek des Klosters und fungieren als Gastgeber für die Pilger und Touristen, die schon seit Jahrtausenden hierherkommen.

Das Kloster markiert jedoch nicht den Standort des Berges Sinai; es markiert vielmehr die vermutete Stelle, an der Moses den brennenden Busch gesehen hat. Es ist auch nicht nach dem heiligen Berg benannt, sondern trägt den Namen eines anderen nahen Gipfels – des Katharinenbergs. Den Traditionen des Klosters nach reicht seine Geschichte bis in die Anfänge des Christentums zurück, als frühe Konvertiten in Ägypten (damals noch unter römischer Herrschaft) zur Sinai-Halbinsel flohen, um der Verfolgung zu entgehen.

Nachdem Konstantin im Jahr 313 das Christentum anerkannt hatte, unterstützten die byzantinischen Herrscher die Einsiedler bei der Gründung von klösterlichen Gemeinschaften.

Im Jahr 330 ermöglichte Kaiserin Helena nach der Petition einer Mönchsgruppe, die sich die kleine Oase zu ihrer Wohnstätte ausgesucht hatten, die Errichtung einer Kirche und eines Turms an der Stelle, von der die Mönche erklärten, dass dort der brennende Busch erschienen sei. Drei Jahrhunderte später befahl Kaiser Justinian aus Staatsinteressen heraus den Bau einer größeren Kirche und ließ eine starke Mauer um den Ort herum bauen, was das Kloster in eine Festung verwandelte; der Zugang war lange Zeit nur über einen Korb möglich, der von einem Flaschenzug emporgehoben wurde.

Dann geschah ein Wunder. Unter den letzten Märtyrern des Christentums, die von den Römern gefoltert und hingerichtet worden waren, harina von Alexandria. Nach ihrer Enthauptung verschwand der m; der Legende nach hatten Engel ihn zum höchsten Gipfel der el Sinai gebracht. Vier Jahrhunderte später wurde den Mönchen ı Traum die Begräbnisstätte offenbart. Sie holten den Leichnam :en ihn in eine goldene Truhe, der in der von Justinian errichtehe aufgestellt wurde. Jahrhunderte später verbreiteten die Kreuze Kunde von dem Kloster und dem Katharinenwunder. Das und der Berg, auf dem der Leichnam gefunden worden war, ach dieser Heiligen benannt. Viele Pilger besteigen den Katharinoch heute mit der gleichen Ehrfurcht, die sie beim Ersteigen ;es Sinai empfinden. In einiger Entfernung südwestlich des Klosgen, kann der Katharinenberg auf einem Pfad bestiegen werden, frommer Mönch namens Musa (»Moses« auf Arabisch) vor Jahren aus dem Fels geschlagen hat.

nit dem Exodus in Verbindung gebrachte Gipfel wird *Jbel Mu*ınt, der »Mosesberg«. Wie der Katharinenberg ist er vom Klosıicht zu sehen, weil andere hohe Gipfel, die das Tal einfassen, :k auf die beiden heiligen Berge verbergen. Südlich des Klosters doch sein Nordgipfel gesehen werden, der *Ras Sufsafeh* heißt :nkopf«). Den Namen *Jbel Musa* trägt allerdings der Südgipfel, n die Theophanie und die Gesetzgebung in Verbindung geverden; dieser am weitesten südlich gelegene Gipfel, der sich r zwei Marschstunden entfernt befindet, wird überlieferungs-Berg Sinai genannt.

ein langer und schwieriger Aufstieg, bei dem fast 800 Höhenberwunden werden. Einen Weg von rund 4.000 Stufen haben ıche am Westhang des Massivs angelegt. Ein leichterer Weg, ırere Stunden länger dauert, beginnt in dem Tal zwischen dem und einem Berg, der vermutlich nach Jethro, dem Schwiegern Moses, benannt ist und allmählich den Osthang hinaufführt, ch mit den letzten 750 Stufen des ersten Weges vereint. An Schnittpunkt soll Eliah, wie die Mönche sich erzählen, dem egegnet sein.

christliche Kapelle und ein muslimischer Schrein, beide klein b gebaut, bezeichnen die Stelle, an der Moses die Gesetzestafeln en wurden. Eine Höhle in der Nähe wird als die »Felskluft« verder Moses auf Geheiß des Herrn stehen musste, als der Herr an überging, wie es in Exodus 33,22 heißt. Eine Quelle am Ab-

stiegsweg gilt als die Quelle, an der Moses die Herde seines Schw
ters getränkt hat. Jedes Ereignis, das mit dem Berg Sinai zus
hängt, ist nach der Überlieferung der Mönche einer bestimmte
auf dem *Jbel Musa* und seiner Umgebung zugewiesen worden.

Vom Gipfel des *Jbel Musa* aus kann man einige der andere
sehen, zu denen dieser Berg gehört. Die Halbinsel Sinai ist wie
gedrehtes Dreieck geformt, dessen breite Basis im Norden die
meerküste bildet, während die Spitze die Stelle ist, an der das Ro
sich in den Golf von Sues und den Golf von Eilat (Akaba) spalte
fangen mit niedrigen Sanddünen im Norden über ein flaches
plateau, wie von einer Schere mit Bergen umgeben, steigt die H
in südlicher Richtung zusehends an. Das südliche Drittel der H
wird von zerklüfteten Granitbergen eingenommen, die an den U
Golfe jäh aufsteigen. Die Höhe steigt von 500 Metern sprung
das Doppelte und Dreifache. Unter den höchsten Bergen mi
schnittlich eins Komma vier Kilometern befindet sich auch d
noch höhere Massiv, zu dem der *Jbel Musa* gehört.

Dabei ist der *Jbel Musa*, der heilige Berg Sinai, der niedrigste
len. Zur Bekräftigung der Legende von der heiligen Katharina h
Mönche am Hauptgebäude eine Tafel angebracht, auf der steht:

Höhe	5012 Fuß (1528 Meter)
Mosesberg	7560 Fuß (2304 Meter)
Katharinenberg	8576 Fuß (2614 Meter)

Ist man einmal überzeugt, dass der Katharinenberg tatsächlich h
und somit richtigerweise von den Engeln ausgewählt wurde, u
den Leichnam der Heiligen zu verbergen, kommt sogleich die
schung darüber auf, dass Gott die Kinder Israels – im Gegensatz
gehegten Glaubensvorstellungen – in dieses verbotene Gebiet g
hat, um ihnen nicht vom höchsten, sondern vom kleinsten B
und breit aus seine Macht und seine Gesetze einzuprägen.

Hat der Herr den richtigen Berg verfehlt?

Im Jahr 1809 traf der Schweizer Gelehrte Johann Ludwig
hardt im Nahen Osten ein. Er reiste im Auftrag der British Ass
for Promoting the Discovery of the Interior Parts of Africa, also

tischen Gesellschaft zur Förderung der Entdeckung der inneren Bereiche Afrikas«. Als Student der arabischen und muslimischen Sitten und Gebräuche setzte er sich einen Turban auf, kleidete sich wie ein Araber und änderte seinen Namen in Ibrahim Ibn Abd Allah – »Abraham, der Sohn von Allahs Diener«. So konnte er die den Ungläubigen teilweise verbotenen Bereiche bereisen, wobei er alte ägyptische Tempel in Abu Simbel und in einem Felsenkessel zwischen Totem und Rotem Meer Petra entdeckte, die Felsenstadt der Nabatäer in Transjordanien.

Am 15. April 1816 brach er hoch zu Kamel von der Stadt Sues auf, in der Bucht des Golfs von Sues. Er wollte den Weg nehmen, der beim Exodus genommen worden war, und auf diese Weise die wahre Identität des Berges Sinai herauszufinden. So folgte er der vermuteten Route der Israeliten und reiste entlang der Westküste der Halbinsel in südlicher Richtung, wo die Berge fünfzehn bis dreißig Kilometer von der Küste entfernt anstiegen. Der Küstenstreifen, der von Sues bis zur Spitze der Halbinsel verläuft (und dann teilweise die östliche Küstenlinie hinauf) ist Wüstenland und wird hin und wieder von *wadis* durchschnitten – trockenen, seichten Flussläufen, die nach den kurzen Regenfällen das Wasser von den nahen Bergen leiten, ansonsten aber an den meisten anderen Tagen des Jahres trocken und begehbar sind.

Auf seiner Reise nach Süden notierte er Geografie, Topografie und Entfernungen. Er verglich die Zustände und Ortsnamen mit den Beschreibungen und Namen der im Alten Testament erwähnten Stationen. Durch die Wadis in dem Gebiet, wo die Sandsteinplateaus endeten und das hohe Granitgebirge begann, wandte er sich nach Osten und landeinwärts, dann wieder nach Süden und erreichte das Katharinenkloster wie die heutigen Reisenden auch von Norden. Er erkundete die Gegend, bestieg den Moses- und den Katharinenberg. Den Rückweg nahm er über das große Wadi Feiran und seine Oasen – das größte in Sinai. Wo das Wadi Feiran die Berge verlässt und den Küstenstreifen erreicht, bestieg Burckhardt einen prächtigen Berg, der bis zu einer Höhe von 2073 Metern aufragt – den Serbal.

Er fand heraus, dass das klösterliche Zentrum jahrhundertelang Feiran gewesen war und nicht Katharina. Am Serbal fand er Schreine und Inschriften von Pilgern. Er erschütterte die Gelehrtenwelt und die Bibelforscher mit der Schlussfolgerung in seinen *Travels in Syria and the Holy Land* (»Reisen durch Syrien und das Heilige Land«), dass der wahre Berg Sinai gar nicht der Berg Musa sei, sondern der Berg Serbal.

Angeregt durch Burckhardts Schriften bereiste der französische Marquis Léon de Laborde 1826 und 1828 den Sinai; sein Hauptbeitrag zur Kenntnis des Gebietes waren seine guten Landkarten und Zeichnungen. Ihm folgte 1839 der schottische Maler David Roberts, dessen großartige Zeichnungen, in denen sich Genauigkeit mit einer gewissen Fantasie verbanden, in der Zeit vor der Fotografie enormes Aufsehen erregten.

Die nächste größere Reise zum Sinai unternahm der Amerikaner Edward Robinson, zusammen mit Eli Smith. Wie Burckhardt verließen sie die Stadt Sues auf dem Rücken von Kamelen, bewaffnet mit dessen Buch und Labordes Zeichnungen. Sie benötigten dreizehn Tage, um Anfang Frühling das Katharinenkloster zu erreichen. Hier unterzog Robinson die Legenden der Mönche einer gründlichen Prüfung. Er stellte fest, dass es in Feiran tatsächlich eine größere Klostergemeinschaft gegeben hatte, die zeitweise sogar von Bischöfen geleitet wurde, denen das Katharinenkloster und mehrere andere Klostergemeinschaften im südlichen Sinai untergeordnet waren – daher musste Feiran traditionell ein größetres Gewicht zukommen.

In den Erzählungen und Dokumenten entdeckte er, dass die Berge Musa und Katharina in den frühen christlichen Jahrhunderten für die Christen keine Rolle spielten und dass sich die Vorherrschaft von Katharina erst im siebzehnten Jahrhundert herausgebildet hatte, als andere Klostergemeinschaften (darunter Feiran) Eindringlingen und Plünderern zum Opfer fielen. (Katharina war von Justinian befestigt worden und so diesem Schicksal entronnen.) Als er die lokalen Traditionen der Araber untersuchte, fand er heraus, dass die biblischen Namen »Sinai« und »Horeb« den Beduinen – den einheimischen Nomaden – völlig unbekannt waren; die Mönche waren es gewesen, die bestzimmten Bergen diese Namen gegeben hatten.

Hatte Burckhardt also recht? Nun, Robinson sah ein Problem hinsichtlich des Berges Serbal. Er bestätigte und berichtigte einige von Burkhardts Stationsangaben und legte seinerseits nahe, dass Rephidim – wo die Schlacht gegen die Amalekiten stattgefunden hatte – in einem Wadi (»wadi el-Sheikh«) nordöstlich des Serbal liege. Das war ein sehr innovativer Gedanke, den die angenommene Route der Israeliten hatte sie jetzt zum Wadi Feiran geführt, am Serbal vorbei und dann durch das Wadi el-Sheickh nach Katharina. Aber wie konnte dieses neu identifizierte Rephidim hinter dem Serbal liegen, wenn die Schlacht stattgefunden hatte, bevor die Israeliten den Berg Sinai erreicht hatten?

So sehr Robinson auch die Zweifel hinsichtlich des Berges Musa te te, seine Identifizierung von Rephidim (in *Biblical Researches in Palesti Mount Sinai and Arabia Petraea*) erledigte Serbal praktisch durch ein Technischen Knockout.

Die Möglichkeit, dass die seit langem überlieferte Gleichstellung c Berges Sinai mit dem Berg Musa gar nicht stimmte, war eine Hera forderung, der sich der große Ägyptologe und Begründer der wisse schaftlichen Archäologie, Carl Richard Lepsius, nicht entziehen moc te. In seinen *Briefen aus Ägypten, Äthiopien und der Halbinsel des Si* (1847) äußerte auch er sofort Zweifel daran, dass der Berg Musa c heilige Berg gewesen war, noch bevor er seine vollständigen Forschun ergebnisse vorlegte. »Für einzelne Hermiten (Einsiedler) eignete si jene Gegend ganz vorzüglich«, schrieb er, »und zwar aus demselb Grunde, aus welchem sie für ein großes das Land zeitweise beherrsche des und alle seine Hülfsquellen erschöpfendes Volk ungeeignet w nämlich als ein abgelegener, von den besuchten Verbindungsstraß entfernter Ort, welcher doch wegen seiner Lage im Hochgebirge für c geringen Bedürfnisse einzelner zerstreuter Mönche hinreichende Na rung darbot.« Er war überzeugt, dass die Hunderttausende von Israe ten unmöglich in dem trostlosen Gebiet des Jbal Musa fast ein Jahr la ihr Leben hätten fristen können.

Unter dem Titel *Denkmäler aus Ägypten und Äthiopien* veröffentlic te Lepsius die Ergebnisse der wissenschaftlichen Epedition, die er Auftrag des Königs von Preußen, Friedrich Wilhelm IV., unterno men hatte, in den Jahren 1849 bis 1859 als ausführliches Tafelwerk zwölf Bänden. Er plante, sie noch mit einem erläuternden Text zu v sehen, was er aber leider durch seinen Tod im Jahr 1884 nicht me verwirklichen konnte.

In einem Brief, geschrieben am Ostermontag 1845 am »Kloster v Sinai«, bereitete Lepsius den Monarchen auf die schlechten Nachricht hinsichtlich des Berges Musa vor. Der nächste sehr lange Brief wu geschrieben, nachdem Lepsius den Berg Serbal und seine Umgebu gründlich erforscht hatte.

Lepsius verwarf die klösterlichen Überlieferungen hinsichtlich des B ges Musa und stellte fest, dass seine geringere Höhe, Unzugänglichk Kargheit und Lage entschieden dagegen sprachen, in ihm den Berg Si zu sehen. Im gesamten Bergland fand er nur einen Ort, das Wadi Feir dass solche Scharen von Israeliten und ihr Vieh ein ganzes Jahr lang vers

:n konnte. Und mehr noch: Nur der Besitz dieses einzigartig fruchtbaren ıls hätte den Angriff der Amalekiten auf Rephidim rechtfertigen können. ɛphidim, so macht die Bibelgeschichte deutlich, lag am Rande von Hob, dem Berg der Trockenheit, fast in Sinai. Gab es in der Nähe des Ber:s Musa einen ausgedehnten fruchtbaren Ort, der Nahrungsmittel und 'asser bot – Verpflegung, um die es sich zu kämpfen lohnte? Moses gengte erstmals zu diesem Berg auf der Suche nach einem Ort, wo er seine erde weiden lassen konnte. Einen solchen Ort hätte er in Feiran finden innen, aber nicht am trostlosen Berg Musa.

Aber wenn nicht der Berg Musa, warum dann der Berg Serbal? Ab:sehen von der »richtigen« Lage am Wadi Feiran fand Lepsius noch nen konkreten Hinweis. Er beschreibt den Berg in glühenden Worn und berichtet, hoch oben sei »eine tiefe Berghöhlung, um die hern sich die fünf Gipfel in einem Halbkreis vereinen und eine aufra:nde Krone bilden. In der Höhlung, Wadi Siqelji genannt, liegen die uinen eines alten Klosters«.

Der Ort werde schon seit alters her verehrt und weise eigene Überliefeıngen auf. Und befand sich die Höhlung, die von den fünf Gipfeln des ronartigen Platzes »gekrönt« wird, in der die Herrlichkeit des Herrn gendet sei, nicht in voller Sichtweite der Israeliten, für die im Westen des ıls, gegenüber den Gipfeln des Serbal, reichlich Platz war?

Aber wie konnte Serbal der heilige Berg sein, wenn Rephilim dahinter g? Stimmt gar nicht, sagt Lepsius. Als Archäologe berichtete er aus.hrlich über ägyptische Ruinen an einem Ort namens Serabit-elhadim. In einem nahegelegenen Wadi, das passenderweise Wadi Mutib (»Wadi der Schriften«) heißt, wurden zahlreiche Hieroglyphen und ıdere, spätere Inschriften gefunden. Es war ein Gebiet, in dem die Phaonen nach Türkis und Kupfer gegraben hatten, und andere vor und ıch ihnen. Lepsius legte nahe, dass die alte Hauptroute von Ägypten in e Berge wohl dort entlang verlaufen war, dass die Israeliten dieser Rougefolgt waren, dass es sich bei dem Erzhafen Abu-Zelimeth des Pharaıs um die israelitische Station Elim gehandelt hatte und dass die Israe:en dort ins Landesinnere abgebogen waren statt weiter in Richtung iden zu ziehen, wie bisher angenommen worden war. Folgte man dier Route, hätten sie Feiran/Rephidim aus dem Norden erreicht – bevor : am Serbal eintrafen, der weiter im Südwesten lag.

Als die Schlussfolgerungen des angesehenen Lepsius veröffentlicht urden, erschütterte das die bisherigen Annahmen in zweierlei Hinsicht: Er bestritt nachdrücklich die Gleichsetzung des Berges Sinai mit dem Berg Musa und entschied sich für den Serbal, und er stellte die bisher anerkannte Route des Exodus in Frage.

Die folgende Debatte beschäftigte die Gelehrten fast ein Vierteljahrhundert lang und brachte Abhandlungen anderer Forscher hervor, beispielsweise von Charles Foster (*The Historical Geography of Arabia* / »Die historische Geografie Arabiens« sowie *Israel in the Wilderness* / »Israel in der Wildnis«) und William H. Bartlett (*Forty Days in the Desert on the Track of the Israelites*, »Vierzig Tage in der Wüste auf den Spuren der Israeliten«). Sie erbrachten Ergänzungen und Bestätigungen und äußerten Zweifel. Im Jahr 1868 rüstete die britische Regierung mit Unterstützung des Palästinensischen Forschungsfonds eine große Expedition zum Sinai aus. Ihre Aufgabe bestand darin, zusätzlich zu umfangreichen geodätischen und kartografischen Arbeiten ein für allemal die Route des Exodus und den Standort des Berges Sinai zu bestimmen. Angeführt wurde die Gruppe von Charles W. Wilson und Henry Spencer Palmer, die beide als Captain fungierten und zu den Royal Engineers gehörten – den Königlichen Ingenieuren; auch der bekannte Orientalist und Arabien-Experte Professor Edward Henry Palmer nahm daran teil. Der offizielle Forschungsbericht *Ordnance Survey of the Peninsula of Sinai* (»Landvermessungskarte der Halbinsel Sinai«) wurde von den beiden Palmers in getrennten Werken weiter ergänzt.

Die früheren Forscher hatten ihre kurzen Reisen meistens im Frühling angetreten. Die Wilson-Palmer-Expedition brach am 11. November 1868 in Sues auf und kehrte am 24. April 1869 nach Ägypten zurück – blieb also vom Wintereinbruch bis zum folgenden Frühling auf der Halbinsel. So stellte man als Erstes fest, dass im gebirgigen Süden nicht nur ein sehr kalter Winter herrscht (mit Tag-Nacht-Temperaturschwankungen von bis zu 50 Grad) und dass es dort schneit, was das Vordringen erschwerte, wenn nicht gar unmöglich machte, die höheren Gipfel wie der Berg Musa und der Katharinenberg erwiesen sich auch noch als monatelang schneebedeckt. Obwohl nicht alle Zweifel ausgeräumt wurden, lehnte die Gruppe den Serbal ab und sprach sich für Musa als den Berg Sinai aus.

In seiner Abhandlung *Sinai: Ancient History from the Monuments* (»Sinai: Frühgeschichte anhand der Denkmäler«) fasste Captain Palmer seine Befunde vor dem Hintergrund der ägyptischen Geschichtsschreibung zusammen und beschrieb die Bedeutung jeder einzelnen bewohnten

Stätte im Sinai: Behausungen aus unbehauenen Steinen, die wie Bienenkörbe gebaut waren, Gräber aus Steinkreisen und viele Inschriften in einer Schrift, die er »Sinaitisch« nannte. Professor E. H. Palmer versuchte die Stationen der Israeliten vor und nach dem Berg Sinai zu bestimmen, wobei er sich arabischer Überlieferungen und der arabischen Sprache bediente; er schrieb darüber den Bericht *The Desert of the Exodus* (»Die Wüste des Exodus«). Obwohl ihm auf seinen Reisen klar wurde, dass seine beduinischen Informanten einige Ortsnamen für ihn erfanden, sah er in den Namen und Erzählungen Überlebende mündlicher Traditionen, die in der Zeit des Exodus verwurzelt waren. Wenn sie nicht in seine Theorie passten, schob er die Tradition jedoch einfach beiseite und erklärte den Namen für unhistorisch.

Er akzeptierte die Sichtweise, dass es sich bei der Stelle der Durchquerung des Roten Meeres um ein seichtes Gewässer in der Bucht des Golfes von Sues oder einen antiken Ausläufer gehandelt haben könnte, zumal noch heute ein starker Ostwind das bei Ebbe niedrigstehende Wasser wegtreibt. Die Tatsache, dass ein Ort auf der Sinai-Seite des Golfs *Ayun Mussa* (»Musas Quelle«) genannt wird, diente ihm als unwiderlegbarer Beweis dafür, dass die Israeliten nach der Durchquerung dort an Land gegangen waren; arabische Überlieferungen stützten diese Auffassung seiner Ansicht nach. Es treffe zwar zu, räumte er ein, dass eine ähnliche Überlieferung die Stelle der Durchquerung sehr viel südlicher sehe, nämlich an einem Ort namens »Pharaos Heiße Quellen«, doch tat er dies mit der Begründung ab, dass »die Araber mit ihrer üblichen Widersprüchkeit eben zwei Stellen zum Schauplatz des Wunders« erkoren hätten.

Palmers Route für den Exodus stimmte mit der von Lepsius im Wesentlichen überein, aber er verwarf die Entscheidung für den Serbal und wollte keinen anderen Gipfel für den Berg Sinai gelten lassen als den Musa. Schon sein Name – Mosesberg – »und die Überlieferung weisen weitgehend darauf hin, dass kein anderer Berg auf der Halbinsel als Ort der Gesetzgebung« in Frage käme. Außerdem läge der Berg Aribeh in der Nähe des Musa und nicht des Serbal – und bei ihm handele es sich offensichtlich um den biblischen Berg Horeb, weil »der Name Horeb, der für das Ohr des Arabers keine Bedeutung hat, längst untergegangen ist, aber in dem Berg Aribeh wiederauftaucht«. Darüber hinaus gebe es unweit des Berges Musa noch einen Gipfel, der auf Arabisch »Hügel des Goldenen Kalbs« genannt werde. Das war seiner Meinung nach eine schlüssige Beweisführung.

Eine Schwierigkeit räumte Palmer ein: Es gab vor dem Musa kein Tal, das weit genug gewesen wäre, dass die Israeliten dort hätten lägern und von dem aus sie die Theophanie hätten mitansehen können.

Seine Antwort darauf lautete, dass dies zwar für den Südgipfel stimme, dem eigentlichen Berg Musa, der Nordgipfel – *Ras Sufsafeh* – aber gegenüber »der geräumigen Ebene von Er-Rahah liegt, auf der nicht weniger als zwei Millionen Israeliten hätten lagern können«.

Aus alledem zog er den ungewöhnlichen Schluss, dass der Ort der Gesetzgebung nicht der Berg Musa gewesen sei, sondern der Gipfel mit Namen Ras Sufsafeh, »die zugegebenermaßen beide an den entgegengesetzten Enden des zweieinhalb Kilometer langen Massivs liegen«. Er fügte hinzu: »Da es keine andere Stelle als die Ebene von Er-Rahah gab, auf der sich die Kinder Israels als Zuschauer hätten versammeln können, und da der Gipfel des Berges Musa von dieser Ebene aus nicht einsehbar ist, sind wir gezwungen, letzteren als Standort für die Verkündung des Gesetzes abzulehnen.«

Was war mit den Überlieferungen und all den Orten auf dem Gipfel des Berges Musa, die als heilige Stätten für verschiedende Details des Exodus verehrt werden? »Man könnte nun einwenden«, schrieb Palmer, »dass die Überlieferungen auf den Gipfel selbst hindeuten – den Gipfel des Musa – als jene Stelle, an der das Gesetz übergeben wurde, und dass keine wie auch immer geartete Legende überliefert ist, die den Ras Sufsafeh oder die Ebene am Nordende des Berges erwähnt«, aber »nachdem wir nun unseren Berg gefunden haben, sind wir nicht weiter demutsvoll gezwungen, der Überlieferung zu folgen, sondern dürfen uns für die Ermittlung des Rests des gesunden Menschenverstandes bedienen«.

Schon bald wurden Professor Palmers Ansichten von anderen Gelehrten kritisiert, unterstützt und modifiziert. Binnen kurzem konnte man zwischen vier Gipfeln in derselben Gegend wählen, die als wahrer Berg Sinai angeboten wurden – dem Katharinenberg als höchstem, dem Musa, dem Gipfel Sufsafeh und dem Berg Monejah auf der anderen Talseite östlich des Musa. Und ebenso erhaben wie majestätisch ragte auch noch der Serbal auf – ein Kandidat mit vielen Anhängern. Es gab jetzt also fünf Südgipfel sowie mehrere verschiedene Routen, zwischen denen man wählen konnte.

Aber handelte es sich dabei um die einzigen Kandidaten?

Bereits im April 1860 war im *Journal of Sacred Literature* (»Zeitschrift für heilige Literatur«) die umwälzende Theorie vorgebracht worden, der

Heilige Berg sei gar nicht im Südsinai zu suchen, sondern auf dem weiten Zentralplateau namens *Badiyeht el-Tih* (»Wildnis der Wanderung«), einer Sandsteinklippe nördlich des hohen Granitgebirges; es könne sich um einen Gipfel namens *Jbel el-Ojmeh* handeln. So machte sich denn 1873 ein Geograph und Linguist namens Charles T. Beke (der schon die Quellen des Nils erforscht und kartografiert hatte) auf »die Suche nach dem wahren Berg Sinai«.

Seine Forschungen ergaben, dass der Berg Musa nach dem gleichnamigen Mönch aus dem vierten Jahrhunderts benannt worden war, der für seine Frömmigkeit und Wundertätigkeit berühmt gewesen war, und nicht nach dem biblischen Moses – und dass die Ansprüche auf den Berg Musa erst ungefähr 550 nach Christus eingesetzt hatten. Er wies außerdem darauf hin, dass der jüdische Historiker Josephus Flavius (der nach dem Fall von Jerusalem im Jahr 70 nach Christus für die Römer die Geschichte seines Volkes aufgezeichnet hatte), den Berg Sinai als den höchsten der ganzen Umgebung bezeichnet habe, was den Musa ebenso auschloss wie den Serbal. Und Beke stellte auch die Frage: Wie konnten die Israeliten überhaupt nach Süden gehen, vorbei an den ägyptischen Garnisonen in den Bergwerksgebieten?

Auf der Suche nach weiteren Hinweisen überlegte er erstmals: *Worum* handelte es sich bei dem Berg Sinai eigentlich? Er legte nahe, dass es ein Vulkan war, vielleicht ein schlafender, der zurzeit des Expodus ausgebrochen war. Er fragte außerdem: Wo lag das Land Midian, das anscheinend nicht weit vom Heiligen Berg entfernt war? Der Titel seines Hauptwerks verkündete seine Schlussfolgerungen: *Discoveries of Sinai in Arabia and of Midian* (»Entdeckungen des Sinai in Arabien und Midian«). Der Berg Sinai, schrieb er, habe hinter der Halbinsel Sinai gelegen, nordöstlich von Aqaba.

Charles Beke wird nicht als der Mann in die Geschichte eingehen, der den wahren Berg Sinai endlich gefunden hat. Ein Hauptproblem seiner Theorie war die sehr große Entfernung der von ihm ermittelten Stelle zu Ägypten, wo Moses immer wieder um die Erlaubnis nachgesucht hatte, den Heiligen Berg verehren zu dürfen, »der sich drei Tagesmärsche entfernt in der Wüste erhebt«. Um diese Schwierigkeit zu lösen, platzierte Beke die Israeliten nicht etwa in Ägypten, sondern auf der Sinai-Halbinsel. Obwohl das niemand akzeptierte, brachten seine Recherchen doch frischen Wind in die Frage nach der Route, den der Exodus genommen hat, und nach einem möglichen Standort des Berges Sinai außerhalb des gewohnten Granitmassivs im Süden.

Bekes Kritiker und er selbst sahen als Lösung des Problems der Entfernung eine Südpassage, genauer gesagt die Durchquerung des Roten Meeres in der Bucht des Golfs von Sues. Wenn der Berg Sinai wirklich, wie Beke vorschlug, im Norden der Bucht des Golfs von Sues lag, hatten die Israeliten in den behaupteten drei Tagen die Westküste der Sinai-Halbinsel hinunter und dann wieder die Ostküste hinauf marschieren müssen – eine schwierige Reise, die Hunderte von Kilometern lang war.

Eine südliche Durchquerung, etwa in Höhe der Bucht des Golfs von Sues, war in der Tat eine tief verwurzelte (und plausible) Überlieferung, die von mehreren Legenden gestützt wurde. So wurde in alten griechischen Schriften berichtet, dass Alexander der Große bei seiner Eroberung Ägyptens (332-331 vor Christus) erfahren habe, die Israeliten hätten das Rote Meer in der Bucht des Golfs von Sues durchquert; dort würde seichte Wasser von starken Winden davongetrieben werden. Zuversichtlich versuchte er die Durchquerung selbst – offensichtlich aber mit wenig Erfolg.

Der nächste große Eroberer, der das versuchte, war im Jahre 1799 Napoleon. Seine Ingenieure hatten festgestellt, dass an der Stelle, wo in der Bucht des Golfs von Sues eine »Zunge« landeinwärts führt, südlich der Stadt Sues, sich unter Wasser ein Bergrücken erstreckt, etwa zweihundert Meter breit, der von Küste zu Küste reicht. Wagemutige Einheimische durchquerten dort bei Ebbe das Wasser, bis zu den Schultern untergetaucht. Und wenn ein starker Ostwind blies, war der Meeresboden fast ganz frei von Wasser.

Napoleons Ingenieure ermittelten für ihren Kaiser den richtigen Platz und die richtige Zeit, um es den Kindern Israels gleich zu tun. Aber der Wind schlug plötzlich um, Wasser gischtete herein, und die Landzunge war innerhalb weniger Minuten von über zwei Meter hohen Wogen bedeckt. Der große Napoleon kam um Haaresbreite mit dem Leben davon.

Derartige Erfahrungen überzeugten die Gelehrten des 19. Jahrhunderts endgültig, dass der Exodus und die wunderbare Durchquerung des Roten Meeres am nördlichen Ende des Golfs von Sues stattgefunden haben mussten: Der Wind konnte tatsächlich einen trockenen

Weg erschaffen und, wenn er umschlug, in Minutenschnelle die Ägypter ertränkt haben. Außerdem gab es auf der anderen, der Sinai-Seite des Golfs, einen Ort namens *Jbel Murr* (»Bitterer Berg«) und ganz in der Nähe *Bir Murr* (»Bittere Quelle«), bei dem es sich um *Marah*, den Ort des bitteren Wassers, gehandelt haben könnte, das Moses nach der Durchquerung in süßes Wasser verwandelte. Weiter südlich lag *Ayun Mussa* – »Moses' Quelle«; und erinnerte man sich an die nächste Station, Elim, nicht aufgrund ihrer herrlichen »zwölf Wasserquellen und siebzig Palmbäume«? Eine Durchquerung südlich der Stadt Sues – von Westen nach Osten – stimmte deshalb gut mit der Theorie einer südlichen Route überein, ganz egal, an welcher Stelle sich der Exodus landeinwärts gewendet hatte.

Der Bau des Sueskanals (1859-1869) und die geologischen, topografischen, klimatischen und Meeresdaten, die dabei gesammelt wurden, erschütterten diese lange aufrecht erhaltenen Theorien, weil sie zeigten, dass es nicht nur eine mögliche Stelle für die Überquerung gegeben hatte, sondern gleich deren vier!

Der Kanal verbindet das Mittelmeer im Norden mit dem Golf von Sues im Süden und folgt dabei einer natürlichen Kanalrinne; möglicherweise hat sie die beiden Meere in einem früheren geologischen Zeitalter miteinander verbunden. Diese Wasserverbindung hatte sich unter dem Einfluss des Klimas, von Erdbeben und anderen geologischen Kräften immer weiter reduziert; sie zeigt sich heute nur noch in Form von Sumpflagunen im Norden, den kleineren Seen Ballah und Timsah sowie den beiden Bitterseen. Zurzeit des Exodus könnten diese Seen viel ausgedehnter gewesen sein; auch die Bucht des Golfs von Sues könnte sich weiter ins Landesinnere erstreckt haben.

Die Konstrukteure des Sueskanals unter Leitung von Ferdinand Marie de Lesseps veröffentlichten 1867 das folgende Diagramm (Abb. 43) vom nordsüdlichen Abschnitt des Isthmus, der auf der obersten Linie die vier überirdischen Bergrücken zeigt. Es wurde vorgeschlagen, dass bei nahezu gleichbleibender Wassersperre diese Grate im Altertum die vier möglichen Stellen für eine Überquerung (Abb. 44) gewesen sein könnten:

A. zwischen den Sumpflagunen von Menzaleh und dem Ballah-See
B. zwischen dem Ballah- und dem Timsah-See
C. zwischen dem Timsah-See und den Bitterseen
D. zwischen den Bitterseen und dem Golf von Sues

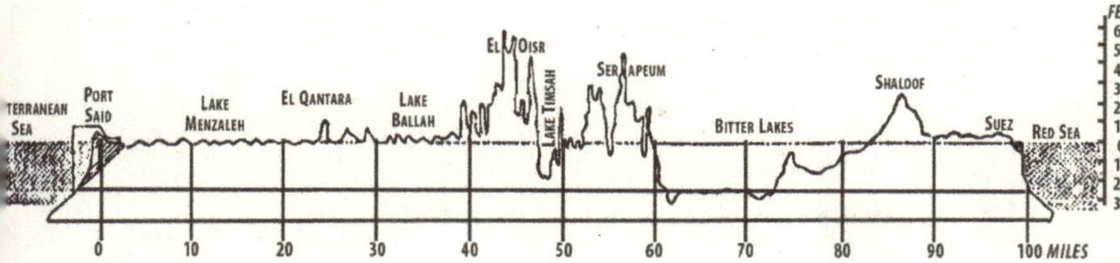

Abb. 43

Das Herz Ägyptens, wo der historische Obere und Untere Nil sich treffen, ist die Stelle, an der der Nil, der sich 6.850 Kilometer weit aus dem tiefsten Afrika dahingeschlängelt hat, plötzlich ausfächert und das Nil-Delta bildet. Im Altertum war dies religiös, politisch und kommerziell der Dreh- und Angelpunkt von Memphis-Heliopolis; in moderner Zeit liegt dort Kairo. Von hier aus führten drei Hauptrouten in die vielen Länder Asiens; noch heute verlaufen Straßen und Eisenbahnlinien durch diese Transferpunkte.

Die südlichen Zwillingsrouten verlaufen parallel und verbanden einst Heliopolis und Memphis mit den Transferpunkten C und D. Dahinter liegt eine Wüstenstrecke; dann erreicht der Reisende einen Gebirgskamm, der jäh etwa 450 Meter vor ihm aufragt. Zwei Pässe stehen dem Reisenden zur Verfügung; beide waren zwischen 1956 und 1973 der Schauplatz ausufernder israelisch-ägyptischer Kämpfe. Es sind der Giddi-Pass und der Mitla-Pass. (Als die beiden Widersacher sich bereit erklärten, ihre Einheiten zurückzuziehen, geschah dies nur unter der Bedingung, dass an diesen beiden strategisch wichtigen Pässen von Amerikanern bemannte elektronische Wachtposten stationiert wurden.) Hinter den Pässen führen Routen in nordöstliche, östliche und südöstliche Richtungen.

An den Transferpunkten über dem Kopfende des Golfs beginnt eine weitere Route in südliche Richtung, die entlang der Westküste der Halbinsel Sinai nach unten verläuft. Die frühen Berichte über die Israeliten in Ägypten schildern sie als Sklavenarbeiter beim Bau der Pyramide von Gizeh, in der Nähe von Memphis. Deshalb war es nur logisch, dass sie den nächsten Fluchtweg nahmen, durch den Transferpunkt D. Aber nach dem Sinneswandel des Pharaos konnten sie nicht mehr durch einen regulären (und gut bewachten) Transferpunkt ziehen, und so endete es damit, dass sie das Wasser oben im Golf von Sues durchquerten. Dann nahmen sie die Südroute und zogen in Richtung des Berges Si-

Abb. 44

nai – egal, ob es sich nun um den Musa, den Serbal oder den Katharinenberg gehandelt haben mag.

Als archäologische Entdeckungen das historische Bild abzurunden begannen und eine genaue Chronologie lieferten, stellte sich allerdings heraus, dass die großen Pyramiden ungefähr fünfzehn Jahrhunderte vor dem Exodus gebaut worden waren – mehr als tausend Jahre, bevor die Hebräer überhaupt nach Ägypten kamen. Immer mehr Forscher stimmten im letzten Viertel des neunzehnten Jahrhunderts darin überein, dass die Israeliten für den Bau einer neuen Hauptstadt geschuftet haben

, die Pharao Ramses II. um 1260 vor Christus errichten ließ. Sie *anis* genannt und lag im Nordost-Teil des Deltas.

Möglichkeit, dass die Urheimat der Israeliten – das Land Go-eher im Nordosten als im Bereich von Mittelägypten gelegen brachte in Verbindung mit den Ingenieursdaten eine Flut neu-hquerungstheorien. Ein hartnäckiges Problem bei der Theorie urchquerung des Wassers in der Bucht des Roten Meeres lag in bräischen Begriff *Yam Suff*, das wörtlich so viel wie »Schilf-der »Schilfsee« heißt. Da diese Beschreibung auf das Rote Meer trifft, schien die Ansammlung seichter und sumpfiger Seen er-passender zu sein.

esseps, der Leiter des Kanalbaus, vertrat die Meinung, dass die te südlich des Timsah durchquert wurde, an Punkt C. Andere, vier Ritt in *Histoire de'isthme de Suez* (»Geschichte des Sues-«) folgerten aus denselben Daten hinsichtlich der früheren To-, dass die Durchquerung an Transferpunkt D erfolgt sein muss, Seenkette, die sich damals dort erstreckte, statt in der gegen-ı Bucht des Golfs. Beide gingen bei der Fortsetzung der Route davon aus, dass die Israeliten nach Süden abbogen, zum Berg ı Süden der Halbinsel.

ı entwickelte der Ägyptologe Heinrich Karl Brugsch eine revo-e Theorie, mit der er sich 1874 an den Internationalen Kon-r Orientalisten wandte. Er führte starke Argumente für eine ierung der Heimat der Israeliten sowie der Orte ins Feld, die r Versklavung und dem Exodus (*Pithom*, *Sukkoth*, *Migdol*) am en Nordrand von Ägypten zusammenhingen; seiner Meinung tten sie den nächsten Transferpunkt und die nächste Route ge-n, die ihnen zur Verfügung standen: den nordöstlichen Punkt lem Wasser, das sie durchquert hatten, handelte es sich weder Rote Meer noch um die sich darüber erstreckenden Seen, sagte ien die Bereiche der seichten Gewässer, Sümpfe und Untiefen Mittelmeerküste gewesen, bekannt als Sirbonischer See oder – bisch – *Sebkhet el Bardawil*.

r den eindrucksvollen Naturwundern dort ist auch der *Ba'al Za-*or dem die Israeliten warteten, bevor sie das Wasser durchquer-ıgsch hob den Zusammenhang zwischen diesem Berg und der schen Gottheit *Ba'al Zaphon* hervor, einem Beschützer der See-und zeigte, dass die bogenförmig verlaufenden Untiefen, die die

Sirbonische See vom Mittelmeer trennten, ein Vorgebirge hatte der Antike Zeus Cassius genannt wurde – das war der griechisch für *Ba'al Zaphon*. Das ließe eindeutig darauf schließen, erklärte die Israeliten hier durchgegangen seien und dass es sich beim »S um die Sirbonische See handele.

Wie sich herausstellte, war die Theorie einer Nordpassage fast ein Jahrhundert alt, als Brugsch sie präsentierte, und schon *Hamelsveld's Biblical Geography* (»Hamelsvelds biblischer Ge und anschließend noch von mehreren anderen Forschern vertre den. Aber wie selbst Brugschs Gegner zugeben mussten, legte er orie »mit einer Reihe wirklich brillanter und überzeugender anhand ägyptischer Denkmäler« vor. Sein Vortrag wurde im fo Jahr unter dem Titel *L'Exode et les Monuments Egyptiens* (»Der und die ägyptischen Denkmäler«) veröffentlicht.

Brugsch erkannte, dass der Haupteinwand gegen eine n Route nach Kanaan – den »Seeweg« – die Tatsache war, dass der gesamten Strecke befestigt und von Garnisonen bewacht v weiß man aus ägyptischen Texten und einer bildlichen Dar der Küstenstrecke (A), ihrer Befestigungen und Brunnen durc an einer Tempelmauer in Karnak. In Erwartung eines solch wands ließ Brugsch die Israeliten rasch von der Sirbonischen ganzen Weg südlich bis nach *Ayun Mussa* eilen, wo sie auf die ferte Südroute stießen.

Im Jahr 1883 identifizierte Edouard H. Naville in *The Stor Pithom and the Route of the Exodus* (»Die Speicherstadt Pithom Route des Exodus«) ein Gelände westlich des Timsah-Sees als Tanis, die neue Hauptstadt von Ramses II., wurde als Raamses ziert, die andere Stadt der Sklavenarbeit. Der überwältigende der von Gelehrten wie Georg Moritz Ebers in *Durch Gosen zu* geschickt vorgebracht wurde, bestand darin, dass das israelitis schen sich vom Timsah-See westwärts durch das Wadi Tumilat hatte – ein Tal, durch das die süßen Wasser des Nils auf die Su zugeführt wurden und das von Ägyptens Zentrum aus als Nord diente. Goschen lag also überhaupt nicht im äußersten Nordoste tens, sondern in der Mitte seiner östlichen Begrenzung.

Brugschs Kritiker – von denen es so viele gab wie von sei hängern –, die den »schnellen Marsch vom Norden in den Sü unzulässige Rationalisierung betrachteten, waren überzeugt, sich irrte, wenn er Goschen zu weit im Norden verortete. H. Clay Trumbull (*Kadesha Barnea*) argumentierte weiter, dass *Sukkoth* keine Stadt war, sondern eine Lagerstätte westlich des Timsah-Sees, wo sich Karawanen sammelten, bevor sie Ägypten verließen. *Migdol*, wies er nach, war kein bestimmter Ort, sondern einer von mehreren befestigten Türmen (was *Migdol* auf Hebräisch ja auch heißt), die gegen Annäherungen aus dem Osten schützen sollten. Brugsch fasste die bis dahin (1895) veröffentlichte umfangreiche Literatur zu diesem Thema zusammen und offerierte einen Kompromiss: Die Israeliten waren durchaus nach Norden gezogen, auf den Transferpunkt A zu, doch bevor sie ihn erreichten, hatte der Herr ihnen befohlen umzukehren (Exodus 14,1-4) und in südliche Richtung zu ziehen, auf Punkt D zu. Verfolgt vom Pharao, durchquerten sie dann auf wundersame Weise die Wasser des Golfs.

Im Jahre 1897 bemühte sich Samuel C. Bartlett in *The Veracity of the Hexateuch* (»Die Wahrhaftigkeit des Hexateuch«), das Jahrhundert mit dem letzten Wort in der Streitfrage zu beschließen. Die Durchquerung habe am Sues stattgefunden, man habe die Südroute gewählt, und beim Berg Sinai handele es sich um den Musa.

Aber das sollte bei weitem nicht das letzte Wort bleiben, denn niemand hatte sich bisher die einfache Frage gestellt: Wenn die Israeliten gleichauf mit der Route B gewohnt hatten und kurz vor dem Transferpunkt B – warum hatten sie dann nicht diesen nächsten Ausgang in die Freiheit genommen?

Das Buch Exodus beschreibt nicht nur die Bereitschaft der Israeliten, kurzfristig aufzubrechen, sondern auch die Angst der Ägypter, sie augenblicklich ziehen zu sehen. Es war Mitternacht, als der Herr durch Ägypten ging und alle Erstgeborenen tötete, und da »ließ (der Pharao) noch in der Nacht Mose und Aaron rufen und sagte: Macht euch auf, zieht aus meinem Volk hinweg … Auch die Ägypter drängten das Volk zu schleunigem Aufbruch aus dem Lande«, denn sie fürchteten, dass sie alle und nicht nur die Erstgeborenen getötet würden.

Warum dann also einen Transferpunkt wählen, der einen mehrere Tage langen Marsch innerhalb der Grenzen Ägyptens nötig macht, statt Ägypten einfach sofort zu verlassen, wie es sich doch Israeliten und Ägypter gleichermaßen wünschten?

10

Als Götter, nicht Menschen, die Neue Welt bewohnten

Bisher unveröffentlichter Artikel, geschrieben 1992.

In seinem Buch *Versunkene Reiche*, das im Original 1990 erschien, befasst sich Sitchin mit seinen Funden auf dem amerikanischen Kontinent. Der hier vorliegende bisher unveröffentlichte Artikel befasst sich weiter ausführlich mit diesem faszinierenden Thema früher Besucher in der Neuen Welt.

Die ersten spanischen Konquistadoren waren verblüfft, wie sehr die Kultur in Südamerika ihrer eigenen ähnelte. Die Kulturen, auf die sie trafen, waren sehr fortgeschritten, verfügten über komplex gestaltete Regierungssysteme und hoch entwickelte Kunst und Religion. Noch mehr überraschte es die Spanier, dass die Eingeborenen nicht nur eine monotheistische Religion hatten, sondern auch mit dem Symbol des Kreuzes vertraut waren.

Sitchin stellt daher die Frage: »Ist das Unmögliche geschehen – waren irgendwann in der Vergangenheit Menschen aus der Alten Welt in jene Länder gekommen und hatten den religiösen Glauben, die gesellschaftlichen Strukturen und die Zivilisationen der Alten Welt mitgebracht – aber aus einer Zeit, die zu weit zurücklag, als dass man sich in der Alten Welt noch daran erinnerte, einer Ära viele Jahrtausende vor dem Christentum?« Sitchin setzte seine Forschungen fort und entdeckte ausgeprägte kulturelle Parallelen zwischen den Azteken, den Maya und den Inka. Und, noch verblüffender, anscheinend hatten die Indios in Peru Kenntnis von der hebräischen Bibel und praktizierten einige Rituale des Alten Testaments.

Sitchin betrieb weitere Studien und konzentrierte sich auf ein frühes Volk von Mesoamerika, wie der Kulturbereich und die Siedlungslandschaft in Mittelamerika genannt wird. Mesoamerika umfasst großräumige Gebiete der heutigen Staaten Mexiko, Belize, Guatemala, El Salvador, Honduras, Nicaragua und Costa Rica, und hier forschte Sitchin über die Olmeken, die, wie man feststellte, von »negroider« Art waren, ursprünglich aus Afrika stammten und auf der Suche nach abzubauendem Gold nach Südamerika gekommen waren. Frühe Bilder der Olmeken zeigen sie in Gesellschaft bärtiger Fremder, darunter des Gottes Quetzalcoatl. Sitchin folgerte daraus, dass es sich bei Quetzalcoatl in Wahrheit um den ägyptischen Gott Thoth gehandelt habe, der unter der Ägide der Anunnaki nach Südamerika gekommen war, um dort, ähnlich seinem Kontrahenten Viracocha, nach Gold zu suchen.

IN DIESEM JAHR 1992 feiern wir den 500. Jahrestag der Entdecku Amerikas durch Kolumbus, aber zugleich markiert dieses Jahr f uns – ohne dass wir es wissen – eine noch *frühere* Ankunft in c Neuen Welt.

Tatsächlich hat sich mit dem Eintreffen neuer Menschen (der Sp nier) in der Neuen Welt im Jahre 1492 nur die Saga der nicht wenig dramatischen Ankunft dort von Personen wiederholt, die schon Jahrta sende früher von ganz woanders kamen – die Saga der Ankunft v Menschen *von einem anderen Planeten* auf dem Planeten Erde!

Beweise dafür lagen die ganze Zeit vor, aber man hat sie entwe falsch interpretiert, nicht beachtet, ignoriert – oder einfach nicht g glaubt. Dabei war die Wahrheit in den Legenden der eingeborenen »I dios« stets vorhanden; aber man hat ihre Geschichten, ob sie nun mün lich überliefert oder in Hieroglyphen festgehalten waren, als Mythen, Mythologie angesehen.

Und so sind all die Jahrhunderte vergangen, bis man die wahre G schichte Amerikas wiederentdeckte, eine Geschichte, die in eine Z zurückreicht, als die Götter tatsächlich auf der Erde waren und c Wanderungen und Unternehmungen der Menschen im Dienste c Götter standen.

Verblüffende Parallelen

ıne grundlegende Prämisse der ersten fünf Jahrhunderte seit der Ent-
:ckung Amerikas im Jahre 1492 lautete, dass die Alte Welt keinerlei
enntnis von der Neuen Welt besaß, was auch umgekehrt galt, woraus
.an folgerte, dass die beiden nie Kontakt miteinander hatten. Diese
›wegige These, die den Zugang zur Wahrheit über die präkolumbi-
hen Zivilisationen auf dem amerikanischen Kontinent blockiert hat,
urde nur kurzzeitig aufgehoben, als die Konquistadoren die Auswir-
ıngen ihrer Funde erkannten.

Als die spanischen Konquistadoren und andere Europäer auf dem
nerikanischen Kontinent ein Land nach dem anderen eroberten,
ellten sie immer wieder verblüfft fest, dass sie ständig auf Zivilisa-
ɔnen stießen, die jenen der Alten Welt in hohem Maße ähnlich wa-
n: Es gab Königreiche und Könige, Königshöfe und deren Minister
ıd Berater, Städte und Märkte, heilige Bezirke, Tempel und Priester;
unst, Dichtung, Literatur, Handel und Industrie; Armeen und Solda-
n. Und so fragten sich die Europäer, wie es denn möglich sein konn-
, dass in solch unbekannter Ferne und solch isolierten Ländern, mit
:nen allem Anschein nach nie eine Verbindung bestanden hatte, Ge-
llschaftsformen und Zivilisationen entstanden waren, die jenen der
lten Welt so verblüffend glichen?

Sogar eine Religion besaßen die Eingeborenen, eine heidnische Reli-
on, mit vielen Göttern und Göttinnen, mit einer Fülle unglaublicher
eschichten von Liebe und Krieg, Bündnissen und Eifersucht zwischen
esen Göttern und komplizierten Ahnenreihen. Als die katholischen
:iester dort eintrafen, waren sie entsetzt und fest entschlossen, diese
:idnischen Glaubenssysteme auszulöschen und all die unglaublich kunst-
›llen Statuen und Artefakte zu zerschmettern, die die Eingeborenen zu
ıren jenes Pantheons errichtet hatten.

Zu ihrer Verblüffung sprachen die Eingeborenen jedoch trotz dieser
:rwirrenden Vielzahl von Gottheiten von einem obersten Gott, ei-
:m »Schöpfer von Allem«. Die Konquistadoren mussten sich von An-
ng an mit dieser verblüffenden Tatsache auseinandersetzen, als Cor-
s und seine Männer den Azteken und deren Anführer Moctezuma
ıtgegentraten. Wie konnte es sein, dass solche »Wilde« zu diesem
›ersten Gott beteten, den sie *Quetzacoatl* (»Gefiederte Schlange«)
ınnten, Gebete wie das Folgende:

Du wohnst in den Himmeln,
Du trägst die Berge …
Du bist überall, unvergänglich.
Man bittet dich flehentlich, bittet dich dringend.
Dein Ruhm ist unübertroffen.

Und um es den Priestern aus der Alten Welt, die die Heiden zum Christentum bekehren wollten, noch schwerer zu machen, kannten diese »Heiden« bereits das *Symbol* des Kreuzes. Sie verehrten es und maßen ihm himmlische Bedeutung bei; sie bildeten es als das Emblem Quetzalcoatls auf seinem Schild ab.

Im Osten des Aztekenreiches mit seiner Hauptstadt Tenochtitlan (heute: Mexiko City) lagen die Gebiete der Maya; und auch dort war die oberste Gottheit die »Gefiederte Schlange«, die in der Sprache der Maya *Kukulcán* hieß.

Konnte das Unmögliche geschehen sein – waren irgendwie, irgendwann in der Vergangenheit Menschen aus der Alten Welt in diese Region gekommen und hatten die religiösen Vorstellungen, die gesellschaftlichen Strukturen und die Zivilisationen der Alten Welt mitgebracht – und dies in einer Zeit, die zu weit zurück lag, als dass man sich in der Alten Welt daran erinnert hätte, einer Ära viele Jahrtausende vor der Christenheit?

Legenden vom zurückkehrenden Gott

Nicht nur solch offenkundige Parallelen brachten die auf dem amerikanischen Kontinent eingetroffenen Europäer auf derartige Gedanken, sondern auch eine Legende, die im Glaubenssystem der Azteken das zentrale Thema war: die *Legende von der Rückkehr*. Quetzalcoatl, so berichtete die Legende, habe die Menschen im prähistorischen Mexiko, nachdem er ihnen die Zivilisation gebracht hatte, wieder verlassen und war über das Meer im Osten verschwunden. Aber bevor er sie verließ, versprach er ihnen wiederzukehren, aus dem Osten zurückzukommen.

Nach den Legenden der Azteken hat der böse Kriegsgott Quetzalcoatl gezwungen, das Land der Azteken (Zentral-Mexiko) zu verlassen. Mit einer Gruppe von Gefolgsleuten zog er nach Osten, zur Halbinsel Yucatán, und von dort weiter zum östlichen Horizont. Aber er gelobte zurückzukehren und nannte dafür auch einen Zeitpunkt. Ich werde zurückkehren, sagte er, am Tage meines Geburtstags: »I Reed.«

Im Aztekenkalender vollendet sich der Zyklus der Jahre alle 52 Jahre; demzufolge konnte das Jahr seiner versprochenen Rückkehr einmal alle 52 Jahre sein. In dem parallelen, christlichen Kalender begab sich »I Reed« 1363, 1415 und 1467 – und wieder im Jahr 1519. Dies war exakt das Jahr, in dem Cortés und seine Gruppe im Gebiet der Azteken eintrafen. Er war mit einer Armada aus elf Schiffen mit etwa 600 Männern und vielen Pferden aus Kuba angesegelt. Als sie die Küste Yucatáns entlang segelten, passierten sie die Lande der Maya und landeten schließlich im Aztekenreich. Während sie damit beschäftigt waren, ihren Brückenkopf einzurichten, den sie Veracruz nannten (wie die Stadt auch heute noch heißt), erschien dort zu ihrer Überraschung eine Delegation von Abgesandten des Aztekenkönigs, die ihnen seine Grüße bestellte und erlesene Geschenke überbrachte. Damit hießen die Azteken den zurückgekehrten Gott willkommen, der versprochen hatte, mit *seinen bärtigen Gefolgsleuten* im Jahre I Reed zurückzukehren. Mit anderen Worten, die Azteken hießen die Konquistadoren willkommen, weil sie in ihnen die Erfüllung der Legende von der Rückkehr des Quetzalcoatl sahen.

Abb. 45. Quetzalcoatl hält seinen Schild mit dem KREUZ-Emblem.

Um so überraschter waren die Spanier bei ihrem Eintreffen in Peru, in den Weiten Südamerikas, als sie dort erneut Glaubensvorstellungen und Zivilisationen ähnlich denen Europas und des antiken Nahen Ostens entdeckten. Sie fanden dort nicht nur ähnliche gesellschaftliche Strukturen mit Königreichen und Königen, Tempeln und Priestern und dergleichen vor, sondern auch eine Ähnlichkeit zwischen den Götterlegenden Mittelamerikas und denen Südamerikas – und dies überraschte sie desto mehr, da sie ja davon ausgingen, dass es keine Verbindung zwischen den beiden Reiche gab.

Dort, in Südamerika, im Inkareich, hieß der Oberste Schöpfer *Viracocha*, ein großer Gott des Himmels und der Erde, der in antiken Zeiten in die Anden gekommen war. Der Legende nach befand sich seine

Abb. 46. Viracocha auf dem Sonnentor in Tiahuanaco, Bolivien

Hauptwohnstätte am Ufer des Titicacasees (der heute die Grenze zwischen Peru und Bolivien bildet), wo man die rätselhaften Überreste einer megalithischen Stadt fand, die sich Tiahuanaco nannte und wo man noch heute zwei kleine, mit diesen Legenden in Verbindung stehende Inseln als Insel der Sonne und Insel des Mondes bezeichnet.

Aus einer dort gelegenen Höhle gab ihnen Viracocha, nachdem er vier Brüder und vier Schwestern geschaffen hatte, einen magischen Stab und wies sie an, wohin sie gehen sollten, um in Südamerika ein Königreich und eine Zivilisation zu gründen; diese Stadt nannte sich damals (und auch heute noch) Cuzco; es war die Hauptstadt der Inka.

Als all dies getan war, kehrten die Götter der Sonne und des Mondes, die Viracocha geholfen hatten, in den Himmel zurück. In einer anderen Version dieser Legenden waren die beiden Helfer Kinder Viracochas, die ausgesandt worden waren, um den Menschen die Zivilisation zu bringen. In beiden Versionen trafen sich am Ende Viracocha und seine Helfer an der Küste des Pazifik, »von wo sie in den Himmel aufstiegen«.

Viracocha ist auf Gemälden und in Skulpturen abgebildet (wie beispielsweise an dem berühmten Sonnentor in Tiahuanaco), er hält dabei in der einen Hand eine Axt und in der anderen den Blitzstrahl. In den Augen der Inka waren die »Blitze« schleudernden Musketen der Spanier ein sicherer Beweis für die Rückkehr von Viracochas Leuten. Ebenso wie in Mexiko erleichterte dies den Spaniern auch in Peru die Eroberung ganz erheblich.

Legenden der Schöpfung und der Sintflut

Wenn die Europäer schon die Ähnlichkeit der amerikanischen Zivilisationen mit denen der Alten Welt und zwischen den Azteken, den Maya und den Inka verblüffte, so überraschte es sie umso mehr, als sie in den *entferntesten* Regionen Hinweise fanden, die auf Kenntnisse der Bibel und biblischer Gepflogenheiten hinzudeuten schienen!

Bei den Indios von Peru gab es ein Fest der Ersten Früchte, wie es die Bibel vorschrieb, sowie ein Fest der Buße Ende September, in seiner Ausprägung und dem Zeitpunkt dem jüdischen Sühnefest, dem *Jom Kippur*, vergleichbar. Es gab außerdem den Brauch der Beschneidung und das Gebot, kein Blut von tierischem Fleisch zu sich zu nehmen. Es war verboten, Fisch ohne Schuppen zu essen – alles Aspekte der Regeln im Alten Testament für koscheres (»akzeptables, angemessenes«) Essen. Im Fest der Ersten Früchte skandierten die Indios die mystischen Worte *Yo Meschica, He Meschica, Va Meschica.* In den Ohren der spanischen Priester-Gelehrten, die sich den Konquistadoren angeschlossen hatten, klang »Meschica« ganz ähnlich wie *Maschi'ach* – das hebräische Wort für »Messias«.

Außerdem fanden diese Priester-Gelehrten unter den örtlichen Legenden auch Geschichten, bei denen man hätte glauben können, sie stammten aus dem Bibelunterricht; Geschichten von der Erschaffung des ersten Menschenpaars – »Adam und Eva«; und Geschichten von einer großen Flut, der Sintflut, die über die ganze Erde schwappte und alles mit Ausnahme eines einzigen Menschenpaares vernichtete.

In Mexiko berichteten Legenden in der Nahuatl-Sprache (der Sprache der Azteken und ihrer Vorgänger, der Tolteken), der Schöpfer des

Abb. 47. Das Sonnentor in Tiahuanaco

Alls habe, nachdem er den Himmel und die Erde geformt hatte, aus Ton einen Mann und eine Frau geformt, um damit den Anfang der Menschheit zu begründen. Dann seien aber alle Männer und Frauen auf Erden in einer großen Flut vernichtet worden, mit Ausnahme eines einzigen Priesters und seiner Frau, die Saatgut und Tiere mitnahmen und in einem ausgehöhlten Baumstamm auf dem Wasser trieben, bis die Flut wieder zurückgegangen war.

Erinnerungen an eine Sintflut fanden sich in fast allen Versionen in Südamerika, in der Quecchua-Sprache der Inka ebenso wie in der Aymara-Sprache ihrer Vorgänger. Nach Pater Molina, der in *Relacion de las fabulas y ritos de los Yngas* (»Vergleich der Legenden und Riten bei den Indios«) die unterschiedlichen Versionen zusammengetragen hat, besaßen die Indios »eine komplette Darstellung der Sintflut; sie sagen, alle Menschen und alle geschaffenen Dinge seien darin untergegangen und das Wasser sei über die Gipfel der höchsten Berge der Welt aufgestiegen. Kein Lebewesen hat überlebt, mit Ausnahme eines Mannes und einer Frau, die in einer Kiste, einem Behältnis, geblieben waren«.

Abb. 48. Ein aztekischer Steinkalender mit den Zeitaltern der fünf Sonnen

Überall in Amerika waren die Erinnerungen an frühere Zeiten in einzelne Zeitalter unterteilt, die als »Sonnen« bezeichnet wurden. An deutlichsten drückt sich das im Aztekenkalender aus, beispielsweise beim Großen Kalenderstein, den man in den Heiligen Revieren der Azteken aus den Zeiten vor der Eroberung in Mexiko City gefunden hat. Die Fläche in der Mitte, die nach dem Glauben der Azteken ihr eigenes Zeitalter der Fünften Sonne darstellt, umgeben Symbole der vorangegangenen vier Zeitalter, von denen jedes durch eine andere Katastrophe zerstört wurde: Wasser (die Sintflut), Wind, Erdbeben und Sturm sowie der Jaguar (wilde Tiere).

Die verlorenen Stämme Israels?

Bemüht, Erklärungen für diese verblüffenden Parallelen zu biblischen Gepflogenheiten und dem Echo auf biblische Geschichten von der

Schöpfung und der Sintflut zu finden, kam den in der Neuen Welt eingetroffenen Europäern eine simple Erklärung in den Sinn: Die Indios in Amerika könnten irgendwie Nachkommen der Zehn Verlorenen Stämme Israels sein – der Stämme, die die Assyrer ins Exil vertrieben und in alle Himmelsrichtungen verstreut hatten, als sie im 7. Jahrhundert vor Christus Judäa erobert hatten. Dies würde auch die organisatorischen Ähnlichkeiten (Könige und Königshöfe) erklären, ebenso wie religiöse Ähnlichkeiten (Tempel, Priester) und nicht zuletzt auch den Glauben an einen »Schöpfer von Allem«.

Dem Dominikanermönch Diego Duran, den man als Fünfjährigen nach Neu-Spanien gebracht hatte, mag dies nicht als Erstem in den Sinn gekommen sein, aber er war ganz sicherlich der Erste, der diese Theorie in einem Manuskript festgehalten hat. Insbesondere in seinem zweiten Buch *Historia de las Indias de Nueva Espana* (»Geschichte der Indios von Neu-Spanien«) erklärte er – nachdem er sich mit den verschiedenen Übereinstimmungen auseinandergesetzt hatte – mit großem Nachdruck, dass »die Eingeborenen der Westindischen Inseln und des Festlands dieser Neuen Welt Juden und Hebräer waren«. Diese Eingeborenen, so schrieb er, »gehörten den zehn Stämmen Israels an, die Salmanassar, der König der Assyrer, gefangen genommen und nach Assyrien verschleppt hatte«.

Unter den von dem Dominikanermönch Diego Duran gesammelten Legenden beeindruckte am meisten die von den »Riesen, die, nachdem sie keinen Weg gefunden hatten, auf dem sie die Sonne erreichen konnten, beschlossen, einen Turm zu bauen, der so hoch war, dass seine Spitze in den Himmel reichen würde«. Dass die Eingeborenen in Amerika überhaupt die Geschichte vom Turm zu Babel kannten (von der Bibel in Genesis 11 geschildert), schien ein überzeugendes Argument dafür zu sein, dass die Indios tatsächlich Israeliten waren, die sich an ferne Orte ausgebreitet hatten, nachdem man sie nach Mesopotamien (Assyrien-Babylonien) verschleppt hatte, wo sich das Geschehen um den Turm zu Babel zugetragen hatte. (Der Name der Stadt Babylon bedeutet in der antiken Sprache so viel wie »Tor der Götter«.)

Die Theorie von den Zehn Verlorenen Stämmen wurde von den meisten Wissenschaftlern zur Erklärung der in der Neuen Welt entdeckten Rätsel herangezogen. Sie stellte im 16. und 17. Jahrhundert die grundlegende wissenschaftliche Theorie dar. Man nahm an, dass die Verbannten auf ihrer Wanderung nach Osten schließlich in den Fernen Osten gelangt waren und irgendwie den Pazifik überquert und schließlich Amerika erreicht hatten. Andere Legenden schienen diese Theorien zu bestätigen – Legenden überall auf dem südamerikanischen Kontinent, wonach die ersten Siedler auf Balsaholz-Flößen über den Pazifik dort eingetroffen und am Kap Santa Helena in Ecuador gelandet seien. An jenem Ort ragt der südamerikanische Kontinent in westlicher Richtung in den Ozean und ist somit, wenn man auf dem Pazifik ostwärts segelt, der nächstgelegene kontinentale Punkt.

Verschiedene Chronisten, darunter Juan de Velasco, haben Legenden wie diese aufgezeichnet. Sie berichteten, dass vor der Ankunft jener menschlichen Siedler »Riesen« am Kap hausten, denen die Siedler Tempel bauten, in denen sie ein Pantheon aus zwölf Göttern verehrten. Nach solchen sehr ins Detail gehenden Legenden nannte sich der Anführer dieser Siedler Naymlap; er fand den Weg quer über den Ozean, und ein grüner Stein, der die von dem Großen Gott gesprochenen Worte aussprechen konnte, sagte ihm, wo er landen solle. Nachdem die Menschen am Kap gelandet waren, erteilte die Gottheit ihnen Anweisungen – sie sprach dabei wieder aus dem grünen Stein – und lehrte sie Ackerbau, Handwerk und die Baukunst.

Das Zeitalter der »Logik« und des Spottes

Was den Forschern und Wissenschaftlern im 16. und 17. Jahrhundert eine einfache Erklärung all dieser Legenden und Rätsel zu sein schien, sollte im 18. und 19. Jahrhundert »logischer Analyse« unterzogen und der Lächerlichkeit preisgegeben werden …

In dem Maße, wie sich wissenschaftliche Kenntnisse verbreiteten, ging man dazu über, örtlich überlieferte Geschichten und Legenden als primitive Mythen ohne jeden wissenschaftlichen Wert abzutun. Die Wissenschaft war jetzt überzeugt, Amerika sei durch Einwanderung über die Beringstraße besiedelt worden – wo Alaska sich Asien entgegenstreckt –, und zwar während der letzten Eiszeit, als der asiatische und der amerikanische Kontinent durch eine Eisbrücke verbunden waren. Anschließend hätten sich die Siedler allmählich südwärts ausgebreitet, bis sie die Südspitze Südamerikas erreichten.

Alles Gerede von antiken Völkern – »verlorenen« Israeliten, schiffbrüchigen Phöniziern und dergleichen –, die angeblich in der Lage gewesen

49. Schwarzer Obelisk des Salmanassar, König von Assyrien, der zeigt, wie sich ein israelitischer König verneigt

sein sollten, über den Pazifischen oder Atlantischen Ozean zu
galten als unsinnig und kindisch, weil nach den Gesetzen der Lo
mand die Ozeane in primitiven Gefährten überqueren konnte
Berichte von präkolumbischen Landungen auf dem amerika
Kontinent, beispielsweise von Wikingern oder Iren, wurden als
abgetan; es konnten ausschließlich Einwanderer über die Berin
sein, nichts anderes war akzeptabel.

In meinen Schriften, ganz besonders in dem Buch *Versunk
che*, das sich mit diesen Themen befasst, habe ich versucht, di
gik« mit logischen Argumenten in Frage zu stellen. Wenn d
schen, die (gemäß dieser Theorie) über das Eis aus Asien nach
gezogen waren, die ersten Siedler waren – warum hätten sie si
all den Strapazen ausgesetzt, mit Frauen und Kindern über T
Kilometer Eis zu ziehen, wenn sie nicht wussten, was vor ihne
wenn sie nicht wussten, dass es »dort drüben« fruchtbares La
Wenn vor ihnen niemand dort gelebt hat, wie konnten sie da
sen, dass sie überhaupt bewohnbares Land finden würden un
bloß noch mehr Eis und Meer?

Als die Israeliten Ägypten verließen (habe ich im Jahre 1
schrieben) und vierzig Jahre durch die Wüste wanderten, ha
diese Strapazen auf sich genommen, weil Gott ihnen gesagt ha
sie am Ende in fruchtbares Land gelangen würden, ein Land m
und Honig, für das sich all die Strapazen in der Wüste schließl
nen würden.

Und deshalb, so steht es in meinem Buch, könnte die Beha
die ersten Siedler wären einfach Tausende von Kilometern übe
frorene Eis gezogen, einfach falsch sein – oder ihre Vertreter
die Legenden als Realität akzeptieren, dass Gott, durch einen
Stein sprechend oder sonstwie den ersten Siedlern gesagt hat
hingehen sollten. Und wenn dem so war, dann haben sie nicht
sinnige Weise Jahre damit vergeudet, über eine Eisscholle zu
sondern sind in Booten gesegelt …

Es schmeichelt mir, dass viele Wissenschaftler die Theorie vo
ßen Treck über die Eisscholle« mittlerweile aufgegeben haben.
logen und Paläoanthropologen haben auf dem amerikanischen
nent Überreste menschlicher Ansiedlungen gefunden, und zw
im Süden als im Norden, Überreste, die viel weiter zurückrei
in die Zeit, in der die Beringstraße entsprechenden Vermutung

Abb. 50. Aus Stein gehauene »Konterfeie« von Olmeken

zugefroren gewesen sei. Die heutige Wissenschaft akzeptiert allmählich, *dass Menschen aus der Alten Welt in Booten nach Amerika gekommen sind* – und dies lange vor den Maya (die recht spät kamen), den Azteken und den Tolteken. Und ganz bestimmt lange vor den Inka (deren Reich, das sich von Ecuador bis Chile erstreckte, erst im Jahre 1021 nach Christus seinen Anfang nahm).

Aber wie konnten die Menschen in jenen frühen Tagen zwei so gewaltige Ozeane überqueren?

Die Wissenschaft hat darauf bis zum heutigen Tag keine Antwort. Die antiken Völker selbst haben eine solche Antwort sehr wohl: *Sie kamen auf Befehl der Götter und mit deren Hilfe über das Meer!*

Wer waren die frühen Siedler?

Wer waren die frühesten Überbringer der Zivilisation (im Unterschied zu den primitiven Menschen der Steinzeit)? Zum Glück haben sie nicht nur Beweise ihrer Anwesenheit, sondern sogar ihre *Konterfeie* hinterlassen.

Die Wissenschaft räumt heute ein, dass die erste erkennbare, echte Zivilisation in Mesoamerika die der Olmeken war. Sie bewohnten vorzugsweise eine Region, die sich von Zentralmexiko bis zur Grenze von Yucatán und von der Küste des Golfs von Mexiko bis an die Pazifikküste im Süden erstreckt. Ihr Reich stand um 1500 vor Christus in voller Blüte. Niemand weiß mit Sicherheit, wann es begonnen hat – jedenfalls mindestens tausend Jahre davor. Fest steht jedoch, dass der Niedergang ihrer Zivilisation um 800 vor Christus eingesetzt hat und dass nach ihnen die Tolteken, Azteken und Maya an ihre Stelle getreten sind.

Die Olmeken hinterließen große Städte, darunter Tres Zapotes, La Venta und San Lorenzo. Man hat dort beeindruckende Statuen, Pyramiden und Bauten gefunden. Die erste Bildzeichenschrift in Mesoamerika ist im Land der Olmeken entstanden. Auch ein erstes Zahlensystem wurde dort entwickelt. Ebenso nahm das als Lange Zählung bekannte Kalendersystem dort seinen Anfang; es zählt die Zahl der Tage seit einem rätselhaften Anfangspunkt im Jahre 3113 vor Christus.

In *Versunkene Reiche* habe ich eine Lösung für das Rätsel um dieses Datum vorgeschlagen, auf das ich im weiteren Verlauf dieses Artikels noch zurückkommen werde.

Abb. 51. Ein riesiger Olmeken-Steinkopf, Park Museum, Villahermosa, Yucatán, M

Abb. 52. Die Expedition mit einem riesigen Olmeken-Steinkopf in Jalapa, Mexi

Abb. 53. Olmeken als Bergleute mit Bergbauwerkzeug

Wer waren die Olmeken, woher kamen sie, wo liegt der Ursprung ihrer Zivilisation?

Ihre »Konterfeie« lassen keinen Zweifel daran, wer sie waren. Die kolossalen Steinköpfe und zahlreiche kleinere Schnitzereien und Monumente zeigen deutlich, dass es sich um Afrikaner von »negroider« Art handelte. Vergleicht man diese steinernen Abbilder mit heutigen Stammestypen in Afrika, kann man erkennen, dass sie aus Westafrika kamen, aus einer Region, die man die Goldküste nennt und wo heute der Staat Ghana liegt.

Weshalb sind sie nach Amerika gekommen? Auch darauf liefern ihre Monumente die Antwort. Abgebildet sind die Olmeken gewöhnlich mit bestimmten Werkzeugen – und üblicherweise in Höhlen oder anderen ausgehöhlten Räumen innerhalb eines Berges. Ihre Häuptlinge werden manchmal mit einem flammenden Gerät dargestellt, das dazu benutzt wird, durch das Gestein zu schneiden oder es zu schmelzen. Für mich steht zweifelsfrei fest, dass diese Abbildungen uns erklären, *weshalb* die Olmeken aus Afrika nach Mesoamerika gekommen waren: Als Bergleute, um in den Tiefen der Erde ein bestimmtes Mineral abzubauen. Und das Mineral oder Metall, das sie suchten, war *Gold*.

Die »Bärtigen«

Das Flammengerät oder der Flammenwerfer, der für die Arbeit unter Tage eingesetzt wurde, erscheint im Zusammenhang mit den mesoamericanischen Göttern zwei Mal.

Einer dieser Fälle war und bleibt ein Rätsel. Es handelt sich um eine Anzahl riesenhafter, aus dem Stein gehauener Figuren, die in der Stadt Tollan (im Nordwesten von Mexiko City) auf der Spitze einer heiligen Pyramide stehen. Diese Stadt war die antike Hauptstadt der Tolteken, des Volkes, das dort vor den Azteken geherrscht hat. Jeder dieser Riesen ist mit einem solchen Flammenwerfer bewaffnet, den er in einer Art Holster an der rechten Hüfte trägt. Auf einer der rechteckig behauenen Säulen, die das Dach des Tempels tragen, wo diese im Volksmund als »Atlanter« bezeichneten Riesen standen, wird der Einsatz dieser Flammenwerfer zum Schneiden und Schmelzen von Stein deutlich demonstriert.

Die andere Darstellung eines Gottes, der das Flammengerät tatsächlich benutzt, wurde unter den steinernen Artefakten der Olmeken ge-

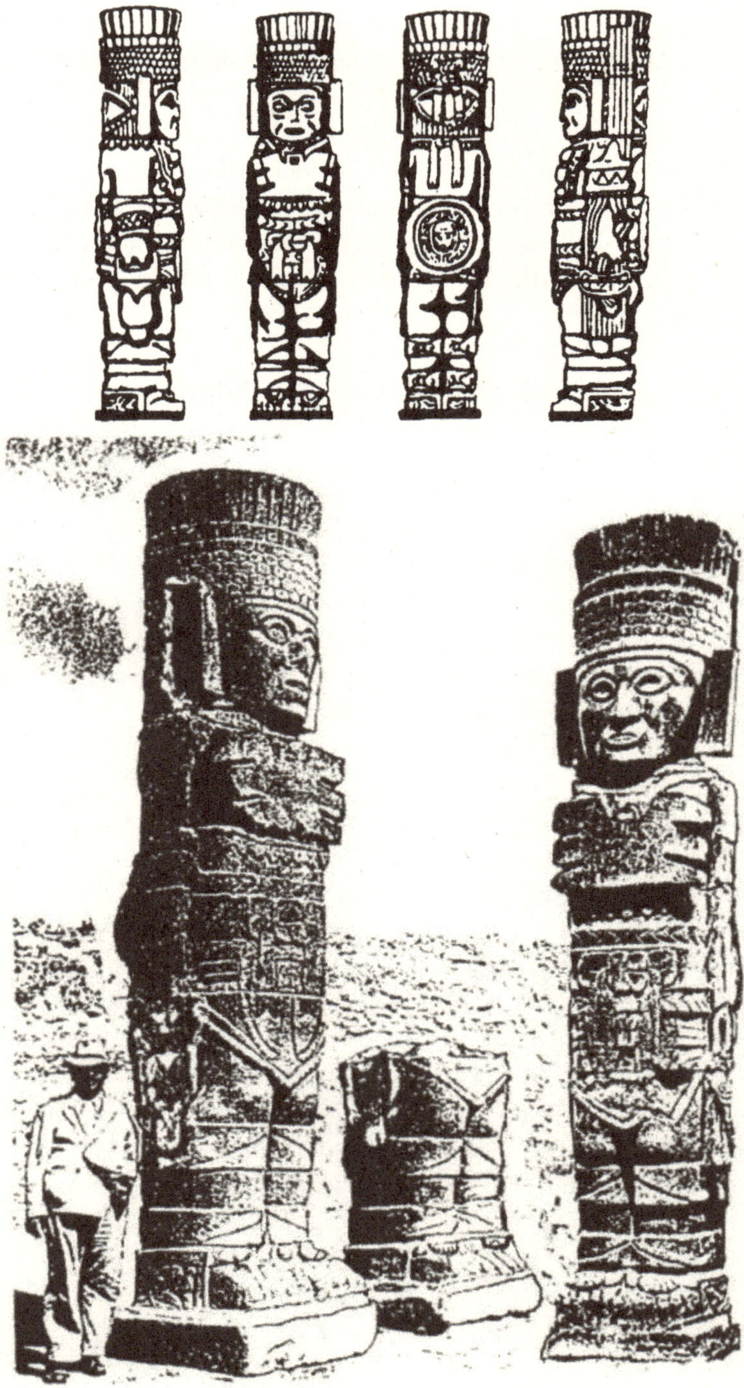

Abb. 54. Mit Flammenwerfern bewaffnete »Atlanter«

Abb. 55. Zeichnung der mit Steinschnitzereien versehenen Säulen

Abb. 56. Nahansicht des Flammenwerfers in seinem Holster

a

b

Abb. 57a und 57b. Die »Bärtigen« aus dem Nahen Osten des Altertums

funden. Es zeigt den Gott, der in der Nahuatl-Sprache als Tepeyolloti bezeichnet wird, das bedeutet »Herz des Berges«. Er wurde in Höhlen oder Bergwerksschächten im Inneren von Bergen verehrt. Das ihn symbolisierende Bildzeichen war ein durchbohrter Berg. Seine Abbildung zeigt, wie er sein Werkzeug hält – einen Flammenwerfer oder Steinschmelzer. *Und er war bärtig.*

Die bloße Vorstellung eines *bärtigen* Gottes erscheint seltsam, denn die eingeborenen Indios – in ganz Amerika – hatten keine Gesichtsbehaarung. Wie konnten sie also auf die Idee kommen, andere Leute könnten Bärte haben, wenn sie nicht tatsächlich solche Leute gesehen hatten? Was hat sie auf die Idee von einem Gott oder von Göttern mit Bärten gebracht – es sei denn, die Götter hätten tatsächlich so ausgesehen?

Nun, Quetzalcoatl, dessen Rückkehr die Azteken erwarteten, war *bärtig*, was sie zu der irrigen Meinung veranlasste, die von Cortés geführten bärtigen Spanier wären die zu ihnen zurückkehrenden Götter …

Tatsache ist, dass wirklich bärtige Menschen nach Mesoamerika und Südamerika gekommen waren, und zwar lange, lange Zeit vor Kolumbus. Ihre Bilder blieben erhalten und sind ein unwiderlegbarer Beweis. In den meisten Fällen werden sie zusammen mit den Olmeken gezeigt; das bedeutet, dass sie bereits in so früher Zeit wie 1500 vor Christus in Mesoamerika zugegen waren.

Quetzalcoatl – der ägyptische Gott Thoth

Wir können jetzt das Rätsel lösen, wann, weshalb und von wem Mesoamerika Tausende von Jahren vor Kolumbus, und wenigstens tausend Jahre vor den Tolteken und Azteken, zweitausend Jahre vor den Maya besiedelt worden ist.

Sie kamen aus der Alten Welt, aus Westafrika, um Gold abzubauen – etwas später begleitet und unterstützt von Menschen aus dem antiken Nahen Osten. Sie konnten kommen und ihre Metalle konnten transportiert werden, weil es der Wille der Götter war.

Und ihr Anführer war der Gott der geflügelten Schlange – Quetzalcoatl, Kukulcán.

Wann ist er in jenen Landen eingetroffen? Der von den Olmeken begonnene Kalender, die Lange Zählung, liefert uns die Antwort: 3113 vor Christus …

Abb. 58. Die Pyramiden und die lange Straße in Teotihuacan, Mexiko

Wie ich ausführlicher in meinen Büchern *Der zwölfte Planet, Stufen zum Kosmos* und *Die Kriege der Menschen und Götter* dargelegt habe, war das genau jenes Jahr, in dem der Gott, den die Ägypter Thoth nannten, der Gott der Wissenschaft und des Kalenders, als Folge von Kämpfen zwischen den Göttern verbannt wurde. *Quetzalcoatl war, wie ich dargelegt habe, kein anderer als Thoth.*

Eine seiner Aufgaben im antiken Ägypten war die des »Hüters der Geheimnisse der Pyramiden«. Im Besitz dieses Wissens überwachte er den Bau der zwei größten Pyramiden Mexikos an einem kolossalen Ort, der sich Teotihuacan nannte (nördlich von Mexiko City). Dort verbindet ein Boulevard, der sich meilenweit erstreckt, als wäre er eine Piste für Starts und Landungen, die Pyramide der Sonne und die Pyramide des Mondes.

Teotihuacan war in erster Linie ein Zentrum für die Bearbeitung von Mineralien. Die Bergbauaktivitäten unter der Ägide von Quetzalcoatl/Thoth erstreckten sich bis weit nach Südamerika. Dort, im nördlichen Peru, an einem Ort, der sich Chavin de Huantar nennt, war die südlichste Grenze von Thoths Reichs; dort grenzt es nämlich an das Reich eines anderen Gottes aus der Alten Welt – des Gottes der Stürme, des Gottes der Blitzstrahlen.

Wer war Viracocha?

Dies war das Reich des Viracocha, des Gottes an der Spitze des Pantheons der Südamerikaner, des Gottes, der in den verschiedenen Schöpfungsgeschichten erscheint.

Nach sowohl archäologischen wie auch legendären Beweisen steht zweifelsfrei fest, dass auch er im Zusammenhang mit Bergbauaktivitäten nach Südamerika gekommen ist – erst Gold, dann Zinn für die Herstellung von Bronze (indem man es mit Kupfer vermischt). Auch in seinem Reich gab es zahlreiche Pyramiden, aber sie ähnelten mehr den mesopotamischen Stufentürmen (»Zikkuraten«) als den glattflächigen Pyramiden Ägyptens.

Auch er hat seine Gefolgsleute mitgebracht, aber das waren keine Westafrikaner. Wie aus Stein gemeißelte »Konterfeie« deutlich erkennen lassen, waren sie von indoeuropäischer Abstammung. In meinen Büchern habe ich die Meinung geäußert, dass es *Hethiter* aus Anatolien (der heutigen Türkei) waren, die im Nahen Osten im Bergbau führend waren.

Sein Bergbauzentrum war Tiahuanaco – jener Ort am Ufer des Titicacasees, den die Inka und die den Inka vorangehenden Legenden als die älteste Stadt Südamerikas bezeichneten. Auf Archäoastronomie basierende Studien bestätigen meine Schlussfolgerung, dass der Bau der Stadt im 4. Jahrtausend vor Christus begonnen wurde – vor fast sechstausend Jahren.

Wer war Viracocha?

Seine Geschichte beginnt nicht auf dem amerikanischen Kontinent und auch nicht in Ägypten, sondern im antiken Sumer, dem Ort der ersten bekannten Zivilisation der Menschheit, die im Süden Mesopotamiens (dem heutigen Irak) plötzlich vor etwa sechstausend Jahren aufgeblüht war.

Alles »Erstmalige«, was uns für die Zivilisation wesentlich erscheint – das Rad, der Brennofen, die Schrift, die Mathematik, die Wissenschaften, die Kunst, die Religion und so vieles mehr –, all diese Aspekte einer fortgeschrittenen Zivilisation hatten ihren Anfang in Sumer. Am Verblüffendsten waren die sumerischen Kenntnisse der Astronomie, wussten die Sumerer doch, dass die Sonne und nicht die Erde den Mittelpunkt des Sonnensystems bildet. Außerdem kannten und beschrieben sie alle uns bekannten Planeten – selbst die äußeren Welten Uranus, Neptun und Pluto. Und sie behaupteten, dass es in unserem Son-

Abb. 59. Das Kreuz, das Zeichen von NIBIRU

Abb. 60. Ein Rollsiegel mit einer Gruppe von Pflügenden, die zu Nibiru aufblicken, dem Zwölften Planeten, der mit seinem Kreuzsymbol dargestellt ist

nensystem *noch einen weiteren Planeten* gäbe. Sie nannten ihn NIBIRU, das heißt »Kreuzender Planet«. Entsprechend war sein Symbol das Kreuz, und den Schriften der Sumerer zufolge kommt er auf seiner langen Reise um die Sonne, die 3600 Erdenjahre dauert, eben alle 3600 Jahre in unsere Nähe, in die Region zwischen Mars und Jupiter.

Immer dann, so behaupteten die Sumerer, reisen Besucher vom Nibiru zwischen ihrem Planeten und unserer Erde hin und her.

Die Sumerer nannten jene Besucher – die antiken »Götter« – ANUNNAKI, das bedeutet »jene, die vom Himmel zur Erde kamen«. Die Anunnaki, so schrieben die Sumerer auf Tontafeln, hatten der Menschheit die Zivilisation gebracht. Die Wissenschaft weiß heute, dass die biblischen Schöpfungsgeschichten nur abgekürzte Versionen wesentlich detaillierterer sumerischer Schriften sind. Die Geschichte von der Erschaffung der Erde, von der Erschaffung des Adam, vom Garten Eden, von der Sintflut, vom Turm zu Babel – all diese Geschichten waren sumerische Aufzeichnungen dessen, was nach ihrem Zeugnis wirklich auf der Erde geschehen war.

Der Gott, den man in Südamerika Viracocha nannte, war kein anderer als der Gott, den die Sumerer *Ishkur* (»der von den Bergen«) und die späteren Semiten *Adad*, der Gott der Stürme und Donnerstrahlen nannten.

berung Amerikas durch die Europäer mit all den Grausamkei- der Habgier, die damit einherging, war (nach den ersten Ent- ʒen) durch die Gier nach Gold motiviert, der Suche nach *El* ɔ – dem Ort des legendären Königs, der so viel Gold besaß, eden Tag darin badete.

che ist, dass vor den Konquistadoren die »Götter« – die Anunna- genau demselben Grund in die Neue Welt gekommen waren. .e Jahre vor Kolumbus kamen sie auf der Suche nach Gold nach ı und brachten die Bergleute und die Fachleute für die Metallbe- .g aus der Alten Welt gleich mit.

\nunnaki waren überhaupt erst zur Erde gekommen, weil sie 'auchten. Auf ihrem Planeten war die Atmosphäre im Begriff, schwinden, und das Leben auf Nibiru war in Gefahr, ausge- u werden. Ihre Wissenschaftler waren überzeugt, dass sie nur en würden, wenn sie aus über der Atmosphäre schwebenden :tikeln einen Schild herstellen konnten.

e auf der Erde Gold entdeckt hatten, kamen die Anunnaki vor ı0.000 Jahren hierher. Zunächst versuchten sie, das Gold aus ısser des Persischen Golf zu extrahieren. Als das nicht gelang, :n sie in Südafrika Gold abzubauen.

. dann kam die Sintflut, und alles in den antiken Landen wurde Fluten verschlungen. Also galt es, eine neue Goldquelle zu fin- d dies war die Neue Welt, war Amerika.

kann die Geschichte der Götter und Menschen auf der Erde rstehen, ohne zu begreifen, welche Rolle Nibiru, die Anunnaki en Suche nach Gold in der Vergangenheit gespielt haben.

Geschichte Amerikas ist Teil jener weitaus größeren Geschichte. \merika geschah – lange vor Kolumbus – lässt sich ebenfalls oh- :u, die Anunnaki und die Suche nach Gold nicht begreifen.

ı Menschen auf dem amerikanischen Kontinent – und ganz be- in den Anden oder den Weiten des Amazonastals – am Himmel ehen, sollten sie wissen, dass dies nur eine Erinnerung daran ist, *enwart und Zukunft ein Echo der Vergangenheit sind: der Zeit, als 'euen Welt Götter und nicht nur Menschen wandelten.*

11

Städte, verschollen und wiederentdeckt

Auszug aus »Versunkene Reiche«, am amerikanischen Origin überarbeitet und ergänzt.

In *Versunkene Reiche* setzt sich Sitchin mit seinen Erkenntnissen zug auf den amerikanischen Kontinent auseinander. Er schreib den antiken Zivilisationen, die in der Umgebung des Titicacasees Anfang nahmen, über monolithische Steinblöcke, ähnlich den in bek im Libanon aufgefundenen Hinweisen, wonach sich in der / afrikanische, indoeuropäische und semitische Menschen in Ar aufgehalten haben müssen, Tempeln, die an der Sonnenwend Tagundnachtgleiche ausgerichtet sind, und heiligen Gebieten, di Anschein nach der Metallbearbeitung dienten.

Wenn man berücksichtigt, dass Gold für die Anunnaki von äuß Bedeutung war und dass es in diesen Regionen in reichlichem Ma handen war, überrascht es nicht, dass sie dort die verfügbaren Re: cen an Bodenschätzen auch genutzt haben.

In den aus ferner Vergangenheit überlieferten und in Zeichnu und anderen Inschriften erhaltenen Berichten und Legenden der I borenen finden sich Beschreibungen eines Pantheons, ähnlich so die man an anderen Orten auf der Welt gefunden hat. Auch wer moderne Archäologie noch nicht akzeptieren will, dass es in jener f Vergangenheit Reisen zwischen den Kontinenten gegeben hat, g doch in dieser Region ein Echo der Geschichten von der Sintflut u nem »Turm zu Babel« und anderen aus der Bibel bekannten Ereignissen. Sitchins Theorien liefern hier erneut ein Modell für die in Bildern und Artefakten erhaltenen Beweise der Geschehnisse jener Zeit.

Wenn wir an die Technologie der Anunnaki glauben, fällt uns auch die Vorstellung eines Reiseverkehrs in der Antike zwischen den Regionen nicht schwer. Die Berichte über persönliche Flugschiffe, die den Anunnaki zur Verfügung standen, Apparate für die Kommunikation über weite Strecken hinweg und hoch entwickeltes Gerät zum Schneiden und Transportieren großer Steine lassen die Ereignisse in der Alten wie der Neuen Welt in einem ganz anderen Licht erscheinen. Sie deuten darauf hin, dass sie Teil derselben geschichtlichen Realität waren, in der es Götter gab, die zwischen beiden Regionen reisen und mit den Menschen diesseits und jenseits der Großen Ozeane verkehren konnten.

Die Entdeckung der biblischen Schöpfungsgeschichte in ihrer ursprünglichen mesopotamischen Version, abgebildet im Allerheiligsten des Inka-Tempels, wirft viele Fragen auf, aber wohl in erster Linie die Frage: Woher kannten die Inka diese Geschichte, nicht nur in der allgemeinen Form, in der sie überall bekannt ist (die Erschaffung des ersten Menschenpaares, die Sintflut), sondern auch in einer Art und Weise, die verrät, dass sie über das vollständige Sonnensystem und den Umlauf des Planeten Nibiru Bescheid wussten?

Man könnte es damit erklären, dass die Inka diese Kenntnisse aus unvordenklichen Zeiten in die Anden mitgebracht haben. Man könnte es auch damit erklären, dass sie die Geschichten von Völkern gehört haben, mit denen sie in anderen Ländern zusammengekommen sind.

Da es hierüber, im Gegensatz zum Nahen Osten, keine schriftlichen Berichte gibt, hängt die Antwort in gewissem Maße von der Beantwortung einer anderen Frage ab: Wer waren die Inkas tatsächlich?

Salcamayhuas *Relacion* (»Vergleich«) ist ein gutes Beispiel für den Versuch der Inka, sich in der Staatspropaganda zu üben. Indem sie Inka Rocca, dem ersten Inka-Monarch, den Ehrentitel *Manco Capac* verliehen, machten sie das Volk glauben, der erste Inka sei der echte »Sohn der Sonne«, frisch aus dem heiligen Titicacasee. In Wahrheit begann die Inka-Dynastie etwa dreieinhalbtausend Jahre nach diesem geheiligten Anfang. Außerdem sprachen die Inka Quechua, die Sprache der Völker im mittleren Norden der Anden, die Völker in den Hochländern des Titicacasees hingegen Aymarisch. Diese und andere Überlegungen haben einige Forscher veranlasst, die Inka als Nachzügler zu betrachten, die aus dem Osten gekommen sind und sich im Cuzco-Tal angesiedelt haben, das an die große Amazonas-Ebene grenzt.

Das schließt den Ursprung aus dem Nahen Osten oder eine Verbindung mit ihm eigentlich nicht aus. Bei der Betrachtung des Bildes über dem Hochaltar hat sich niemand gewundert, dass es bei den Völkern, die Abbildungen ihrer Götter in Tempeln und Schreinen anbrachten, ein Volk gab, das weder in seinem Allerheiligsten noch in anderen Tempeln oder Schreinen ein Bild seines Idols aufgehängt hatte.

Die Chronisten berichten, dass bei Feierlichkeiten ein »Idol« herumgetragen wurde, aber das war kein Gott, sondern ein Abbild Manco Capacs. Sie berichten auch, dass an einem bestimmten Feiertag ein Priester zu einem fernen Berg zu gehen pflegte, auf dem das riesige Abbild eines Gottes stand, dem er ein Lama opferte. Aber der Berg und das Idol stammten aus Vor-Inka-Zeiten, und diese Behauptung konnte sich durchaus auf einen anderen Tempel an der Küste bezogen haben, der Pachacamac hieß.

Interessanterweise stimmen diese beiden Gebräuche mit biblischen Geboten aus der Zeit des Exodus überein. Das Verbot, sich ein Abbild von Idolen zu machen und es anzubeten, ist in den Zehn Geboten enthalten, und am Versöhnungstag, dem Jom Kippur, hatte der Priester einen »Sünden-Bock« zum Opfer in die Wüste zu bringen. Niemand hat jemals darauf hingewiesen, dass die *quipos* genannten Schnüre aus verschiedenfarbigen Wollfäden, die an bestimmten Stellen verknotet waren und den Inka als Gedächtnisstützen zur Erinnerung an Ereignisse dienten, in Bezug auf Machart und Zweck den *tzitzit* glichen, jenen »Fransen an der Ecke eines blauen Fadens«, die Israeliten an ihrem Kleid tragen mussten, um sich der Gebote des Herrn zu erinnern. Dann gibt es noch die Erbfolgeregel, nach der der legale Erbe der Sohn einer Halbschwester des Vaters war – eine numerische Sitte, die von den hebräischen Patriarchen übernommen wurde. Dasselbe trifft auf das Beschneidungsritual in den Königsfamilien der Inka zu.

Peruanische Archäologen haben von interessanten Funden in den peruanischen Provinzen am Amazonas berichtet, vor allem in den Tälern der Flüsse Utcubamba und Maranón; dabei handelt es sich um Städte, die aus Gestein erbaut worden sind. Zweifellos gibt es in den tropischen

Zonen »verlorengegangene Städte«, aber in manchen Fällen handelt sich bei den verkündeten Entdeckungen in Wahrheit um Expedition zu bekannten Stätten. Das ist auch der Fall bei einem Bericht über Gı Patajen, der 1985 Schlagzeilen machte. Diese Stätte hatten der perua sche Archäologe F. Kauffmann-Doig und der Amerikaner Gene Sav bereits zwanzig Jahre früher aufgesucht. Luftaufnahmen zeigten Bil von »Pyramiden« auf der brasilianischen Seite der Grenze; es war Rede von verlorengegangenen Städten wie Akador und von Erzählu gen der Indianer über Ruinen, die unsagbare Schätze enthielten. E Dokument in den staatlichen Archiven von Rio de Janeiro ist angebli ein Bericht aus dem 18. Jahrhundert über eine verlorengegangene St im Amazonas-Urwald, die Europäer bereits im Jahr 1591 gesehen l ben; das Dokument enthält sogar die Übersetzung eines dort gefun nen Schriftstücks. Das war der Hauptgrund für die Expedition v Oberst Percy Fawcett, dessen geheimnisvolles Verschwinden im Urw immer noch Stoff für Romane liefert.

All dies besagt jedoch nicht, dass es im Amazonasbecken, das in Sü amerika von Guayana und Venezuela bis nach Ecuador und Peru v läuft, keine Ruinen gibt. Humboldt erwähnt in seinen Reisebericht eine Überlieferung, wonach Menschen von Ländern jenseits des Mee in Venezuela gelandet und landeinwärts gezogen seien; dabei ist Hauptfluss des Cuzco-Tales, der Urubamba, nur ein Nebenfluss Amazonas. Offizielle brasilianische Gruppen haben zahlreiche Plä aufgesucht, allerdings ohne jemals in nennenswertem Umfang Ausg bungen vorzunehmen. An einem Ort in der Nähe der Amazonasmü dung wurden verzierte Tonurnen gefunden, deren Muster an diejenig auf den Tonkrügen von Ur (dem sumerischen Geburtsort Abrahan erinnern. Eine kleine Insel, die Pacoval heißt, scheint künstlich gesch fen worden zu sein; auf ihr befinden sich mehrere Hügel, die aber ni abgetragen worden sind. Laut L. Netto in seinem Buch *Investigacio sobre a Arqueologia Brasileira* (»Forschungen in der brasilianischen chäologie«) hat man weiter oben am Amazonas ähnlich verzierte Urn und Vasen »von bester Qualität« gefunden. Und wir sind der fest Überzeugung, dass eine gleichermaßen wichtige Straße weiter südli die Anden mit dem Atlantischen Ozean verband.

Es ist jedoch nach wie vor ungewiss, ob die Inka diesen Weg benu haben. Nach einer von mehreren alten Überlieferungen landeten einst an der peruanischen Küste. Die Quechua-Sprache weist, was

Abb. 61

:deutung der Wörter und den Dialekt betrifft, Ähnlichkeit mit fernöst-:hen Sprachen auf, und die Inka gehören entschieden der amerika-sch-indianischen Rasse an, dem vierten Zweig der Menschheit, die eines Erachtens von Kain abstammt. (Als ein Reiseleiter in Cuzco von einer Theorie hörte, meinte er, ob *in-ka* wohl eine Silbenumkehrung ›n *ka-in* sein könnte. Eine gute Frage!)

Alles weist unserer Auffassung nach darauf hin, dass die Erzählungen ıd Glaubenssysteme im Nahen Osten, auch die Kenntnis vom Plane-n Nibiru und der auf die Erde gekommenen Anunnaki – der zwölf ötter –, die Vorläufer der Inka von Übersee aus erreicht hat. Das ge-hah zurzeit des alten Reichs, und die Übermittler dieser Erzählungen ıd Glaubenssysteme waren Fremde aus einem Land jenseits der Meere, lerdings nicht zwingend dieselben, die ähnliche Sagen und Glaubens-steme sowie die Zivilisation nach Mesoamerika brachten.

Zu allen bisher gelieferten Tatsachen und Beweisen kommt noch et-as hinzu. Wenden wir uns deshalb Izapa zu, einem Ort in der Nähe der ızifikküste, wo Mexiko und Guatemala zusammentreffen und Olme-:n und Maya dicht an dicht lebten. Erst in jüngster Zeit hat man festgestellt, dass Izapa die größte Niederlassung an der mittelamerikanischen Küste des Stillen Ozeans war und, wie Radiokarbonuntersuchungen ergeben haben, von 1500 vor Christus bis 1000 nach Christus, also zweieinhalbtausend Jahre lang, fortwährend belagert worden ist. Die Stadt hatte die üblichen Pyramiden und Ballspielplätze; doch am meisten staunten die Archäologen über die gemeißelten Steinmonumente. Stil, Fantasie, mythischer Gehalt und künstlerische Vollendung dieser Steinmetzarbeiten haben dazu geführt, dass man von einem »Izapa-Stil« spricht. Man weiß jetzt, dass dieser Stil sich von dort aus zu den Hängen von Mexiko und Guatemala ausgebreitet hat. Es ist die Kunst der frühen und mittleren vorklassischen Olmeken, die von den Maya übernommen wurde, als die Stadt in ihren Besitz überging.

Für die Archäologen der New World Archaeological Foundation an der Brigham-Young-Universität, die sich jahrzehntelang den Ausgrabungen und dem Studium dieser Stadt gewidmet haben, steht zweifelsfrei fest, dass sie bei der Gründung nach den Sonnenwenden ausgerichtet wurde und dass sogar die verschiedenen Monumente »mit planetarischen Bewegungen in Verbindung gebracht worden sind« (V. G. Norman, *Izapa Sculpture*). Mit historischen Ereignissen vermischte religiöse, kosmologische und mythologische Themen kommen in den Steinschnitzereien zum Ausdruck. Wir haben bereits eine der vielen und verschiedenen Abbildungen von geflügelten Gottheiten gesehen. Von besonderem Interesse ist hier ein fast zehn Quadratmeter großer Stein, von den Archäologen Izapa-Stele 5 genannt, der zu einem steinernen Altar gehört hat (Abb. 61). Die dargestellte verwickelte Szene, »ein fantastischer visueller Mythos«, handelt von der »Entstehung der Menschheit« an einem Lebensbaum, der an einem Fluss wächst. Die mythisch-historische Geschichte erzählt der links sitzende, bärtige alte Mann, und sie wird wiedererzählt von einem rechts sitzenden Mann, der wie ein Maya aussieht.

Die Abbildung ist voller Pflanzen, Vögel, Fische und menschlicher Gestalten. Interessanterweise sind die beiden zentralen Gestalten Menschen mit dem Gesicht und den Füßen von Elefanten – einem Tier, das auf dem amerikanischen Kontinent vollkommen unbekannt war. Die Figur auf der linken Seite wird zusammen mit einem behelmten Olmeken gezeigt, was uns in der Überzeugung bestärkt, dass die durch die Kolossalköpfe porträtierten Olmeken ursprünglich Afrikaner waren.

Die Vergrößerung des unteren linken Teiles (Abb. 62a) lässt Einzelheiten erkennen, die ich für sehr aufschlussreich halte. Der bärtige Mann era

b

Abb. 62a, 62b
und 62c

c

zählt seine Geschichte vor einem Altar mit dem Symbol des Nabelschnurzerschneiders (Abb. 62b); das ist das Symbol, mit dem Ninti (die sumerische Göttin, die zusammen mit Enki den Menschen erschaffen hat) auf Rollsiegeln und Monumenten dargestellt wurde. Als die Erde unter den Göttern aufgeteilt wurde, erhielt Ninti die Herrschaft über die Halbinsel Sinai, der ägyptischen Quelle ihres beliebten blaugrünen Türkis. Die Ägypter nannten sie Hathor und stellten sie mit Kuhhörnern dar, wie die Szene von der Erschaffung des Menschen zeigt (Abb. 62c). Diese Übereinstimmung, gewiss kein Zufall, bestärkt die Schlussfolgerung, dass die Izapa-Stele nichts anderes illustriert als die Geschichten der Alten Welt von der Erschaffung des Menschen und dem Garten Eden.

Schließlich erkennt man weiter unten die Pyramiden, mit glatten Wänden wie die von Gizeh (also ohne Stufen) an einem Fluss. Ja, wenn man diesen jahrtausendealten Stein genau betrachtet, muss man sagen, dass ein Bild mehr wert sein kann als tausend Wörter.

Legenden und archäologische Funde besagen, dass die Olmeken und die Bärtigen sich nicht am Ufer des Ozeans niederließen, sondern südwärts nach Mittelamerika und in die nördlichen Länder von Südamerika vordrangen. Sie sind vermutlich über Land gezogen, denn sie haben im Landesinneren Spuren von Niederlassungen hinterlassen. In Richtung Süden haben sie höchstwahrscheinlich den leichteren Reiseweg mit dem Boot gewählt.

Die Legenden in den äquatorialen und nördlichen Teilen der Anden erzählen, dass nicht nur ihre Vorfahren (wie etwa Naymlap) übers Meer gekommen sind, sondern dass auch zweimal »Riesen« gelandet seien, das eine Mal zurzeit der alten Reiche, das andere Mal zur Mochica-Zeit. Cieza de Leon schildert das zweite Mal folgendermaßen: »Sie kamen an der Küste in Booten an, die aus Binsen bestanden und so groß wie Schiffe waren, Männer von solcher Größe, dass ein gewöhnlicher Mensch ihnen bis zu den Knien reichte.« Sie besaßen Metallwerkzeug, mit dem sie Brunnen in den Fels schlugen, aber für die Nahrungsmittel überfielen sie die Proviantlager der Eingeborenen. Sie vergewaltigten auch die eingeborenen Frauen, denn bei der Landung hatten sie keine Frauen bei sich. Die Mochicas bildeten diese Riesen, die sie versklavt hatten, auf ihren Tonwaren ab und malten ihre Gesichter schwarz an, während die Gesichter der Mochicas selbst weiß

Abb. 63

waren (Abb. 63). In den Ruinen der Mochicas wurden auch Tonporträts älterer Männer mit weißem Bart gefunden.

Diese unerwünschten Besucher waren unseres Erachtens Olmeken, die mit ihren bärtigen Gefährten aus dem Nahen Osten um das Jahr 400 vor Christus vor den Aufständen in Mesoamerika geflüchtet waren. Sie hinterließen eine blutige Spur auf ihrem Zug durch Mittelamerika zu den äquatorialen Ländern weiter unten in Südamerika. Die Archäologen haben in den Äquatorialzonen an der Küste des Stillen Ozeans rätselhafte Monolithen gefunden, die aus dieser schlimmen Zeit stammen. George C. Heyes Expedition fand in Ecuador riesige Steinköpfe mit menschenähnlichen Zügen, aber mit Fängen, als ob es wilde Jaguare wären. Eine andere Expedition entdeckte in San Agustin, einem Ort näher an der kolumbianischen Grenze, Statuen von Riesen, die ein Werkzeug oder eine Waffe in der Hand halten. Sie zeigen die Gesichtszüge der afrikanischen Olmeken (Abb.64a und 64b).

Die Eindringlinge könnten vielleicht der Ursprung für die Legenden sein, die auch in diesen Ländern von der Erschaffung des Menschen, einer Sintflut und einem Schlangengott handeln, der einen jährlichen Goldtribut von den Menschen forderte.

Die Spanier berichteten, dass eine ihrer Zeremonien ein ritueller Tanz war, den zwölf rotgekleidete Männer am Ufer eines Sees vorführten und der mit der Legende von El Dorado zusammenhing.

Die Eingeborenen der Äquatorialzonen kannten ein Pantheon von zwölf Göttern – eine Zahl von großer Bedeutung und ein wichtiger Hinweis. Die führende Dreiheit bestand aus dem göttlichen Schöpfer, dem Bösen Gott und der Muttergöttin; ferner gehörten dazu Mondgott, Sonnengott und Gewittergott. Bemerkenswert ist, dass der Mondgott

Abb. 64a und 64b

einen höheren Rang einnahm als der Sonnengott. Die Namen der Götter unterschieden sich zwar von Ort zu Ort, bezogen sich aber auf den Himmel. Der Führer des Pantheons wurde im Chibcha-Dialekt *Abira* genannt – auffallend ähnlich dem mesopotamischen Gott *Abir* (»Stärke, Macht«) – und der Mondgott »Si« oder »Sian«, was an den mesopotamischen Mondgott *Sin* erinnert.

Das Pantheon dieser südamerikanischen Eingeborenen lässt sofort an dasjenige im alten Nahen Osten und am östlichen Mittelmeer denken, nämlich an das der Griechen und Ägypter, der Hethiter, Kanaaniter, Phönizier, Assyrer und Babylonier – ebenso an das Land, wo alles begonnen hat: bei den Sumerern im östlichen Mesopotamien, deren Götter und Mythologie alle anderen übernommen haben.

Das sumerische Pantheon bestand aus einem »olympischen Kreis« von zwölf Göttern, denn jeder von ihnen musste ein Gegenstück in Form eines Himmelskörpers im Sonnensystem haben. Die Götter und die Planeten trugen sogar denselben Namen (außer wenn verschiedene Beinamen zur Kennzeichnung der Attribute des Gottes oder des Planeten benutzt wurden). An der Spitze des Pantheons stand der Herrscher des Nibiru, ANU, dessen Name »Himmel« bedeutet; seine Gattin, die ebenfalls der Zwölferrunde angehörte, wurde ANTU genannt. Weitere Mitglieder waren ANUs Hauptsöhne E.A. (»dessen Haus das Wasser ist«), Anus Erstgeborener, allerdings kein Sohn von Antu, sowie EN.LIL (»Herr des Kommandos«), der den Thron erben sollte, weil seine Mutter Anus Halbschwester Antu war. Ea wird in den sumerischen Texten auch EN.KI (»Herr der Erde«) genannt, weil er die erste Mission der Anunnaki von Nibiru zur Erde leitete und ihre ersten Kolonien in E.DIN (»Heimat der Rechtschaffenen«) gründete – im biblischen Eden.

Er hatte den Auftrag, Gold zu holen, das nur auf der Erde zu finden war; nicht für Dekorationen und Schmuck, sondern um die Atmosphäre des Nibiru zu retten, wozu Goldstaub in die Stratosphäre eingebracht werden musste. Wie in sumerischen Texten aufgezeichnet ist und von uns in *Der zwölfte Planet* und den folgenden Büchern vorgetragen wurde, hat man Enlil zur Erde geschickt, um das Kommando zu übernehmen, als sich Enkis erste Abbaumethoden als unbefriedigend erwiesen. Dadurch wurde das Fundament einer langwährenden Fehde zwischen den Halbbrüdern und ihren beiderseitigen Nachkommen gelegt, die zu einem Krieg zwischen den Göttern führte. Er endete mit einem Friedensvertrag, der ihre Schwester Ninti ausarbeitete (die später in Ninharsag umbenannt wurde). Die bewohnte Erde teilten sie zwischen den sich bekämpfenden Clans auf. Enlils drei Söhne – Ninurta, Sin, Adad – und Sins Zwillinge Schamasch (Sonne) und Ischtar (Venus) erhielten die Länder von Schem und Japhet, die Länder der Semiten und Indogermanen: Sin (Mond) das Tiefland Mesopotamien, Ninurta (»Enlils Krieger«, Mars) das Hochland Elam und Assyrien, Adad (»Donnerer«, Merkur) Kleinasien (das Land der Hethiter) und Libanon. Ischtar herrschte als Göttin über die Zivilisation des Industales; Schamasch übernahm das Kommando über den Raumhafen auf der Halbinsel Sinai.

Infolge dieser Aufteilung, die nicht gerade unwidersprochen zustande kam, herrschten Enki und seine Söhne über Hams Länder, wo die braun/schwarzen afrikanischen Völker lebten, über die Zivilisation des Niltals und die Goldminen in Süd- und Westafrika – ein ganz schöner Preis für den Frieden. Enki, der ein bedeutender Naturwissenschaftler und Metallurg war, wurde von den Ägyptern *Ptah* (»der Entwickler«) genannt. (Diesen Titel übersetzten die Griechen mit *Hephaestos*, die Römer mit *Vulkan*.) Er teilte sich den Kontinent mit seinen Söhnen, dem Erstgeborenen MAR.DUK (»Sohn des Hellen Hügels«), den die Ägypter *Ra* nannten, und NIN.GISH.ZI.DA (»Herr des Lebensbaumes«), den die Ägypter *Thoth* nannten und die Griechen *Hermes*; er war der Gott des gemeinen Wissens, wozu Astronomie, Mathematik und der Pyramidenbau gehörten.

Das durch dieses Pantheon vermittelte Wissen und die Bedürfnisse der Götter, die zur Erde gekommen waren, veranlassten die afrikanischen Olmeken und die Bärtigen aus dem Nahen Osten, unter Thoths Führung auf die andere Seite der Erdkugel zu gehen.

Und nachdem sie an der Golfküste angekommen waren – genau wie die Spanier Jahrtausende später von den Meeresströmungen geleitet –, steuerten sie an der engsten Stelle durch den mesoamerikanischen Isthmus und segelten – genau wie die Spanier es aufgrund derselben Geografie getan hatten – weiter die Pazifikküste von Mesoamerika entlang zu den Ländern von Mittelamerika und noch weiter.

Denn dort gab es zurzeit der Spanier und früher Gold.

Vor den Inka, Chimú und Mochicas gab es in den Bergen, die in Nordperu zwischen der Küste und dem Amazonasbecken liegen, die sogenannte Chavin-Kultur. Einer der ersten, die sie erforschten, Julio C.

Tello, verfasste darüber *Chavin* und andere Schriften und nannte diese Kultur »die Matrix der Anden-Zivilisation«.

Sie führt uns mindestens bis 1500 vor Christus zurück, und wie die gleichzeitige Olmeken-Zivilisation in Mexiko entstand sie unvermittelt, ohne erkennbare allmähliche Entwicklung.

Im Mittelpunkt der Chavin-Kultur in dem großen Gebiet, das sich infolge weiterer Entdeckungen immer mehr ausdehnte, unweit des Dorfes Chavin, das der Kultur den Namen gab, scheint die Tempelanlage Chavin de Huantar gestanden zu haben. Sie wurde am Osthang des Gebirgszugs Cordillera Blanca in über dreitausend Meter Höhe errichtet. Hier hat man in einem Tal, wo Nebenflüsse des Maranón ein Dreieck bilden, den Boden geebnet und terrassiert, um einen Gebäudekomplex zu erschaffen, der sehr sorgfältig geplant worden ist und alle Gegebenheiten der etwa dreißigtausend Quadratmeter großen Grundfläche berücksichtigt (Abb. 65a). Die Gebäude und Plätze bilden nicht nur exakte Recht- und Vierecke, sie sind auch präzise auf die Kardinalpunkte mit einer Ost-West-Achse ausgerichtet. Die drei Hauptgebäude standen auf Terrassen an der einhundertfünfzig Meter langen westlichen Außenmauer. Anscheinend war die ganze Anlage auf drei Seiten von einer dreizehn Meter hohen Mauer umgeben, die nach Osten zum Fluss hin offen war.

Das größte Gebäude erhob sich an der südwestlichen Ecke und maß wenigstens drei Stockwerke (Abb. 65b, Zeichnung aus der Vogelperspektive). Es bestand aus gutgeformten, aber unbearbeiteten Quadersteinen, die gleichmäßig übereinanderlagen. Wie einige Überreste zeigen, waren die Mauern mit marmorähnlichen Platten belegt; an manchen erkennt man noch heute die eingearbeitete Dekoration. Von einer Terrasse im Osten führte eine wuchtige Steintreppe durch ein imposantes Tor zu dem Hauptgebäude. Das Tor flankierten zwei zylinderförmige Säulen – eine höchst ungewöhnliche Bauart in Südamerika –, die zusammen mit anliegenden vertikalen Steinblöcken einen zehn Meter langen Monolithen trugen. Weiter oben führte eine monumentale Doppeltreppe zur Spitze des Gebäudes. Die Steine dieser Treppe sind so vollkommen geschnitten, dass sie an die Bauart der großen ägyptischen Pyramiden erinnern. Oberhalb der Treppe haben Archäologen die Überreste von zwei Türmen gefunden; die oberste Plattform war leer.

Von der östlichen Terrasse, die einen Teil der Plattform bildete, auf der das Gebäude errichtet worden ist, gelangte man über eine Zeremonialtreppe zu einem vertieften Hof, den auf drei Seiten rechteckige Platt-

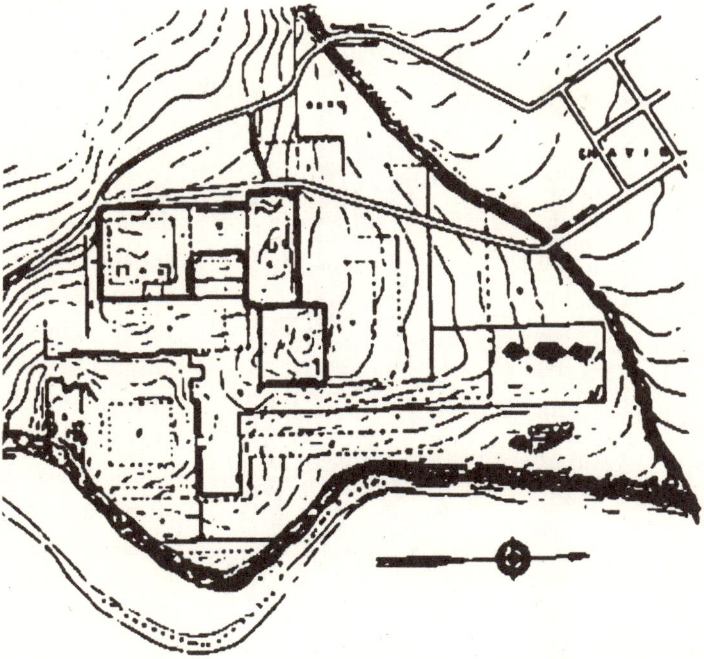

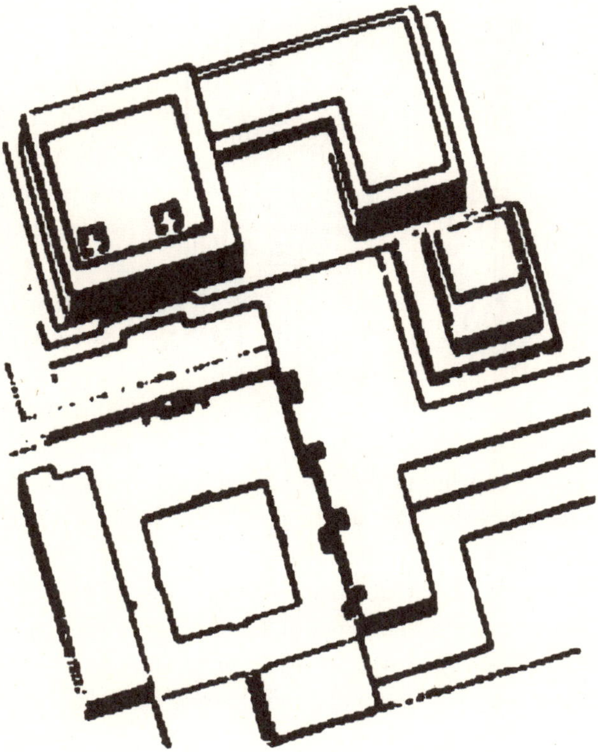

Abb. 66a und 66b

formen umgal
der südwestlich
des tieferliegen
fes stand, in ge
nie auf die Tre
die Terrasse des
gebäudes ausg
ein großer, flac
nitstein mit sie
ausgebohrten
und einer rech
Nische.

Die äußere
wurde noch vo
neren Komplex
troffen. In den
bäuden gab e
dore, Gänge,
Räume und in
sen führende
die deshalb de
namen Labyri
hielten. Einige
waren mit glat
weise verzierten
ausgelegt; alle
hatten ein so
gearbeitetes D
steinernen Plat
es jahrtausende
takt geblieben
schen und Vorsprünge scheinen keinem besonderen Zweck ge
haben; die vertikalen oder schrägen Schächte halten die Archäol
eine Ventilationsanlage, denn Fenster fehlen.

Wozu wurde Chavin de Huantar erbaut? Die Entdecker kon
den Zweck nur damit erklären, dass die Anlage ein religiöses Z
eine Art altes »Mekka« war. In dieser Auffassung wurden sie du
faszinierende und höchst rätselhafte Funde bestärkt. Einer, de

seine komplexen Darstellungen verblüfft, wurde von Tello im Hauptgebäude entdeckt und wird daher Tello-Obelisk genannt (Abb. 66a, 66b, Vorder- und Rückseite). Er ist bedeckt von Darstellungen menschlicher Körper und Gesichter mit tatzenartigen Pfoten, Fängen oder Flügeln; es sind Tiere, Bäume, Vögel, raketenartige Strahlen aussendende Götter und eine Vielfalt geometrischer Muster. War dies ein Totempfahl, der angebetet wurde, oder der Versuch eines »Picasso« aus alter Zeit, alle Mythen und Legenden auf einer einzigen Säule darzustellen?

Ein zweiter geschnitzter Stein wird nach einem Archäologen, der ihn in einer nahen Anlage entdeckte, Raimondi-Monolith genannt (Abb. 67). Es ist eine etwa zwei Meter hohe, fünfundsiebzig Zentimeter breite, auf der einen Seite behauene Granitsäule. Man nimmt an, dass sie ursprünglich auf dem Stein in der Südwestecke des tieferliegenden Hofes gestanden hat, in einer Linie mit der monumentalen Treppe. Sie ist heute in Lima zu sehen.

Abb. 67

Auf ihr ist eine Gottheit abgebildet, die in jeder Hand eine Waffe hält, einen Donnerkeil, wie manche annehmen. Körper und Glieder des Gottes sind im Wesentlichen anthropomorph (menschenähnlich), das Gesicht hingegen nicht. Über dieses Gesicht haben die Gelehrten gerätselt, weil es kein bekanntes Tier, etwa einen Jaguar, darstellt oder stilisiert, sondern eher das zu sein scheint, was man als mythologisches Tier bezeichnet, das heißt ein Tier, von dem der Künstler gehört, das er aber nie selbst gesehen hat.

Für unsere Augen ist es das Gesicht eines Stiers (lat. »Taurus«), eines Tieres, das in Südamerika damals nicht vorgekommen ist, in den Überlieferungen und in der Ikonographie des Nahen Ostens jedoch eine große Rolle gespielt hat. Unserer Auffassung nach ist es ausgesprochen bedeutsam, dass es sich dabei um Adads

Abb. 68

»Kulttier« handelte, und der Bergzug in dieser Gegend, in Kleinasien, wird noch heute Taurusgebirge genannt.

Die dritte ungewöhnliche und rätselhafte Steinsäule in Chavin de Huantar ist ein dreieinhalb Meter hoher Granitstein, der wegen seiner Form *El Lanzon* (»Dolch«) genannt wird (Abb. 68). Er wurde im mittleren Gebäude entdeckt und dort gelassen, weil er höher ist als die dreieinhalb Meter hohe Galerie, in der er steht. Die Spitze dringt durch eine sorgfältig ausgeschnittene viereckige Öffnung in der Decke. Über die Abbildung auf diesem Monolithen ist viel spekuliert worden; wir halten sie für das vermenschlichte Gesicht eines Stiers. Würde das bedeuten, dass der Erschaffer dieses »Dolchs«, der offensichtlich *vor* der Errichtung des Gebäudes aufgestellt worden ist – es scheint um den Monolithen herum konstruiert worden zu sein –, den Stiergott angebetet hat?

Im Großen und Ganzen waren die Gelehrten nicht so sehr von der komplexen und ungewöhnlichen »Tempelanlage« beeindruckt, sondern vor allem von dem hohen Niveau der figurativen Kunst, so dass sie Chavin als »Matrixkultur« in Nord- und Mittelperu betrachteten und den Ort für ein religiöses Zentrum hielten. Aber neuerliche Funde in Chavin de Huantar bezeugen, dass die Anlage weniger religiösen als praktischen Zwecken gedient hat. Die neuesten Ausgrabungen legten nämlich ein Netzwerk von unterirdischen Tunneln frei, die man in das Naturgestein gehauen hat; sie durchziehen die ganze Umgebung wie eine Honigwabe, sowohl bebauten als auch unbebauten Boden, und verbinden mehrere kettenartig arrangierte Abteile (Abb. 69) miteinander.

Die Öffnungen der Tunnel verblüfften die Entdecker, denn sie schienen die beiden Flussläufe, die die Anlage flankieren, der eine oben am Berg, der andere unten im Tal, zu verbinden. Einige Forscher vertraten die Ansicht, die Tunnel seien zur Flutkontrolle angelegt worden,

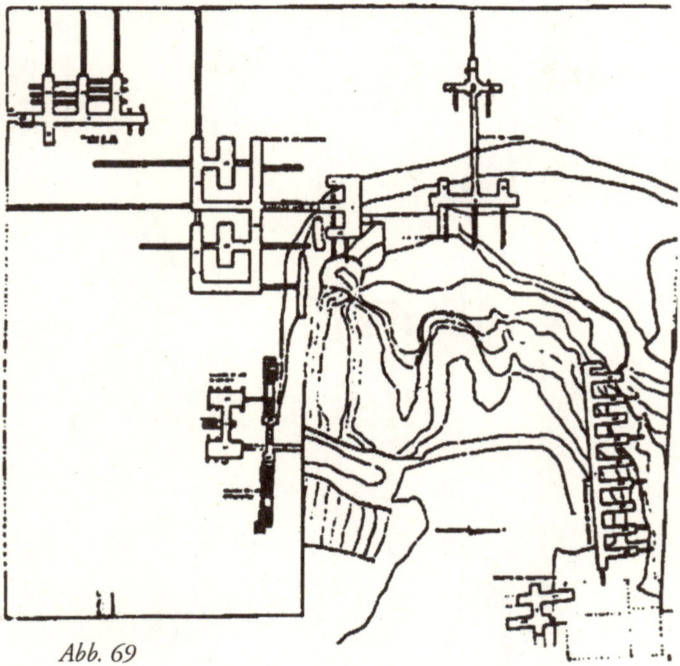

Abb. 69

und zwar so, dass das von den Bergen herabfließende Wasser zurz der Schneeschmelze unter den Gebäuden hindurchströmte. Aber we die Gefahr einer Überflutung bestand – eher durch Regen als dur Schmelzwasser –, warum hat man dann die Anlage auf solch ein gefährdeten Platz errichtet?

Wir behaupten, dass das mit Absicht geschehen ist. Die Erbauer l nutzten die unterschiedliche Höhenlage der Flüsse genial zur Kontro eines Wasserstromes, den sie für ihre Tätigkeit in Chavin de Huan brauchten. Denn hier wurden, wie an vielen anderen Orten auch, ‹ Flussläufe zum Goldwaschen benutzt.

Es gibt noch mehr derartig ausgeklügelte Wasserwerke in den A den; wir haben sie, in rudimentärer Form, in den Niederlassungen ‹ Olmeken gesehen. Sie waren in Mexiko Teil komplexer Dammbaut in den Anden steinerne Meisterwerke, teils große Anlagen wie in Cl vin de Huantar, teils einzelne Überreste von unglaublich exakt behau nen Steinen, wie die von E. G. Squier im Chavin-Gebiet entdeckt (Abb. 70), die aussehen, als seien sie für eine ultramoderne technisc Anlage früherer Zeiten bestimmt.

Abb. 70

In der Tat liefern nicht die Gebäude, sondern die Kunstwerke die ntwort auf die Frage: Wer hat Chavin de Huantar geschaffen? Die unstfertigkeit und der Stil der Steinschnitzereien erinnern überrahend stark an die Kunst der Olmeken in Mexiko. Unter den Gegenänden befinden sich ein Jaguargefäß, ein katzenartiger Stier, ein Adlerondor, ein Schildkrötenbecken, eine große Anzahl Vasen und anderer bjekte, verziert mit verschlungenen Glyphen, die auch auf den Wandatten zu finden sind (Abb. 71a). Es gibt aber auch Platten mit ägyptihen Motiven, nämlich Schlangen, Pyramiden und dem heiligen Auge ›n Ra (Abb. 71b). Und als genügte diese Vielfalt noch nicht, sind auf anchen Fragmenten mesopotamische Motive abgebildet: Gottheiten ıf Geflügelten Scheiben (Abb. 71c) und, auf Knochen eingeritzt, Götr mit konischem Kopfschmuck, genau wie die mesopotamischen Götr dargestellt wurden (Abb. 71d).

Die Götter, die den konischen Kopfschmuck tragen, haben »afrikanihe« Gesichtszüge, und da es sich um Knochenschnitzereien handelt,

Abb. 71a, 71b, 71c und 71d

dürften diese Gegenstände die frühesten künstlerischen Darstellungen an diesem Ort sein. Könnte es sein, dass Afrikaner – negroide Ägypter/Nubier – in alter Zeit an dieser südamerikanischen Stätte weilten? Die verblüffende Antwort lautet: Ja. Tatsächlich gab es hier und an nahegelegenen Orten (besonders einem namens Sechin) Schwarzafrikaner, und sie hinterließen ihre Konterfeie. An all diesen Stätten zeigen Dutzende geschnitzter Steine Abbildungen solcher Menschen; in den meisten Fällen halten sie eine Art Werkzeug, häufig wird der »Ingenieur«« aber auch zusammen mit einem Symbol für Wasserarbeiten abgebildet (Abb. 72).

In Küstenstädten, von denen aus man ins Gebirge nach Chavin gelangt, haben die Archäologen Köpfe aus Ton, nicht aus Stein, gefunden, die offensichtlich semitische Besucher darstellen (Abb. 73). Einer davon sieht den assyrischen Skulpturen so auffallend ähnlich, dass Heinrich Ubbelohde-Doering, einer der bedeutendsten deutschen Erforscher der altperuanischen Kultur, ihn in seinem Buch *Auf den Königsstraßen der Inka* als »König von Assyrien« bezeichnete.

Aber es steht nicht fest, dass diese Besucher bis zu den Ortschaften in den Bergen gekommen sind – zumindest nicht lebend; denn die in Chavin de Huantar gefundenen Steinköpfe mit semitischen Zügen zeigen groteske Grimassen und Verunstaltungen und waren als Trophäen auf die umgebenden Mauern aufgesteckt.

Nach dem Alter von Chavin zu schließen, ist die erste Gruppe aus der Alten Welt – sowohl olmekische als auch semitische Migranten – um das Jahr 1500 vor Christus eingetroffen. Als nach Montesinos' Chronik »die Nachricht nach Cuzco gelangte, an der Küste seien Menschen von großer Gestalt an Land gegangen ... Riesen, die sich an der ganzen Küste niederließen« und die Metallgeräte besaßen, regierte noch der zwölfte Monarch des alten Reiches.

Nach einiger Zeit zogen sie landeinwärts in die Berge. Der Herrscher schickte Läufer aus, um das Vorrücken der Riesen zu erkunden, falls sie sich der Hauptstadt näherten. Aber wie sich herausstellte, erzürnten die Riesen den Großen Gott, und er vernichtete sie. Das trug sich ungefähr

Abb. 72

ein Jahrhundert vor dem Stillstand der Sonne zu, etwa 1500 vor Christus, als in Chavin de Huantar die Wasserwerke gebaut wurden.

Abb. 73

Es muss darauf hingewiesen werden, dass es sich dabei nicht um die von Garcilaso beschriebenen Riesen handelt, die das Land verwüsteten und die Frauen vergewaltigten – das ereignete sich um das Jahr 400 vor Christus zur Moche-Zeit. Vielmehr sprechen wir hier von der Zeit, wie wir bereits gesehen haben, als die beiden vermischten Gruppen von Olmeken und Semiten aus Mesoamerika flohen. Allerdings erlitten sie das gleiche Schicksal wie die Zurückgebliebenen in den nördlichen Anden. Außer den grotesken semitischen Steinköpfen in Chavin de Huantar wurden in dem ganzen Gebiet, vor allem in Sechin, Abbildungen verstümmelter negroider Körper gefunden.

So kam es, dass die afrikanischen Semiten in den nördlichen Anden nach etwa tausend Jahren und in Mesoamerika nach fast zweitausend Jahren ein tragisches Ende fanden.

Wie die Funde in Tiahuanacu bezeugen, sind einige Afrikaner zwar weiter südwärts gezogen, aber der afrikanisch-semitische Einfluss hat sich in den Anden Mesoamerikas nicht über das Gebiet der Chavin-Kultur hinaus verbreitet. Die Erzählungen von den Riesen, die von göttlicher Hand besiegt wurden, könnten mehr als ein Körnchen Wahrheit enthalten; es ist nämlich durchaus möglich, dass dort in den nördlichen Anden die Reiche zweier Götter aufeinandergestoßen sind, die lediglich eine unsichtbare Grenze in Bezug auf Zuständigkeit und Hierarchie getrennt hat.

Wir weisen darauf hin, weil gerade in diesem Gebiet auch andere Weiße gelebt haben. Sie wurden in Steinbüsten dargestellt (Abb. 74) – elegant gekleidet, mit Turban oder Stirnband als Zeichen der Autorität, verziert mit sogenannten »mythologischen Tieren«. Diese Büsten wurden hauptsächlich in Aija in der Nähe von Chavin gefunden. Die Gesichtszüge, besonders die gerade Nase, weisen sie als Indoeuropäer aus.

Sie können nur aus Kleinasien, dem südöstlichen Elam und in späterer Zeit aus dem Industal stammen.

Ist es möglich, dass in vorgeschichtlicher Zeit Menschen aus fernen Landen den Pazifik überquert haben und zu den Anden gelangt sind? Dass es diesen Zusammenhang gegeben hat, bestätigen die Abbildungen eines nahöstlichen Helden aus alter Zeit, dessen Erlebnisse wieder und wieder erzählt wurden. Es handelt sich um Gilgamesch, den Herrscher von Uruk (das biblische Erech), der etwa 2900 vor Christus regierte. Laut der mesopotamischen Fassung machte er sich auf die Suche nach dem Helden der Geschichte von der Sintflut, dem die Götter Unsterblichkeit zugesichert hatten. Seine Abenteuer schildert das *Gilgamesch-Epos*, das im Altertum aus dem Sumerischen in die anderen Sprachen des Nahen Ostens übersetzt worden ist. Eine seiner Heldentaten, sein

Abb. 74

Kampf mit zwei Löwen, die er mit bloßen Händen besiegte, wurde von den zeitgenössischen Künstlern mit Vorliebe dargestellt, wie hier auf einem hethitischen Monument (Abb. 75a) zu sehen ist.

Erstaunlicherweise trägt eine Steintafel aus Aija dieselbe Darstellung (Abb. 75b), ebenso ein Stein in der unweit gelegenen Ortschaft Callejón de Huaylas (Abb. 75c) in den nördlichen Anden!

Die Geschichte der Indoeuropäer hat man weder in Mesoamerika noch in Mittelamerika zurückverfolgen können, aber wir müssen davon ausgehen, dass sie geradewegs über den Pazifik nach Südamerika gekommen sind. Den Legenden nach zogen sie den beiden Gruppen von afrikanischen »Riesen« und mediterranen Bärtigen voran, und sie könnten die ersten Siedler gewesen sein, von denen die Naymlap-Geschichte berichtet. Die überlieferte Landestelle für ihre Ankunft ist die Halbinsel Santa Elena (heute Ecuador) mit ihrer nahegelegenen Insel La Plata, die in den Pazifik hinausragt. Archäologische Ausgrabungen haben hier frühe Siedlungen bestätigt, die mit der sogenannten Valdivian-Phase 2500 vor Christus begon-

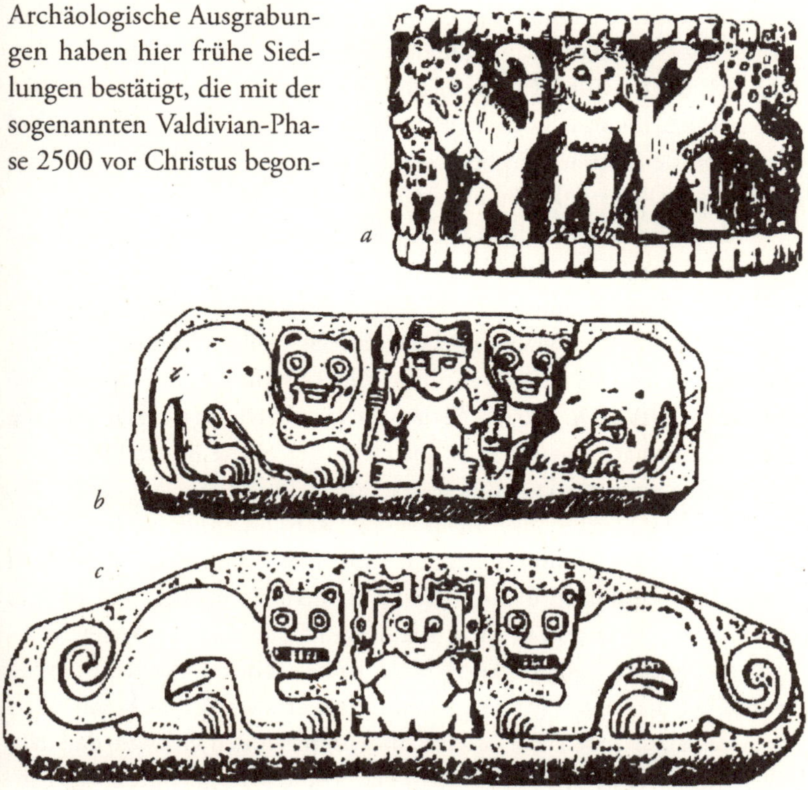

Abb. 75a, 75b und 75c

nen haben. Unter den Funden waren, wie der ecuadorianische Archäologe Emilio Estrada in seinem Buch *Ultimas Civilizaciones Prehistóricas* (»Älteste vorgeschichtliche Zivilisationen«) berichtet, sowohl Steinstatuetten mit derselben geraden Nase (Abb. 76a) als auch ein Symbol dieser Nase auf Tonwaren (Abb. 76b), bei dem es sich um die hethitische Glyphe für »Götter« handelte (Abb. 76c).

Es ist bemerkenswert, dass die megalithischen Bauten in den Anden wie in Cuzco, Sacsahuaman und Machu Picchu allesamt südlich der unsichtbaren Grenzlinie zwischen zwei göttlichen Gebieten liegen. Die Kunstfertigkeit der Megalithenerbauer – von ihren Göttern angeleitete Indoeuropäer? –, die südlich von Chavin ihren Anfang nahm (Abb. 70), hat ihre Spuren den ganzen Weg südwärts bis ins Urubamba-Tal und darüber hinaus hinterlassen, überall dort, wo Gold gewaschen wurde. Allenthalben wurden aus Gestein, als wäre es weicher Knetgummi, Kanäle, Abteile, Nischen und Plätze geformt, die aus der Ferne wie Treppen ins Nichts wirken; Tunnel führen in Bergflanken, Risse wurden zu Gängen erweitert, deren glatte Wände exakte Winkel bilden. Überall, auch dort, wo die Einwohner ihren gesamten Bedarf an Trinkwasser aus dem Fluss beziehen konnten, entstanden raffinierte Methoden der Kanalisierung und Leitung, um zu bewirken, dass Wasser aus Quellen, Nebenflüssen oder Regenfällen in die gewünschte Richtung floss.

Südwestlich von Cuzco, auf dem Weg zur Stadt Abancay, liegen die Ruinen von Sayhuiti-Rumihuasi. Wie andere solche Stätten liegt es in der Nähe der Mündung eines kleineren Flusses in einen größeren. Es gibt Überreste einer Mauer und die Ruinen großer Gebäude, die dort einmal standen; wie Luis A. Pardo in seiner Studie *Los Grandes Monolithos de Sayhuiti* (»Die großen Monolithen von Sayhuiti«) erklärt, die der Ausgrabungsstätte gewidmet ist, bedeutet der Name in der Eingeborenensprache »stumpfe Pyramide«.

Diese Stätte ist berühmt für mehrere Monolithen, besonders für einen, der Großer Monolith genannt wird. Der Name passt, denn es ist ein riesiger Felsblock, der aus der Ferne aussieht, als liege ein riesiges helles Ei am Berghang. Er misst fast fünf mal drei mal drei Meter. Während der untere Teil sorgfältig einer halben Eiform nachempfunden wurde, ist der obere Teil so gestaltet, dass er aller Wahrscheinlichkeit nach das maßstabgerechte Modell eines unbekannten Gebietes darstellt. Zu erkennen sind winzige Mauern, Plattformen, Treppen, Kanäle, Tunnel, Flüsse, verschiedene Strukturen, die Gebäude mit Nischen und

Stufen dazwischen sein könnten, Abbildungen mehrerer Tiere, die in Peru beheimatet sind, und menschliche Gestalten, die manche für Krieger halten, andere für Götter.

Die einen sehen in diesem maßstabgerechten Modell ein religiöses Artefakt zu Ehren der Götter, die sich darauf niederlassen sollen. Andere glauben, es stelle einen Teil von Peru dar, der drei Bezirke umfasst und sich bis zum südlich gelegenen Titicacasee (weil ein See dargestellt ist) und zur alten Stadt Tiahuanaco erstreckt. Handelt es sich hierbei also um eine in Stein gemeißelte Landkarte – oder vielleicht doch um das maßstabgerechte Modell eines großen Baumeisters, der den Entwurf noch umsetzen wollte?

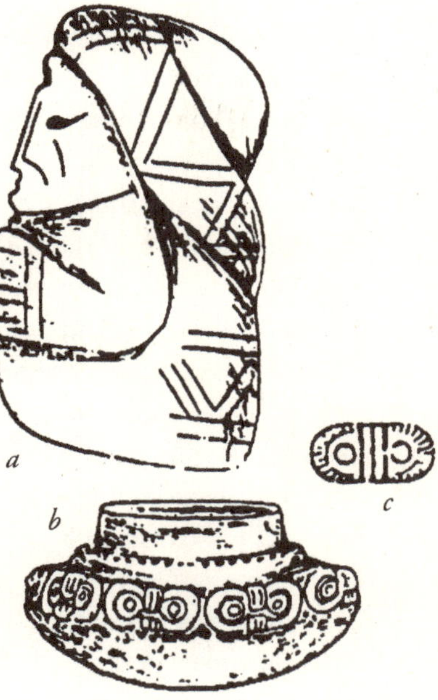

Abb. 76a, 76b und 76c

Die Antwort liegt vielleicht in der Tatsache, dass sich durch dieses Modell zweieinhalb bis fünf Zentimeter breite Rinnen ziehen, die alle von einem »Becken« am höchsten Punkt des Monolithen ausgehen und im Zickzack zum untersten Rand führen und hier in Ausgusslöchern enden. Manche Forscher glauben, die Rinnen hätten Priestern dazu gedient, den Göttern, die auf dem Stein abgebildet sind, Flüssigkeiten zu opfern, möglicherweise Coca-Säfte. Aber wenn die Götter selbst die Architekten waren, zu welchem Zweck haben sie dieses Gebilde dann erschaffen?

Die verräterischen Rinnen kommen auch bei einem anderen riesigen Felsausläufer vor, der mit geometrischer Exaktheit behauen und geformt worden ist (Abb. 77). Seine Oberfläche und die Seiten wurden zu Stufen, Plattformen sowie kaskadenartigen Nischen gestaltet. Eine Seite wurde so angelegt, dass ganz oben kleine »Becken« entstanden; sie sind mit einem größeren Sammelbecken verbunden, von dem ein tiefer Kanal nach unten führt, der sich in der Mitte in zwei Rinnen teilt. Welche Flüssigkeit auch immer verwendet wurde, sie floss in den Felsen hinein, der ausgehöhlt war und durch einen Zugang auf der Rückseite betreten werden konnte.

Andere Überreste an der Ausgrabungsstätte, wahrscheinlich von größeren Felsplatten abgebrochen, verblüffen durch die in sie hineingeschnitzten komplexen und geometrisch präzisen Rinnen und Löcher; am besten lassen sie sich mit den Prägestöcken oder Matrizen für einige ultramoderne Instrumente vergleichen.

Östlich von Sacsahuaman liegt eine der bekannteren Stätten; sie wird Kenko genannt – ein Name, der in der Eingeborenensprache »gewundene Kanäle« heißt. Die Hauptattraktion für Touristen dort ist ein großer Monolith auf einem Sockel; er könnte einen auf den Hinterbeinen stehenden Löwen oder ein anderes großes Tier darstellen. Vor dem Monolithen erhebt sich eine fast zwei Meter hohe Mauer, die aus wunderschönen Steinquadern gebaut ist und den Monolithen kreisförmig umgibt. Der Monolith steht vor einem riesigen natürlichen Felsen, bei dem diese Mauer wie eine Zange anfängt und endet. Auf der Rückseite ist der Monolith zu mehreren verschiedenen Ebenen geschnitzt und geformt worden, die durch übereinanderliegende Plattformen verbunden sind. In die künstlich schräg geglätteten Seiten und das Innere des Felsens sind im Zickzack verlaufende Kanäle eingraviert, die labyrinthartige Tunnel und Kammern bilden. In der Nähe führt ein Spalt im Felsen zu einer höhlenartigen Öffnung, die mit geometrischer Präzision bearbeitet worden ist, um Steingebilde zu formen, die manche als Throne und Altäre beschreibe.

Es gibt noch mehr derartige Stätten in der Gegend von Cuzco-Sacsahuaman, alle im heiligen Tal; sie erstrecken sich in südöstlicher Richtung bis zum sogenannten Goldenen See. An einem Ort namens Torontoy gibt es unter den präzise gehauenen Steinblöcken einen Megalithen, der zweiunddreißig Winkel aufweist. In der Nähe, etwa siebzig Kilometer von Cuzco entfernt, wurde zwischen zwei Mauern ein künstlicher Wasserfall geschaffen, der aus vierundfünfzig »Stufen« besteht, alle aus dem natürlichem Fels herausgeschlagen; bezeichnenderweise heißt dieser Ort Cori-Huairachina, »wo das Gold gewaschen wird«.

Cuzco bedeutet »Nabel«, und in der Tat scheint Sacsahuaman durch seine Größe und Kolossalität der Mittelpunkt all dieser Stätten gewesen zu sein. Ein Aspekt der Zentralisierung wird in Pampa de Anta deutlich, einem Ort, der fünfzehn Kilometer westlich von Sacsahuaman liegt. Hier hat man den gewaltigen Felsen zu einer Anzahl von Stufen umgestaltet, die sichelförmig angelegt sind, in Form eines großen Halbmonds – daher der Name des Felsens: *quillarumi*, das heißt »Mondstein«. Da von hier aus nur der östliche Himmel zu sehen ist,

Abb. 77

Rolf Müller in seinem Buch *Sonne, Mond und Sterne über dem* ·*r Inka*, dies sei so etwas wie ein Observatorium, auf eine be- : Weise angelegt, um astronomische Daten zum Vorgebirge von aman zu übermitteln.

jetzt, da ein für allemal verworfen ist, dass die Inka Sacsahua- Festung errichtet haben, stellt sich unvermeidlich die Frage, wo- ıdelt es sich dabei sonst? Die rätselhaften labyrinthartigen Kanä- andere, scheinbar beliebig vorgenommene Einschnitte in den rhalten durch neue Ausgrabungen, die seit mehreren Jahren im ind, einen Sinn. Zwar hat man erst einen kleinen Teil der Stein- auf der Hochebene hinter dem glatten Rodadero-Felsen ausge- aber sie enthüllen bereits zwei wichtige Aspekte: zum einen die :, dass Mauern, Leitungen, Auffanggefäße, Kanäle und derglei- wohl aus natürlichem Felsen als auch mittels exakt geformter von denen die meisten aus der Zeit der vieleckigen Megalithen n, geschaffen worden und so angeordnet sind, dass sie eine Kas- den, wo der Abfluss von Stufe zu Stufe geregelt verläuft. Zum hat man eine riesige runde Vertiefung entdeckt, die von Qua- ern umgeben ist. Sie hat nach einhelliger Meinung als Wasserbe- edient. Außerdem wurde eine unterirdische Schleusenkammer n, in die das Wasser aus dem Reservoir fließen konnte. Spielende entdeckten einen Kanal, der von der Schleusenkammer zu dem

Chingana oder »Labyrinth« führt, das aus einem natürlichen Fel ter und unter dem Reservoir herausgehauen wurde.

Obwohl noch längst nicht der ganze Komplex auf diesem V ge ausgegraben ist, weiß man bereits, dass irgendein Mineral o chemische Zusammensetzung über den Rodadero hinunterg ist und der Rückseite ihre Verfärbung verliehen hat. Was es auc sen sein mag – goldhaltige Schwemme? –, es floss in das groß Reservoir. Auf der anderen Seite wurde frisches Wasser zugefül Ganze sieht aus wie eine riesige Goldwaschanlage. Das Was durch die Schleusenkammer und dann durchs Labyrinth ab. den Steinbottichen zurückblieb, war Gold.

Was schützten oder stützten eigentlich die kolossalen Zickzacl then am Rande des Vorgebirges? Eine eindeutige Antwort gibt nicht; es lässt sich nur vermuten, dass man für die Beförderungs die unserer Vermutung nach flugfähig waren – eine Plattform be um das Erz aufzuladen und die Nuggets wegzuschaffen.

Eine Stätte, die eine ähnliche Beförderungsfunktion gehab könnte, ist Ollantaytambu, etwa hundert Kilometer nordwestl Sacsahuaman gelegen. Die Ruinen befinden sich auf einem stei berg; von dort hat man einen Blick durch eine Öffnung zwisc Bergen, die sich beim Zusammenfluss von Urubamba-Vilcan Patcancha erheben. Am Fuß des Berges liegt das Dorf, das der S ren Namen gegeben hat, der »Ollantays Ruheplatz« bedeutet. Di me stammt aus der Zeit, in der ein Inka-Held hier ein Bollwe die Spanier errichtet hat.

Mehrere hundert grob ausgehauene Stufen, die Terrassen im Inka verbinden, führen zu den Hauptruinen oben auf dem B man für eine ehemalige Festung hält. Tatsächlich gibt es dort Ü von Gebäuden, die im selben Inka-Stil aus Feldsteinen errichtet Sie sehen primitiv und hässlich aus im Vergleich zu den Vor-In ten aus dem Zeitalter der Megalithen.

Die Megalithen-Bauten beginnen mit einer Schutzmauer a derschön geformten, vieleckigen Steinen. Durch ein Tor, das au einzigen Block gehauen wurde, gelangt man auf eine Plattfc ebenfalls von einer Schutzmauer umgeben ist. Auch sie besteht eckigen, aber größeren Steinen. Auf der einen Seite geht die M eine Einfriedung mit zwölf trapezförmigen Öffnungen über – z Eingänge, zehn sind angedeutete Fenster. Vielleicht hat Luis I

Abb. 78

Ollantaytampu, una ciudad megalitica (»Ollantaytampu, eine megalithische Stadt«) diese Struktur deswegen als den »zentralen Tempel« bezeichnet. Auf der anderen Seite der Mauer gibt es ein massives und perfekt geformtes Tor (Abb. 78), durch das man früher zu den Hauptgebäuden gelangte, heute allerdings nicht mehr.

Das größte Geheimnis von Ollantaytambu bildet eine Reihe von sechs riesigen Monolithen auf der obersten Terrasse. Diese Steinblöcke sind vier bis fünf Meter hoch; der Umfang variiert von ein bis zwei Meter (Abb. 79). Sie sind ohne Mörtel oder ein anderes Bindematerial aneinandergefügt, nur mit langen behauenen Steinen, die man zwischen die Blöcke geschoben hat. Die weniger als zwei Meter dicken Blöcke sind wie in Cuzco und Sacsahuaman mit großen, vieleckigen Steinen vergrößert worden, um Gleichmäßigkeit zu erzielen. Von vorn gesehen, bilden die Monolithen eine einzige, genau nach Südosten ausgerichtete Mauer, deren Oberfläche eine leichte Wölbung aufweist. Wenigstens zwei von ihnen zeigen Reste einer verwitterten Reliefverzierung; auf dem vierten (von links gezählt) ist das Symbol der Stufen

Abb. 79

zum Himmel zu erkennen. Alle Archäologen stimmen darin überein, dass dieses Symbol aus Tiahuanaco am Titicacasee stammt und den Aufstieg von der Erde zum Himmel bedeutet – oder den Abstieg vom Himmel zur Erde.

Einkerbungen, Vorsprünge und stufenartige Einschnitte oben am sechsten Monolithen verraten, dass der Bau nicht vollendet worden ist. In der Tat liegen noch Steinblöcke verschiedener Form und Größe herum; manche sind bereits zurechtgeschnitten und weisen perfekte Ecken, Rinnen und Winkel auf. Einer gibt einen bedeutsamen Hinweis: Eine T-Form ist tief in ihn eingearbeitet. Da man derartige Einschnitte bei gigantischen Steinblöcken in Tiahuanaco gefunden hat, mussten die Forscher zugeben, dass er hier wohl dazu dienen sollte, zwei Steinblöcke mit einer metallenen Klammer zusammenzuhalten, als Vorsichtsmaßnahme gegen Erdbeben (Abb. 80).

Man muss sich wundern, dass die Forscher diese Ruinen immer noch den Inka zuschreiben, die kein anderes Metall außer Gold besaßen, das viel zu weich und ungeeignet ist, um die von einem Erdbeben erschütterten kolossalen Steinblöcke zusammenzuhalten. Ebenso naiv ist die Erklärung, Inka-Herrscher hätten riesige Badehäuser errichtet, weil das

Baden zu ihren besonderen Vergnügungen gehört habe. Wenn zv Flüsse am Fuß des Berges vorbeifließen, wozu dann gigantische Fe blöcke – von denen manche bis zu fünfundzwanzig Tonnen wiegen – hinaufschaffen, nur um oben auf dem Berg eine Wanne bauen zu können? Und all das ohne Eisenwerkzeug?

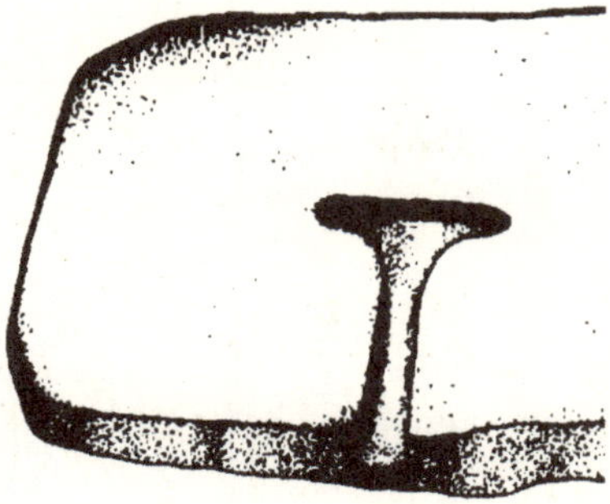

Abb. 80

Entschieden seriöser ist die Erklärung, dass die Reihe der sechs Monolithen Teil einer geplanten Schutzmauer war, weil man auf dem Berg eine große Plattform oder einen Platz anlegen wollte. In diesem Fall erinne Größe und Mächtigkeit der Steinblöcke an die kolossalen Quader, ‹ man zum Bau der einzigartigen Plattform in Baalbek in den Berg des Libanon benutzt hat. In meinem Buch *Stufen zum Kosmos* hab wir ausführlich beschrieben und erklärt, dass es sich bei dieser mega thischen Plattform um den »Landeplatz« gehandelt haben muss, c das erste Reiseziel von Gilgamesch gewesen ist – einen Landeplatz f die »Luftschiffe« der Anunnaki.

Zu den vielen Ähnlichkeiten zwischen Ollantaytambu und Baalb gehört auch der Ursprung der Megalithen. Die kolossalen Steinblöc in Baalbek wurden in einem kilometerweit entfernten Tal gebroche dann unglaublicherweise hochgehoben, befördert und an Ort u Stelle mit den anderen zu einer Plattform zusammengefügt. Auch ‹ Steinblöcke in Ollantaytambu am Berghang wurden auf der gege überliegenden Seite des Tales gebrochen. Nachdem man die schwer Brocken behauen und geformt hatte, beförderte man sie über zv Flüsse vom Steinbruch nach Ollantaytambu hinauf, wo sie aufgeste und zusammengefügt wurden.

Wessen Werk ist Ollantaytambu? Garcilaso de la Vega schrieb, dass »aus der allerersten Epoche stammt, vor den Inka«. Blas Valera behaupte »aus einer Zeit vor der Epoche der Inka … dem Zeitalter des Panthec der Götter aus Vor-Inka-Zeiten«. Es wird Zeit, dass die modernen Wisse schaftler dieser Auffassung zustimmen. *Es wird Zeit zu erkennen, dass es s. bei diesen Göttern um dieselben Gottheiten handelte, denen die Legenden . Nahen Ostens auch den Bau von Baalbek zuschreiben.*

Abb. 81

In früheren Büchern haben wir nachgewiesen, dass die Anunnaki bei der Bestimmung ihres Raumhafens und ihrer »Landeplätze« zunächst einen Landekorridor an einem herausragenden geografischen Punkt (wie dem Berg Ararat) verankerten. Die Flugbahn innerhalb dieses Korridors bildete dann einen genauen Winkel von fünfundvierzig Grad mit dem Äquator. In nachsintflutlicher Zeit, als sich der Raumhafen auf der Halbinsel Sinai und der Landeplatz in Baalbek befand, folgte das Kartennetz demselben Muster.

Der *Torreon* in Machu Picchu hat außer den beiden Beobachtungsnstern in dem halbkreisförmigen Teil noch ein rätselhaftes Fenster ıbb. 81) mit einer umgekehrten Treppe, die unten eine Öffnung und ›en einen keilförmigen Schlitz aufweist. Unsere eigenen Studien zei:n, dass eine Linie von dem heiligen Felsen durch den Schlitz zum ıtihuatana mit den Kardinalpunkten einen genauen Winkel von .nfundvierzig Grad bildet, womit die hauptsächliche Ausrichtung ›n Machu Picchu gegeben ist.

Diese Ausrichtung von fünfundvierzig Grad bestimmte nicht nur e Anlage von Machu Picchu, sondern auch den Standort der größen, alten Niederlassungen. Wenn man auf einer Landkarte eine Linie nzeichnet, die Viracochas Aufenthalte von der Sonneninsel im Titi.casee aus miteinander verbindet, führt diese Linie durch Cuzco ıch Ollan-taytambu, und zwar im genauen Winkel von fünfundvierg Grad zum Äquator!

Maria Schulten de D'Ebneth fasst dies in ihrem Buch *La ruta de Viracha* (»Die Viracocha-Route«) auf der Grundlage einer Anzahl von Studien und Vorträgen folgendermaßen zusammen: Die Koordinate, an der Machu Picchu liegt, passt genau in das Gitternetz eines schräggestellten Quadrats von fünfundvierzig Grad, bei dem die Ecken, nicht die Seiten, auf die Kardinalpunkte gerichtet sind. Sie erklärt, dass sie durch Salcamayhuas *Relacion* (»Vergleich«) zu der Suche nach diesem alten Muster angeregt worden sei. Als Illustration zu der Erzählung von den drei Fenstern fertigte sie eine Zeichnung an (Abb. 82a) und gab jedem Fenster einen Namen: Tampu-Tocco, Maras-Tocco und Sutis-Tocco. Maria Schulten erkannte, dass dies Ortsnamen sind. Als sie das aufgestellte Quadrat

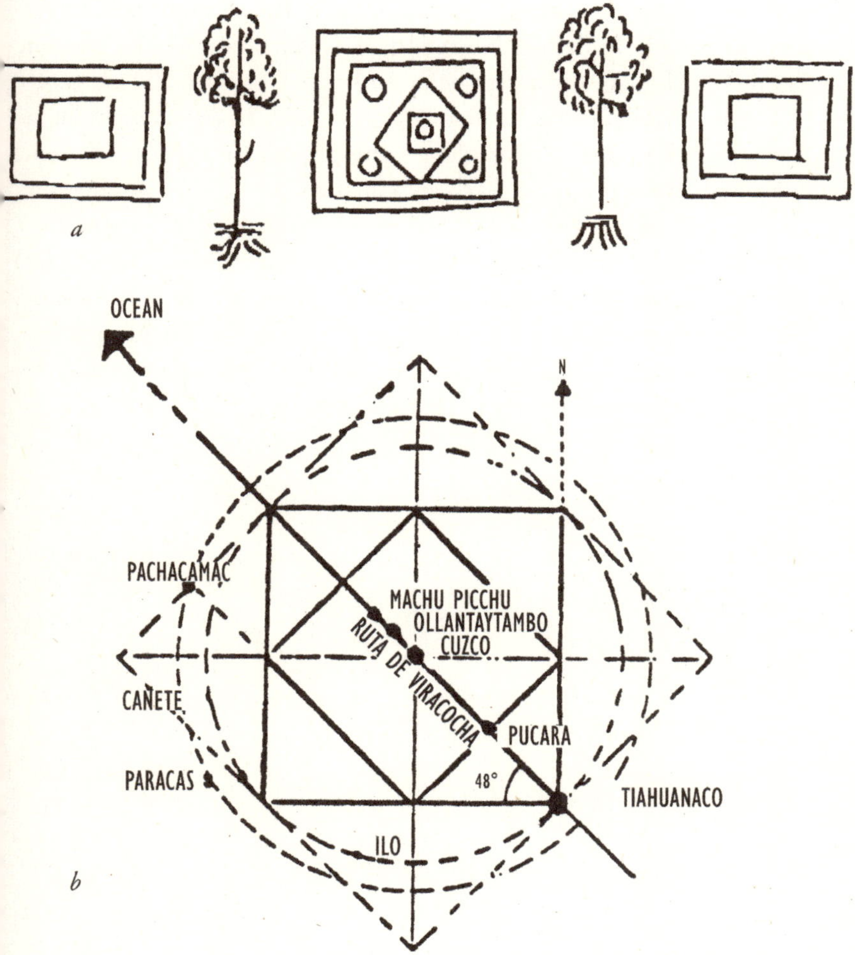

Abb. 82a und 82b

auf eine Karte vom Cuzco-Urumbamba-Gebiet legte, wobei Machu Picchu (alias Tampu-Tocco) die nordwestliche Ecke bildete, stellte sie fest, dass alle anderen Orte an der richtigen Position waren. Sie zog Linien, beginnend mit einem Winkel von fünfundvierzig Grad bei Tiahuanaco, die mit einem Quadrat und Kreisen alle wichtigen alten Stätten zwischen Tiahuanaco, Cuzco und Quito in Ecuador miteinander in Verbindung brachten, auch das überaus bedeutsame Ollantaytambu (Abb. 82b).

Nicht weniger wichtig ist Maria Schultens zweite Entdeckung. Sie errechnete aus den untergeordneten Winkeln, die sie zwischen der zentralen 45-Grad-Linie und den weiter entfernt gelegenen Stätten berechnet hat, unter Einbezug des Tempels von Pachacamac, dass es auf die Zeit zutrifft, in der der Neigungswinkel der Erde (die »Schiefe der Ekliptik«) 24 Grad 8 Minuten betragen hat.

Das heißt, dass das Gitter ihrer Meinung nach 5.125 Jahre vor ihren Messungen im Jahre 1953 geplant worden war; mit anderen Worten, es bezieht sich auf das Jahr 3172 vor Christus.

Damit ist der Beweis für unsere eigene Schlussfolgerung erbracht, dass die megalithischen Bauten dem Zeitalter des Stiers angehören, der Zeit zwischen 4000 und 2000 vor Christus. Und vergleicht man die modernen Studien mit den Daten der Chronisten, so führt das zu einer Bestätigung dessen, was die Legenden von Anfang an behauptet haben:

Alles nahm seinen Anfang am Titicacasee.

12

Als Riesen auf der Erde erschienen

Bisher unveröffentlichter Artikel, geschrieben 1991.

An seinem letzten Buch *Als es auf der Erde Riesen gab*, das noch kurz vor seinem Tod im Jahr 2010 veröffentlicht wurde, hatte Sitchin lange gearbeitet. Tatsächlich war die Erwähnung der »Riesen« in Genesis 6 der Funke gewesen, der den jungen Sitchin überhaupt erst zum Studium der antiken Zivilisationen und Sprachen veranlasst hatte: »In jenen Tagen waren die Riesen auf der Erde, und auch nachher, als die Söhne der Götter zu den Töchtern der Menschen gingen und diese ihnen gebaren. Das sind die Helden, welche von alters her waren, die Männer von Ruhm gewesen sind.«

Das Buch Genesis ist nicht die einzige Quelle für Informationen über antike Riesen. Allenthalben auf der Erde, in der Neuen Welt ebenso wie in der Alten, halten sich hartnäckig Geschichten von Riesen. In einigen der besser bekannten Berichte geht es um die Riesen der griechischen Mythologie sowie ihre Gegenstücke im mythischen Indien. Andere Beispiele findet man in den Legenden Südamerikas; sie berichten von Männern mit riesenhaftem Wuchs, die im ersten und zweiten Jahrtausend vor Christus an den Küsten landeten.

Aber Hinweise auf Riesen in der Neuen Welt existieren nicht nur in diesen Legenden, man findet sie außerdem auf den gewaltigen Statuen von Tollan in Mexiko, auf denen echte Riesen abgebildet sind – und auch in Peru gibt es Bilder von Riesen. Selbst die megalithischen Strukturen aus großen, manchmal über hundert Tonnen schweren Steinblöcken, die man in Cuzco, der antiken Hauptstadt der Inka, und seiner Umgebung gefunden hat, deuten auf die Anwesenheit von Riesen in der Neuen Welt hin. In der Alten Welt gibt es dergleichen ebenfalls, einige der Megalithen dort wiegen sogar über tausend Tonnen! Wie konnte man diese gewaltigen Steinblöcke transportieren, und wie war es möglich, sie so präzise zu bearbeiten, dass man daraus perfekte Steinbauten errichten konnte? Weitere Nachforschungen ergaben, dass die megalithischen Fundstätten in Südamerika aus der Luft betrachtet eine gerade Linie bilden, die zum Pazifik führt. Das passt haargenau zu dem antiken Mythos des Gottes Viracocha, von dem es heißt, er sei über den Wassern des Pazifik verschwunden.

Die zwei Teile des folgenden Artikels fassen einige Erkenntnisse Sitchins zum Thema der Riesen zusammen und stellen eine Verbindung her zwischen dem Auftreten von Riesen und den Berichten über die geheimnisvollen Götter aus dem Weltraum, die Anunnaki, die vor langer Zeit zur Erde kamen.

TEIL 1

Hat es auf der Erde einmal Riesen gegeben?

Die Frage ist keineswegs abwegig und gehört auch weder ins Reich der Märchen, noch ist das Thema Kinderbüchern vorbehalten. Die Suche nach der Antwort auf diese Frage führt uns erstaunlicherweise in uralte Zeiten zu den Handlungen göttlicher und heroischer Wesen und zeigt auf, was in jener fernen Vergangenheit *wirklich* auf unserem Planeten geschah.

Mythologie und Folklore nahezu aller Nationen sind voll mit Geschichten von Riesen und deren Taten. Lange Zeit galten solche Geschichten tatsächlich als Märchen oder Legenden primitiver Völker; aber in letzter Zeit mehrten sich die Hinweise, dass sie sich nur aus der kollektiven Erinnerung an Ereignisse erklären lassen, die zwar weit zurückliegen, sich aber fest in das Bewusstsein der Menschen eingebrannt haben. Dies gilt ebenso für die Völker der Alten wie für die der Neuen Welt.

Die Legenden der Griechen

Die bekanntesten westlichen Überlieferungen von Riesen findet man in der griechischen Mythologie; sie führen uns in die Zeit zurück, als Götter auf Erden wandelten. Frühe griechische Schriften wie die *Theogonie* von Hesiod oder die *Oden* des Pindar schildern jene frühen Riesen als mannigfache Nachkommen einer Linie von Göttern, die ursprünglich himmlisch waren und mit der Zeit irdisch wurden. Interessanterweise – aber keineswegs zufällig – spiegeln diese Schriften die Geschichten aus dem Anfang des Alten Testaments wider. Sie beginnen mit dem *Chaos*, gefolgt von der Fleischwerdung von *Gaea* (»Erde«) und *Uranus* (»Sternenbesetzter Himmel). Aus ihrer Vereinigung entstanden die zwölf *Titanen* – sechs Männer und sechs Frauen, die untereinander die Ehe eingingen und zahlreiche Nachkommen hatten. In der Vorstellung der Griechen waren die Titanen von riesenhaftem Wuchs und außergewöhnlicher Kraft, eine Rasse von Göttern, die die Verbindung zwischen Himmel und Erde bildeten. Noch heute benutzen wir den Begriff »titanisch«, um etwas besonders Großes, etwas wahrhaft »Gigantisches« zu beschreiben.

Sexuell nie völlig befriedigt, fuhr der potente Uranus fort, Nachkommen zu zeugen, obwohl einige davon verschiedene Missbildungen oder eine sonstwie ungewöhnliche äußere Erscheinung aufwiesen. Die ersten dieser Ungeheuer waren die drei *Zyklopen* (»Kugeläugige«), die man so nannte, weil sie nur ein einziges auffällig großes Auge in der Stirn trugen. Der Glaube der Griechen, sie seien riesengroß gewesen, findet sich noch in unserer eigenen Sprache, die etwas wahrhaft Riesengroßes als »zyklopisch« bezeichnet. Auf sie folgten die drei *Hekatoncheiren*, was »die mit den hundert Armen« bedeutet, männliche, riesenhafte Götter, aus deren Schultern hundert Arme und fünfzig Köpfe wuchsen.

Als Gaea der sexuellen Exzesse des Uranus überdrüssig wurde, überredete sie ihren Sohn Chronos, die Genitalien des Uranus abzuschneiden – den eigenen Vater zu kastrieren. Hesiod schildert, wie die grausame Tat verübt wurde, als Uranus eines nachts zu Gaea kam, »sich nach Liebe verzehrend«. Chronos hielt sich versteckt und wartete auf den richtigen Augenblick. Dann »schnitt er mit der großen, langen Sichel mit zackigen Zähnen … schnell die Genitalien seines Vaters ab und schleuderte sie in die wogende See«.

Aber Gaea wurde vom Blut des Uranus geschwängert, was zu neuer Nachkommenschaft führte. Darunter waren die *Gigantes*, jene Götter, die unter der Bezeichnung »Giganten« Einzug in die Erinnerung der Menschen und in ihre Lexika gefunden haben.

All diese unterschiedlichen Götter – manche böse, manche gut, manche ihrer Mutter, andere ihrem Vater treu ergeben – endeten als Gegner. In der Zeit der Dritten Generation der Götter wuchsen sich diese Konflikte zu echten Kriegen der Götter aus – Götter, die sich zu jener Zeit auf der Erde aufhielten. Als Zeus, der jüngste Sohn des Chronos, versuchte, den älteren Titanen die Führung der Götter zu entwinden, taten sich die Gigantes mit den Titanen zusammen, während die Zyklopen und Hekatoncheiren Zeus' Partei ergriffen. Sie lieferten Zeus einen »Donnerstein« als Waffe, dessen Blitzstrahl die feindlichen Titanen blendete und dessen »Windsturm« die Erde erbeben ließ.

In der letzten Schlacht stand Zeus *Typhoeus* (Typhon), dem geflügelten Schlangengott, gegenüber. Die Waffen, die sie gegeneinander einsetzten, wiesen alle Attribute der Technologie von *Star Wars* auf, einschließlich nuklearer Blitzschläge und Laserstrahlen. Diese letzte Schlacht, die mit der Oberherrschaft des Zeus endete, wurde hauptsächlich in der Luft ausgetragen, und die beiden Götter kämpften aus »Luftwagen« gegeneinander. Auf Einzelheiten und nähere Beschreibungen sei an dieser Stelle verzichtet (bei Interesse kann man zu diesem Thema mehr in dem Buch *Die Kriege der Menschen und Götter* finden). An dieser Stelle ist von Bedeutung, dass die letzte Schlacht zwischen den Göttern nach griechischer Überlieferung in der Umgebung des Berges Kasios stattfand, der sich nach Ansicht der meisten Wissenschaftler in den Bergen des Libanon befindet. Wir wollen uns im Weiteren daran erinnern.

Die Geschichten der Indoeuropäer

Lassen Sie uns einen Sprung ein paar tausend Meilen ostwärts auf den indischen Subkontinent machen. Wir finden dort Mythen und Legenden der Hindu, die mit den griechischen Schilderungen der Schlachten der Götter und der Genealogie der Götter beinahe identisch sind.

Die in Sanskrit – der Muttersprache des indoeuropäischen Sprachzweigs – aufgezeichneten Geschichten findet man in den Veden, heiligen Schriften, die den Überlieferungen der Hindu nach »nicht menschlicher Herkunft sind« und in einem früheren Zeitalter von den Göttern selbst niedergelegt wurden. Indoeuropäische Migranten, die manchmal als »Arier« bezeichnet werden, hatten sie vor etwa 3.500 Jahren auf den indischen Subkontinent gebracht. Sie waren in mündlicher Überlieferung erhalten und später Wort für Wort aufgeschrieben worden. Gemeinsam mit zusätzlichen Schriften, die sich *Puranas* (»alte Geschichten«) nennen, und den epischen Schilderungen der *Mahabharata* und der *Ramayana* bilden sie die Quellen für die hinduarischen Erzählungen von Himmel und Erde, von Göttern und Riesen.

Ebenso wie in den griechischen Geschichten beginnen diese »Mythen«, wie die Wissenschaft sie gerne bezeichnet, mit den himmlischen oder planetarischen Göttern und berichten dann von der jeweils zweiten und dritten Generation der himmlischen Geschöpfe, die zur Erde gekommen waren. Die Parallelen mit der griechischen Mythologie sind allgemein anerkannt. Entsprechend dem griechischen *Chronos*, was »der Gekrönte« bedeutet, nennt sich der Anführer »der Glänzenden« *Kas-Yapa* (»der vom Thron«). Zeus entspricht *Dyaus-Pitar*, dem »Himmelsvater«. Der griechische Name »Zeus« ist ganz offenkundig von »Dyaus« abgeleitet; die Römer haben für diese Gottheit deren vollen Namen Dyaus-Pitar beibehalten, indem sie ihn als *Jupiter* bezeichneten.

Die Schlachten der Götter werden in den Veden in Versen geschildert, die mit den griechischen Darstellungen beinahe identisch sind, und es gibt keinen Zweifel, dass beide Versionen dieselben Ereignisse und dieselben »Götter« von Himmel und Erde beschreiben. In den Hindu-Versionen findet die letzte Schlacht zwischen Indra und dem monströsen Vritra statt. Sie kämpfen von *Vimanas* aus, »Luftwagen«, die mit unglaublicher Geschwindigkeit große Distanzen zurücklegen konnten. Sie setzen Strahlenwaffen ein, die die Erde zum Beben bringen können. Und ebenso wie in den griechischen Geschichten siegt am Ende Indra alias Zeus.

Wer hat von wem abgeschrieben? Die Wissenschaftler sind überzeugt, dass die griechischen und die Hindu-Versionen nicht etwa wechselseitige Kopien darstellen, sondern dass beide von der gleichen früheren Quelle abstammen. Sie schreiben diese früheren Erinnerungen vergangener Ereignisse einer vorangegangenen Gruppe von Menschen zu, den *Hurritern* (den biblischen *Horitern*), die am Oberlauf des Flusses Euphrat lebten. Die ersten Indoeuropäer, die diese Legenden übernommen haben, waren ein antikes Volk, das man die *Hethiter* nannte und das vor etwa 3.500 Jahren von seiner Hauptstadt im Hochland Kleinasiens aus eine Region beherrschte, welche die heutige Türkei, den Norden von Syrien und den Libanon umfasste.

Glücklicherweise sind ihre Geschichten erhalten geblieben, teils auf Tontafeln, teils in Stein gemeißelt. Und die Wissenschaftler konnten diese Schriften entziffern. Unter den Funden der Archäologen befinden sich auch, wie sie es nennen, »mythologische Schriften«. Und in diesen Schriften wiederum finden wir Berichte von Kriegen zwischen den Göttern und den finalen Schlachten zwischen dem Gott des Donners und der Blitze, *Teshub* (»Der Windbläser«) und einem Monstrum, das immer weiter bis zu zyklopischer Größe anwuchs.

Folglich hat es in ferner Vergangenheit, so weit die Berichte der Griechen, der Hindu, der Hethiter, der Horiten und aller Indoeuropäer zurückreichen, tatsächlich einmal eine Zeit gegeben, in der Riesen auf der Erde beheimatet waren – die Zeit, als die Götter, die aus dem Himmel gekommen waren, anfingen, auf der Erde Nachkommenschaft zu haben.

Riesen in der Neuen Welt

Derartige Erinnerungen an Götter und Riesen beschränken sich nicht auf die Alte Welt. Man findet sie auch in den Überlieferungen der Völker der Neuen Welt, Amerikas.

In den Gebieten der Azteken und Maya in Mesoamerika und denen der Inka in Südamerika haben sich hartnäckig Erinnerungen an Riesen gehalten, die über das Meer in jene Länder gekommen waren. Sie werden als Krieger abgebildet, Krieger mit Werkzeug aus Metall und Furcht einflößenden Waffen. Einige dieser Riesen waren wohlwollend und gütig, andere waren das nicht. Das Buch *Versunkene Reiche* befasst sich ausführlich mit derartigen Erinnerungen und ihrer Bedeutung.

Die Azteken beispielsweise haben auf ihren Steinkalendern vier Zeitalter oder »Sonnen« aufgezeichnet, die ihrer eigenen Zeit vorangegangen waren. Das erste Zeitalter, so berichteten sie, wurde von einer großen Flut beendet, die die Erde verschlang. Darauf folgte das »Goldene Zeitalter«. Nach einigen Versionen dieser Legenden war das erste, nach anderer Darstellung das zweite Zeitalter das der »Weißhaarigen Riesen«.

In lokalen von den Spaniern kurz nach der Eroberung Mexikos aufgezeichneten Legenden ist von einer Zeit die Rede, als »Menschen von großem Wuchs auftauchten und das Land in Besitz nahmen ... und als diese Riesen keine Möglichkeit fanden, die Sonne zu erreichen, beschlossen sie, einen Turm zu bauen, der so hoch war, dass seine Spitze in den Himmel reichen würde«.

: beiden Themen, das von einer Großen Flut und das von ei- rm, dessen Spitze in den Himmel reicht, erinnern uns natür- die biblischen Berichte von der Sintflut und vom Turm zu Ba- :rdings sind das Hinweise, mit denen wir uns an anderer Stelle efassen werden.

e ist bekannt, dass die Azteken ihre Traditionen und ihr Glau- em von den Tolteken übernommen haben, einem Volk, das ıgen Wanderungen vor ihnen das Tal von Mexiko besiedelt hatte . dem es hieß, es sei von jenseits der Meere gekommen. Jahrhun- r den Azteken hatten die Tolteken ihre Hauptstadt und ihr reli- entrum in Tollan erbaut, einem Ort mit zahlreichen Stufenpyra- Den Archäologen ist mittlerweile außerdem bekannt, dass Tollan ts das Modell für den bekannten Maya-Ort in Yucatán war, der chen-Itza nennt, wo viele Pyramiden von Tollan und auch ande- n und Symbole kopiert wurden.

llan manifestiert sich die Erinnerung an jene Riesen in Gestalt iefs und Kolossalstatuen. Einige der riesigen Steinfiguren, von lie meisten bis zu fünf Meter hoch sind, hat man inzwischen :rt und auf der Spitze der Stufenpyramide neu aufgestellt, die ls dem Gott der Gefiederten oder Geflügelten Schlange ge- ar. Diese Riesen sind alle mit einem Gegenstand bewaffnet, der : Strahlenpistole aussieht. Obwohl die gigantischen Statuen gekleidet und ausgestattet sind, hat doch jede ein anderes Ge- as darauf hindeutet, dass es sich um in Stein gemeißelte echte s bestimmter Individuen handelt. Keines der steinernen Ge- zeigt Ähnlichkeit zu irgendeiner auf Erden bekannten Rasse. iesen waren tatsächlich die Götter der Legende, fremdartige on einem fremden Ort.

m Buch *Versunkene Reiche* wird näher darauf eingegangen, dass *:oatl*, der Gefiederte oder Geflügelte Schlangengott jener Gott ı die Ägypter *Thoth* nannten (die Griechen nannten ihn Her- ıoth galt als der Gott der Mathematik und des Kalenders und als er der Geheimnisse des Pyramidenbaus. Die beiden großen Py- . von Gizeh in Ägypten finden in vielfacher Hinsicht ihre Paral- zwei großen Pyramiden im Tal von Mexiko an einem Ort, der tihuacan nennt (»Stadt der Götter«). Heute bezeichnet man sie, ss es einen nachvollziehbaren Grund dafür gäbe, als Sonnenpy- und als Mondpyramide. Der Legende nach wird ihr Bau »den

Göttern« zugeschrieben, die sich dort versammelt hatten, als di stillstand; dabei handelt es sich um ein Ereignis, das mit biblisch stellungen übereinstimmt.*

Die Riesen von Südamerika

Derart greifbare Beweise für den realen Hintergrund von Legenc die Götter – große Pyramiden, deren Bau diesen Göttern/Ries schrieben wird und »in Stein gemeißelte Abbilder« eben solcher I gibt es nicht nur in Mesoamerika.

Auch in den an Mittel- und Zentralamerika angrenzenden R Südamerikas erinnert man sich daran, dass sich dort einst »Ries gehalten haben. Einigen Legenden nach gilt das Kap Santa Elena ador als der Ort ihrer Landung. In Ecuador, und im angrenzen lumbien, haben Archäologen zahlreiche gigantische steinerne gefunden, mit denen jene rätselhaften »Riesen« verehrt wurden.

Und auch weiter im Süden an der Pazifikküste Südamerika Mythen und Legenden – ebenso wie zahlreiche bildliche Darst und Steindenkmäler – greifbare Beweise für die Geschichten v tern und Riesen. Heute ist allgemein bekannt, dass die Inka, au Spanier bei ihrer Ankunft in Peru in den Jahren um 1530 trafe die erste fortgeschrittene Zivilisation dort waren. In den Küsten gab es unmittelbar vor ihnen die *Chimú*-Kultur (1000 bis 1 Christus) und davor wiederum die *Moche*-Kultur (400 vor Chr 1000 nach Christus). Die Legenden jener frühen Völker berich einer Zeit, als »an der Küste in Schilfbooten, so groß wie große eine Gruppe von Menschen von so großer Gestalt eintraf, dass il ße vom Knie abwärts so groß wie die ganze Größe eines gewöl Mannes war«. Diese Beschreibung passt, wie es scheint, auf die r ten Riesen, die in Tollan in Stein gemeißelt abgebildet sind. N kann mit Gewissheit sagen, ob dies die Riesen waren, die an amerikanischen Küste in Booten ankamen, aber wir wissen aus richten spanischer Chronisten, die kurz nach der Eroberung die Überlieferungen aufgezeichnet haben, dass jene Riesen über W aus Metall verfügten, mit dem sie Schächte in den Felsboden »Aber um sich Nahrung zu verschaffen, raubten sie die Vorräte

* Hinweis der Herausgeberin: Siehe Anhang A des Buchs für weitere Details Tag, an dem die Sonne stillstand.

geborenen; auch schändeten sie die Frauen der Eingeborenen, denn unter den gelandeten Riesen gab es keine Frauen.«

Tongegenstände aus der *Moche*-Kultur zeigen Abbildungen, auf denen diese Riesen von menschlichen Eingeborenen bedient werden; sie zeigen die Riesen auch als Krieger in der Schlacht; sie tragen seltsam geformte Helme, sind mit Waffen aus Metall ausgestattet und haben manchmal Flügel.

Später berichteten Legenden der Inka von der Ankunft solcher Riesen, die das Land ausplünderten. Der Bevölkerung im Hochland blieb eine solche Invasion jedoch erspart, weil die Riesen irgendwie »den Zorn des Großen Gottes« provozierten, der sie mit Feuer aus dem Himmel vernichtete.

Anklänge an die Bibel

Die Erinnerung und der Glaube an eine göttliche Strafe in Form vom Himmel fallenden Feuers beschränkt sich nicht auf den amerikanischen Kontinent. Wir finden ihn bereits wesentlich früher in der Bibel. Als die Feinde des Propheten Elias versuchten, ihn zu fangen, »fiel Feuer vom Himmel und verbrannte« seine Feinde (2 Könige 1,10-14). Weit besser bekannt ist die Zerstörung von Sodom und Gomorra zurzeit Abrahams, als der Herr »Feuer und Schwefel aus dem Himmel« auf die beiden Städte regnen ließ.

Ähnlichkeiten in amerikanischen Legenden über Riesen mit biblischen Geschichten von der Sintflut und dem Turm zu Babel haben wir schon an anderer Stelle festgestellt. Im Weiteren werden wir aufzeigen, dass dies keine Zufälligkeiten waren. Tatsächlich stammen die Ähnlichkeiten aus sehr engen Verbindungen zum Land der Bibel.

✦ TEIL 2 ✦

Eingangs haben wir unsere Leser ermahnt, die Frage »Hat es auf der Erde einmal Riesen gegeben?« besser nicht gleich ins Reich der Fabel zu verbannen; wir haben angekündigt, dass uns die Antwort »in uralte Zeiten zu den Handlungen göttlicher und heroischer Wesen« zurückführen wird.

Und wir haben auch versprochen, dass unsere Erläuterungen aufzeigen werden, »was in jener fernen Vergangenheit *wirklich* auf unserem Planeten geschah«.

Der Blick auf Mythen und Geschichten über »Riesen« hat uns dann in das Griechenland der Antike und zu Kriegen zwischen den Göttern geführt, die uns an *Star Wars* denken lassen. Wir haben das antike Pantheon der Hindu besucht und dessen Verbindung mit dem griechischen Pantheon betrachtet, um anschließend die Götter und Göttinnen kennen zu lernen, die mit »Donnerwerfern und himmlischem Feuer« bewaffnet waren. Wir haben uns mit den Quellen dieser indoeuropäischen Überlieferungen befasst und Parallelen zu den Hethitern von Kleinasien festgestellt.

Wir haben in der Folge die Meere zum amerikanischen Kontinent überquert und in der Neuen Welt die gleichen Erinnerungen an riesige Götter entdeckt – nicht nur in mündlich überlieferten Legenden, sondern auch *in bildhafter Darstellung*: Kolossalstatuen im mexikanischen Tollan, Gemälde von Riesen im Norden Perus. Außerdem konnten wir feststellen, dass die amerikanischen Überlieferungen bezüglich jener Riesen ganz klar Verbindungen zu Berichten in der Bibel herstellen: die Erinnerung an eine globale Sintflut und die Geschichte vom Turm zu Babel. An diesen Geschichten und ihren Verbindungen mit der Bibel ist aber noch viel mehr.

Das Zeitalter der Megalithen

Im Hochland von Peru und in Teilen des heutigen Bolivien verbinden sich Überlieferungen von Riesen mit kolossalen Steingebilden, die so gewaltig und präzise gearbeitet sind, dass die Eingeborenen sich nicht vorstellen können, jemand anderer als Riesen könne sie gebaut haben. Tatsächlich handelt es sich um Strukturen, die herzustellen selbst der heutigen Technik nicht möglich wäre, ja es fehlt sogar jegliche Vorstellung davon, wie sie in ferner Vorzeit geschaffen wurden.

Einige dieser Überreste, wenn auch bei weitem nicht die größten, kann man heute noch in Cuzco, der antiken Hauptstadt der Inka, betrachten. Weder die Konquistadoren, die alles abrissen, was sie für ihre eigenen Zwecke nutzen konnten, noch die häufigen Erdbeben dort konnten diese Wälle vernichten, die in die Vor-Inka-Zeit zurückreichen, den Berechnungen der Archäoastronomen nach in einen Zeitraum, der zwischen 4000 und 2000 vor Christus liegt; sie sind also wenigstens viertausend Jahre alt, wahrscheinlich sogar älter. Diese noch erhaltenen Wälle sind aus vieleckigen Steinen gebaut, die mit solchem Geschick bearbeitet und zugeschnitten sind, dass ihre vielen Seiten und Winkel exakt an die angrenzenden Steinblöcke angepasst sind. Sie sind so anei andergefügt, dass sie ohne Mörtel über Jahrtausende den Element standgehalten haben; bis jetzt ist es noch niemandem gelungen, au nur eine Messerspitze zwischen diese Steinblöcke zu schieben.

Auf dem Felssporn über Cuzco, der sich Sacsahuaman nennt, find sich noch verblüffendere megalithische Strukturen, die wahrscheinli sogar älter als die aus der Vor-Inka-Zeit stammenden Steinwälle in Cı co sind. Dort, in Sacsahuaman, hat jemand drei parallele Reihen Zickzack verlaufender Steinwände aus kolossalen Megalithen erba von denen einige über hundert Tonnen schwer sind. Diese gewaltig Steinblöcke sind von den geheimnisumwitterten Erbauern aus grof Ferne herbeigebracht worden, über Berge, durch Täler und über Flüs Jeder dieser kolossalen Steinblöcke zeigt eine glatte, leicht konvexe V derseite und ist polygonal geformt. Auch hier hat man die gigantisch Steinblöcke mit zahlreichen Seiten und Winkeln so bearbeitet, dass sich den benachbarten Megalithen perfekt anpassen konnten – wiec ohne Mörtel und wieder derart präzise, dass man nicht einmal eine M serklinge zwischen die Steine schieben kann. Und so haben diese d Wälle, von denen jeder etwas höher ist als der davor, über Jahrtausen die Zeit, zahlreiche Erdbeben und die Erosion durch Menschenha überstanden. Wer hat diese Wälle gebaut, die von keiner modernen Ba technik nachgebildet werden kann? Laut Überlieferung der Eingebo nen haben »die Riesen« sie gebaut. Weshalb, wozu? Niemand weiß aber nach der Untersuchung anderer megalithischer Strukturen in d Anden werden wir eine plausible Antwort anbieten.

Ein weiterer Ort mit verblüffenden Megalithen nennt sich Ollant tambu. Dort haben die gleichen geheimnisumwitterten Erbauer auf c Spitze eines Berges im Nordwesten von Cuzco eine hohe Mauer aus sec Megalithen errichtet. Ähnlich wie in Sacsahuaman scheint es der Si dieses Bauwerks zu sein, eine massive Plattform zu schaffen, die au schwere Gewichte aushalten würde. Perfekt geformte Steinblöcke, die Granitträger dienen könnten, und andere strukturelle Komponenten, c so angelegt sind, wie man heutzutage Holz oder Beton einsetzen wür bedecken die Bergspitze. Wie es möglich war, die Steinblöcke mit u glaublicher Präzision auf diese Weise zu behauen und zu formen, ist r eines der vielen Rätsel. Das Erstaunen nimmt noch zu, wenn man we aus welchem Steinbruch die Blöcke stammen, in dem immer noch ein liegen: am Berghang an der gegenüberliegenden Seite des reißenden Fl s Urubuamba, der den Steinbruch von Otlantaytambu trennt. Wie hat an es bewerkstelligt, diese gewaltigen Steinblöcke über den Fluss zu ansportieren und dann so exakt zu platzieren?

Weiter oben, im Nordwesten, entlang des sich durch die Landschaft hlängelnden Urubamba – der ganze Landstrich nennt sich Heiliges il – liegt die von Hiram Bingham 1911 entdeckte »verschollene Stadt« [achu Picchu. Inka-Herrscher waren zu unterschiedlichen Zeiten dortn geflüchtet, auch als sie sich schließlich gegen die Spanier erhoben ıtten. Aber neben den primitiven Feldsteinbauten der Inka standen in [achu Picchu verblüffende megalithische Strukturen, wiederum von ıglaublicher Größe und aus vieleckigen Steinen zusammengesetzt, was ›raussetzt, dass man die Steine aus sehr großer Entfernung durch ein :h zu einer Höhe von Wolkenkratzern erhebendes Bergland transporert hat. Sie alle gehören in das megalithische Zeitalter, als Götter, nicht [enschen, auf Erden wandelten.

'ie erste Metropole auf dem amerikanischen Kontinent

as Zeitalter der megalithischen Strukturen in Peru, insbesondere an :n bisher erwähnten Orten, beginnt mit dem Rätsel, *wie* sie errichtet orden sind, und führt sofort zu der Frage, *wer* sie errichtet hat, um lgerichtig darin zu münden, *wozu* sie errichtet wurden?

In den Anden gibt es Legenden und Überlieferungen, wie alles begon:n hat, Legenden, die eine Verbindung zwischen Cuzco, Machu Picchu ıd dem ganzen Heiligen Tal der Inka mit dem Südufer des Titicacasees ı heutigen Bolivien herstellen. Der Titicacasee ist der größte schiffbare :e auf solcher Höhe, den es auf der ganzen Welt gibt. Der Legende nach aren in ferner Vergangenheit Götter unter der Führung eines der Ihren, :n sie *Viracocha* nannten (das heißt »Schöpfer von Allem«) an das Südur des Titicacasees gekommen und hatten dort eine große Stadt errichtet, n riesiges Zentrum der Metallbearbeitung. Die Legenden berichten von ner gewaltigen Flut, der Sintflut, und wie danach das Hochland von ei:m geretteten Menschenpaar neu besiedelt worden ist. Der Legende nach ıb Viracocha einigen ausgewählten Führern dieser Menschen einen gol:nen Stab und wies sie an, in welche Richtung sie gehen sollten, um dort, o der goldene Stab in den Boden versinken würde, eine Stadt der Menhen zu bauen. Der so gewählte Ort war Cuzco.

Südamerikanische Forscher, bis vor kurzem die einzigen, die diese Le:nden ernst nahmen, haben herausgefunden, dass sämtliche Orte entlang der legendären Route tatsächlich auf einer geraden Linie liegen, die am Ufer des Titicacasees beginnt und durch Cuzco, Sacsahuaman, Ollantaytambu und Machu Picchu und von dort weiter zur Pazifikküste führt, wo – nach diesen Legenden – Viracocha schließlich über den Wassern verschwand. Demzufolge sind all diese megalithischen Orte nach einem Meisterplan gebaut worden, der nur denkbar ist, wenn man die Anden aus der Luft sehen und vermessen kann …

Es lohnt sich an dieser Stelle festzuhalten, dass Fortschritte in der Archäologie häufig dem Umstand geschuldet sind, dass sich legendäre Städte, deren Existenz lange für reine Fantasie gehalten wurde, schließlich als reale Orte erwiesen haben. Dies galt für viele Königreiche und antike Städte, die in der Bibel erwähnt werden. Allgemein bekannt ist dies von Troja, das ebenso wie die gesamte *Ilias* als reines Fantasieprodukt galt. Nur der hartnäckigen Entschlossenheit eines einzigen Mannes, Heinrich Schliemann, der nicht einmal Archäologe war, ist es zu verdanken, dass schließlich die reale Existenz Trojas bewiesen wurde.

Dasselbe gilt für die legendäre Stadt Tiahuanaco am Ufer des Titicacasees. Auch deren reale Existenz wurde dank der Hartnäckigkeit eines Mannes bewiesen, der von Beruf ebenfalls nicht Archäologe, sondern Ingenieur war: Arthur Posnansky. In jahrzehntelanger Arbeit, meist ganz auf sich allein gestellt, legte er eine gewaltige Stadt frei, die pyramidenähnliche Bauten, ein Observatorium mit präziser Ausrichtung nach den Sternen, eine komplizierten Wasserversorgung und Einrichtungen zur Metallbearbeitung aufweist. Ein mächtiger Monolith, den man das »Sonnentor« nennt, steht immer noch majestätisch an einer Stelle, die einst die Ecke einer großen Einfriedung bildete. Es besteht aus einem einzigen Steinblock, mehr als hundert Tonnen schwer, der mit komplizierten Reliefs bedeckt ist und aus einem viele Kilometer entfernten Steinbruch stammt.

Die Spitze des Sonnentors – ein Name, den die Spanier dem Monolithen gegeben haben – ist mit ungewöhnlichen Bildern, Symbolen und Zeichen versehen, von denen man annimmt, dass es sich um einen steinernen Kalender handelt. Zur Überraschung vieler, wenn auch nicht meiner Person, handelt es sich tatsächlich um einen Kalender, und zwar um eine exakte Kopie des Kalenders, der ursprünglich in Mesopotamien, auf der anderen Seite der Welt, eingeführt worden war.

Die Steinreliefs dominiert das Bild Viracochas, der in einer Hand den goldenen Stab, in der anderen den Blitzstrahl hält – ein Bild des Gottes, das die Andenvölker in deren Kunst unzählige Male kopiert haben. Auf dem Sonnentor ebenso wie auf unzähligen gewebten Schals, mit denen man die mumifizierten Toten einhüllte, ist Viracocha in Gegenwart seiner Begleiter abgebildet, seiner »ihm untertanen« Götter, alle mit Flügeln ausgestattet, was darauf hindeutet, dass sie die Fähigkeit besitzen, am Himmel der Erde zu fliegen. Tiahuanaco, oder *Tianaku*, wie die Ortsansässigen es aussprechen, reichte zurzeit ihrer größten Bedeutung bis an die Ufer des Titicacasees.

Der als Puma Punku bekannte Stadtteil, der sich an das Seeufer anschmiegt, bildete gemäß den Versuchen, ihn zu rekonstruieren, eine Art »Venedig« der Neuen Welt – ein Ort mit ausgedehnten Anlegestellen und Piers, von denen zahlreiche Kanäle ins Landesinnere führten und den See dank dieser Kaianlagen und Kanäle mit gigantischen Anlagen zur Verarbeitung und Lagerung von Metall verbanden. Einige dieser Anlagen bestanden aus Wällen und Böden, die aus gewaltigen Steinblöcken herausgehauen wurden – die man wiederum aus unglaublicher Entfernung herangeschafft hatte. Nicht weniger verblüffend als diese steinernen Überreste sind zahlreiche Steinblöcke aus dem härtesten Andesit, das in höchst präzise und raffinierte Formen geschnitten war. Unsere Erklärung dafür ist, dass sie als Gussformen für Metall gedient haben. Aber wer hat sie hergestellt? Die einzige Antwort der Eingeborenen darauf war immer wieder: »die Götter, die Riesen«.

In *Versunkene Reiche* liefere ich zusätzliches Beweismaterial für meine Schlussfolgerung, dass Tianaku das war, was ihr Name in den Sprachen des Nahen Ostens bedeutete: *Tin City* – »Stadt des Zinns«, die Hauptstadt der Metallbearbeitung in der Neuen Welt, die der Alten Welt Zinn und Bronze lieferte, als den Zivilisationen dort das Zinn ausging.

Wäre es möglich, dass es vor Jahrtausenden aktive Handelsbeziehungen zwischen den beiden Weltteilen gegeben hat? Könnte es sein, dass Händler aus der Mittelmeerregion und Bergleute aus Kleinasien – Semiten und Indoeuropäer – bereits 3.500 Jahre *vor den Inka* in die Anden gekommen sind? Wer diese unausweichliche Schlussfolgerung immer noch nicht akzeptieren kann, muss eine andere Erklärung für die in den Anden gefundenen Statuen von Menschen finden – Menschen mit ausgeprägten indoeuropäischen Zügen und bärtigen, semitischen Gesichtern.

Und ebenso wenig kann man sich der Schlussfolgerung entziehen, dass Viracocha kein anderer war als der Gott der Bergbauregionen der Alten

Welt, den die Völker im Nahen Osten wegen des Blitzstrahls, der seine Waffe war, den »Donnerer« oder den »Sturmgott« nannten. Für die Kanaaniter war er *Adad*, für die Hethiter *Teshub*. An manchen hethitischen Fundorten in Kleinasien (der heutigen Türkei) wurde er – ebenso wie in Tianaku – in Begleitung von geflügelten Helfern abgebildet.

Verbindungen zum Land der Bibel

So belegen Legenden ebenso wie physische Beweise Verbindungen zwischen dem amerikanischen Kontinent und den Ländern der Bibel – sogar mit der Bibel selbst, denn in einigen biblischen Berichten von der Schöpfung gibt es nicht nur mündlich überlieferte, sondern auch bildhafte Parallelen mit der Neuen Welt.

Als die Spanier in der Neuen Welt eintrafen, verblüfften sie nicht nur diese Ähnlichkeiten. Ebenso erstaunt waren sie über ihnen bekannte Gebräuche, etwa die Beschneidung oder die Opferung der ersten Früchte, beides biblische Gebote. Und es gab Ähnlichkeiten in der Terminologie (*Manco*, was »König« bedeutet, eine Variante des semitischen *malko*, um nur ein Beispiel zu bringen). All das überzeugte sie davon, dass die amerikanischen Indios Abkömmlinge der Zehn Verschollenen Stämme Israels waren.

In den folgenden Jahrhunderten haben Wissenschaftler solche Vorstellungen ins Lächerliche gezogen und behauptet, Amerika habe sich in völliger Isoliertheit entwickelt und es habe keinerlei Kontakte zwischen der Alten und der Neuen Welt gegeben – allein schon, weil die Menschen der Antike unmöglich den Pazifik oder den Atlantik hätten überqueren können. Nun, heute wissen sie alle, dass das – selbst wenn wir sämtliche Legenden, Bräuche und Sprachen ignorieren – nicht stimmt, weil in jüngster Zeit immer mehr archäologisches Beweismaterial an den Tag bringt, dass es solche Kontakte gegeben hat – und sie waren nicht zufälliger Natur, wie etwa Schiffbrüche, *sondern derartige Kontakte haben ständig, regelmäßig und bewusst stattgefunden.*

So wie die Ureinwohner auf dem amerikanischen Kontinent die dortigen megalithischen Strukturen »den Riesen« zugeschrieben haben, ist dies übrigens auch im Nahen Osten geschehen. Einer der führenden Forscher der Fundorte in den Anden im 19. Jahrhundert, Ephraim Squier, hat diese Strukturen mit einzigartigen Steinplattformen in Baalbek, in den Bergen des Libanon, verglichen. Dort wurden mit großer Präzision geformte Steinblöcke, die mehr als tausend – ja, *eintausend* – Tonnen wogen, kilometerweit entfernt aus dem Berg gebrochen und dann über Berge und

Täler transportiert, um ohne jeden Mörtel präzise auf- und übereinander angeordnet zu einer gewaltigen, massiven Steinplattform zusammengefügt zu werden, die nirgendwo ihresgleichen hat. In kanaanitischen Texten wird dieser Ort als die Festung *Adads* bezeichnet, als der Ort, von dem er himmelwärts aufgestiegen ist, um »auf den Wolken zu reiten«. In dem weithin bekannten Gilgamesch-Epos, der Geschichte eines sumerischen Königs, der sich auf die Suche nach der Unsterblichkeit begab, wird die Plattform von Baalbek eindeutig als »der Landeort« bezeichnet.

Die Kanaaniter ebenso wie vor ihnen die Assyrer und Babylonier nannten diese Götter, die über den Himmel zogen, *Ilu*, was die »Hochfliegenden« bedeutet. Sollte dieser Begriff lediglich Verehrung und Ehrfurcht ausdrücken, ein bildhaftes Adjektiv also, oder bezeichnete er in Wahrheit die Körpergröße der Götter, ihre Riesenhaftigkeit?

Wenn auf hethitischen oder assyrischen Abbildungen ein König und ein Gott zusammen abgebildet werden, überragt der Gott das menschliche Wesen jeweils deutlich. Die Frage »Hat es auf der Erde *Riesen* gegeben?« führt uns also zur nächsten: Hat es *Götter* auf der Erde gegeben, und wenn ja – wer waren sie? Erforderten die megalithischen Strukturen auf beiden Seiten der Welt Riesen an Körpergröße, die imstande waren, die kolossalen Steinblöcke zu heben und zu transportieren, oder waren sie einfach Angehörige einer fortgeschrittenen Zivilisation mit einer Technologie, die die Menschheit damals nicht besessen hat und auch heute noch nicht besitzt? Mit anderen Worten, waren die »Riesen« in Wahrheit Besucher auf der Erde, herbeigekommen von einem anderen Planeten?

Die Riesen der Bibel

Je weiter wir zurückgehen mit unserer Forschung, bis in prähistorischen Zeiten, umso weniger können wir uns, wie es scheint, allein auf archäologische Funde und physische Beweisstücke verlassen; mehr und mehr müssen wir uns dann auf vage Erinnerungen stützen, die von der Wissenschaft als »Mythologie« bezeichnet werden. Aber der Anfang all meiner Forschungen gründete ja auf der Frage »Was wäre *wenn*« – was, wenn die Mythen eben nicht fantasievoller Aberglaube sind, sondern auf einer Überlieferung des tatsächlichen Geschehens auf der Erde beruhen?

Zum Glück gibt es eine verlässliche, angesehene, von vielen verehrte Quelle, in der solche »Mythen« aufgezeichnet, gesammelt und in äußerst präziser Sprache niedergeschrieben worden sind, eine Quelle, die man nicht ignorieren kann; sie nennt sich die Bibel, das Alte Testament.

Wir haben bereits gesehen, dass die vielen in der biblischen Schöpfungsgeschichte, im Buch Genesis, aufgezeichneten Ereignisse ihren Ausdruck auch auf dem amerikanischen Kontinent gefunden haben. Wir konnten feststellen, dass die Geschichte von der Sintflut, der Großen Flut, die über die Erde hinweggegangen ist, überall auf der Welt zentraler Bestandteil sämtlicher Mythologien ist. Es verwundert deshalb vielleicht nicht, dass wir ausgerechnet in der biblischen Version der Geschichte von der Sintflut die wichtigste Information bezüglich der »Riesen« jener lang vergangenen Zeiten finden.

Der biblische Bericht von der Sintflut, von Noah und der Arche, beginnt in Genesis 6. Aber schon vorher gibt es einige höchst rätselhafte Verse, bei denen es sich ganz offenkundig um einen Auszug, um die Überreste eines viel detaillierteren Textes handelt. Diese Verse befassen sich mit den Zuständen auf der Erde am Vorabend der Sintflut. Und dort finden wir jenen verblüffenden Vers, den Prediger und Philosophen so häufig gebrauchen – den Vers nämlich, der erklärt, dass es zu jener Zeit auf der Erde Riesen gegeben hat. Allgemein werden diese rätselhaften Verse folgendermaßen übersetzt:

Und so begab es sich,
als die Menschen sich auf dem Antlitz der Erde
zu vermehren begannen
und ihnen Töchter geboren wurden,
dass die Söhne der Götter sahen,
dass die Töchter der Menschen geeignet waren,
und sie machten sie zu ihren Frauen,
eine jede, die sie erwählten …
Es gab Riesen auf der Erde
in jener Zeit und auch danach,
als die Söhne der Götter
über die Töchter der Menschen kamen
und Kinder mit ihnen hatten –
das waren die mächtigen Menschen.

Wie ich nicht nur in meinem allerersten Buch *Der zwölfte Planet* als Beweis anführte, sondern schon als Schuljunge beim Studium der Bibel in ihrer Ursprache, lautet der biblische Begriff für das, was als »Riesen« übersetzt wird, *Nefilim*, und das bedeutet wörtlich »jene, die herunterkamen«, nämlich vom Himmel auf die Erde. Übersetzer haben angenommen, dass das »Riesen« bedeutet, weil an anderer Stelle in der Bibel erwähnt wird, dass die *Nefilim* auch unter der Bezeichnung *Anakim* bekannt waren. Und in der Geschichte vom Riesen Goliath heißt es, dass er ein Abkömmling des *Anak* sei. Daraus kann man ableiten, dass, wenn *Anak* ein Riese war, auch die *Nefilim* (Plural), bei denen es sich gleichzeitig um *Anakim* (Plural) handelte, von riesenhafter Größe waren.

Aber selbst wenn die in Rede stehenden Menschen besonders groß waren – weshalb hat die Bibel sie als »Söhne der Götter« bezeichnet, eine Gruppe also, die sich deutlich von den Abkömmlingen des Menschen unterschied? Weshalb hat sie sie als »jene, die herunterkamen« bezeichnet, vom Himmel auf die Erde?

Ich habe dreißig Jahre meines Lebens mit dem Studium der Nefilim verbracht und herausgefunden, dass die Mythologien sämtlicher antiken Zivilisationen, sei es in der Alten oder in der Neuen Welt, ihren Ursprung in den Tontafeln haben, die von den Sumerern niedergeschrieben wurden, jenem Volk, dem man die erste bekannte Zivilisation zuschreibt. Sie erblühte plötzlich und unerwartet vor etwa 6.000 Jahren in Mesopotamien (dem heutigen Irak) – und der grundlegende Glaube und die Botschaft jener Zivilisation war, dass in wesentlich früheren Zeiten die Bewohner eines anderen Planeten, der Nibiru hieß, auf der Suche nach Gold zur Erde gekommen waren – und sie wollten dieses Gold nicht, um daraus Schmuck herzustellen, sondern um es in Form von Partikeln zum Schutz der schwindenden Atmosphäre ihres Heimatplaneten zu nutzen.

Die Sumerer nannten jene Besucher auf der Erde *Anunnaki*, wörtlich »jene, die vom Himmel zur Erde kamen«. Sie bildeten sie häufig als geflügelte Wesen ab, um damit auf ihre Fähigkeit hinzuweisen, sich in die Lüfte zu erheben, und zeichneten auch Bilder der Luftfahrzeuge der Anunnaki. Aus diesem Namen, *Anunnaki*, hat das Buch Genesis eine Anleihe genommen und in der Bibel den Begriff *Anakim* geschaffen. Sie waren die Söhne der Götter, die am Vorabend der Sintflut die Töchter der Menschen geehelicht hatten; sie waren die *Nefilim*.

Sollen wir diesen sumerischen Schriften und all den Mythologien, die auf sie folgten, glauben? Sollen wir die Erklärungen in der Bibel akzeptieren?

Wenn nicht, wie wollen wir dann die kolossalen megalithischen Strukturen erklären, die nur Riesen gebaut haben können?

13 Kalendergeschichten

Auszug aus »Das erste Zeitalter«, im Original erschienen 1993.

Wie ist unser heutiger Kalender entstanden und was war überhaupt die Veranlassung dafür, ihn zu schaffen? War er ein Werkzeug für Bauern, an dem sie sich orientieren konnten, um sich eine reiche Ernte zu sichern? Oder sollte er den frühen Religionen der Erde helfen, Feiertage zu markieren? Im Laufe der Entwicklung der Menschheit haben sich zahlreiche unterschiedliche Kalenderarten herausgebildet, einige davon basierten auf der Sonne, andere auf den Mondzyklen. Und neben dem von der Kirche entwickelten Kalender ist um etwa 2800 vor Christus in Ägypten auch ein weltlicher Kalender entstanden.

In diesem aufschlussreichen Artikel spürt Sitchin der Entwicklung jener frühen Kalender nach und setzt sich damit auseinander, wie sich in Sumer die Tierkreiszeichen und der ägyptische Kalender als »Erfindung der Götter« entwickelt haben. Weiterhin versucht er den Einfluss der Machtkämpfe zwischen den Brüdern Marduk/Ra und Ningishzidda/Thoth auf diese Kalender zu ergründen.

Ein besonders faszinierender Aspekt unseres heutigen Kalenders ist, dass das Jahr sich in Wochen unterteilt, die aus sieben Tagen bestehen. Woher kommt das? Zwischen dem Herrscher Enlil und der Zahl Sieben gab es nach Ansicht Sitchins eine enge Beziehung – den Sumerern galt die Erde als *der siebte Planet*, weshalb die Zahl Sieben für sie von besonderer Wichtigkeit war, was sich im Laufe der Entwicklung des Kalenders deutlich manifestiert hat. Die präzise Bestimmung von Sonnenwenden, Tagundnachtgleichen und Sonnenfinsternissen war ebenfalls von großer Bedeutung, und die antiken Tempel und Monumente waren so gebaut, dass man den Eintritt solcher Ereignisse deutlich zeigen konnte.

Die Geschichte des Kalenders ist eine Geschichte des Erfindungsgeistes, einer klugen Kombination von Astronomie und Mathematik. Sie ist aber auch eine Geschichte von Konflikten, religiösem Eifer und Kämpfen um die Oberhoheit.

Die Idee, der Kalender sei von und für Bauern erfunden worden, damit sie wüssten, wann sie säen mussten und wann sie ernten konnten, wurde zu lang als bewiesen angenommen. Aber diese Erklärung lässt sich weder logisch begründen noch durch Fakten belegen. Bauern brauchen keinen förmlichen Kalender, um die Jahreszeiten zu kennen. Außerdem haben es primitive Gesellschaften geschafft, sich über Generationen hinweg ohne Kalender zu ernähren.

Es ist eine historische Tatsache, dass der Kalender erfunden wurde, um den genauen Zeitpunkt von Festen vorauszubestimmen, mit denen die Götter geehrt werden sollten. Mit anderen Worten: Der Kalender war eine *religiöse* Erfindung. Die ersten Namen, mit denen in Sumer Monate bezeichnet wurden, hatten die Vorsilbe EZEN. Dieses Wort bedeutete nicht »Monat«, sondern »Fest«. Die Monate waren die Zeit, wenn das Fest Enlils, das Fest Ninurtas oder das Fest anderer führender Gottheiten gefeiert werden musste.

Dass der Zweck des Kalenders darin bestand, die Beachtung von religiösen Geboten zu ermöglichen, sollte niemanden überraschen. Es gibt ein Beispiel, das immer noch unser Leben im heute gültigen, nunmehr aber christlichen Kalender regelt. Sein Hauptfest und das zentrale Ereignis, das den Rest des Jahreskalenders bestimmt, ist Ostern, das Fest der Auferstehung Jesu, die laut Neuem Testament am dritten Tag nach seiner Kreuzigung stattfand. Die Christen der abendländischen Kirchen feiern Ostern am ersten Sonntag nach dem Frühjahrsvollmond, also dem Vollmond, der am Tag der Frühlings-Tagundnachtgleiche oder direkt danach zustande kommt. Das führte zu einem Problem bei den frühen Christen in Rom, wo das beherrschende kalendarische Element das 365 Tage lange Sonnenjahr war und die Monate eine unregelmäßige atten und nicht genau mit den Mondphasen übereinstimmten. :setzung des Ostersonntags erforderte deshalb die Zuhilfenahme schen Kalenders; das letzte Abendmahl, ab dem die anderen denden Tage der Osterzeit gezählt werden, war nämlich eigent- *Seder*-Mahl, mit dem am Abend des 14. Tages des Monats Ni- n Zeitpunkt des Vollmondes, das jüdische Passahfest beginnt. ;e davon wurde in den ersten Jahrhunderten des Christentums entsprechend dem jüdischen Kalender gefeiert. Erst als der rö- Kaiser Konstantin, der das Christentum zur Staatsreligion er- ıatte, im Jahr 325 eine Kirchenversammlung, das Konzil von :inberief, wurde die fortgesetzte Abhängigkeit vom jüdischen r beendet; das Christentum, das bis dahin von den Nichtjuden weitere jüdische Sekte betrachtet worden war, wurde damit zu ;enständigen Religion.

lieser Veränderung war der christliche Kalender wieder ein Aus- es religiösen Glaubens und ein Instrument für die Bestimmung rtage, genau wie in seinem Ursprung, und so war es auch später, Aoslems Arabien verließen, um die Länder im Osten und Westen ı Schwert zu erobern und die Völker dort zu unterwerfen. Zu sten Maßnahmen gehörte, dass sie den besiegten Völkern ihren ılender aufzwangen, und zwar wegen seiner tiefreichenden religi- leutung. Er zählte die Zeit von der *Hidschra* an, dem Zeitpunkt, Mohammed, der Religionsstifter des Islam, von Mekka nach ausgewandert war.

Geschichte des römisch-christlichen Kalenders ist für sich ge- ı schon interessant. Er zeigt einige der Probleme, die sich aus der ɔmmenen Verbindung von Sonnen- und Mondzeit ergeben, so- im Laufe der Jahrtausende daraus resultierende Notwendigkeit enderreformen und die anhaltende Vorstellung von Zeitaltern, ständig erneuern.

ıeute allgemein gültige Kalender christlicher Zeitrechnung wur- von Papst Gregor XIII. eingeführt und wird deshalb als »Grego- er Kalender« bezeichnet. Er löste den Julianischen Kalender ab, Julius Caesar zurückgeht.

ɔekannte römische Kaiser Gaius Julius Caesar hatte im 1. Jahrhun- Christus den Astronomen Sosigenes aus Alexandria mit der Re- ıng des Kalenders beauftragt, weil er des chaotischen römischen rs überdrüssig war. Sosigenes schlug vor, die Zeitmessung nach

dem Mond aufzugeben und einen Sonnenkalender »wie den der /
zu übernehmen. Das Ergebnis war ein Jahr mit 365 Tagen sowie
Jahre ein Schaltjahr mit 366 Tagen. Aber dabei blieben immer noc
Grad 14 Minuten unberücksichtigt, die das tatsächliche Jahr (vc
lingspunkt zu Frühlingspunkt) alljährlich kürzer als der einge:
Vierteltag war. Man hielt diese Differenz für zu geringfügig, um :
um zu kümmern. Doch es stellte sich heraus, dass sich der erste Fr
tag, den das Konzil von Nicäa auf den 21. März festgelegt hatte, l
um zehn Tage verzögert hatte und auf den 11. März fiel. Papst
korrigierte die Differenz, indem er einfach am 4. Oktober 1582 ·
der nächste Tag solle der 15. Oktober sein. Diese Reform begrün
heute gebrauchten Gregorianischen Kalender, dessen andere Neue
Verfügung war, dass das Jahr am 1. Januar beginnt.

Der Vorschlag des Astronomen Sosigenes, für Rom einen K
»wie den der Ägypter« zu übernehmen, wurde – wie man v
darf – ohne größere Probleme akzeptiert, weil die Römer und b
Julius Caesar damals mit Ägypten, den dortigen religiösen B
und somit auch mit dem Kalender der Ägypter recht vertrau
Der ägyptische Kalender war zu jener Zeit tatsächlich ein reiner
kalender mit 365 Tagen, der in zwölf Monate zu je dreißig Tage
teilt war. Zu diesen 360 Tagen kam ein religiöses Fest hinzu,
das Jahr ausklang; es bestand aus fünf Tagen, die den Gottheite
Horus, Seth, Isis und Nephthys geweiht waren.

Die Ägypter waren sich bewusst, dass das Sonnenjahr etwas lä
365 Tage dauerte, wenn auch nicht genau um einen vollen Tag
Jahre, wie Caesar es zugelassen hatte, sondern um gerade einma
dass sich der Kalender alle 120 Jahre um einen Monat und al
Jahre um ein volles Jahr nach hinten verschob. Der bestimme
heilige Zyklus des ägyptischen Kalenders war diese Periode vo
Jahren, denn er fiel mit dem Zyklus des heliakischen Aufgangs d
(ägyptisch *Sopdet*, griechisiert *Sothis*) zurzeit der jährlichen Übers
mung des Nils zusammen, die ihrerseits (auf der nördlichen Erc
gel) etwa zurzeit der Sommersonnenwende stattfindet.

Eduard Meyer kam in *Aegyptische Chronologie* zu dem Ergeb
dieser ägyptische Kalender eingeführt wurde, als der heliakische
des Sirius und die alljährliche Überschwemmung des Nils am 19.
sammenfielen. Darauf aufbauend, berechnete Kurt Heinrich Sethe
schichte und älteste Religion der Ägypter, dass dies 4240 vor Chris

2780 vor Christus der Fall hätte sein können, wenn man den Himmel entweder im Heliopolis oder in Memphis beobachtete.

Heute sind sich die Gelehrten, die den altägyptischen Kalender erforscht haben, darin einig, dass der Sonnenkalender mit 360 plus 5 Tagen nicht der erste vorgeschichtliche Kalender Ägyptens war. Dieser »zivile«, also weltliche Kalender wurde nämlich erst nach Beginn der dynastischen Herrschaft eingeführt, später als 3100 vor Christus. Laut Richard A. Parker in seinem Buch *The Calendars of Ancient Egypt* (»Die Kalender des alten Ägypten«) geschah dies um 2800 vor Christus »wahrscheinlich aus administrativen und fiskalischen Gründen«. Der neue Kalender ersetzte oder ergänzte den alten »heiligen Kalender«. In der *Encyclopaedia Britannica* heißt es, dass die alten Ägypter ursprünglich einen Kalender verwendeten, der auf dem Mond beruhte. Laut Parkers Buch *Ancient Egyptian Astronomy* (»Altägyptische Astronomie«) war dieser alte Kalender – »wie der aller alten Völker« – ein Kalender mit zwölf lunaren Monaten sowie einem dreizehnten Monat, der eingeschaltet wurde, damit sich die Jahreszeiten nicht verschoben.

Dieser ältere Kalender war nach Ansicht des englischen Astronomen Joseph Norman Lockyer (1836-1920), der zu den frühesten Vertretern der Archäoastronomie gehört und das noch heute existierende Wissenschaftsmagazin *Nature* gründete, auch äquinoktial, bezog also die Tagundnachtgleichen ein – und außerdem hing dieser Kalender mit dem ersten Tempel in Heliopolis zusammen, der ebenfalls äquinoktial ausgerichtet war. Darin und in der Verknüpfung von Monaten mit religiösen Festen ähnelte der erste ägyptische Kalender dem der Sumerer.

Die Schlussfolgerung, dass der ägyptische Kalender seine Wurzeln in der prädynastischen Zeit hat, bevor es in Ägypten eine Hochkultur gab, kann nur bedeuten, dass nicht die Ägypter selbst ihren Kalender erfunden haben. Diese Schlussfolgerung gilt auch für den Tierkreis in Ägypten und für den Tierkreis und den Kalender in Sumer: Sie waren alle die kunstvolle Erfindung der »Götter«.

In Ägypten begannen die Religion und die Verehrung der Götter in Heliopolis unweit der Pyramiden von Gizeh; der ursprüngliche Name der Stadt war *Annu* (fast genauso wie der Name des Herrschers von Nibiru). In der Bibel wird sie als *On* bezeichnet. Nachdem der Pharao Joseph als Verwalter über ganz Ägypten eingesetzt hatte, gab er ihm »Asenat, die Tochter Potiferas, des Hohenpriesters von On, zur Frau«. Ihr ältester Schrein war *Ptah* (»der Entwickler«) geweiht, der nach ägyptischer Überlieferung das Land aus den Wassern der Sintflut herausgehoben und durch umfangreiche Entwässerungs- und Erdarbeiten bewohnbar gemacht hatte. Die göttliche Herrschaft über Ägypten übergab *Ptah* dann seinem Sohn *Ra* (»der Helle«), der auch *Tem* (»der Reine«) genannt wurde. In einem besonderen Schrein, der sich ebenfalls in Heliopolis befand, durfte die Himmelsbarke Ras, das konisch geformte *Ben-Ben*, einmal im Jahr von Pilgern angeschaut werden.

Laut dem ägyptischen Priester Manetho (sein hieroglyphischer Name bedeutete »Geschenk von Thoth«), der im 3. Jahrhundert vor Christus die Listen der ägyptischen Dynastien zusammenstellte, war Ra das Haupt der ersten göttlichen Dynastie. Die Herrschaft Ras und seiner Nachfolger – der Götter Schu, Geb, Osiris, Seth und Horus – dauerte über dreitausend Jahre. Darauf folgte eine zweite göttliche Dynastie, die mit Thoth, einem weiteren Sohn Ptahs, begann und halb so lange wie die erste dauerte. Danach herrschte eine Dynastie von Halbgöttern, im ganzen dreißig, 3.650 Jahre lang über Ägypten. Insgesamt währte die Herrschaft von Ptah, der Ra-Dynastie, der Thoth-Dynastie und der Dynastie der Halbgötter laut Manetho 17.520 Jahre. Carl Richard Lepsius merkte dazu in seinem *Königsbuch der alten Ägypter* an, dass diese Zeitspanne genau zwölf Zyklen des Sothis (Sirius) zu je 1.460 Jahren entspreche, und bestätigte damit den vorgeschichtlichen Ursprung des kalendarisch-astronomischen Wissens in Ägypten.

Auf zuverlässige Hinweise gestützt, bin ich in meinem Buch *Die Kriege der Menschen und Götter* zu dem Ergebnis gelangt, dass Ptah kein anderer als Enki war und dass es sich bei Ra um den Marduk des mesopotamischen Pantheons handelte. Enki und seinen Nachkommen wurden die afrikanischen Länder zugewiesen, als die Erde nach der Sintflut unter den Anunnaki aufgeteilt wurde. E.DIN (das biblische Land Eden) und die mesopotamische Einflusssphäre blieben in der Hand von Enlil und seinen Nachkommen. Thoth, ein Bruder von Ra/Marduk, war der Gott, den die Sumerer Ningischzida nannten.

Ein Großteil des geschichtlichen Ablaufs und die heftigen Konflikte, die auf die Teilung der Erde folgten, rührten daher, dass Ra/Marduk sich weigerte, diese Aufteilung hinzunehmen. Er war überzeugt davon, dass seinem Vater ungerechterweise die Herrschaft über die Erde geraubt worden sei (die er ja schon in seinem Namen EN.KI trug, »Herr der Erde«) und dass deshalb eigentlich ihm, Ra/Marduk, nicht Enlils erstem Sohn Ninurta, die Oberherrschaft über die Erde zukomme – und zwar von Babylon aus, der mesopotamischen Stadt, deren Name »Tor c Götter« bedeutet. Besessen von diesem Ehrgeiz, verursachte er nicht n Konflikte mit den »Enliliten«, sondern weckte auch den Hass einiger s ner Brüder, indem er sie in diese heftige Auseinandersetzung hineinz und Ägypten verließ, dann aber wieder zurückkehrte, um die Herrsch über das Land zu beanspruchen.

Im Laufe der Aufs und Abs dieser Kämpfe, der vielen wechselhaft Ereignisse, verursachte Ra/Marduk den Tod seines jüngeren Bruders D muzi, ließ seinen Bruder Thoth zunächst regieren und trieb ihn dann Exil und brachte seinen Bruder Nergal dazu, im Krieg der Götter die Se zu wechseln, was zu einem nuklearen Holocaust führte. Gerade dieses H und Her in der Beziehung zu seinem Bruder Thoth ist meiner Meinu nach von entscheidender Bedeutung für die Geschichte des Kalenders.

Die Ägypter hatten, wie wir gesehen haben, nicht nur einen, sc dern zwei Kalender. Der erste, der seinen Ursprung in vorgeschicht

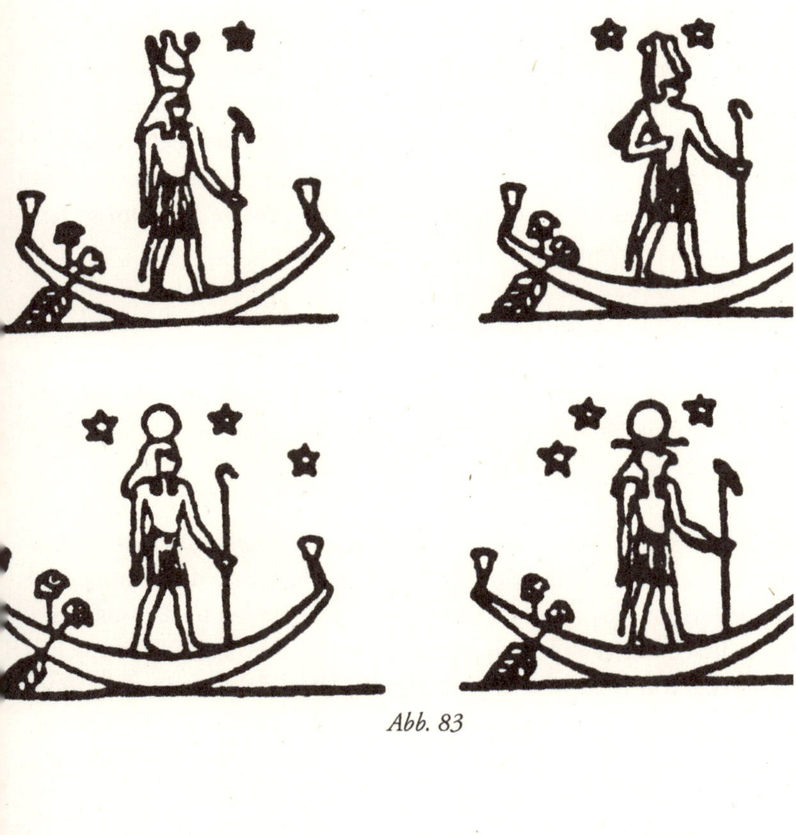

Abb. 83

ıer Zeit hat, »beruhte auf dem Mond«. Der spätere, der mehrere Jahrınderte nach Beginn der pharaonischen Herrschaft eingeführt wurde, ısierte auf den 365 Tagen des Sonnenjahrs. Entgegen der Auffassung, ıss der spätere »zivile« Kalender die administrative Neuerung eines ıaraos gewesen sei, vertreten wir die Ansicht, dass auch er, ebenso wie :r frühere, eine kunstfertige Schöpfung der Götter war, nur mit dem nen bedeutsamen Unterschied, dass der erste Thoths Werk war und :r zweite von Ra stammte.

In einer Hinsicht war der zivile Kalender umwälzend: Er teilte den ·eißigtägigen Monat in »Dekaden« ein, in Zehntageperioden, die jeeils vom heliakischen Aufgang eines bestimmten Sternes angekünGgt wurden. Jeder Stern (dargestellt als ein Gott, der in seinem Schiff ɔer den Himmel fährt, Abb. 83) galt als Verkünder der letzten nächt:hen Stunde, und am Ende der zehn Tage war ein neuer »Deka:nstern« zu beobachten.

Unserer Meinung nach führte Ra diesen auf Dekaden beruhenden alender bewusst ein, als sich zwischen ihm und seinem Bruder Thoth n Konflikt entwickelte.

Beide waren Söhne Enkis, des großen Naturwissenschaftlers der nunnaki; man kann deshalb mit Sicherheit annehmen, dass sie einen roßteil ihrer Kenntnisse von ihrem Vater hatten. Auf Ra/Marduk trifft ıs bestimmt zu, denn ein mesopotamischer Text, den man gefunden ıt, behauptet dies eindeutig. Dieser Text beginnt damit, dass Marduk :h bei seinem Vater beklagt, es fehlten ihm gewisse Kenntnisse des eilens. Enkis Antwort lautet folgendermaßen:

Mein Sohn, was ist es, das du nicht weißt?
Was mehr könnte ich dir geben?
Marduk, was ist es, das du nicht weißt?
Was könnte ich dir noch geben?
Was ich kenne, das kennst auch du!

ab es vielleicht deshalb eine gewisse Eifersucht zwischen den beiden rüdern? Kenntnisse auf dem Gebiet der Mathematik, der Astronomie ıd der Ausrichtung von heiligen Bauwerken besaßen beide; was Marık in diesen Wissenschaften zu leisten vermochte, belegt die prachtılle Zikkurat in Babylon, die Marduk laut dem Schöpfungsepos *Enua Elish* selbst entworfen hat. Doch wie der oben zitierte Text berichtet,

a b

Abb. 84a und 84b

stand Marduk auf den Gebieten der Medizin und der Heilkunde hinter seinem Bruder weit zurück; er konnte die Toten *nicht* wieder zum Leben erwecken, was Thoth vermochte. Über Thoths Kräfte erfahren wir sowohl aus mesopotamischen als auch aus ägyptischen Quellen. Sumerische Darstellungen zeigen ihn mit dem Symbol der sich umeinander windenden Schlangen (Abb. 84a); dabei handelte es sich ursprünglich um das Emblem seines Vaters Enki, der sich maßgeblich mit Gentechnologie befasste. Meiner Ansicht nach stellt das Symbol die Doppelhelix der DNA dar (Abb. 84b).

Thoths sumerischer Name, NIN.GISCH.ZID.DA, was »Herr der Lebenssubstanz« heißt, weist auf seine Fähigkeit hin, Leben wiederherzustellen, indem er die Toten wieder zum Leben erweckt. Ein liturgischer sumerischer Text preist ihn als »Herrschaftlicher Heiler, Herr, der die Hand ergreift, Herr der Lebenssubstanz«. Auch in Texten, die sich mit Zauberheilung und Exorzismus befassen, spielte er eine wichtige Rolle; ein *Maqlu* (»Brandopfer«), eine Serie von Beschwörungen und Zauberformeln, widmete ihm eine ganze Tafel, die siebente. In einer Beschwörung, die ertrunkenen Seeleuten gilt (»den Seefahrern, die auf ewig ruhen«), ruft der Priester die Formel »Siris und Ningischzida, die Wundertätigen, die Banner«.

Siris ist übrigens der Name einer Göttin, die ansonsten im sumerischen Pantheon unbekannt ist. Möglicherweise ist der Name eine mesopotamische Übersetzung des Sternnamens Sirius, denn im ägyptischen Pantheon war Sirius der Stern, der mit der Göttin Isis verbunden war. Und der ägyptischen Sage nach half Thoth der Göttin Isis, der Schwester und Gemahlin des Osiris, aus dem zerstückelten Körper des Osiris den Samen herauszuziehen, mit dem sie befruchtet wurde, so dass sie Horus empfing und gebar. Das war aber noch nicht alles. In einer ägyptischen Inschrift auf der sogenannten Metternich-Stele beschreibt die Göttin Isis, wie Thoth ihren Sohn Horus wieder zum Leben erweckte, nachdem ihn ein giftiger Skorpion gestochen hatte. Auf ihr Rufen hin kam Thoth vom Himmel herab, »und er hatte Zauberkräfte und verfügte über große Macht, die das Wort wahr werden ließ«. Er übte seine Zauberkunst aus, die in der Nacht das Gift austrieb, so dass Horus ins Leben zurückkehrte.

Die Ägypter nahmen an, dass das gesamte *Totenbuch*, dessen Verse an die Wände der Pharaonengräber geschrieben wurden, damit der verstorbene Pharao in ein Leben nach dem Tod hinübergeleitet werden konnte, ein Werk Thoths sei, »von seiner eigenen Hand« verfasst. In einem kürzeren Werk, das die Ägypter als *Buch vom Atmen* bezeichneten, heißt es: »Thoth, der überaus mächtige Gott, der Herr von Chmunu, kommt zu dir; er schreibt für dich mit eigener Hand das Buch vom Atmen, auf dass dein Ka immer und ewig atmen werde und deine Gestalt auf der Erde mit Leben erfüllt sei.«

Wir wissen aus sumerischen Quellen, dass diese Kenntnisse, die im pharaonischen Glauben eine so große Rolle spielen, nämlich die Fähigkeit, Tote wieder zum Leben zu erwecken, als Erster Enki besaß. In einem langen Text, der die Reise der Göttin Manna/Ischtar in die Unterwelt (Südafrika), das Reich ihrer Schwester (die mit einem anderen Sohn Enkis verheiratet war) beschreibt, wird die uneingeladene Göttin umgebracht. Enki aber, der herbeigerufen wird, erfindet eine Heilmethode und überwacht die Behandlung des Leichnams mit Schall- und Strahlenimpulsen, und »Inanna erstand auf«.

Offenbar wurde Marduk in dieses Geheimnis nicht eingeweiht; als er sich darüber beklagte, gab ihm sein Vater eine ausweichende Antwort. Das allein hätte vielleicht schon genügt, um den ehrgeizigen und machtgierigen Marduk auf Thoth eifersüchtig zu machen. Das Gefühl, gekränkt, vielleicht sogar bedroht zu werden, war wahrscheinlich noch stärker. Zunächst einmal, weil es Thoth und nicht Marduk/Ra war, der Isis geholfen hatte, den zerstückelten Osiris, Ras Enkelsohn, wieder zusammenzusetzen, zu retten, und dann den vergifteten Horus, Ras Urenkel, wieder zum Leben erweckte. Und zum anderen, weil all dies, wie der sumerische Text verdeutlicht, zu einer Affinität zwischen Thoth und dem Stem Sirius führte, der den ägyptischen Kalender kontrollierte und die lebensspendenden Überschwemmungen des Nils ankündigte.

Waren dies die einzigen Gründe für die Eifersucht, oder hatte Ra/Marduk noch zwingendere Gründe, in Thoth einen Rivalen zu sehen, der seine Vormachtstellung bedrohte? Laut Manetho endete die mit Ra beginnende lange Herrschaft der ersten göttlichen Dynastie ganz plötzlich, nachdem Horus nur dreihundert Jahre geherrscht hatte, und zwar nach dem Konflikt, den ich als »Ersten Pyramidenkrieg« bezeichnet habe. Danach erhielt kein weiterer Nachkomme Ras die Herrschaft über Ägypten; diese fiel nun an Thoth, dessen Dynastie (laut Manetho) 1.570 Jahre dauerte. Seine Herrschaft, ein Zeitalter des Friedens und des Fortschritts, fiel im Vorderen Orient mit der Jungsteinzeit (Neolithikum) zusammen, der ersten Phase der Zivilisation, die die Anunnaki der Menschheit brachten.

Warum war von allen Söhnen des Ptah/Enki gerade Thoth dazu ausersehen, die Dynastie Ras in Ägypten abzulösen? Einen Hinweis darauf findet man möglicherweise in der Studie *Religion of the Ancient Egyptians* (»Die Religion der alten Ägypter«) von W. Osborn junior, der über Thoth schreibt: »Zwar stand er in der Mythologie in der zweiten Reihe der Götter, aber er blieb stets eine direkte Emanation und ein Teil von Ptah – dem Erstgeborenen des Urgottes.« Angesichts der komplizierten Erbfolgeregeln der Anunnaki, wo ein Sohn von einer Halbschwester der gesetzliche Erbe vor einem erstgeborenen Sohn wurde (falls dieser nicht von einer Halbschwester stammte), was auch eine Ursache für die endlosen Spannungen und die Rivalität zwischen Enki (dem erstgeborenen Sohn Anus) und Enlil (der von einer Halbschwester Anus stammte) war, *könnte es da nicht der Fall sein, dass die Umstände von Thoths Geburt irgendwie die Ansprüche von Ra/Marduk auf die Vorherrschaft in Frage stellten?*

Es ist bekannt, dass die herrschende »Gemeinschaft der Götter«, die göttliche Dynastie, zunächst die von Heliopolis war; sie wurde später von der göttlichen Trias in Memphis abgelöst (als Memphis die Hauptstadt des vereinigten Ägypten wurde). Aber dazwischen regierte eine *Paut* genannte »göttliche Gemeinschaft« von Göttern, deren Oberhaupt Thoth war. Sein »Kultzentrum« war Hermopolis, was Griechisch für »Stadt des Hermes« ist, deren ägyptischer Name Chmunu (»Acht«) bedeutete. Einer von Thoths Beinamen lautete überdies »Herr der Acht«, was sich nach Heinrich Brugsch in seinem Buch *Religion und Mythologie der alten Aegypter* auf acht Ausrichtungen des Firmaments bezog, da runter die vier Himmelsrichtungen. Dies könnte sich auch auf Thoths Fähigkeit beziehen, die acht Punkte des »Stillstandes« des Mondes, des Himmelskörpers, mit dem Thoth in Verbindung gebracht wurde, zu ermitteln und zu bezeichnen.

Marduk, ein »Sonnengott«, wurde hingegen mit der Zahl 10 verbunden. In der numerischen Hierarchie der Anunnaki, in der Anu mit Rang 60 die höchste Stelle einnahm, gefolgt von Enlil mit Rang 50 und Enki mit Rang 40, hatte Marduk den 10. Rang inne; das könnte auch der Ursprung der »Dekaden« sein. Tatsächlich schreibt die babylonische Fassung des Schöpfungsepos Marduk die Erfindung eines Kalenders mit zwölf Monaten zu, von denen jeder in drei »Himmelsastrale« eingeteilt war:

Er bestimmte das Jahr
und entwarf die Zonen:
Für jeden der zwölf Monate
schuf er drei Himmelssterne
und legte so die Tage des Jahres fest.

Die Einteilung des Himmels in 36 Abschnitte, um die Tage des Jahres festzulegen, ist ein eindeutiger Hinweis auf den Kalender, einen Kalender mit 36 »Dekaden«. Und hier, im *Enuma Elish*, wird die Einteilung Marduk zugeschrieben – alias Ra.

Von diesem Schöpfungsepos, das zweifellos sumerischen Ursprungs ist, kennt man heute größtenteils seine babylonische Fassung (die sieben Tafeln des *Enuma Elish*). Es handelt sich dabei um eine Version, die nach übereinstimmender Meinung der Gelehrten den Zweck hatte, den babylonischen Nationalgott Marduk zu glorifizieren. Deshalb wurde der Name »Marduk« überall dort eingesetzt, wo im sumerischen Originaltext der Eindringling aus dem Weltall, der Planet Nibiru, als »Himmelsherr« beschrieben wurde, und dort, wo bei der Schilderung der Taten auf der Erde der oberste Gott Enlil hieß, machte die babylonische Fassung ebenfalls Marduk daraus. Auf diese Weise wurde Marduk zum obersten Gott sowohl im Himmel als auch auf der Erde.

Wenn nicht weitere Tafeln mit dem ursprünglichen sumerischen Text des Schöpfungsepos oder zumindest Bruchstücke davon gefunden werden, lässt sich unmöglich entscheiden, ob die 36 Dekaden eine wirkliche Neuerung Marduks waren oder ob er sie nur von Sumer übernahm. Ein Grundsatz der sumerischen Astronomie war die Unterteilung der Himmelssphäre, die die Erde umgab, in drei »Wege«: den Weg Anus als mittleres Himmelsband, den Weg Enlils am nördlichen Himmel und den Weg Eas (das heißt Enkis) am südlichen Himmel. Man hat geglaubt, diese drei Wege würden das äquatoriale Band (in der Mitte) und die

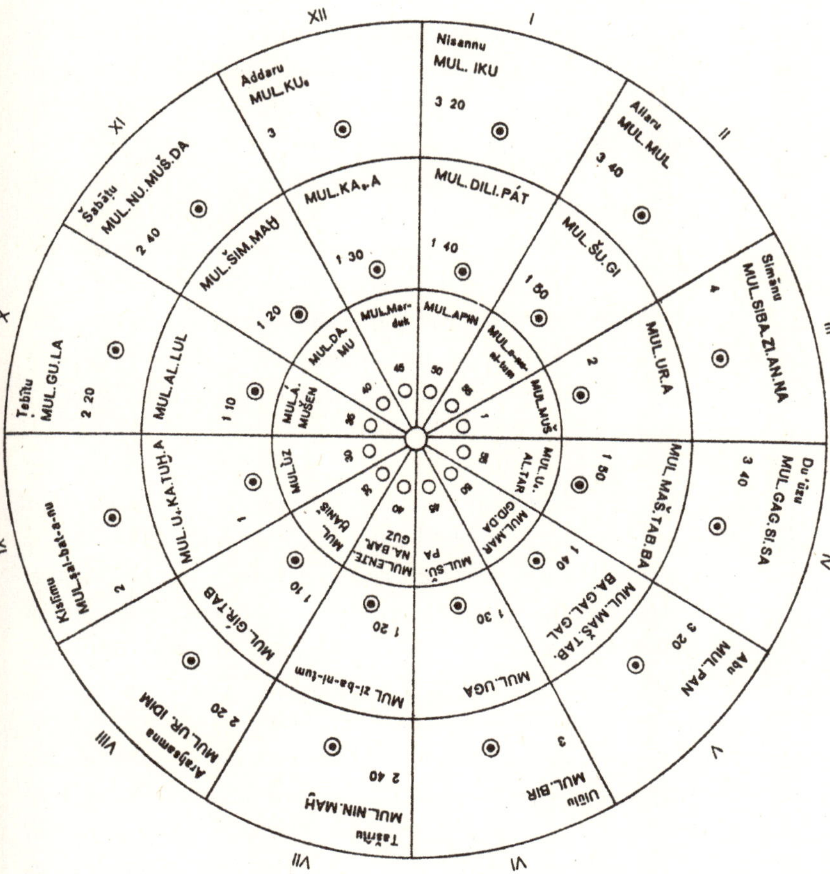

Abb. 85

durch die beiden Wendekreise begrenzten Bänder nördlich und südlich davon darstellen; in dem Buch *Der zwölfte Planet* wird allerdings gezeigt, dass sich der Weg Anus beiderseits des Äquators ausbreitete und 30 Grad nach Norden und nach Süden reichte, also insgesamt 60 Grad breit war, und dass der Weg Enlils und der Weg Eas ebenfalls jeweils 60 Grad umfasste, so dass die drei zusammen den gesamten Himmelsbogen der 180 Grad von Norden bis Süden abdeckten.

Falls diese Dreiteilung des Himmels auf die kalendarische Einteilung des Jahres in zwölf Monate angewendet wurde, ergaben sich 36 Abschnitte – und eine solche Einteilung, die zu Dekaden führte, wurde tatsächlich vorgenommen, nämlich in Babylon.

Im Jahr 1900 präsentierte der Orientalist Theophilus Goldridge Pinches, ein Wegbereiter der britischen Assyrologie, der Royal Astronomical Society in London die Rekonstruktion eines mesopotamischen Astrolabiums, eines Instruments zur Positionsbestimmung von Gestirnen. Es handelte sich dabei um eine kreisrunde Scheibe, die wie eine Torte in zwölf Segmente eingeteilt war und drei konzentrische Ringe besaß, so dass der Himmel in 36 Abschnitte aufgeteilt war (Abb. 85). Die runden Symbole neben den Namen zeigten an, dass sie sich auf Himmelskörper bezogen; die Namen (hier transkribiert) bezeichnen Sternbilder des Tierkreises, Sterne und Planeten, im Ganzen 36. Dass diese Einteilung mit dem Kalender verbunden war, wird durch die Monatsnamen deutlich, die oben in jedem der zwölf Segmente stehen (die Numerierung mit den Zahlen I bis XII, beginnend mit Nisannu, dem ersten Monat des babylonischen Kalenders, stammt von Pinches).

Diese babylonische Planisphäre – wie die Zentralprojektion der Himmelssphäre auf eine Ebene genannt wird – beantwortet zwar nicht die Frage nach dem Ursprung der betreffenden Verse im *Enuma Elish*, beweist aber, dass das, was man für eine einzigartige und ursprünglich ägyptische Erfindung hielt, ein Gegenstück, wenn nicht sogar einen Vorläufer in Babylon hatte, dem Ort, den Marduk für seine Vormachtstellung beanspruchte.

Noch gewisser ist die Tatsache, dass die 36 Dekaden im ersten ägyptischen Kalender nicht vorkommen. Der frühere war mit dem Mond, der spätere mit der Sonne verbunden. Thoth war ein Mondgott, Ra ein Sonnengott. Überträgt man dies auf die beiden Kalender, so folgt daraus, dass der erste und ältere Kalender von Thoth eingeführt wurde und der zweite und spätere von Ra/Marduk.

Als um 3100 vor Christus schließlich das Niveau der sumerischen Hochkultur (das menschliche Königtum) auf die Ägypter erweitert wurde, kehrte Ra/Marduk, dem es nicht gelungen war, die Vormachtstellung in Babylon zu erringen, nach Ägypten zurück und vertrieb Thoth. Damals reformierte meiner Ansicht nach Ra/Marduk den Kalender, nicht um die Verwaltung zu vereinfachen, sondern um bewusst die Überreste von Thoths Vorherrschaft auszulöschen. Im *Totenbuch* heißt es an einer Stelle, Thoth sei »beunruhigt darüber gewesen, was den göttlichen Kindern widerfahren ist«, die »gekämpft, gestritten, Feindseligkeit geschaffen und Ungemach verursacht haben«. Als Folge davon sei Thoth »in Zorn geraten, als sie [seine Feinde] die Jahre durcheinanderbrachten und sich bemühten, die Monate zu stören«. All dieses Böse, erklärt der Text, »bei allem, was sie dir antaten, haben sie im Geheimen gefrevelt«.

Dies mag durchaus darauf hindeuten, dass der Streit, der zur Ersetzung von Thoths Kalender durch den Kalender von Ra/Marduk führte, in Ägypten stattfand, als der Kalender (aus den bereits erklärten Gründen) wieder in Ordnung gebracht werden musste. Nach R. A. Parkers Ansicht geschah dies, wie schon gesagt, um 2800 vor Christus. Adolf Erman ist da in den beiden Bänden von *Ägypten und ägyptisches Leben im Altertum* genauer. Die Gelegenheit ergab sich, schreibt er, als Sirius nach seinem Zyklus von 1.460 Jahren zu seiner ursprünglichen Position zurückkehrte, nämlich am 19. Juli 2776 vor Christus.

Es sei noch angemerkt, dass dieser Zeitpunkt, um 2800 vor Christus, die offizielle Datierung ist, die man in Großbritannien für Stonehenge I übernommen hat.

Die Einführung eines Kalenders, der in zehntägige Perioden eingeteilt war oder auf ihnen beruhte, durch Ra/Marduk kann von dem Wunsch herrühren, für seine Anhänger in Ägypten wie auch in Mesopotamien eine klare Trennlinie zu ziehen zwischen sich selbst und demjenigen, der »Sieben« war, nämlich dem Oberhaupt der Enliliten, Enlil selbst. Eine solche Unterscheidung mag sogar dem Schwanken zwischen einem Mond- und einem Sonnenkalender zugrunde liegen, denn die Kalender sind, wie wir gezeigt haben und wie auch alte Aufzeichnungen belegen, von den Anunnaki-»Göttern« erfunden worden, um für ihre Anhänger die Zyklen der Verehrung festzulegen; und beim Kampf um die Oberhoheit ging es letztlich darum, wer verehrt werden sollte.

Die Gelehrten diskutieren zwar schon lange darüber, aber es ist ihnen bisher nicht gelungen, den Ursprung der Woche zu ermitteln, warum also das Jahr in Perioden von sieben Tagen gemessen wird. Wir haben bereits erwähnt, dass Sieben die Zahl war, die unseren Planeten, die Erde, repräsentiert. In sumerischen Texten wird er »der Siebte« genannt und in Darstellungen von Himmelskörpern durch sieben Punkte bezeichnet, weil die Anunnaki auf ihrem Flug von ihrem Planeten, dem äußersten Planeten unseres Sonnensystems, zur Erde zuerst am Pluto, dann an Neptun und Uranus (zweiter und dritter Planet) sowie an Saturn und Jupiter (vierter und fünfter Planet) vorüberkamen. Der Mars war für sie der sechste Planet (und wurde deshalb als sechszackiger Stern dargestellt), und die Erde war der siebte.

Eine solche Reise und eine derartige Zählweise sind tatsächlich auf einer Planisphäre dargestellt, die man in den Ruinen der königlichen Bibliothek von Ninive entdeckt hat (Abb. 86); eines der acht Segmente zeigt die Flugbahn vom Nibiru aus und erklärt (hier in deutscher Übersetzung), dass der Gott Enlil an den Planeten vorbeiflog. Die durch Punkte bezeichneten Planeten sind sieben an der Zahl. Für die Sumerer war Enlil – und kein anderer – der »Herr der Sieben«. Sowohl mesopotamische als auch biblische Namen von Personen (wie *Batseba*, »Tochter der Sieben«) oder Orten (wie *Beerscheba*, »Siebenbrunn«) erwiesen dem Gott ihre Ehre durch diesen Beinamen.

Die Bedeutung oder Heiligkeit der Zahl Sieben, die auf die kalendarische Maßeinheit von sieben Tagen als eine Woche übertragen wurde, kommt in der Bibel und in anderen alten Schriften deutlich zum Ausdruck. Abraham stellte sieben Lämmer beiseite, als er mit Abimelech einen Vertrag abschloss. Jakob diente Laban sieben Jahre lang, um eine seiner Töchter heiraten zu dürfen, und warf sich sieben Mal zu Boden, als er auf seinen eifersüchtigen Bruder Esau zuging. Der Hohepriester musste verschiedene Riten sieben Mal vollziehen. Jericho musste sieben Mal umkreist werden, damit seine Mauern zusammenstürzten. In Bezug auf den Kalender musste der siebte Tag der Woche als Sabbat streng beachtet werden, und das wichtige Pfingstfest wurde sieben Wochen nach dem Passahfest angesetzt.

Obwohl niemand zu sagen vermag, wer die Siebentagewoche »erfunden« hat, wird sie in der Bibel offenkundig mit der frühesten Zeit, sogar mit dem Beginn der Zeit selbst in Verbindung gebracht; denn das Buch Genesis beginnt mit den sieben Tagen der Schöpfung. Der Begriff einer siebentägigen Periode in der »Zeit des Menschen« findet sich sowohl in

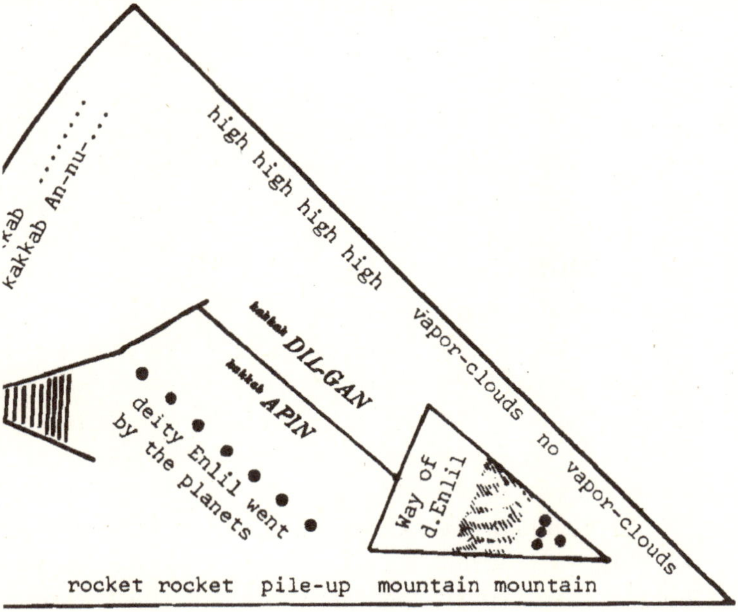

Abb. 86

ischen als auch in der älteren mesopotamischen Sintfluterzäh- ıs überdies belegt, dass er sehr alt ist. In den mesopotamischen vird der Held sieben Tage vor dem Kommen der Flut von Enki , der »die Wasseruhr öffnete und füllte«, um sicherzugehen, dass ıer Anhänger den Zeitpunkt nicht versäumte. In diesen Versio- die Sintflut mit einem Sturm begonnen haben, der sieben Tage ›en Nächte über das Land fegte. Auch in der biblischen Sintflut- wird Noah sieben Tage im Voraus gewarnt.

›iblische Erzählung von der Sintflut und ihrer Dauer zeigt, dass ıon in sehr früher Zeit weitreichende Kenntnisse vom Kalender Ian kannte die Zeiteinheit der sieben Tage und eine Einteilung es in 52 Wochen zu je sieben Tagen. Darüber hinaus scheint Komplikationen eines Mond- und Sonnenkalenders verstanden n. Laut Genesis begann die Sintflut »am siebzehnten Tag des Monats« und endete im darauffolgenden Jahr »am siebenund- sten Tag des zweiten Monats«. Auf den ersten Blick scheint das raum von 365 plus zehn Tagen zu sein, aber dem ist nicht so. ische Geschichte gliedert die Sintflut in 150 Tage, in denen alles wemmt wird, in 150 Tage, in denen das Wasser zurückweicht, weitere 40 Tage, bis Noah die Arche öffnen kann. Dann schickt bstand von sieben Tagen einen Raben und eine Taube aus, um

die Umgebung zu erkunden. Erst als die Taube beim zweiten M
zurückkehrt, weiß Noah, dass er die Arche verlassen kann.

Diese Aufgliederung ergibt zusammen 354 Tage (150 + 150 + ·
7). Das ist jedoch kein Sonnenjahr, sondern genau ein Mondj
zwölf Monaten zu je 29,5 Tagen (29,5 x 12 = 354), wie es ein z
Monaten von 29 und 30 Tagen Länge wechselnder Kalender (wa
dische Kalender immer noch tut) darstellte.

Aber in Bezug auf die Sonne machen 354 Tage kein volles J
Der Verfasser oder Redakteur des Buches Genesis erkannte dies ι
auf eine Einfügung von Schalttagen zurück, indem er behaup
Sintflut habe am siebzehnten Tag des zweiten Monats begonnen ı
Jahr später) am siebenundzwanzigsten Tag des zweiten Monats ;
Die Gelehrten sind sich über die Zahl der eingeschalteten Tage :
nig. Einige wie Solomon Gandz in *Studies in Hebrew Mathem*
Astronomy (»Studien in hebräischer Mathematik und Astronomi
men elf hinzugefügte Tage an, was die 354 lunaren Tage zum vo
gen Sonnenjahr mit 365 Tagen erweitert hätte. Andere, unter ih
Verfasser des alten Jubiläenbuchs (»Kleine Genesis«), sind der M
es seien nur zehn Tage hinzugekommen, so dass das fragliche Ja
lich 364 Tage hatte. Das impliziert natürlich einen Kalender, d
Wochen zu je sieben Tagen (52 x 7 = 364) unterteilt war.

Dass dies nicht nur deshalb zustande kam, weil man 354 un
Anzahl der Tage addierte, sondern eine bewusste Einteilung de
in 52 Wochen zu je sieben Tagen vornahm, geht aus dem Jubil
hervor. Darin heißt es, dass Noah am Ende der Sintflut »him
Tafeln« erhielt, auf denen die folgende Bestimmung stand:

Alle vorgeschriebenen Tage
werden zweiundfünfzig Wochen von Tagen sein,
die das Jahr vollmachen.
So ist es geschrieben und befohlen
auf den himmlischen Tafeln;
es soll kein Versäumnis geben bei einem einzelnen Jahr
oder von einem Jahr zum anderen.
Und gebiete du den Kindern Israels,
dass sie die Jahre nach dieser Berechnung beachten:
dreihundertvierundsechzig Tage;
diese sollen ein volles Jahr ergeben.

Das Beharren auf einem Jahr mit 52 Wochen zu je sieben Tagen, was ein Kalenderjahr von 364 Tagen ergab, war jedoch nicht dadurch bedingt, dass man die wahre Länge des 365-tägigen Sonnenjahres nicht gekannt hätte. Diese wahre Länge war bekannt, denn die Bibel gibt das Alter von Henoch, als er von Gott aufgenommen wird, ausdrücklich mit dreihundertfünfundsechzig Jahren an. Im nicht zur Bibel gehörenden *Buch Henoch* wird eigens der »Überschuss der Sonne« erwähnt, die fünf Tage, die zu den 360 Tagen (12 x 30) anderer Kalender hinzugefügt werden mussten, um auf 365 Tage zu kommen. Aber in Kapiteln, die die Bahn der Sonne und des Mondes, die zwölf zodiakalen »Tore« sowie die Tagundnachtgleichen und Sonnenwenden beschreiben, erklärt das *Buch Henoch* unmissverständlich, dass das Kalenderjahr ein Jahr zu genau 364 Tagen sein solle. Dies wird nochmals bekräftigt: Das »vollständige Jahr mit voller Gerechtigkeit« solle 364 Tage haben, 52 Wochen zu je sieben Tagen.

Das *Buch Henoch*, insbesondere die als Slawisches Henochbuch bezeichnete Fassung, soll Elemente der wissenschaftlichen Kenntnisse enthalten, die man damals in Alexandria in Ägypten hatte. Wieviel davon man auf die Lehren Thoths zurückverfolgen kann, lässt sich nicht mit Gewissheit sagen, aber sowohl biblische als auch ägyptische Erzählungen deuten darauf hin, dass 7 und 52 x 7 schon in viel früherer Zeit eine Rolle spielten.

Bekannt ist die biblische Geschichte von Josephs Aufstieg zum obersten Verwalter Ägyptens, nachdem er die Träume des Pharaos erfolgreich gedeutet hatte, zuerst den von den sieben wohlgenährten Kühen, die von sieben mageren Kühen aufgefressen wurden, und dann den von den sieben vollen Ähren, die von sieben ausgedörrten Ähren verschlungen wurden. Aber nur wenige wissen, dass diese Geschichte – für manche eine »Legende« oder ein »Mythos« – deutliche ägyptische Wurzeln sowie eine ältere Entsprechung im ägyptischen Volksgut hatte. Zu den Wurzeln gehören die ägyptischen Vorläuferinnen der griechischen Orakelgöttinnen, die sieben Hathoren. Hathor war die Göttin der Halbinsel Sinai, die als Kuh dargestellt wurde. Mit andern Worten: Die sieben Hathoren standen für sieben Kühe, die die Zukunft voraussagen konnten.

Das ältere Gegenstück zur biblischen Geschichte von den sieben mageren Jahren, die auf sieben Jahre des Überflusses folgen, ist ein Hieroglyphentext (Abb. 104), dem E. A. Wallis Budge, Autor von *Legends of the*

Abb. 87

Gods (»Legenden der Götter«) den Titel »Eine Legende vom Gott Chnum und von einer siebenjährigen Hungersnot« gegeben hat. Chnum war ein anderer Name für Ptah/Enki in seiner Rolle als Schöpfergott, als »Bildner, der belebt«. Die Ägypter glaubten, er habe sich, nachdem er die Herrschaft über Ägypten an seinen Sohn Ra übergeben hatte, auf die Insel Abu zurückgezogen (die wegen ihrer Form seit der Zeit der Griechen »Elephantine«, »Elefantenstadt«, genannt wird). Dort schuf er einen zweifachen Hohlraum, zwei miteinander verbundene Wasserspeicher, deren Sperren oder Schleusen eingesetzt werden konnten, um den Wasserstand des Nils zu regulieren. (Der heutige Staudamm von Assuan befindet sich in ähnlicher Weise oberhalb des ersten Katarakts des Nils.)

Laut diesem Text erhielt der Pharao Djoser, der Erbauer der Stufenpyramide von Sakkara, eine Nachricht vom Statthalter des Volkes im Süden, schreckliches Leid sei über die Bevölkerung gekommen, »weil der Nil seit sieben *Jahren* nicht mehr den richtigen Wasserstand erreicht hat«. Da der König hoffte, Hungersnot und Chaos abwenden können, wenn er sich direkt an den Gott wende, reiste er nach Süd zur Insel Abu. Dort wohne der Gott, erfuhr er, »in einem hölzern Gebäude mit Türen aus Schilfrohr«, er habe bei sich »die Schnur u die Tafel«, die es ihm ermöglichten, »die Doppeltür der Schleusen c Nils zu öffnen«. Chnum erhörte die Bitte des Königs und verspra ihm, »den Wasserstand des Nils zu erhöhen, Wasser zu schicken u das Getreide wachsen zu lassen«.

Da das alljährliche Ansteigen des Nils mit dem heliakischen Aufga des Sirius verbunden wurde, erhebt sich die Frage, ob die auf den Hi mel oder die Astronomie bezogenen Elemente der Geschichte nicht n an die tatsächliche Wasserknappheit (die sogar noch heute regelmäſ auftritt), sondern auch an die (oben behandelte) Verschiebung des Siri aufgangs unter einem starren Kalender erinnert. Dass die ganze G schichte mit dem Kalender zusammenhängt, deutet eine Textstelle a wonach Chnums Wohnung auf Abu astronomisch ausgerichtet gewes sei: »Das Haus des Gottes hat eine Öffnung nach Südosten, und c Sonne steht ihr jeden Tag unmittelbar gegenüber.« Dies kann nur ei Anlage bedeuten, die zur Beobachtung der Sonne auf ihrem Weg z Wintersonnenwende hin und davon weg diente. Diese kurze Betrac tung des Gebrauchs und der Bedeutung der Zahl Sieben in der Bez hung zwischen Göttern und Menschen genügt, um ihren »himmlische Ursprung (die sieben Planeten von Pluto bis zur Erde) und ihren kale darischen Bezug (die Siebentagewoche, ein Jahr zu 52 Wochen) auf zeigen. Aber bei der Rivalität unter den Anunnaki gewann all dies no eine andere Bedeutung: die Bestimmung dessen, wer der Gott der S ben (*Eli-Schewa* auf Hebräisch, wovon sich der Name *Elisabeth* ableit und damit der nominelle Herrscher der Erde war.

Und gerade das war es, was meiner Meinung nach Ra/Marduk l seiner Rückkehr nach Ägypten, nach seinem fehlgeschlagenen Staa streich in Babylon, beunruhigte: die sich ausbreitende Verehrung c Sieben, immer noch Enlils Beiname, durch die Einführung der Siebe tagewoche in Ägypten.

Unter diesen Umständen muss beispielsweise die Verehrung der s ben Hathoren für Ra/Marduk etwas Hassenswertes gewesen sein: nic nur ihre Anzahl, sieben, die eine Verehrung Enlils implizierte, sonde auch ihre Verbindung mit Hathor, einer wichtigen Göttin im ägyp schen Pantheon, für die Ra/Marduk aber keine besondere Vorliebe hat

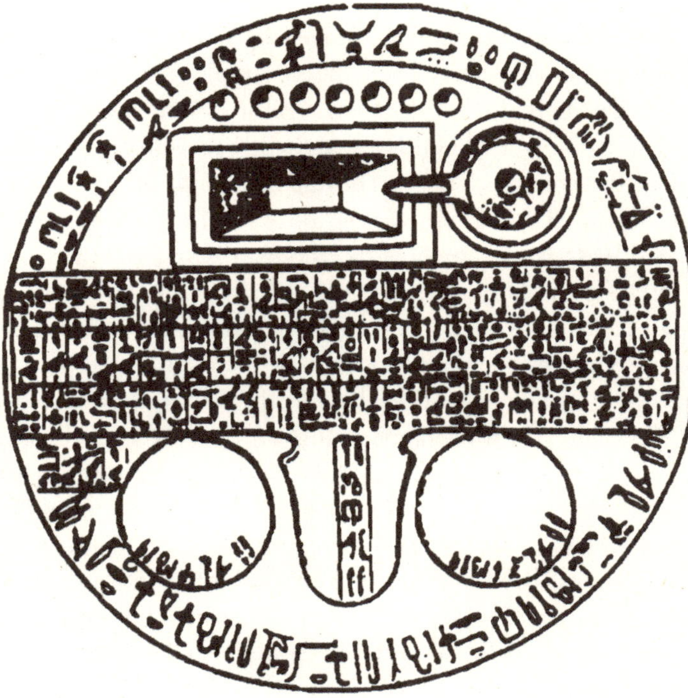

Abb. 88

athor war, wie wir in früheren Büchern gezeigt haben, der ägyptische ame für die Göttin Nincharsag im sumerischen Pantheon, eine Halbhwester von Enki und Enlil und für beide Brüder das Ziel ihrer sexueln Begierden. Da ihre offiziellen Gemahlinnen (Enki war mit Ninki, ılil mit Ninlil verheiratet) nicht ihre Halbschwestern waren, war es für :ide wichtig, mit Nincharsag einen Sohn zu zeugen; ein solcher Sohn äre nach den Erbfolgeregeln der Anunnaki der unumstrittene gesetzlie Erbe für den Thron der Erde. Trotz wiederholter Versuche Enkis geır ihm Nincharsag nur Töchter. Aber Enlil hatte mehr Erfolg; sein :stgeborener entsproß einer Vereinigung mit Nincharsag. Dies berechgte Ninurta dazu, von seinem Vater (Ningirsu, »Herr von Girsu« für udea) den Rang 50 zu erben, so dass Enkis erstgeborener Sohn Marık keinen Anspruch auf die Herrschaft über die Erde hatte.

Für die weitverbreitete Verehrung der Zahl Sieben und ihre kalendarihe Bedeutung gibt es noch andere Beispiele. Die Geschichte von der sienjährigen Dürre trug sich zurzeit von Djoser, dem Erbauer der Pyramide ›n Sakkara, zu. Die Archäologen haben im Gebiet von Sakkara einen run-

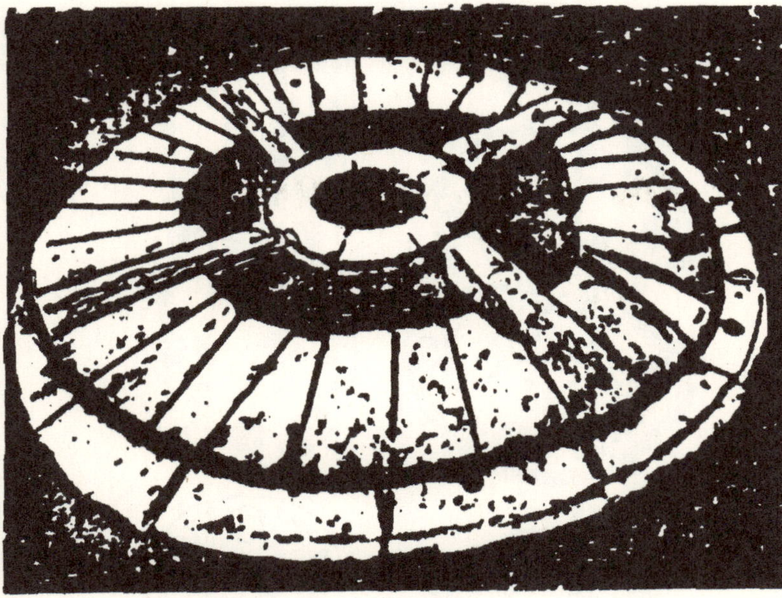

Abb. 89

den »Altaraufbau« aus Alabaster entdeckt, dessen Form (Abb. 88) darauf hindeutet, dass er als sakrale Lampe diente, die sieben Tage lang brannte. Ein anderer Fund ist ein steinernes »Rad« (manche halten es für den Sockel eines Omphalos, eines »Nabelsteins«, der für Orakelzwecke verwendet wurde), das deutlich in vier Abschnitte mit jeweils sieben Steinen eingeteilt ist (Abb. 89). Dies lässt vermuten, dass es sich in Wirklichkeit um einen Steinkalender, zweifellos einen Mondkalender, handelte, der die Idee der Siebentagewoche enthielt und (mit Hilfe von vier Teilern) eine monatliche Zählweise ermöglichte, die von 28 bis 32 Tage reichte.

Kalender aus Stein gab es schon im Altertum, wie Stonehenge in England und der aztekische Kalender in Mexiko beweisen. Doch dieser in Ägypten gefundene sollte am wenigsten verwundern, denn das Genie, das hinter all diesen geografisch weitverstreuten Steinkalendern steckt, war meiner Überzeugung nach ein und derselbe Gott: Thoth. Überraschend daran mag sein, dass dieser Kalender den Zyklus von sieben Tagen aufweist; aber auch dies sollte, wie eine andere ägyptische »Legende« zeigt, nicht verwundern.

Was die Archäologen als Spiele oder Spielbretter bezeichnen, hat man fast überall im alten Vorderen Orient gefunden, wie diese wenigen Abbildungen von Funden aus Mesopotamien, Kanaan und Ägyp-

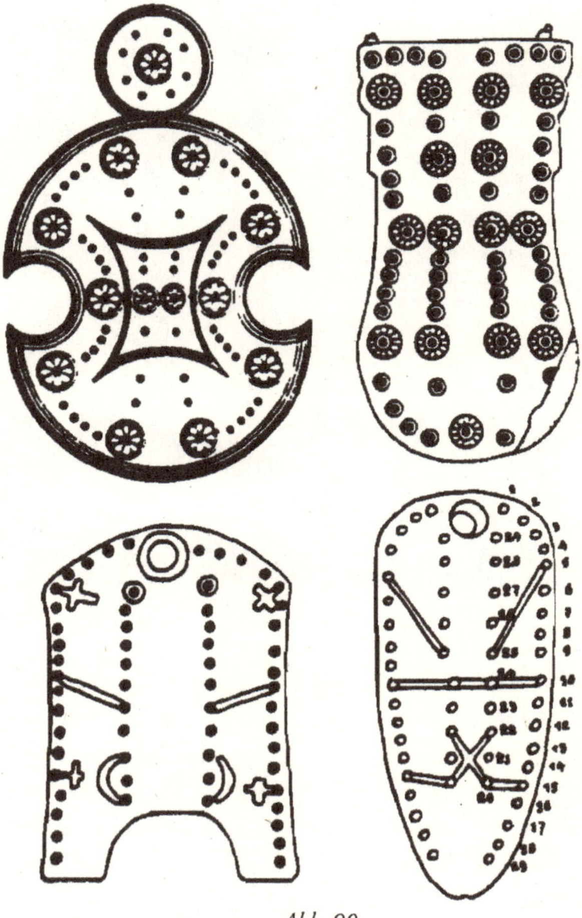

Abb. 90

ten bezeugen (Abb. 90). Die beiden Spieler bewegten Stöpsel von Loch zu Loch, je nachdem wie viele Augen sie gewürfelt hatten. Die Archäologen sehen darin nicht mehr als Spiele zum Zeitvertreib; doch die Zahl der Löcher, gewöhnlich 58, weist deutlich jedem Spieler 29 Löcher zu, und das ist die Anzahl der vollen Tage eines Lunarmonats. Es gab auch offensichtliche Unterteilungen der Löcher in kleinere Gruppen und Furchen, die einige Löcher mit anderen verbanden (vielleicht konnte der Spieler an dieser Stelle springen). So waren etwa Loch 15 mit Loch 22 und Loch 10 mit Loch 24 verbunden, was auf einen »Sprung« von einer Woche mit sieben Tagen beziehungsweise um einen Zeitraum von vierzehn Tagen hindeutet.

Heute verwenden wir Merkverse (»Dreißig Tage hat der September«) und Spiele, um Kindern den modernen Kalender beizubringen. Warum sollte man da die Möglichkeit ausschließen, dass es im Altertum ebenfalls so war? Dass es sich dabei um Kalenderspiele handelte und dass zumindest eines von ihnen, das Lieblingsspiel von Thoth, dazu bestimmt war, die Einteilung des Jahres in 52 Wochen zu lehren, geht aus einer alten ägyptischen Erzählung hervor, die unter dem Titel *Die Abenteuer des Satni-Chamois mit den Mumien* bekannt ist.

Es ist eine Geschichte über Zauberei, Rätsel und Abenteuer, ein antiker Thriller, der die magische Zahl 52 mit Thoth und den Geheimnissen des Kalenders verknüpft. Sie steht auf einer Papyrusrolle (katalogisiert als Cairo-30646), die in einem Grab in Theben gefunden wurde und aus dem 3. Jahrhundert vor Christus stammt. Man hat auch Fragmente anderer Papyrusrollen mit derselben Geschichte gefunden, was darauf hindeutet, dass sie zum literarischen Kanon des alten Ägypten gehörte, zu der Literatur, die die Geschichten von Göttern und Menschen aufzeichnete.

Der Held dieser Geschichte ist Satni, ein Sohn des Pharaos, »wohlbewandert in allen Dingen«. Er pflegte in der Nekropole von Memphis umherzustreifen, wo er die heiligen Inschriften an Tempelwänden studierte und nach alten »Zauberbüchern« suchte. Mit der Zeit wurde er selbst »ein Zauberer, der nicht seinesgleichen im Land Ägypten hatte«. Eines Tages erzählte ihm ein geheimnisvoller alter Mann von einem Grab, »wo das Buch verwahrt ist, das Thoth eigenhändig geschrieben hat« und in dem die Rätsel der Erde und die Geheimnisse des Himmels enthüllt werden. Zu diesem geheimen Wissen gehörten göttliche Informationen, die »den Aufgang der Sonne, das Erscheinen des Mondes und die Bewegung der Himmelsgötter [Planeten], die die Sonne umkreisen«, betrafen – mit anderen Worten: die Geheimnisse der Astronomie und des Kalenders.

Das fragliche Grab war das von *Ne-nofer-che-ptah*, dem Sohn eines früheren Königs. Als Satni wissen wollte, wo sich dieses Grab befand, warnte ihn der Alte, Nenofercheptah sei zwar mumifiziert und begraben, aber nicht tot, und könne jeden niederschlagen, der es wage, das Buch Thoths, das zu seinen Füßen liege, wegzunehmen. Furchtlos machte sich Satni auf die Suche nach dem unterirdischen Grab. Als er die richtige Stelle gefunden hatte, »sprach er eine Zauberformel darüber, und ein Loch öffnete sich im Boden; und Satni stieg hinab zu dem Ort, wo das Buch war«.

Im Grab sah Satni die Mumien von Nenofercheptah, seiner Schwester und Frau und ihres Sohnes. Das Buch lag tatsächlich zu Nenofercheptahs Füßen, und »es gab ein Licht ab, als ob die Sonne darauf scheinen würde«. Als Satni darauf zuging, sprach die Mumie der Frau und warnte ihn, sich noch weiter zu nähern. Sie erzählte ihm von den Abenteuern ihres eigenen Mannes, als er versucht hatte, das Buch in seinen Besitz zu bekommen. Thoth hatte es nämlich an einem geheimen Ort verborgen, in einer goldenen Schatulle, die sich innerhalb einer silbernen Schatulle befand; diese wiederum steckte in einer weiteren Schatulle und so fort, wobei die äußerste aus Bronze und Eisen bestand. Als Nenofercheptah die Warnungen und Gefahren ignorierte und das Buch an sich nahm, verurteilte Thoth ihn, seine Frau und seinen Sohn zum Scheintod. Obwohl sie am Leben waren, wurden sie begraben, und obwohl sie mumifiziert waren, konnten sie sehen, hören und sprechen. Sie warnte Satni, wenn er das Buch anrühre, werde sein Schicksal das gleiche oder noch schlimmer sein.

Die Warnungen und das Schicksal des früheren Königs schreckten Satni nicht ab. Nachdem er so weit gekommen war, wollte er sich nicht von seinem Entschluss abbringen lassen, in den Besitz des Buches zu gelangen. Als er einen weiteren Schritt auf das Buch zu machte, meldete sich die Mumie von Nenofercheptah zu Wort. Es gebe eine Möglichkeit, das Buch in seinen Besitz zu bringen, ohne den Zorn Thoths auf sich zu ziehen. Satni müsse das Spiel Zweiundfünfzig, »die magische Zahl Thoths«, spielen und gewinnen. Satni forderte das Schicksal heraus und willigte ein. Er verlor das erste Spiel und stellte fest, dass er teilweise im Boden des Grabes versank. Er verlor auch das nächste und übernächste Spiel und sank dabei immer tiefer. Wie es ihm gelang, mit dem Buch zu entkommen, welches Unheil ihm danach zustieß und wie er am Ende das Buch in sein Versteck zurückbrachte, ist eine spannende Lektüre, hat aber nicht direkt mit unserem Thema zu tun, nämlich mit der Tatsache, dass die astronomischen und kalendarischen »Geheimnisse Thoths« das *Spiel Zweiundfünfzig* mit einschlossen, die Einteilung des Jahres in 52 siebentägige Abschnitte, was zu dem rätselhaften Jahr mit nur 364 Tagen im Jubiläenbuch und im Buch Henoch führte.

Es ist eine magische Zahl, die uns über die Meere nach Amerika hinüberführt, uns zum Rätsel von Stonehenge zurückbringt und den Vorhang über den Ereignissen lüftet, die das erste von der Menschheit aufgezeichnete neue Zeitalter zur Folge hatten und daraus resultierten.

14

Der Zwölfte Planet: Schlüssel zum UFO-Phänomen

Vortrag für die Diskussionsrunde auf der Universe International Conference in Frankfurt am Main, Deutschland, am 26. bis 29. Oktober 1989.

Zecharia Sitchins Kosmologie akzeptieren heißt daran glauben, dass es Leben auf anderen Planeten gibt und dass Außerirdische in der Vergangenheit die Erde besucht haben. Wenn man Sitchins Bücher nicht gelesen hat, mag einem das ein wenig verrückt erscheinen. Liest man sie, wird die historische Wahrheit sehr viel klarer.

In unserer modernen Kultur neigt man dazu, alles, was mit Außerirdischen und UFOs zu tun hat, als unglaubwürdig abzutun. Deshalb distanzieren sich auch viele Menschen von Diskussionen über außerirdisches Leben und die daraus abzuleitenden Konsequenzen. Andererseits glaubt eine immer größere Anzahl Menschen auf der ganzen Welt an die Existenz von UFOs. Tatsächlich ist dieses Thema mittlerweile sogar in aller Munde.

Berichte von Sichtungen in heutiger Zeit haben Sitchin zu der Überlegung gebracht, dass die UFOs möglicherweise Raumschiffe der Anunnaki sind, denn dieses Volk kam nicht nur in prähistorischer Zeit auf die Erde, es steht nach wie vor mit uns in Kontakt, und so könnte es sich bei den UFOs, die wir sichten, um Erkundungsschiffe handeln.

Nach Sitchins Theorie kommen diese Schiffe vom Mars. Die Anunnaki haben den Roten Planeten schon vor langer Zeit als Zwischenstation benutzt, wofür es zahlreiche Beweise in Gestalt geheimnisvoller Strukturen und Bodenformationen gibt. Die dünnere Atmosphäre macht es für Raumschiffe leichter, mit schwerer Fracht zu starten, und es ist auch viel leichter, auf dem Umweg über den Mars vom Nibiru aus die Erde zu erreichen.

Neue Entwicklungen werfen ihre Schatten voraus, und das steigende Interesse an UFOs drückt sich schon seit Jahren in der zunehmenden Zahl an Konferenzen aus, die alljährlich diesem Thema gewidmet sind. Auf einer solchen Konferenz im Oktober 1989 hat Sitchin den nachstehenden Vortrag gehalten, in dem er seine diesbezüglichen Überlegungen zusammenfasst. Im Folgenden finden Sie eine von ihm gekürzte Version.

Mein Onkel führt darin noch einmal aus, dass Nibiru, der Heimatplanet der Anunnaki, eine zyklische Umlaufbahn hat, die ihn alle 3.600 Jahre zur Erde zurückführt. Vor allem legt er aber dar, dass in der Bibel und im sumerischen Gilgamesch-Epos nicht nur von Besuchern aus dem Himmel die Rede ist, die wie menschliche Wesen aussahen, sondern auch von künstlichen, maschinenähnlichen Wesen, die keine Menschen waren.

Sitchin geht davon aus, dass es sich dabei um von den Anunnaki geschaffene Roboter gehandelt hat. Und er macht deutlich, dass die Umlaufbahn des Nibiru ihren Planeten vergleichsweise bald wieder in große Nähe zur Erde tragen wird.

Lesen Sie diesen faszinierenden Bericht und bilden Sie sich Ihre eigene Meinung über die Zukunft unserer Welt und darüber, dass wir wahrscheinlich in nicht allzu ferner Zukunft wieder Besuch aus fernen Regionen des Weltraums bekommen werden.

Wenn ich hier so vor Ihnen stehe, habe ich das Gefühl, dass wir einander mit einer gewissen Neugierde betrachten. Als UFO-Fans fragen Sie sich zweifellos, was das von mir gewählte Thema »Der Zwölfte Planet« mit Unbekannten Flugobjekten zu tun hat. Ich andererseits frage mich, was eine so große Zahl von Ihnen zu einem solchen Vortrag lockt. Wenn wir den Medien glauben wollen, handelt es sich bei Ihnen offenkundig um eine kleine Minderheit von Menschen, die an das Unmögliche glauben.

Auch ich gehöre zu einer solchen Minderheit, obwohl ich weder behaupte, je ein UFO gesehen zu haben, noch von einem solchen entführt worden zu sein. Aber ich bin den weiten Weg aus New York hierhergekommen, um Ihnen zu erklären, dass das Rätsel der UFOs tatsächlich eine Lösung *hat*. Einen Flug in einem UFO kann ich Ihnen nicht anbieten, aber ich kann und werde Sie auf eine nicht weniger faszinierende Reise mitnehmen, eine Reise, die Sie auf dem Umweg über die Vergangenheit in die Zukunft führen wird.

Obwohl ich kein UFO-Experte bin, kann ich Ihnen versichern, dass das UFO-Phänomen keine Illusion ist. Offiziell macht man sich zwar immer noch darüber lustig, aber es lässt sich nicht wegdiskutieren, dass das *Wall Street Journal* einen Bericht über die geheimnisvollen Kornkreise veröffentlicht hat, die in einem Feld in England aufgetaucht sind. Und selbst die angesehene *New York Times* hielt es für notwendig, den Bericht aus der Stadt Woronesch im südlichen Zentralrussland über eine UFO-Landung, die dort stattgefunden haben soll, auf ihrer Titelseite zu veröffentlichen.

Mit anderen Worten – man macht sich lustig, denkt aber insgeheim: *Wer weiß?*

Nun, erlauben Sie, dass ich Sie auf eine Reise in die Vergangenheit mitnehme und Ihnen berichte, was ich diesbezüglich in Erfahrung bringen konnte.

Dazu müssen wir uns zunächst einmal näher mit einem Planeten befassen, der in regelmäßigen Abständen zwischen Mars und Jupiter auftaucht. Es handelt sich um einen ziemlich großen Planeten, nicht so groß wie Jupiter, aber größer als Mars. Und dies, meine Damen und Herren, ist das zwölfte Mitglied unseres Sonnensystems und Gegenstand der antiken Kosmogonie der Sumerer.

Die Sumerer haben diesen Planeten *Nibiru* genannt, »Kreuzender Planet«, und sein Symbol ist das Kreuz. In den sumerischen Aufzeichnungen kann man lesen, dass er alle 3.600 Jahre in die nähere Umgebung der Erde kommt, wenn er zwischen Mars und Jupiter hindurchfliegt, so wie das auf dem Rollsiegel dargestellt ist, das ich Ihnen gezeigt habe.*

Und bei jeder dieser Begegnungen, so haben die Sumerer berichtet, kommen die Anunnaki, die Bewohner jenes Planeten, und pendeln zwischen Nibiru und der Erde hin und her. Von ihnen stammt unser gesamtes Wissen über diesen Planeten.

---

* Hinweis der Herausgeberin: Siehe Abb. 20, die ein 4.500 Jahre altes Rollsiegel zeigt.

Der Name *Anunnaki* bedeutet »jene, die vom Himmel zur Erde kamen«. Genau das bedeutet auch der biblische Begriff *Nefilim.* In den Anunnaki, von denen die Sumerer berichten, meine Freunde, habe ich die Antwort auf eine Frage gefunden, die ich mir seit frühester Kindheit gestellt hatte: Wer waren die Nefilim?

Eine uralte Schrift, die im sumerischen Schöpfungsepos aufgezeichnet ist, überliefert uns die Geschichte von Nibiru und bietet die Erklärung, wie jener Planet zu einem Mitglied unseres Sonnensystems geworden ist. Archäologen haben den Text in mehr oder weniger vollständiger Form auf sieben Tontafeln in altbabylonischer Schrift entdeckt. Nach seinen Eröffnungsworten bezeichnet die Wissenschaft ihn als *Enuma Elish* (»Als in der Höhe«). Die Babylonier haben aus dem Namen *Nibiru* »Marduk« gemacht, um damit ihren Staatsgott zu ehren. Aber was damals geschah und auf welche Weise es geschah, blieb unverändert. Die Wissenschaft nennt es eine Legende, einen Mythos. Sie bezeichnet alle sumerischen Schriften über die Geschehnisse am Anfang der Zeiten, über die Schaffung der Erde und über die Erschaffung des Menschen als »Mythen«. Ich unterscheide mich von den anderen Wissenschaftlern einzig und allein darin, dass ich diese Geschichten *nicht* als »Mythen«, sondern als wahre Berichte über die Vergangenheit betrachte.

Enuma Elish beschreibt Schritt für Schritt und in durchaus wissenschaftlicher Manier, wie das Sonnensystem geschaffen wurde. Am Anfang gab es die Sonne und ihren »Boten«, den wir Merkur nennen, sowie einen großen Planeten, der *Tiamat* hieß – »Mutter des Lebens«. Dann tauchten paarweise die nächsten Planeten auf: Venus und Mars auf der einen Seite des Tiamat, Jupiter und Saturn sowie Uranus und Neptun auf der anderen. Pluto war ein »Bote« oder Mond des Saturn. Die Erde existierte damals noch nicht. Und unser Mond war in jener Zeit der größte von elf Monden, die Tiamat umkreisten.

Etwa eine halbe Milliarde Jahre nachdem das Sonnensystem dieses Stadium erreicht hatte, tauchte ein Eindringling aus dem äußeren Weltraum auf – ein Planet, den ein anderes Sternensystem ausgestoßen hatte. Das war Nibiru/Marduk.

In den sumerischen Schriften lesen wir den dramatischen Bericht, wie Marduk von der Anziehungskraft der äußeren Planeten ins Sonnensystem gezogen wurde, wie sich seine Umlaufbahn immer weiter in Richtung auf Tiamat verformte und wie die beiden schließlich in einer Folge von Kollisionen aufeinanderprallten.

Ergebnis jener
elsschlacht« zer-
Tiamat in zwei
Ein Teil wur-
nzählige kleine
nte zerschmet-
raus der Aste-
ürtel wurde, der
ch heute zwi-
Mars und Jupiter
t. Die andere,
ebliebene Hälf-
t in eine neue
bahn und wur-
lem kleineren
n *Erde*. Mit ihr
er größte Satel-
Tiamat – »Kin-
ser Mond – in
e Umlaufbahn
.

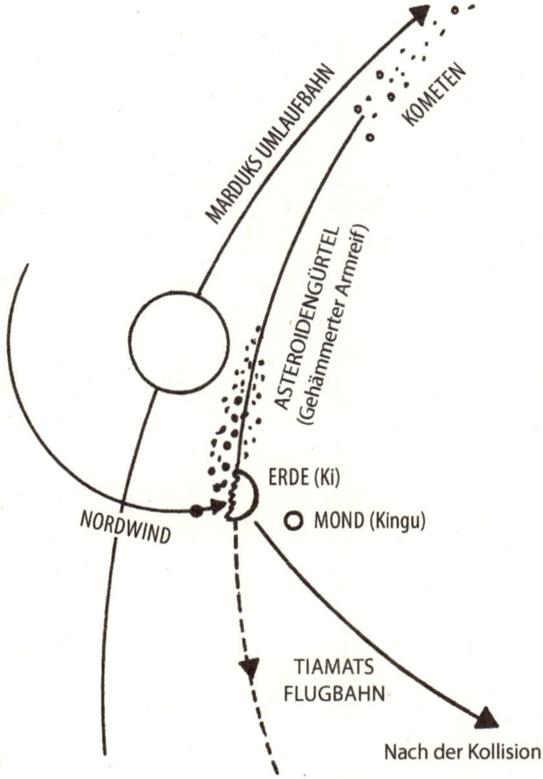

Abb. 91. Die Kollision von Marduk und Tiamat

was ist aus Ni-
rduk geworden?
on erwähnt, wurde er von der Sonne eingefangen und in eine aus-
e elliptische Umlaufbahn gezogen, die ihn in 3.600 Jahren einmal
Sonne führt. Das heißt, einmal in 3.600 Jahren kehrt dieser Planet
Ort zurück, den die Sumerer »den Ort der Himmlischen Schlacht«
an die Stelle, wo heute der Asteroidengürtel ist.

konnten die Sumerer all das wissen? »Jene, die von Nibiru zur
kommen sind, haben es uns berichtet« – sagten die Sumerer.

möglich, ja ist es glaubwürdig, dass Wesen von einem anderen
n, Wesen, die durch den interplanetarischen Raum zur Erde ge-
ind, der Ursprung all des Wissens waren, das wir »Zivilisation«
– und ganz besonders des schier unglaublichen und verblüffen-
ssens über den Himmel, die Astronomie?

enschaftler, die wie ich die sumerischen Texte lesen, sie jedoch
then« bezeichnen, haben dafür weder eine Erklärung noch eine

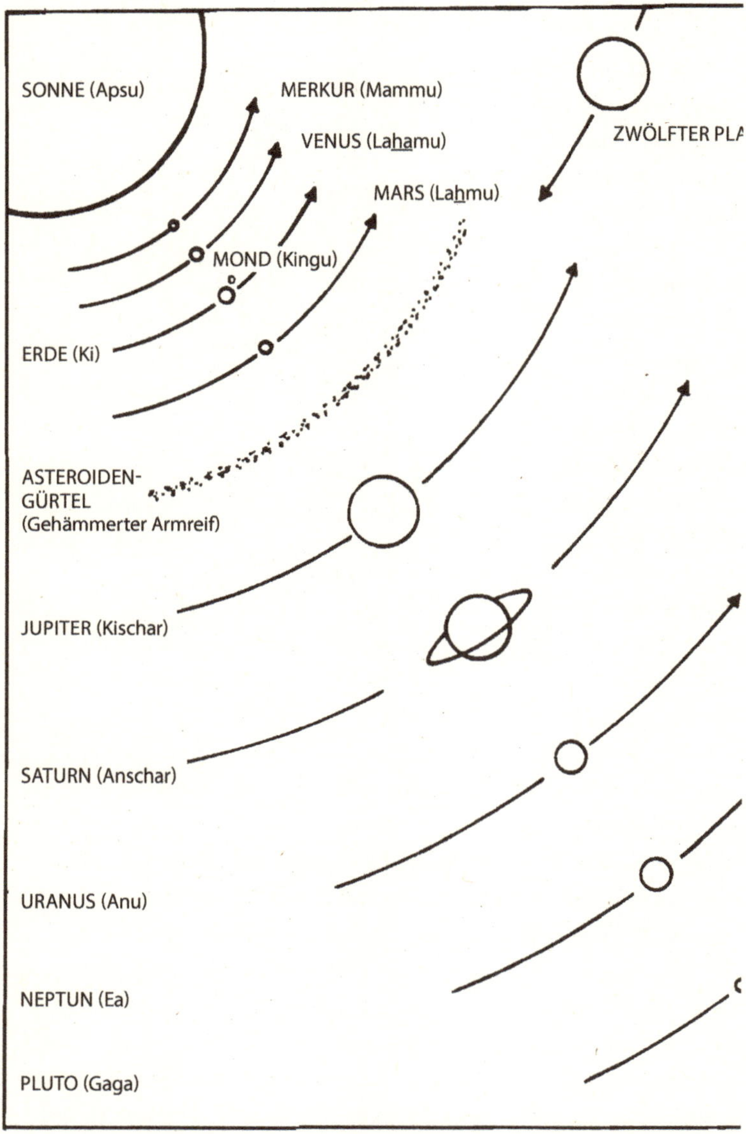

Abb. 92. Wenn man von außen in Richtung auf die Sonne zählt, k
wir erkennen, dass die Erde vom Pluto aus gerechnet der siebte Pla

Aber dieselben Wissenschaftler, die keine Erklärung für das
sche astronomische Wissen der Sumerer haben, konnten auch n
ren, weshalb die Sumerer die Erde als »den siebten Planeten« be
haben. Wenn Sie unsere Astronomen dazu befragen, werden di

erklären, dass die Erde der *dritte* Planet ist: Merkur ist der erste, Venus der zweite, die Erde der dritte – von der Sonne aus gezählt. Und genau das ist der entscheidende Hinweis, der uns die Antwort auf dieses Rätsel liefert: Die Erde ist nämlich *tatsächlich der siebte Planet* – wenn man von *außen* zu zählen beginnt. Von außen nach innen gezählt ist Pluto der erste Planet, Neptun der zweite, Uranus der dritte, Saturn der vierte, Jupiter der fünfte, Mars der sechste und *die Erde der siebte Planet!*

Ich darf Ihnen an dieser Stelle verraten, dass ein führender amerikanischer Astronom, der meine Bücher gelesen hat, mir gegenüber äußerte: »Wenn es in Ihren Büchern keinen einzigen anderen Beweis gäbe, würde mich allein diese eine Tatsache, dass die Erde als ›der siebte Planet‹ bezeichnet wird, schon davon überzeugen, dass Sie Recht haben.«

Ich möchte Sie bitten, sich diese Bezeichnung für die Erde zu merken. Demnach hätte der Mars nämlich als »sechster« Planet und auf der anderen Seite der Erde die Venus als »achter« Planet bezeichnet werden müssen. Genauso sind sie auch abgebildet worden, und das ist, wie wir gleich sehen werden, ein äußerst wichtiger Hinweis beim UFO-Phänomen.

Es ist außerdem einer von sehr vielen Gründen, weshalb ich in meiner gesamten Tätigkeit sumerische Schriften niemals als »Mythen«, sondern immer als faktische Informationen über das behandelt habe, was in grauer Vorzeit auf der Erde wirklich geschehen ist.

In den sumerischen Schriften ist aufgezeichnet, was die Besucher von Nibiru/Marduk den Sumerern erzählt hatten. Nach ihrer Darstellung beginnt die Geschichte vor etwa 450.000 Jahren. Auf Nibiru/Marduk hatte sich eine Hochkultur entwickelt, die die Raumfahrt beherrschte. Wenn wir überlegen, was auf der Erde in den paar hundert Jahren seit der Industriellen Revolution geschehen ist, können wir begreifen, was auf Nibiru abgelaufen ist. Sie fingen dort an, ihre Atmosphäre zu verlieren, und alles Leben auf dem Planeten war in Gefahr. Aber dann fanden sie durch einige Geschehnisse, die ich ausführlicher in meinem Buch *Stufen zum Kosmos* geschildert habe, heraus, dass es auf der Erde Gold gibt. Nach Überzeugung ihrer Wissenschaftler war es möglich, die Atmosphäre ihres Planeten zu schützen, indem man oberhalb der Atmosphäre Goldpartikel in einen Schwebezustand versetzt. Eine Gruppe von fünfzig Anunnaki wasserte deshalb unter Führung ihres Chef-Wissenschaftlers im Persischen Golf. Sie gingen dort an Land und errichteten ihre erste Siedlung. Im Laufe der Zeit weiteten sie diese Ansiedlung auf fünf Städte aus. Eine davon war ein Zentrum der Metallbearbeitung, ei-

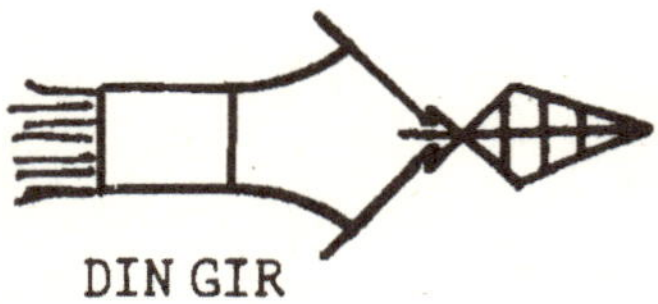

Abb. 93a. Eine Darstellung des DIN-GIR mit intaktem Landemodul

Abb. 93b. Eine Darstellung des DIN-GIR, auf der sich das Landemodul vom eigentlichen Raumschiff getrennt hat

ne weitere diente als Raumhafen. Diesen Raumhafen nannten sie *Sippar*, das bedeutet »Vogelstadt« …

Um von Nibiru zur Erde zu gelangen, mussten sie natürlich Raumschiffe einsetzen, auch wenn sie in der Umgebung des Mars unserer Erde recht nahe waren. Die Sumerer, die sich als Schrift der Piktogramme bedienten, nannten die Piloten und ihre Raumschiffe DIN-GIR, und so haben sie sie bildlich dargestellt: als Raumschiff mit einem

Abb. 94. Auf dieser archaischen ägyptischen Zeichnung sind im unteren Teil des Raumfahrzeugs antike Astronauten zu sehen.

Modul vorne dran. Wenn man die beiden Silben trennt, DIN und GIR jeweils für sich nimmt, ergibt das ein Raumschiff, von dem sich ein Landemodul gelöst hat!

Nachdem die Große Flut alles vernichtet hatte, was es auf der Erde gab, bauten die Anunnaki auf der Halbinsel Sinai ihren nachsintflutlichen Raumhafen. Eine ägyptische Zeichnung stellt dar, was dort auf dem Sinai existiert hat: Ein Raketenschiff in einem unterirdischen Silo, dessen

Abb. 95. Ein sumerischer Tempel m typischen Einrichtung jener Zeit: ei auf ihrer Startplattform

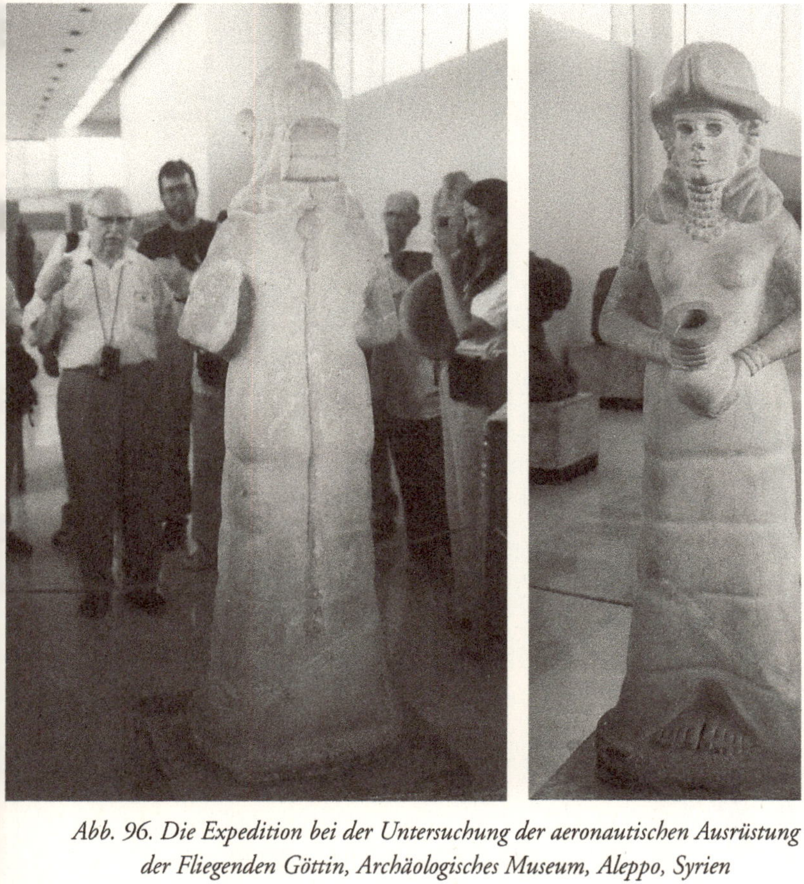

Abb. 96. Die Expedition bei der Untersuchung der aeronautischen Ausrüstung der Fliegenden Göttin, Archäologisches Museum, Aleppo, Syrien

Abb. 97. Skizzen und Darstellungen der als Astronautin gekleideten Göttin Ischtar

Landemodul über den Erdboden hinausragt. Die Rakete besteht aus mehreren Teilen oder Stufen; in der untersten sehen wir zwei Astronauten oder Mechaniker, die an verschiedenen Skalenscheiben arbeiten.

Ich habe aus den vielen Abbildungen in meinen Büchern zwei weitere mit Darstellungen von Raketen ausgewählt. Eine davon zeigt eine startbereite dreistufige Rakete. Die zweite zeigt ein raketenähnliches Gerät, das auf einer Plattform steht, die an die Konstruktion des Eiffelturms erinnert.

Abb. 98. Zwei männliche Anunnaki-Astronauten als Adler-Männer, in ihre offizielle Paradeuniform gekleidet

Letztere befindet sich im geschützten Teil eines Göttertempels. Aus sumerischen Schriften wissen wir, dass die Hauptgötter oder Führer der Anunnaki in ihren Tempeln solche gesicherten Anlagen hatten, wobei in jedem ein »Vogel« auf einer Startplattform bereitstand.

In meinen Büchern zitiere ich Schriften, die diese Anlagen und die dort untergebrachten Fluggeräte näher schildern. In anderen Schriften wird nicht nur beschrieben, wie die antiken Götter, die sogenannten Anunnaki, himmelwärts starteten, sondern auch wie sie auf der Erde in der Luft herumflogen. Man hat in einer Ausgrabungsstätte am Fluss Euphrat eine lebensgroße Statue der Göttin Ischtar gefunden, die sich hier Mari nennt und die sie in Astronautenkleidung zeigt. Die Skizze lässt

Abb. 99. Das Adler-Emblem der Apollo-Astronauten

deutlich ihr Gerät – eine Halskapsel, einen Sauerstoffschlauch, einen mit Kopfhörern ausgestatteten Helm – erkennen. Dieselbe Ischtar flog auch am Himmel der Erde herum; sie war dann, wie wir aus dieser Wandskulptur erkennen können, als Pilotin gekleidet.

Falls Sie annehmen, sämtliche Astronauten und Flieger in antiken Zeiten wären weiblichen Geschlechts gewesen, kann ich Ihnen zwei männliche Anunnaki-Astronauten in ihrer offiziellen Paradeuniform zeigen, als Adler-Männer. Und falls Sie sich fragen, welche Verbindung zwischen Astronauten und Adlern damals bestanden haben mag, möchte ich Ihnen das Emblem der Apollo-11-Astronauten zeigen, die als erste Menschen auf dem Mond gelandet sind. Sie erinnern sich vielleicht, dass sie, als sie auf der Oberfläche des Mondes aufgesetzt hatten, dem Kontrollzentrum in Houston meldeten: »The *Eagle* has landed! – Der *Adler* ist gelandet!«

Haben sich diese Astronauten und Flieger und ihre Raketenschiffe und ihr sonstiges Fluggerät in antiken Zeiten vor der Menschheit versteckt? Keineswegs.

Eine antike Darstellung zeigt deutlich ein am Himmel fliegendes Raketenschiff. An einer Ausgrabungsstätte am jenseitigen Ufer des Jordans, gegenüber von Jericho, einem Ort, der sich Tell Ghossul nennt, hat man Jahrtausende alte Steinbauten entdeckt, deren weiß getünchte Wände mit wunderschönen Wandgemälden bedeckt waren. Unter diesen erstaunlichen Zeichnungen gab es welche, die knollenartige Fahrzeuge mit ausgestreckten Beinen und »Augen« zeigen, bei denen es sich um eine Art Scheinwerfer gehandelt haben muss. Dies ist der Ort, an dem der Prophet Elias in den Himmel getragen wurde. Sollte es sich hierbei um eine Darstellung des »Senkrechtstarters« handeln, den der Prophet Hesekiel gesehen hatte?

Meine Freunde, ist es das UFO, das Jakob gesehen hatte?

Führt uns das alles nicht zu dem, was ich zu Anfang erklärt habe, nämlich dass man, wenn man an die Bibel glaubt, auch das UFO-Phänomen unvoreingenommen betrachten muss?

Wir wollen kurz innehalten und überlegen, wo wir gerade waren.

Wir waren bei der Erschaffung der Erde und der vor etwa vier Milliarden Jahren stattgefundenen katastrophalen »Himmelsschlacht«.

Wir sind Zeuge geworden, wie ein Eindringling in unser Sonnensystem, der Planet, den die Sumerer Nibiru und die Babylonier Marduk

Abb. 100. Eine antike Bilddarstellung, gefunden bei Tell Ghossul, zeigt Objekte, bei denen es sich um senkrecht startende Flugmaschinen handeln könnte, die auch in der Geschichte von Elias in der Bibel erwähnt werden.

nannten, von der Sonne eingefangen wurde und zum zwölften Mitglied unseres Sonnensystems geworden ist. Wir haben zur Kenntnis genommen, dass dieser Planet auf einer kometenähnlichen Umlaufbahn in 3.600 Jahren einmal um die Sonne wandert und dass diese Umlaufbahn ihn dann, wenn er zwischen Jupiter und Mars vorbeizieht, in unsere Umgebung zurückführt.

All das haben wir dem erstaunlichen Wissen der Sumerer von vor 6.000 Jahren zu verdanken. Und wir haben daraus den Schluss gezogen, dass ihnen dieses Wissen tatsächlich nur auf die Weise vermittelt worden sein konnte, wie sie es dargestellt haben: Jene, die von Nibiru zur Erde gekommen waren, haben es ihnen erzählt.

Und so können wir uns einer weiteren Schlussfolgerung nicht entziehen, dass nämlich die biblischen Nefilim, die mit den sumerischen Anunnaki identisch waren, wirklich existiert und die Erde besucht haben. Wir haben die antiken Darstellungen ihrer verschiedenen Luftfahrzeuge gesehen: Raumschiffe, Landungsfahrzeuge, Flugapparate, raketenähnliche Flugmaschinen, mehrstufige Flugmaschinen, wie Kugeln aussehende Fluggeräte – mit und ohne ausgestreckten Beinen – sowie zigarrenähnliche Flugmaschinen.

Ist dies nicht die Erklärung für die ersten verblüffenden UFO-Sichtungen, der Hauptgrund für die Zweifel, die man an ihnen hegt – ihre *Vielfalt?* Wenn es in antiken Zeiten eine solche Vielfalt gegeben hat, warum nicht auch jetzt?

Und so findet sich die Lösung des heutigen UFO-Rätsels unserer modernen Zeit in den Schriften und Darstellungen der antiken Völker!

Aber wenden wir uns doch gleich dem nächsten UFO-Rätsel zu. Weshalb haben ihre Insassen den Berichten nach unterschiedliche Form und Größe, und weshalb *sind sie stets menschenähnlich, aber nicht wirklich Menschen?*

Ich habe Sie gebeten, auf das Aussehen der Anunnaki zu achten. Zweifellos haben Sie bemerkt, dass sie sehr menschlich wirken. Tatsächlich sehen sie uns sogar verblüffend ähnlich. Ich habe Ihnen auch gezeigt, wie sie ausgesehen haben, wenn sie als »Vogelmänner« gekleidet waren, die Vorläufer der »Engel« aus den Geschichten in der Bibel. Vielleicht sollte ich Sie an eine höchst interessante Stelle in der Bibel erinnern, die sich mit Abraham befasst. Unmittelbar vor der Zerstörung von Sodom und Gomorrah hat er nämlich, vor dem Eingang zu seinem Zelt sitzend, »den Blick gehoben und drei Männer gesehen«. So steht es in der Bibel: *drei Männer.* Dennoch erkannte er sofort, dass es sich um göttliche Wesen handelte. Dasselbe geschah, als zwei von ihnen nach Sodom gingen: Der Neffe Abrahams erkannte augenblicklich, wer sie waren. Und als die Menschen von Sodom sich um das Haus des Neffen versammelten, benutzten die »Engel« einen magischen Stab dazu, ein so grelles Licht auf die Menschen zu richten, dass es sie alle geblendet hat.

Abb. 101. Sumerische Abbildung eines göttlichen Wesens

Ich möchte Ihnen eine der sumerischen Abbildungen zeigen, die mich an diese Geschichte in der Bibel erinnern. Ist das einer von ihnen? Er sieht aus wie ein »Mann« und ist doch keiner – wegen seines Helms oder seiner Gesichtsmaske und seines magischen Stabes?

Obwohl sie also von einem anderen Planeten kamen, obwohl sie sich wie Astronauten oder Piloten oder wie »Engel« kleideten, sahen sie im Grunde genauso aus wie wir. Das sollte uns nicht überraschen, weil nach der Bibel *wir so aussehen wie sie*, folglich sehen aus unserer Perspektive sie genauso aus wie wir …

Aber die heutigen UFO-Berichte unserer modernen Zeit beschreiben etwas anderes. Lügen die Menschen, die behaupten, Insassen der UFOs gesehen zu haben, spricht da aus ihnen nur ihre Fantasie?

Ich muss erneut betonen, dass ich bisher weder selbst ein UFO noch dessen Insassen gesehen habe. Aber die Berichte und Beschreibungen, die Sie alle kennen, überraschen mich nicht. Tatsächlich kann und werde ich Ihnen einige antike Bilddarstellungen von eigenartigen Wesen zeigen, die den heutigen Berichten sehr ähneln!

Wiederum liegt die Erklärung für das, was derzeit berichtet wird, in ferner Vergangenheit. Diese »Wesen« oder »menschenähnlichen« Insassen sind ganz eindeutig nicht die Anunnaki. Wer waren sie also in der Vergangenheit?

Meine Antwort lautet: Es waren humanoide Roboter!

Es gibt eine recht bekannte sumerische Erzählung, das Gilgamesch-Epos, in der der Begleiter der Hauptfigur als *künstlicher Mensch* bezeichnet wird. Und es gibt weitere antike Berichte von Begegnungen mit maschinenähnlichen Wesen.

Abb. 102. Bilddarstellung, die möglicherweise einen außerirdischen Humanoiden aus ferner Vergangenheit zeigt

Das ist auch die Lösung, die ich für das Rätsel dieser Schilderungen vorschlage – für die unterschiedlichen Beschreibungen menschenähnlicher Wesen in den beobachteten UFOs.

Befassen wir uns als Nächstes mit der Frage, *weshalb* und *woher* die UFOs in unserer modernen Zeit eigentlich zu uns kommen. Solange diese Fragen nicht beantwortet sind, entbehrt die gesamte UFO-Theorie jeglicher Grundlage. Ohne eine dahinterstehende Theorie schwebt sie sozusagen in der Luft.

Falls wirklich so viele UFOs unseren Planeten besuchen und am Himmel herumfliegen, ist für mich die einzig logische Erklärung, dass wir jetzt das sehen, was auch unsere Vorfahren in der Antike gesehen haben, in biblischen Zeiten, vielleicht sogar zurzeit Jesu.

Wir sehen Fluggeräte, die sich nur auf zweierlei Weise erklären lassen – a) durch die Anunnaki alias Nefilim und b) durch die Existenz des Nibiru, des zwölften Mitglieds unseres Sonnensystems.

Könnte es einen solchen Planeten geben? Meine Antwort darauf lautet eindeutig *ja*. Viele Astronomen sind aus Gründen, die zu erklären hier zu weit führen würde, fest überzeugt, dass es jenseits des Pluto einen weiteren Planeten gibt.

Gibt es einen solchen Planeten? Die Antwort darauf lautet erneut *ja*. Nicht nur wegen des antiken Beweismaterials, sondern auch, weil ich Grund zu der Annahme habe, dass die Astronomen diesen Planeten mit Hilfe des 1983 gestarteten Infrared Astronomical Satellite (IRAS) bereits *lokalisiert* haben – des ersten Weltraumteleskops für das mittlere und ferne Infrarot.

Und es steht für mich außer Zweifel, dass er sich auf dem Weg zurück zu uns befindet.

Sehen wir also in den UFOs die Raumschiffe der Anunnaki?

Nein – *noch nicht*.

Was sehen wir denn sonst?

Ich habe darauf eine provozierende Antwort: Wenn die UFO-Berichte zutreffen, sehen wir *Erkundungsschiffe*, die nicht von den Anunnaki selbst, sondern von Humanoiden gesteuert werden – von Robotern!

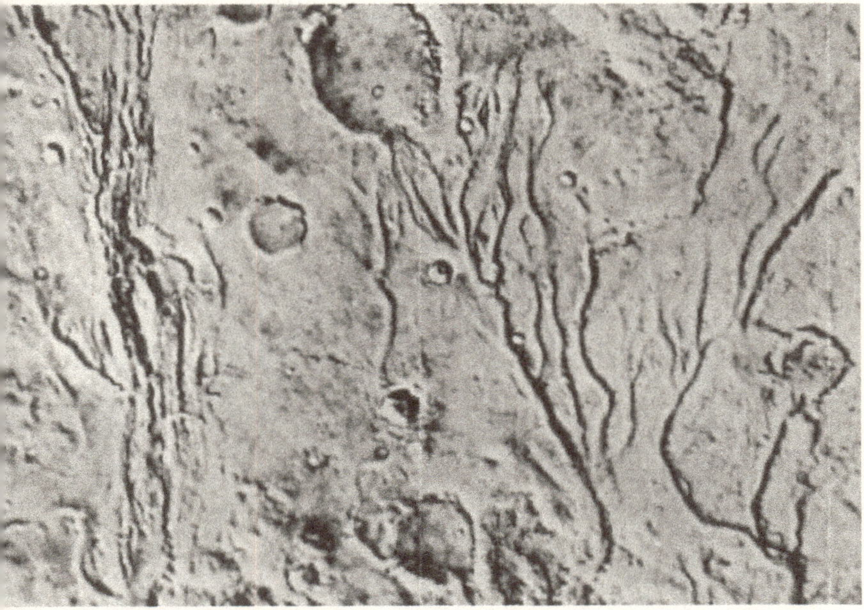

Abb. 103. Ein Foto der Marsoberfläche, das möglicherweise uralte Flussbette zeigt

Aber wenn sie noch nicht vom Nibiru selbst kommen, woher kommen sie dann? Darauf biete ich Ihnen eine weitere provozierende Antwort an: *Sie kommen vom Mars.*

Wie Sie wissen, hat man zum Mars mehr Sonden als zu irgendeinem anderen Planeten in unserer planetarischen Nachbarschaft geschickt, insbesondere die amerikanischen Raumsonden *Mariner* und *Viking*. Diese Sonden haben Landefahrzeuge auf der Oberfläche des Mars abgesetzt, um nach Spuren von Leben zu suchen. Damals wurde berichtet, dass keine Spuren von Leben gefunden worden seien. Aber seitdem hat man diese Resultate angezweifelt und sie erneut untersucht …

Außer Zweifel steht, dass auf dem Mars einmal Leben existiert haben könnte, weil der Mars irgendwann in der Vergangenheit eine Atmosphäre besessen hat, die dichter als die heute dort vorhandene ist. Und, noch wichtiger: Auch Wasser hat es auf dem Mars gegeben. Der Nachweis für *fließendes Wasser* ist schlüssig, wie die folgende Abbildung zeigt.

Die beste Theorie der Wissenschaftler lautet, dass sich das Klima auf dem Roten Planeten infolge von Veränderungen des Achsialwinkels, der Polneigung des Mars, etwa alle 50.000 Jahre von Grund auf ändert. (Solche Veränderungen gibt es auch auf der Erde.) Es ist also durchaus

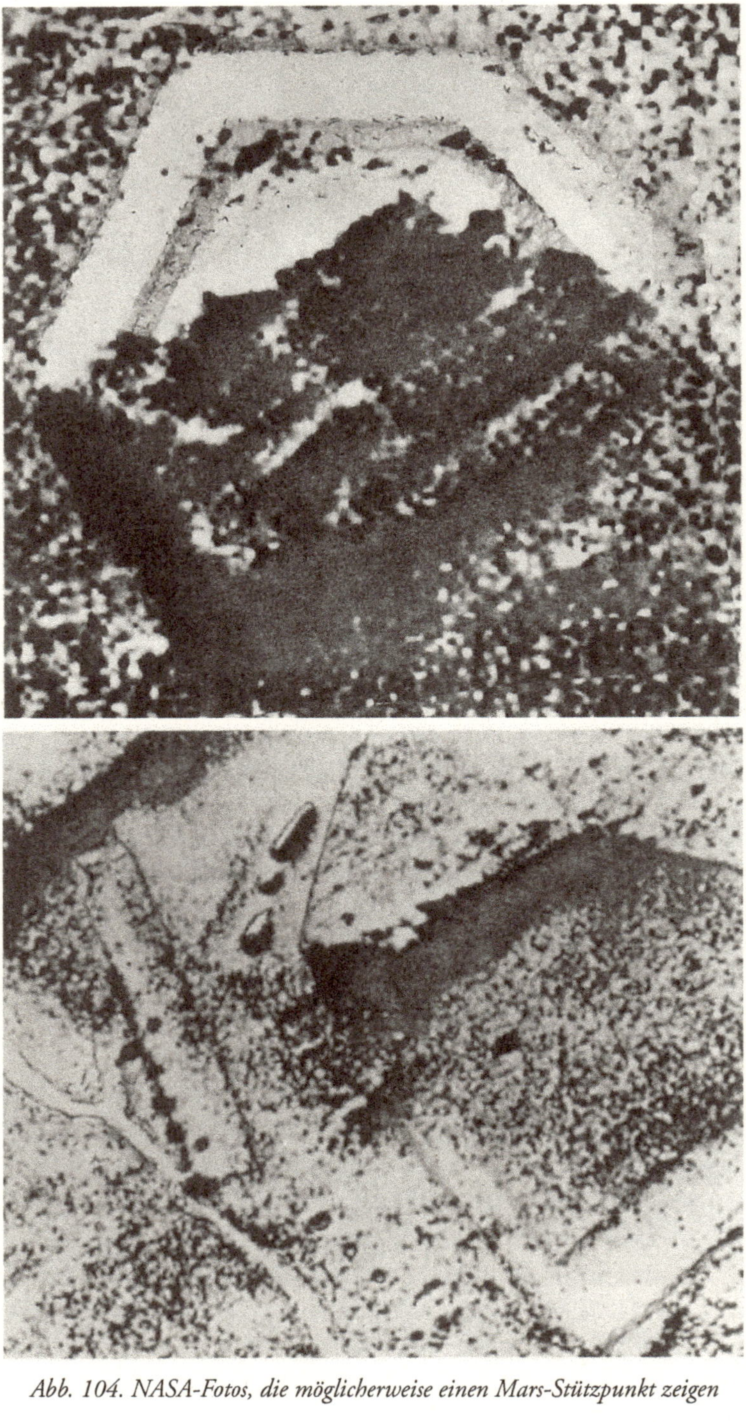

Abb. 104. NASA-Fotos, die möglicherweise einen Mars-Stützpunkt zeigen

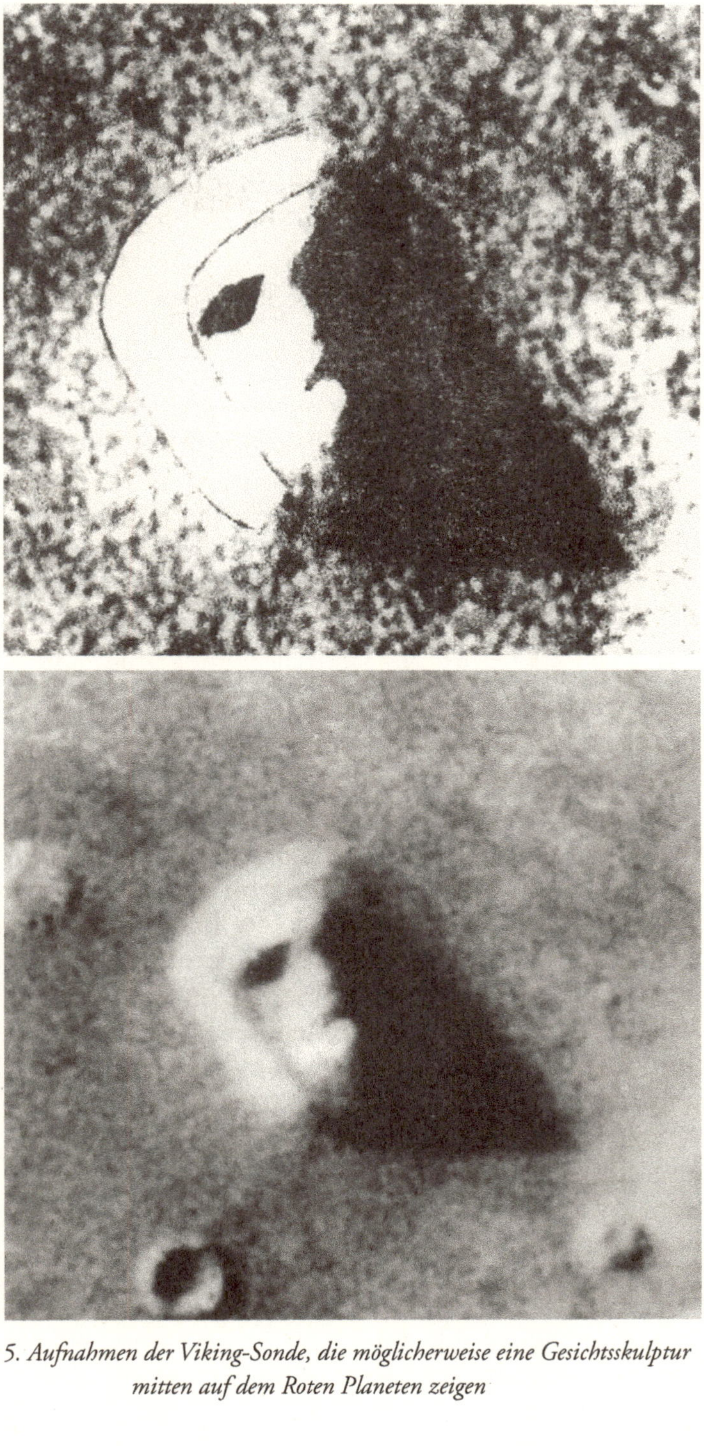

5. Aufnahmen der Viking-Sonde, die möglicherweise eine Gesichtsskulptur mitten auf dem Roten Planeten zeigen

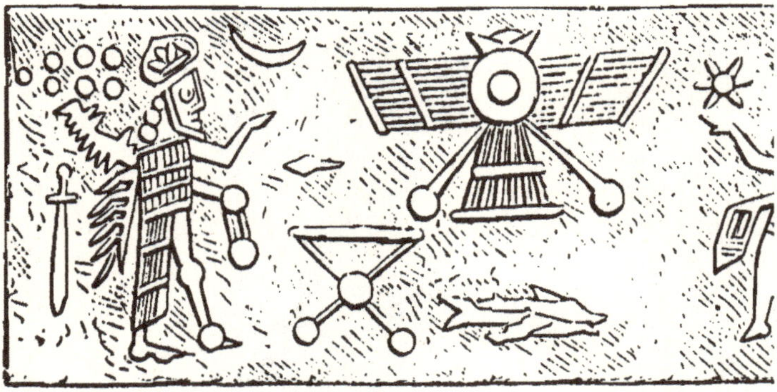

Abb. 106. Könnte die Abbildung links einen Anunnaki-Gott zeigen, de Planeten Erde aus einem Fischmann auf dem Mars zuwinkt?

möglich, dass irgendwann in der Vergangenheit vor ein paar Jahren oder auch mehr, die Möglichkeit bestanden hat, auf dem existieren – sagen wir, *einen Stützpunkt auf dem Mars zu haben.*

Würde es Sie überraschen, wenn ich Ihnen sage, dass einige schaftler glauben, dass NASA-Aufnahmen des Mars Hinweise a solchen Stützpunkt zeigen? In den letzten Jahren hat das sogenann *gesicht* immer wieder für Aufmerksamkeit gesorgt. Es handelt si um einen Felsen, eine natürliche Gesteinsformation, die dem A nach – ich betone das Wort »Anschein« – *künstlich* behauen wo um wie ein menschliches Gesicht auszusehen – das Gesicht ein schen, der eine Art Helm auf dem Kopf trägt. Es steht zweifels dass der Felsblock existiert und wie ein menschliches Gesicht aussi diese beiden Vergrößerungen *zweier unterschiedlicher Fotos* der Sonde zeigt, die zu *verschiedenen Zeiten* aufgenommen worden sin

Was beweisen uns diese Bilder? Wenn sie das wiedergeben, w zeigen scheinen, dann sagen sie mir, dass jemand, der mit der F menschlichen Gesichts vertraut war, irgendwann in der Vergangei *dem Mars gewesen* ist. Könnten Menschen von der Erde das Ma angefertigt haben? Das bezweifle ich. Die Sumerer haben zwar de naki die Fähigkeit des Fliegens zugeschrieben, nicht aber sich selbs

Waren dann vielleicht die Anunnaki auch auf dem Mars?

Ich beantworte das ganz eindeutig mit *ja*, nicht nur, weil das d ge logische Erklärung wäre, sondern weil ich Beweise dafür in d halte. Und dabei handelt es sich nicht nur um sumerische Textl auf den Mars und darauf, was es dort gibt. Vielmehr möchte

Aufmerksamkeit jetzt auf die Abbildung eines Rollsiegels lenken. Links können Sie ohne Zweifel einen der Anunnaki-»Götter« erkennen. Wo er sich befindet, erklärt das Symbol der sieben Punkte – auf dem Planeten mit der Ordnungszahl sieben. Wie Sie sich erinnern werden, war das die himmlische Nummer für die Erde. Die Abbildung des Halbmonds neben dem Symbol der Erde – also des irdischen Trabanten – ist ein weiterer Hinweis darauf, wo der »Gott« sich befindet.

Er winkt grüßend jemandem auf der anderen Seite des Himmels zu. Der ist als Astronaut gekleidet, aber nicht als Adlermensch, sondern als Fischmensch, so wie auch die erste Gruppe dargestellt worden war, die zur Erde kam. Und wo befindet sich dieser Astronaut? Auf dem Planeten mit sechs Winkeln, dem Planeten mit der Ordnungszahl sechs – *dem Mars!*

Also hat, wer auch immer von den Anunnaki sich auf der Erde befand, Grüße an jemanden auf dem Mars geschickt. An jemanden, der einen Fischschwanz hat! Und man kann auf dem Bild auch erkennen, wie oder

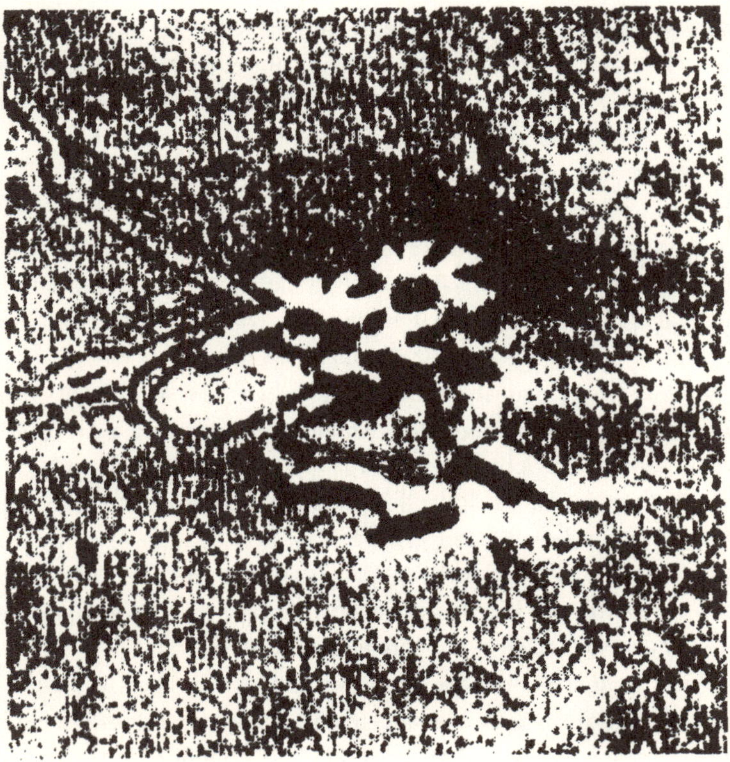

Abb. 107. Ruinen auf dem Mars, die manche Autoren als »Stadt« bezeichnen

wo sie sich treffen wollen – mithilfe oder an Bord eines Raumfahrzeugs, das sich zwischen Mars und Erde am Himmel befindet.

Ich behaupte, dass die Anunnaki nicht nur unseren Planeten Erde besucht haben, sondern auf dem Mars ebenfalls einen Stützpunkt hatten, eine Art Zwischenstation. Außerdem behaupte ich, dass die Überreste ihrer baulichen Strukturen auf dem Mars immer noch dort vorhanden sind. Die Viking-Sonde hat sie entdeckt und fotografiert. Ein Beleg dafür sind auch seltsame Überreste nicht weit entfernt vom »Gesicht«. In einigen Artikeln werden sie »die Stadt« genannt. Sie wurden bei einem weiteren Viking-Überflug fotografiert. Manche sehen darin die Überreste von Pyramidenbauten.

Schauen wir uns die Ruinen einmal genauer an. Man kann zwei Mauern erkennen, die gerade sind – und eine der Grundregeln der Archäologie besagt, dass es in der Natur keine geraden Linien gibt. Außerdem bilden die beiden Mauern einen perfekten Winkel. Und mehr noch: Man erkennt an den Rändern der Kachelstruktur zwei Ebenen, die den Eindruck erwecken, als ob das Dach eine Art Balustrade hätte. Im Umfeld des Gebildes, das manche als »Stadt« bezeichnen, gibt es eine höchst aufschlussreiche Struktur, deren Überreste unübersehbar zeigen, dass sie von einem sehr dicken Wall umgeben war, der deutlich einen Winkel bildet.

In anderen Regionen des Mars gibt es noch weitere eindeutig künstlich hergestellte Strukturen. Kaum zu glauben, aber das ist nur eine davon. Immer wieder sehen wir gerade Linien. Und, noch verblüffender, auf manchen sehen wir sogar eine Art Zickzack, als handle es sich um einen Lagerschuppen mit Laderampen. *Dass es sich hier lediglich um eine natürliche Felsformation handelt, ist unmöglich.*

Wenn es früher einmal einen Stützpunkt auf dem Mars gegeben hat, könnte es dann nicht sein, dass die Anunnaki ihn wiederhergestellt haben und ihn jetzt für ihre robotgesteuerten Erkundungsschiffe benutzen?

Zu Anfang des Jahres sind auf geheimnisvolle Weise zwei sowjetische Fobos-Raumsonden verlorengegangen, als sie sich dem Mars und seinem Mond näherten. Zu ihren Aufgaben gehörte die Oberflächenuntersuchung des Roten Planeten. Vielleicht werden wir noch erfahren, wie diese Sonden so einfach verschwinden konnten.

Aber bis wir mehr erfahren, steht eines fest: Um die Gegenwart zu begreifen, müssen wir die Vergangenheit begreifen. Und indem wir die Vergangenheit begreifen, werden wir die Zukunft entdecken.

Nachwort

Sehen wir uns Zecharia Sitchins Schriften, seine Bücher, Vorträge u Artikel genau an, nimmt eine alternative Geschichte unseres Ursprur auf der Erde Gestalt an. Sie leitet sich weder vom Kreationismus no von der Darwinschen Evolutionstheorie ab, sondern von beiden und von noch viel mehr. Sitchins Leser fragen mich oft, wie er selt zur Religion und zu Gott stand. Wenn es sich bei den *Elohim* in c hebräischen Bibel um die Anunnaki handelt, wie können wir das da mit der Religion vereinbaren?

Sitchin glaubte an Gott, und er war Jude. Sein Glaube festigte si sogar noch durch seine Recherchen über die Anunnaki. In vieler Hi sicht trug das, was er lernte, zu seiner Überzeugung bei, dass die C schichten in der Bibel, ihre Unterweisungen im Leben (die *Torah*) h torische Fakten sind und nicht Mythen oder Legenden oder etw Ähnliches. Die Anunnaki glaubten an einen »Schöpfer von Allem«, u Sitchin war der Meinung, dass die biblischen *Elohim*, die Anunnaki, E ten dieses Schöpfers waren und dass ihre Handlungen zum größer Plan des Schöpfers gehörten.

Sitchin lernte, verschiedene Arten von Keilschrifttexten zu lesen, u er erforschte die alten Sprachen und eignete sie sich an. Es waren semi sche Sprachen, dadurch waren sie dem Hebräischen sehr ähnlich, c *seine* Hauptsprache war. Es war ihm wichtig, diese Sprachen selbst les und übersetzen zu können, damit die Nuancen der Niederschrift nic durch eine schlechte oder unvollständige Übersetzung verloren ging Häufig reiste er zu Museen und alten Monumenten und heiligen Stätt im Mittleren Osten, nach Europa und auf dem amerikanischen Kon

b. 108. Antiker Spielzeugelefant im Jalapa-um, Mexiko, der möglicherweise beweist, dass Alte Welt mit der Neuen Welt Kontakt hatte

nent, um sich Originalartefakte aus erster Hand anzusehen. In manchen Fällen musste er wahre Kämpfe austragen, um sich etwas ansehen zu dürfen, was die Kuratoren ihm lieber vorenthalten hätten.

Das Jalapa-Museum in Mexiko etwa stellte bei einem von Sitchins Besuchen einen hölzernen Spielzeugelefanten aus, ziemlich weit entfernt von einem anderen. Wie hatten die Menschen in diesem Teil der Welt von einem afrikanischen Tier wissen können, wenn es nicht in uralten Zeiten Kontakt zwischen Mittelnerika und Afrika gegeben hat? Doch das Museum und die mexika-sche Regierung zögerten, mögliche präkolumbianische Wurzeln des exikanischen Volkes in Afrika in Betracht zu ziehen, und vielleicht verhwand der Elefant deshalb so plötzlich aus der Ausstellung. Manchmal : Wissen politisch unbequem.

Aus einem ähnlichen Grund wurde in einem Museum in Istanbul ein rtefakt gar nicht erst ausgestellt – eine Skulptur, die etwas zeigte, was ie ein kopfloser Astronaut in einer Raumkapsel aussah. Der Museumsırator zeigte sie nur zögerlich und wollte sie der Öffentlichkeit lieber ›renthalten. Diesmal war der Grund, dass es sich um eine Fälschung ındeln müsse. Warum? Gewöhnlich werden Artefakte dieser Art – ɔllsiegel, Utensilien, Töpferware und Tontafeln beispielsweise – in gro-ɜr Anzahl gefunden, aber dieses Artefakt galt als einzigartig, als das Einge seiner Art. Außerdem: Wie sollte es möglich sein, dass vor so langer eit Raumschiffe und Astronauten existiert haben?

Sitchin gelang es, das Artefakt wenigstens vorübergehend ausstellen zu ssen. Auch wenn es sich vielleicht um das einzige Artefakt handelte, das Europa oder im Mittleren Osten gefunden worden war, gab es doch –

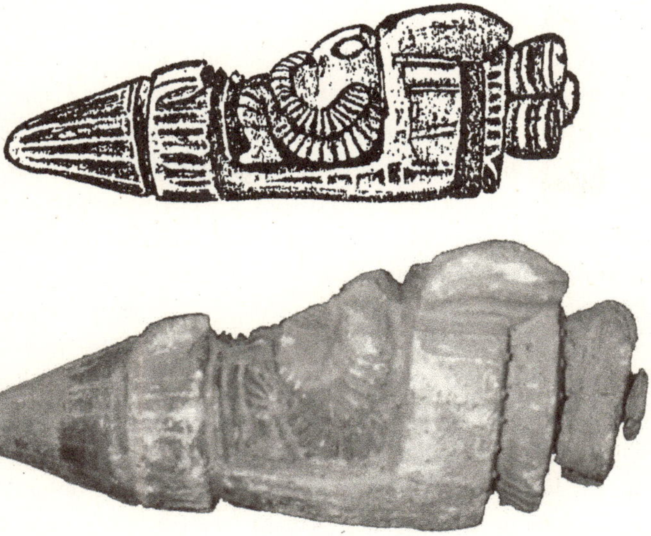

Abb. 109. Artefakt des »kopflosen Astronauten«, vorübergehend ausgestellt im Archäologischen Museum in Istanbul

so überzeugte er den Kurator – Dutzende ähnlicher Abbildungen auf Darstellungen überall auf dem amerikanischen Kontinent, bei denen Personen auf die gleiche Weise gekleidet in einer ähnlichen Stellung saßen.

Die Geschichte, die Sitchin enthüllte – oder über die er »berichtete«, wie er es lieber ausgedrückt hätte –, bietet anhand uralter Schriften, Artefakte und Abbildungen eine glaubhafte alternative Erklärung für die Ursprünge der Erde. Schließlich war mein Onkel in Israel viele Jahre lang Reporter gewesen, ehe er Bücher zu schreiben begann. Er war auch einer der wenigen Gelehrten, die Tontafeln selbst lesen und das alte Sumerisch und Akkadisch deuten konnten. Die Geschichte, die er enthüllte, wurde zu seinem Erbe – in Form der sieben Bücher, die gemeinsam *Die Chronik des Planeten Erde* bilden, und der sieben begleitenden Bücher, die diese Chronik unterstützen; sie alle beruhen auf Texten und Bildbeweisen, aufgezeichnet von den alten Zivilisationen des Nahen Ostens. Seine kontroversen Theorien über die Anunnaki-Ursprünge der Menschheit wurden in mehr als zwanzig Sprachen übersetzt und auf der ganzen Welt im Radio und Fernsehen ausgestrahlt.

Das erste Buch meines Onkels, *Der zwölfte Planet*, gab einen Überblick über sein Glaubenssystem. Es bezieht sich auf das Schöpfungsepos *Enuma Elish* sowie andere Quellen und diskutiert die Entstehung unseres Sonnensystems, der Erde, anderer Planeten, die Himmelsschlacht, die Anunnaki, Nefilim, Nibiru und die Erschaffung der Menschheit.

Stufen zum Kosmos, der zweite Band der *Chroniken des Planeten Erde*, erörtert Beweise für ein Tor zwischen Himmel und Erde und die Suche der Menschheit nach der Quelle des ewigen Lebens. Zwei Personen, die nach Unsterblichkeit trachteten, sind zum Beispiel Alexander der Große und Gilgamesch. Auch die Anweisungen im *Totenbuch der Ägypter*, das die Pharaonen zur Unsterblichkeit führen sollte, werden hier diskutiert.

Buch drei, *Die Kriege der Menschen und Götter*, befasst sich mit einigen der Rivalitäten und Schlachten zwischen den Anführern der Anunnaki, darunter welche, an denen auf ihr Betreiben hin auch die Menschen teilnahmen. Es überrascht mit der Schlussfolgerung, dass bereits vor 4.000 Jahren Nuklearwaffen eingesetzt wurden.

Band vier, *Versunkene Reiche*, betrachtet die Geschichte des amerikanischen Kontinents in einem neuen Licht und erklärt, warum die Azteken glaubten, einen zurückkehrenden Gott willkommen zu heißen, als die spanischen Konquistadoren in der Neuen Welt eintrafen. Die Anunnaki brauchten Gold. Sie fanden es in Hülle und Fülle in Mittelamerika, und sie hinterließen Anlagen, in denen sie es verarbeitet und Zinn hergestellt hatten.

Das erste Zeitalter, der fünfte Band, erörtert den Kalender, die Zeit und Stonehenge sowie andere Monumente und Tempel, die dazu dienten, raffinierte und präzise Zeitbestimmungen von Sonnenwenden, Tagundnachtgleichen und Finsternissen durchzuführen; dieses Buch erklärt auch, warum die Sternzeichen so eine große Rolle spielen.

Der sechste Band, *Der kosmische Code*, beschäftigt sich mit Kodierungen, die in der Bibel und anderen Schriften entdeckt wurden, und erklärt auch den Code unserer DNA. Außerdem geht es um verborgene Codes, magische Zahlen und Prophezeiungen.

Den abschließenden Band, *Apokalypse*, hielt Sitchin für das zentrale Werk seiner *Chroniken des Planeten Erde*. Er beantwortet darin die Frage, wann Nibiru – und die Anunnaki – sich unserer Welt wieder nähert und versammelt Weissagungen, Berechnungen, Astrologie und anderes mehr, um diese von den Lesern häufig gestellte Frage so genau wie möglich zu beantworten. Hier ist ein Auszug aus *Apokalypse*: »Werden sie zurückkehren? Wann werden sie zurückkehren? Diese Fragen wurden mir unzählige Male gestellt, wobei ›sie‹ die Anunnaki-Götter sind, deren Saga meine Bücher gefüllt hat. Die Antwort auf die erste Frage lautet *ja*; immerhin gibt es Hinweise darauf, die man nicht unbeachtet lassen sollte, und die Prophezeiungen der Rückkehr müssen sich erfüllen. Die Antwort auf die zweite Frage beschäftigt die Menschheit schon seit den Zeiten der Wasserteilung in Jerusalem vor mehr als zweitausend Jahren. Aber die Frage lautet nicht einfach nur ›ob‹ und ›wann‹. *Was* wird die Rückkehr einleiten? *Was* wird sie mit sich bringen?«

Die begleitenden Bände *Die Hochtechnologie der Götter* und *Begegnungen mit den Göttern* vertiefen bestimmte Aspekte des großen Ganzen. *Das verschollene Buch Enki* bedient sich authentischer Tafeln und anderer Dokumente, um die Lücken in der Geschichte der Anunnaki auf der Erde zu schließen, erzählt mit Enkis Stimme. Es ist teilweise fiktiv, beruht jedoch durchgängig auf Fakten und existierenden Schriften. Die Poesie darin ist atemberaubend. Dieses Buch ist eine Zusammenfassung der Geschichte der Anunnaki in einem Band, geschildert als erzählerische Gesamtdarstellung.

Die autobiografischen Werke *The Earth Chronicles Expeditions* (bisher nicht übersetzt) und *Auf den Spuren alter Mythen* enthalten unterhaltsame und lehrreiche Geschichten von Sitchins Reisen, die sich ereigneten, als er persönlich Artefakte in Augenschein nahm, wobei er teilweise zugleich als Reiseleiter für seine Leser fungierte. Diese Bücher bringen außerdem neue Informationen über die Pyramiden von Gizeh.

Sein letztes Buch *Als es auf der Erde Riesen gab* erschien in seinem neunzigsten Lebensjahr – nur sechs Monate vor seinem Tod – und liest sich wie ein Detektivroman; es macht deutlich, was für ein hervorragender Ermittler Sitchin war. Darin zieht er den Schluss, dass zwei ungewöhnliche Gräber die letzte Ruhestätte einer Anunnaki-Göttin und ihres halbgöttlichen Gefährten sind, und identifiziert ihre Abstammungslinie. Sie reicht bis zu den ersten Anunnaki zurück, die vom Nibiru auf die Erde kamen.

Mit meiner Darlegung des Inhalts dieser Bücher kratze ich nur an der Oberfläche; sie enthalten weitaus mehr, als ich hier in wenigen Sätzen mitteilen kann. Ich präsentiere diese kurzen Zusammenfassungen auch nur deshalb, weil einige Leser vielleicht mehr von Sitchin lesen möchten, und dann könnte es ihnen helfen zu wissen, wo in seinem Werk welche Themen behandelt werden. Ich möchte damit auch unterstreichen, dass den interessierten Leser eine Fülle von Fakten erwartet. Die Informationen in Sitchins Büchern beruhen auf eindeutigen Beweisen, Recherchen und einer enormen Gelehrtheit. Sie stehen möglicherweise im Widerspruch zu älteren oder lange etablierten Quellen, aber genau das ist der Grund, weshalb Sitchin die Informationen aus erster Hand beziehen wollte, statt eine der Standardübersetzungen heranzuziehen, die eine mögliche Deutung übersehen oder eine bestimmte Bedeutung vielleicht falsch interpretiert hat.

Hier ist ein solcher Fall: Sitchin zitiert oft Genesis 6,2. »Da sahen die Söhne der Götter, dass die Töchter des Menschen schön waren …« Das hebräische Wort, das mit »schön« (engl. *fair*) übersetzt wurde, bedeutet auch »kompatibel«, und Sitchin deutet das mit genetisch kompatibel, was die Bedeutung des Abschnitts doch beträchtlich erweitert. Die Töchter des Menschen sind nicht nur schön, es bringt auch zum Ausdruck, dass sie in der Lage waren, sexuell miteinander zu verkehren und Nachwuchs zu zeugen.

Durch diese Art von Interpretation bringen uns Sitchins Schriften erheblich mehr näher, als überlieferte Deutungen und Übersetzungen alter Dokumente und Artefakte dies tun. Seine Bücher sind nicht schnell heruntergeschrieben, um ein Einkommen zu generieren. Sie sind das Ergebnis lebenslangen Forschens und immer wieder sorgfältig geprüfter Fakten, gestützt auf physische Beweise, damit kein Zweifel daran aufkommen kann, dass seine Behauptungen Gewicht haben. Sitchin wollte Bildung und wichtige Informationen weitergeben. Er wählte seine Worte mit äußerstem Bedacht und erörterte keine Theorien und beantwortete keine Fragen über unvollständig erforschte Themenfelder, auch wenn sie eng mit dem zu tun hatten, woran er gerade arbeitete. Selbst gegenüber seinem Bruder, meinem Vater, der flugtechnische Berechnungen für ihn anstellte, war er eher zugeknöpft. Wenn er etwas zum Ausdruck brachte, entsprach das stets seiner festen Überzeugung.

Ich finde es einfach unglaublich faszinierend, dass Menschen überall auf der Welt die Geschichte einer Sintflut, den Bau eines Turms, der bis zum Himmel reichte, und ein Pantheon aus zwölf Göttern kennen, die sich – vergleicht man die Pantheone miteinander – charakterlich jeweils stark ähneln. Ich glaube auch nicht, dass es sich bei der Geschichte von Nibiru und den Anunnaki nur um den Mythos eines uralten Volkes handelt, für das diese Schilderungen die Funktion eines Romans oder sonst eines Unterhaltungswerks hatten. Es gibt in all diesen Geschichten zu viele Berührungspunkte, zu viele Details in Bezug auf Eifersucht, Liebelei, Täuschung und das Alltagsleben der Hauptpersonen, um bloß eine »gute Story« sein zu können. Das Ganze weist eine zu große innere Logik auf.

Auch ist die Technologie der Anunnaki etwas, was ich mir gut vorstellen kann, zumal ich im Zeitalter des PCs, des Handys und anderer technischer Gadgets aufgewachsen bin. Ich habe gesehen, wie all diese technologischen Wunderwerke immer kleiner, schneller und besser wurden, über immer weitere Strecken miteinander kommunizieren konnten und inzwischen unfassbar große Datenmengen enthalten. Diese Daten stehen mir jetzt durch wenige Gesten auf meinem Handy zur Verfügung. Ist mein Handy etwas Ähnliches wie das »Me«, das in einigen Schriften von Sitchin diskutiert wird? Das »Me« wurde in den Quellen, die Sitchin recherchierte, nie erschöpfend behandelt, aber es scheint etwas gewesen zu sein, das so klein wie ein Kartendeck war und gewaltige Wissensmengen enthielt.

Eine weitere Frage hinsichtlich der Alten, die ihren Einsatz der Technologie betrifft, ist noch immer unbeantwortet: Wie konnten sie riesige Felsen aus den Steinbrüchen schlagen und über große Entfernungen transportieren und mit so unglaublicher Genauigkeit zu perfekt gestalteten Bauwerken anordnen? Einige dieser Felsen sind so groß, dass unsere heutige Technologie sie nicht anheben kann. Besaßen die Anunnaki eine Art Laser, der Gestein schmelzen konnte, so dass er sich in präzise Winkel schneiden ließ? Besaßen sie einen Apparat für Antigravitation, der die geschnittenen Steine mühelos anheben, endlos weit befördern und dann so exakt anordnen konnte, dass keinerlei Mörtel erforderlich war?

Vielleicht war das für die Anunnaki Alltagstechnologie.

Wenn wir in die Vergangenheit blicken, stellen wir fest, dass es damals viel Wissen gab, das unsere Wissenschaftler heute erst wiederentdecken. Woher wussten die Sumerer zum Beispiel, dass Planeten um die Sonne kreisen? Woher kannten sie die Farbe und Größe der äußeren Planeten und wussten überhaupt von ihrer Existenz?

Die Anunnaki haben es ihnen gesagt.

Jedesmal, wenn moderne Wissenschaftler altes Wissen, das in einem von Zecharia Sitchins Büchern erwähnt wird, neu entdeckten, war mein Onkel ganz aufgeregt und voller Hoffnung, dass der Tag nahen könnte, an dem seine Theorien weithin als zutreffend anerkannt werden. Die alten Völker haben akzeptiert, dass die Anunnaki fliegen und über weite Strecken hinweg kommunizieren konnten, dass sie über das Sonnensystem Bescheid wussten und die Astronomie beherrschten und ihnen unfassbar viel Wissen zur Verfügung stand. Warum kann der moderne Mensch das nicht ebenfalls verstehen?

Ich freue mich jedenfalls bereits auf den Tag, an dem die Theorien meines Onkels allgemein anerkannt und akzeptiert sein werden. Für ihn wäre der Tag, an dem wir endlich wieder im vollen Besitz des alten Wissens sind und uns auch dessen bewusst sind, woher es stammt, ein überaus glücklicher Tag gewesen.

Ich fürchte nur, wenn das geschieht, wird er wohl nicht als derjenige gewürdigt werden, der als Erster dieses unglaubliche Wissen weitergegeben hat, diese Unmengen an Informationen, die er enthüllte und durch sorgfältige Recherchearbeit und Nachweise jedweder Art stützte. Für eine solche Würdigung und entsprechenden Beifall hat er seine Bücher auch nicht geschrieben. Er hat sie geschrieben, weil er es für sehr wichtig hielt – weil er der Welt seine Entdeckungen mitteilen wollte. Ich könnte überhaupt nicht stolzer auf ihn sein.

Janet Sitchin

Anhang 1

Jericho

Brief an die New York Times, veröffentlicht am 17. März 1990.

Im Alten Testament wird von einer Zeit berichtet, als die Sonne stillstand und mehr als einen Tag lang Tageslicht herrschte. In ähnlicher Weise gibt es auf dem amerikanischen Kontinent für dieselbe Zeit Legenden von einem ganzen Tag, an dem die Sonne nicht aufging. Diese Geschehnisse auf gegenüberliegenden Hälften der Erdkugel bestätigen, was Sitchin hier in seiner Erwiderung auf einen Artikel in der *New York Times* vom 22. Februar 1990 schreibt. Der ursprünglich am 1. März geschriebene und am 17. März 1990 veröffentlichte Brief ist in seiner gedruckten Version ebenfalls abgebildet.

AN DIE REDAKTION

»Gläubige punkten in der Schlacht um die Schlacht von Jericho«. Artikel im Nachrichtenteil vom 22. Februar, der neue archäologische Beweise für die biblische Darstellung der Zertrümmerung der Mauern von Jericho enthält und indirekt auch einen noch wesentlich weniger glaubhaften biblischen Bericht aus derselben Zeit bestätigt.

Einen Zusammenhang herzustellen zwischen archäologischen Erkenntnissen und der biblischen Darstellung der von Mauern umgebenen Stadt Jericho wurde dadurch möglich, dass man den Zeitpunkt der Eroberung des Landes Kanaan (später auch als Palästina bekannt) durch die Israeliten auf etwa 1400 vor Christus datierte und nicht erst Jahrhunderte danach. Kurz darauf, so können wir in der Bibel lesen, errangen die Israeliten einen weiteren großen Sieg, als die Sonne bei Gibeon stillstand – also zwar aufging, aber einen ganzen Tag lang nicht mehr

THE NEW YORK TIMES, SATURDAY, MARCH 17, 1990

Letters

How Jericho Fell and Alexandria Burned

To the Editor:

"Believers Score in Battle Over the Battle of Jericho" (news article, Feb. 22), which reports new archeological evidence that corroborates the biblical tale of the shattering of Jericho's walls, also indirectly offers corroboration of an even more incredible biblical report from the same time.

The correlation between archeological evidence and biblical tale for the walled city of Jericho has been made possible by dating the Israelite conquest of the land of Canaan (later known as Palestine) to circa 1400 B.C., rather than centuries later. Soon thereafter, we read in the Bible, the Israelites attained another major victory when the sun stood still at Gibeon — rising but not setting for a whole day. Because scholars have been unable to explain the phenomenon, it has been disbelieved.

However, at about that same time, circa 1400 B.C., according to Aztec lore in Mexico, the sun failed to rise for a whole day in the City of the Gods, Teotihuacan (north of Mexico City). Likewise, it failed to rise for 20 hours in the Andes, according to Inca legends.

Since a day that does not end and a night that does not end are the same phenomenon in opposite parts of the world, the dating of the Israelite conquest at 1400 B.C., now corroborated by archeology at Jericho, would also confirm the tale of the sun's standing still in Gibeon. ZECHARIA SITCHIN

New York, March 1, 1990

The writer's latest book is "The Lost Realms," on ancient civilizations and prehistoric events.

Academic Folklore

To the Editor:

One detail in "Believers Score in Battle Over the Battle of Jericho" ite and perhaps Aryan. There never was an ethnic group called Hyksos. The existence of a tribe by this name is a bit of academic folklore, perpetuated by authors who prepare their books primarily by consulting other books, without a fresh review of the primary evidence.

The confusion caused by modern writers in this instance is similar to the confusion caused by their use of Vikings as an ethnic term: Old English "wicing" and Old Norse "vikingr" were common nouns meaning pirate and never appear as ethnic designations in medieval sources, although modern books about these Danish, Norwegian and Swedish adventurers speak of Vikings as though they constituted a single ethnic group EARL ANDERSON

Cleveland, March 2, 1990

The writer is dean of the College of Arts and Sciences at Cleveland State University.

Don't Blame Caesar

To the Editor:

Against the background of dramatic upheavals in the world's political condition, it may seem pedantry to object to the casual perpetuation of an ancient myth in your Feb. 13 article about Egypt's attempt to create a new Library of Alexandria. You state that "the Alexandria Library assumed great fame until, in 48 B.C., the

rose up, and Caesar found hin sieged with only his relativel army to defend him. He reali the reinforcements he sent fc be in certain danger from tl Egyptian fleet docked in the h Alexandria. Because he did r the resources to seize and s fleet, he ordered it burned.

The fire quickly spread fi burning ships to the wooden b surrounding the dock area, bu tainly never reached the st marble buildings (at two sit housed the famous library. books were burned, they wer stored in the warehouses n docks, perhaps awaiting ship Rome. No books in the library l

Caesar was a scholar, a wr lover of books. He would sure grieved the accidental destru the great library. Yet in Caes account of the siege of Alexa book III of his "Civil War" nothing. Seneca, writing al years after the event does, first time, allege that 40,00 were burned at Alexandria i time. Even assuming he is r to Caesar, this number is only fraction of the library's es holdings. Most ancient authoi no mention of any destructio great library by fire.

With Eastern Europe in m phosis, with Nelson Mandela f may understandably ask wha matter whether or not Julius caused the destruction of th Library at Alexandria?

To that question there are r facile answers. But long after momentous events fade from recorded memory, queries al Alexandrian Library and its tion will still be made and n fully answered. And that will b

Abb. 110

ıg. Weil die Wissenschaft dieses Phänomen nicht erklären konn-
ıkte man der Behauptung einfach keinen Glauben.

etwa zur gleichen Zeit, also um 1400 vor Christus, ging nach
ıen Überlieferungen aus Mexiko die Sonne in der Stadt der Göt-
tihuacan (nördlich von Mexiko City), einen ganzen Tag lang
ıf. Und nach Legenden der Inka ging sie auch in den Anden
Stunden lang nicht auf.

n nicht endender Tag und eine nicht endende Nacht in einan-
:nüberliegenden Teilen der Welt dasselbe Phänomen darstellen,
r Zeitpunkt der Eroberung durch die Israeliten um 1400 vor
s jetzt von der Archäologie in Jericho bestätigt, was zugleich
ıe Bestätigung dafür ist, dass die Sonne in Gibeon reglos am
l stand.

New York, 1. März 1990

Zecharia Sitchin

Anhang 2

Altägyptische Straße bewahr Verbindung zur Bibel

Brief an die New York Times, veröffentlicht am 19. Mai 199

Am 8. Mai 1994 erschien in der *New York Times* ein Artikel über di deckung der ältesten gepflasterten Straße der Welt in Ägypten u des Sees Qarun. In seinem Brief vom 9. Mai, den die Redaktion ze ge später veröffentlichte, wirft Zecharia Sitchin etwas mehr Lic diese Region und den Sinn dieser »Straße«.

AN DIE REDAKTION

In einem Artikel vom 8. Mai, wonach man in Ägypten die äl pflasterte Straße der Welt entdeckt habe, wird erklärt, dass U chungen einer antiken Straße in der Nähe des Qarun-Sees, sieb meter südwestlich von Kairo, darauf hindeuten, dass auf dieser S einem Steinbruch abgebaute Steinblöcke befördert wurden. Die schen Fakten und die lokale Überlieferung deuten jedoch auf ei sammenhang zwischen dem biblischen Joseph und den sieben Jahren hin, in denen er Ägypten ernährt hat. Ich habe diese Re vor kurzem besucht und kann diesen Zusammenhang bestätig ßerdem halte ich es für möglich, dass auf der Straße nicht etwa S cke, sondern Lebensmittel transportiert worden sind.

THE NEW YORK TIMES
May 19 1994

rogate decision making to vindicate the patient's interest in self-determination. The Quinlan decision was followed by other court decisions across the country affirming the right of terminally ill patients to refuse life-supporting medical treatment.

thus becomes an integral part of the right to live: as twin axes of a single organic process, both implicate the most intimate and ultimate personal decisions. ORIN S. SNYDER
New York, May 9, 1994
The writer is a lawyer.

Old Egyptian Road Preserves Bible Link

To the Editor:

A May 8 news report that the world's oldest paved road has been found in Egypt states that studies of an ancient road near Lake Qarun, 43 miles southwest of Cairo, suggest that it served to transport quarried stones. Historical fact and local lore, however, connect the place to the biblical Joseph and his achievement of feeding Egypt during the seven lean years. My recent visit to the area supports this link and raises the possibility that the road served to transport food, rather than stones.

Lake Qarun is the shrunken remains of a much larger lake that Greek and Roman geographers called Lake Moeris. It lies in and waters a great natural depression called Al Fayum. Surrounded by an arid desert, it served in antiquity and still serves as Egypt's breadbasket because at some time it was artificially connected to the Nile River by a canal. To this day, the canal is called Bahr Yusof, the Waterway of Joseph. According to local lore, Joseph built the canal and created the artificial lake in 1,000 days, which is what alf yum means in Arabic.

Touring the area in search of evidence for the Israelite presence in Egypt, I could clearly see the extent of the ancient lake by the abrupt end of the lush vegetation. The adjoining

Bob Gale

dry land contains the remains of what Herodotus called Labyrinth — some 3,000 subterranean chambers that stored grain through ground-level openings, which can still be seen. In the midst of the storage area rises the pyramid of the pharaoh Amenemhat (Ammenemes) III — the "Moeris" of the lake's ancient name.

The Bahr Yusof canal is still working, and it is still watering the lake. ZECHARIA SITCHIN
New York, May 9, 1994
The writer is the author of "When Time Began" and other books on ancient civilizations.

U.S. Peacekeepers Echo Anti-Serb Confusion

To the Editor:

Your May 11 article on the United States force with the United Nations in Macedonia states: "The resentments voiced by Macedonians are not

To Change China

To the Editor:

Calls to revoke China's most favored nation trading status with the United States as a way of changing China's human rights practices neglect to point out that our country

sanctioning prolonged suffering. At great expense to family members and society, we try to keep sick people alive by surgery, drugs, hookups to machines. Why?

Perhaps it is our arrogant desire to be immortal, our culture's obsession with youth and beauty or our lack of spirituality in a material world that forces us to focus on the earthly life as the only one.

I think it would be dangerous to assume that Dr. Jack Kevorkian had any ill intentions in using his authority in assisted suicides. Dr. Reich is concerned about the legal ramifications of assisted suicide, but has he spoken with the families of those who have sought Dr. Kevorkian's help?

Perhaps a generation from now we may look upon assisted suicide as a more humane alternative to the long, drawn-out, artificial and expensive way of keeping sick and suffering people alive. EMILY FANO
New York, May 11, 1994

Hospice Care

To the Editor:

Your May 3 article on the Kevorkian verdict reports that several jurors described the not guilty verdict as appropriate because Dr. Kevorkian's interest in relieving his patient's suffering was noble; yet the jurors acknowledged that his *means* may not have been appropriate.

The public debate has ignored the alternatives to suicide available to the terminally ill. The primary alternative to suicide, one that has the same mission of alleviation of suffering, is hospice care, which recognizes that the physical pain and discomfort that may accompany a terminal illness are often accompanied by emotional, spiritual and perhaps even financial suffering.

In hospice, the affected individuals and their informal support network are entitled to comprehensive services (home or hospital) to maximize the quality of life remaining. There has been little discussion of whether or not Dr. Kevorkian's "clients" were even aware of this option.

Hospice programs provide pain

Abb. 111

Beim Qarun-See handelt es sich um die eingeschrumpften Überreste eines wesentlich größeren Sees, den griechische und römische Geografen als Moeris-See bezeichnet haben. Er liegt in einer von Wüste umgebenen natürlichen Senke, die den Namen Al Fayum trägt. Diese Region war einmal durch einen künstlichen Kanal mit dem Nil-Fluss verbunden und diente deshalb in der Vergangenheit als Kornkammer Ägyptens – und ist dies auch heute noch. Der Kanal heißt nach wie vor *Bahr Yusof*, die Wasserstraße Josephs. Der örtlichen Überlieferung nach hat Joseph in »tausend Tagen« den Kanal gebaut und den künstlichen See geschaffen, was auf Arabisch *alf yum* heißt.

Als ich das Gebiet auf der Suche nach Beweisen für die Anwesenheit der Israeliten in Ägypten bereiste, konnte ich die ursprüngliche Grenze des antiken Sees deutlich am abrupten Ende der üppigen Vegetation festmachen. Die sich anschließenden Trockenfelder enthalten die Überreste von etwas, das Herodot als Labyrinth bezeichnete – etwa dreitausend unterirdische Kammern, in die durch Öffnungen in Bodenhöhe Korn eingelagert wurde, was heute noch zu erkennen ist. Mitten im Speichergebiet ragt die Pyramide von Pharao Amenemhet III. auf – des »Moeris«, der in der Antike dem See seinen Namen gegeben hat.

Der *Bahr Yusof* funktioniert immer noch und liefert dem See nach wie vor Wasser.

New York, 9. Mai 1994

Zecharia Sitchin

Quellen & Rechte

Bei auf Deutsch bereits vorliegenden Texten wurde stets auf die maßg‹ liche Übersetzung zurückgegriffen, die in unserem Sprachraum die F zeption des Werkes von Zecharia Sitchin geprägt hat. In diesen Fäll danken wir den deutschen Lizenzgebern für die freundliche Genehn gung zur Verwendung. Am Vorbild der amerikanischen Originalausga von »The Anunnaki Chronicles« wurden diese Übersetzungen da nach bestem Wissen und Gewissen gründlich überarbeitet. Dabei wı den Passagen, die speziell in den ersten Büchern bis Anfang der Neun gerjahre bei der Übersetzung ins Deutsche gestrichen oder veränd worden sind, teilweise umfangreich wiederhergestellt.

Einleitung & Einführungen
Introduction by Janet Sitchin. Copyright © 2015 by Janet Sitchin. Deı sche Erstübersetzungen. Aus dem Amerikanischen von Heinz Zwack.

Kapitel 1 – Es begann mit dem Zwölften Planeten
Introducing The 12th Planet. Auszug aus dem Prolog der amerikanisch Taschenbuchausgabe von 1978 und ein bisher unveröffentlichter Aı kel, geschrieben 1982: »The 12th Planet: The Book as a Story«. Deı sche Erstübersetzungen. Aus dem Amerikanischen von Heinz Zwack.

Kapitel 2 – Die plötzliche Zivilisation
The Sudden Civilization. Auszug aus »The 12th Planet« (Chapter 2). I komplette Buch erschien erstmals auf Deutsch als *Der zwölfte Plan*

dition Sven Erik Bergh, Europabuch AG, Unterägeri/Zug 1979; seit-
em ist es durch wechselnde Verlage ununterbrochen lieferbar. Aus dem merikanischen von Ursula von Wiese.

APITEL 3 – UFOs, PYRAMIDEN UND DER ZWÖLFTE PLANET

FOs, Pyramids and the Twelfth Planet. Bisher unveröffentlichter Vortrag ıf der UFO-Konferenz an der Großen Pyramide im Januar 1992. Deut-
he Erstübersetzung. Aus dem Amerikanischen von Heinz Zwack.

APITEL 4 – DIE STUFEN ZUM HIMMEL UND DAS EPOS DER SCHÖPFUNG

he Stairway to Heaven and the Epic of Creation. Auszüge aus »The airway to Heaven« (Chapter 5) und »The 12th Planet« (Chapter 7). ie kompletten Bücher erschienen erstmals auf Deutsch als *Stufen ım Kosmos* und *Der zwölfte Planet*, beide in der Edition Sven Erik ergh, Europabuch AG, Unterägeri/Zug 1982 und 1979. Eine gebun-
ene Sonderausgabe von *Stufen zum Kosmos* im Herbig Verlag, Mün-
ıen 1990, trägt den Titel *Götter Mythen Kulturen Pyramiden*, eine eitere Lizenzausgabe im Bechtermünz Verlag, Augsburg 1999, heißt *eheime Orte der Unsterblichkeit*; seit 2003 liegt das Buch wieder unter em ursprünglichen deutschen Titel im Kopp Verlag vor. Aus dem merikanischen von Ursula von Wiese.

APITEL 5 – IST DAS NIBIRU?

it Nibiru? Bisher unveröffentlichter Artikel, geschrieben 1997. Deut-
he Erstübersetzung. Aus dem Amerikanischen von Heinz Zwack.

APITEL 6 – GOTT, DER AUSSERIRDISCHE

od the Extraterrestrial. Auszug aus »Divine Encounters« (*Endpaper*). as komplette Buch erschien erstmals auf Deutsch als … *und die Anun-
ıki schufen den Menschen*, Bettendorf'sche Verlagsanstalt, Essen 1995; n Nachdruck im Knaur-Taschenbuch, München 1998, heißt *Gesandte s Kosmos*, die seit 2004 im Kopp Verlag vorliegende gebundene Lizenz-
ısgabe trägt den neuen Titel *Begegnungen mit den Göttern*. Aus dem merikanischen von Ulrike Kutzer.

APITEL 7 – DIE KOSMISCHE VERBINDUNG: DNA

he Cosmic Connection: DNA. Auszug aus »The Cosmic Code« (Chapter . Das komplette Buch erschien erstmals auf Deutsch im Hardcover als

Der kosmische Code im Kopp Verlag, Rottenburg 2000. Aus dem Amerikanischen von Andreas Zantop.

Kapitel 8 – Die Pyramidenkriege

The Pyramid Wars. Auszug aus »The Wars of Gods and Men« (Chapter 8). Das komplette Buch erschien erstmals auf Deutsch als *Die Kriege der Menschen und Götter* im Knaur-Taschenbuch, München 1991; es folgte 2004 eine gebundene Lizenzausgabe im Kopp Verlag. Aus dem Amerikanischen von Ursula von Wiese.

Kapitel 9 – Der schwer fassbare Berg

The Elusive Mount. Bisher unveröffentlichter Artikel, geschrieben vermutlich um 1978. Deutsche Erstübersetzung. Aus dem Amerikanischen von Michael Nagula.

Kapitel 10 – Als Götter, nicht Menschen, die Neue Welt bewohnten

When Gods, Not Men, Roamed the New World. Bisher unveröffentlichter Artikel, geschrieben 1992. Deutsche Erstübersetzung. Aus dem Amerikanischen von Heinz Zwack.

Kapitel 11 – Städte, verschollen und wiederentdeckt

Cities Lost and Found. Auszug aus »The Lost Realms« (Chapter 9). Das komplette Buch erschien erstmals auf Deutsch als *Versunkene Reiche* im Knaur-Taschenbuch, München 1992; es folgte 2008 eine gebundene Lizenzausgabe im Kopp Verlag. Aus dem Amerikanischen von Ursula von Wiese.

Kapitel 12 – Als Riesen auf der Erde erschienen

The Emergence of »There Were Giants Upon the Earth«. Bisher unveröffentlichter Artikel, geschrieben 1991. Deutsche Erstübersetzung. Aus dem Amerikanischen von Heinz Zwack.

Kapitel 13 – Kalendergeschichten

Calendar Tales. Auszug aus »When Time Began« (Chapter 8). Das komplette Buch erschien erstmals auf Deutsch als *Das erste Zeitalter* im Knaur-Taschenbuch, München 1994; es folgte 2004 eine gebundene Lizenzausgabe im Kopp Verlag. Aus dem Amerikanischen von Maria Bernd-Jacobs.

Kapitel 14 – Der Zwölfte Planet: Schlüssel zum UFO-Phänomen
The Twelfth Planet. The Key to the UFO Enigma. Bisher unveröffentlichter Vortrag für die Diskussionsrunde auf der Universe International Conference in Frankfurt am Main, 26. bis 29. Oktober 1989. Deutsche Erstübersetzung. Aus dem Amerikanischen von Heinz Zwack.

Nachwort
Postscript by Janet Sitchin. Copyright © 2015 by Janet Sitchin. Deutsche Erstübersetzung. Aus dem Amerikanischen von Michael Nagula.

Anhang 1 – Jericho
Appendix I: Jericho. Brief an die *New York Times*, veröffentlicht am 17. März 1990. Deutsche Erstübersetzung. Aus dem Amerikanischen von Heinz Zwack.

Anhang 2 – Altägyptische Strasse bewahrt Verbindung zur Bibel
Appendix II: Old Egyptian Road Preserves Bible Link. Brief an die *New York Times*, veröffentlicht am 19. Mai 1994. Deutsche Erstübersetzung. Aus dem Amerikanischen von Heinz Zwack.

Das Werk von Zecharia Sitchin

Die Original-US-Buchreihe der »Erdchroniken«

1. Der zwölfte Planet (»The 12th Planet«, 1976)
2. Stufen zum Kosmos (»The Stairway to Heaven«, 1980)
3. Die Kriege der Menschen und Götter (»The Wars of Gods and Men«, 1985)
4. Versunkene Reiche (»The Lost Realms«, 1990)
5. Das erste Zeitalter (»When Time Began«, 1993)
6. Der kosmische Code (»The Cosmic Code«, 1998)
7. Apokalypse (»The End of Days«, 2007)

Sitchins begleitende Bücher zum Thema

Die Hochtechnologie der Götter (»Genesis Revisited«, 1990)
Begegnungen mit den Göttern (»Divine Encounters«, 1995)
Das verschollene Buch ENKI (»The Lost Book of ENKI«, 2002)
Auf den Spuren der Anunnaki (»The Earth Chronicles Expeditions – Journeys to the Mystical Past«, 2004)
Auf den Spuren alter Mythen (»Earth Chronicles Handbook«, 2009)
Als es auf der Erde Riesen gab (»There Were Giants Upon the Earth«, 2010)
Der König, der sich weigerte zu sterben (»The King Who Refused To Die«, 2013)
Die Anunnaki Chroniken (»The Anunnaki Chronicles«, 2015)

Sekundärliteratur von Sitchin & Evans

Of Heaven and Earth (Essays der Konferenz »Sitchin Studies Days«, 1996)
Der Untergang von Atlantis von Frank Joseph (exklusives Vorwort, 2004, nur im US-Hardcover und in der AMRA-Ausgabe enthalten; dt. 2019)
The Legacy of Zecharia Sitchin (Werkanalyse zum Paradigmenwechsel, 2011)
Zecharia Sitchin und der ausserirdische Ursprung des Menschen (einzige deutsche Einführung in Sitchins Leben und Werk; dt. 2021)

ZECHARIA SITCHIN

(11. Juli 1920 – 9. Oktober 2010)

Als einer der wenigen Gelehrten, die in der Lage sind, die alten sumerischen und akkadischen Tontafeln zu lesen und zu deuten, wurde Zecharia Sitchin berühmt durch seinen Bestseller *Der zwölfte Planet*, der auf den Texten der alten Zivilisationen des Nahen Ostens beruht. Auch seine weiteren kontroversen Bücher über die Anunnaki haben weltweit Interesse und Kritik hervorgerufen, wurden in mehr als 25 Sprachen übersetzt und unzählige Male im TV, Radio und Internet thematisiert.

Geboren wurde Sitchin in Baku, der Hauptstadt der im gleichen Jahr gegründeten Aserbaidschanischen Sozialistischen Sowjetrepublik (heute Aserbaidschan). Er verbrachte seine Kindheit und Jugend im Britischen Mandatsgebiet Palästina, studierte Ökonomie in London, graduierte an der London School of Economics and Political Science, kehrte vorübergehend nach Palästina zurück und war im zwischenzeitlich gegründeten Staat Israel journalistisch tätig. 1952 übersiedelte er nach New York, wo er bis zuletzt lebte – zunächst in leitender Position für eine Schifffahrtsgesellschaft.

Schon früh begann sich Sitchin für die alten Kulturen Mesopotamiens zu interessieren. Er lernte die sumerische Keilschrift, besuchte eine Reihe archäologischer Fundstätten und begann ein präastronautisches Modell von der Entstehung der Menschheit zu entwickeln. 1976 etablierte er sich mit *Der zwölfte Planet* dann nachhaltig als Erfolgsautor und ließ diesem Bestseller noch ein Dutzend weitere Bücher folgen. Trotz harter Kritik vor allem aus Kreisen der Schulwissenschaft und durch Bibelgelehrte begründete er damit einen neuen Forschungsbereich. Dass seine Überlegungen und Deutungen im Wesentlichen den Tatsachen entsprechen, wurde seitdem durch Forschungen etwa von Michael Tellinger, Gerald R. Clark, Nick Redfern und Jan Erik Sigdell bestätigt.

Register

B

C

D

E

»Ich singe für Ischtar, die große Geliebte.
O sinnliche Dame, o Königliche.
Der Tag ist vorüber, die Sonne schläft nun.
Die große Dame liegt im Bett der Freuden.
Sie ist gekleidet in Vergnügen und Liebe,
sie ist bedeckt von Anmut und Lebenskraft.
Ihre Augen funkeln, ihre Gestalt ist verführerisch.
Süße liegt auf ihren Lippen, Leben in ihrem Mund.
Ischtar liegt im Bett des Königtums.«

n leises Lächeln erhellte Astras Gesicht. »Wer preist mich da so sehr?«

»Der König, dein Diener«, entgegnete Eli. »Der König ist an dein hei-ges Bett gekommen, um in deinem heiligen Schoß zu liegen und so das eben zu erlangen.«

»Das Lied ist lieblich«, meinte Astra verträumt.

Eli beugte sich vor und küsste ihre Lippen. »Wir sind wieder zusam-en«, beteuerte er, »vereint für eine Reise in die Ewigkeit!«

Er ließ die Schaukel hinab, bis Astra auf dem Bett lag. »Meine Köni-n«, flüsterte er, »dein heiliges Bett wurde vorbereitet und gereinigt.«

»Niemand darf in mein Bett kommen und leben.« Astra hob ihre chte Hand.

»Heute ist die Nacht der Nächte.« Eli ergriff die Hand. »Es ist die acht der Heiligen Hochzeit, die Nacht unserer süßen Verlobung.«

»Der König allein kann sich mit mir verloben!«, rief sie. »Nimm dich Acht, nimm dich in Acht, Sterblicher!«

»Ich bin der König.« Eli kniete sich vor das Bett und küsste Astras iße. »Der König wirft sich vor dir nieder … Ich bin Gilgamesch, Kö-g von Erech, Sohn der Ninsun, Samen des Schamasch …«

»Gilgamesch, der König? Du kommst zur rechten Zeit!« Astra streckte e Hand nach ihm aus. »Komm, mach mein Bett so süß wie Honig, henke mir Vergnügen!«

»Ich bin gekommen, um mich mit dir zu vereinen, große Ischtar«, rsicherte Eli und erhob sich. »Damit du mir immerwährende Jugend währst, ein ewiges Leben.«

»Mein süßer Gilgamesch.« Nun streckte Astra beide Hände nach ihm is. »Vergeude keine Zeit … Komm jetzt zu mir.«

»Große Herrin, die Leben schenkt«, raunte Eli. »Ich werde die Riten aller Vollkommenheit vollziehen!«

Langsam schob er seinen nackten Körper an ihrem hinauf, liebkoste und küsste sie auf dem Weg. »Himmlische Dame, göttliche Ischtar«, sagte er leise, »der König ist in dein heiliges Bett gekommen, um in deinem heiligen Schoß zu liegen … um sich mit dir zu vereinen, um gemeinsam zurückzureisen.«

»Still«, sagte sie verärgert. »Umarme mich, schenke mir Freude, Gilgamesch!« Sie packte ihn und verschränkte ihre Hände hinter seinem Rücken.

Mit aller Kraft, die er noch in sich trug, drang Eli in sie ein. »Wir sind vereint!«, rief er. »Wir reisen gemeinsam zurück!«

»O mein kostbarer Schatz«, stöhnte Astra. »Sättige mich, sättige mich … gemeinsam … die vorgeschriebenen fünfzig Mal!«

Befreit vom Hemmnis der Seile drehte und wand sie sich wie eine wilde Löwin, die man aus ihrem Käfig gelassen hatte. Sie küsste Eli, sie biss ihn, sie krallte ihre Fingernägel in ihn und klammerte sich dabei so eng an ihn, als würden sie von den stärksten Magneten zusammengehalten. Als ihre Ekstase wuchs, stieß sie unverständliche Worte und Sätze aus, nannte Eli mal Gilgamesch, mal Schamasch oder Dumuzi.

»Oh meine Königin«, flüsterte er und begann, schneller zu stoßen.

»Wir reisen zusammen zurück nach Erech. Es ist die Neujahrszeit, die Nacht der Heiligen Hochzeit … Wir sind in deinem himmlischen Bett, damit du mir Leben schenken kannst …«

Er vergoss seinen Samen in ihr. Dann schauderte er, drehte sich um, so dass er an ihrer Seite zum Liegen kam, und verharrte reglos.

Astra stöhnte auf. »Du hast es getan«, flüsterte sie, dann verstummte auch sie.